담장 너머의 태국

치앙마이-치앙라이 오디세이

Thailand

치앙마이—치앙라이 오디세이

담장 너머의 태국

정환승 지음

HU:iNE

แด่...วิญญาณ

ท่าน ศ.ดร.โชติรส โกวิทวัฒนพงศ์

초띠롯 꼬윗왓타나퐁 교수님 영전에 바칩니다.

본 저서는 2021학년도 한국외국어대학교 교내학술연구비의 지원에 의하여 수행된 결과입니다.

이 책을 내면서

태국어를 전공으로 선택하고 나서부터 살아온 지난 시간을 손꼽아 보니 벌써 40년 가까이 되는 세월이 흘렀습니다. 태국어에 맛 들이고 나서 유학을 떠나 처음 정착한 곳이 남부의 빳따니주에 위치하고 있는 쏭클라 대학교였습니다. 그곳에서 8년이라는 시간을 보냈습니다. 태국어를 공부하면서 한국어도 강의했으니까 언어학도로서는 매우 유익한 시간을 보냈던 것 같습니다. 오랜 시간을 태국 남부에서 보내다 보니 많은 것들이 방콕을 중심으로 한 태국 중부와 더불어 빳따니를 중심으로 한 태국 남부에 맞추어져 있었습니다. 매일 먹는 음식은 물론 말의 억양이나 행동 양식도 남부 특유의 속성에 익숙해졌습니다. 유학 5년 차에 그곳에서 태어난 큰아이가 지금은 나이 서른을 넘겼습니다.

시간이 한참 지나고 나서 방콕과 남부의 빳따니를 벗어나 북부의 치앙마이와 치앙라이를 돌아보게 되었습니다. 거기도 태국인데 내가 알고 있는 태국과 무언가 많이 비슷하면서도 적지 않게 달랐습니다. 그때까지 내가 알고 있던 태국의 울타리 밖의 세계였습니다. 그래서 이 '담장 밖의 역사와 문화'에 대해 부쩍 호기심이 생겨났습니다. 언젠가는 한번 태국 북부의 치앙마이와 치앙라이를 중심으로 꽃피웠던 란나의 역사와 문화를 들여다보고 싶은 욕심이 생겼습니다. 그래서 몇 해 전부터 자료를 수

집하고 분석한 다음에 치앙마이-람푼-람빵-프래-난-파야오-치앙쌘-치앙라이 탐방 계획을 세웠습니다. 마치 타임머신을 타고 700년 전 과거 속으로 시간 여행하는 것 같아 마음이 설렜습니다.

조금은 낯설고 생소하게 느껴지는 란나의 역사와 문화를 살펴보면서 처음에는 어려움도 많았습니다. 기록 문화가 발달하지 않은 태국은 옛날에 자신들의 역사를 구전으로 후대에게 전했습니다. 그래서 역사적 배경을 알고 싶어도 정확한 연대 표기가 없는 것도 많고 역사적 사건을 설명할 때 전해져 내려오는 전설에 의존하는 경우도 많았습니다. 한번은 고고학을 전공한 태국인 지인에게 이런 불평 아닌 불평을 토로한 적이 있었습니다. 그러자 그 지인은 그래도 태국의 불교 건축물 하나만 제대로 봐도 그 안에 문자로 기록한 것보다 더 명확한 역사가 담겨 있다고 말하는 것이었습니다. 처음에는 별로 공감이 가지 않는 어설픈 변명이라고 생각했습니다.

마침 연구 학기를 맞아 치앙마이에서 시작해서 과거 북부 지방에서 소왕국으로 존재했다가 나중에 란나 왕국으로 편입된 여러 도시들을 둘러보았습니다. 람푼과 람빵, 프래와 난, 파야오와 치앙쌘을 거쳐 치앙라이까지 사원을 중심으로 돌아보는데 적지 않은 시간이 걸렸습니다. 그런데 도시 하나하나를 살펴보면서 느낀 점은 700여 년 전부터 이곳에 살아온 사람들은 부침浮沈과 영욕榮辱의 세월 속에서도 붓다의 가르침을 저버리지 않았다는 것이었습니다. 그들은 평온한 시기에 사원을 짓고 불탑을 세웠습니다. 그리고 전쟁으로 파괴되면 다시 복구하고 수리하면서 마치 화석처럼 그 시대별 건축예술이 층층이 쌓이게 되었습니다. 그래서 사원이나 불탑 또는 조형물들 하나하나가 역사와 문화적 의미가 담겨있는 상형 문자처럼 보였습니다. 그리고 그 안에서 그들만의 예술적 섬세함과 아름다움을 보았습니다. 그래서 '문자로 기록된 것보다 명확하게 담겨 있는 역사'라는 말에 뒤늦게 일정 부분 공감하게 되었습니다.

몇 차례 태국의 북부 지방을 여행하고 탐방하는 동안 보고 느낀 점들이 많았습니다. 대부분의 사원이나 유물에는 그 역사적 유래와 더불어 지역 주민들의 소박한 삶과 문화가 투영된 전설이 있었습니다. 이방인의 시각에서 이러한 것들을 보고 느낀 감상과 소회를 함께 기록하여 책으로 내게 되었습니다. 다소 생소하고 어렵게 느껴지는 란나의 역사는 따로 묶어 부록으로 담았습니다. 아직 제대로 숙성되지 않은 시각과 느낌을 섣부르게 글로 남기고 공유하는 것 아닌가 하는 우려도 있습니다. 깊은 맛을 내는 묵은지도 좋지만 상큼한 맛을 내는 갓 담근 겉절이도 나름대로의 음식으로서 또 다른 값어치를 지니고 있습니다. 이 책이 태국의 역사와 문화에 대해 좀 더 폭넓게 알고 싶어 하는 분들에게 다소나마 도움이 되기를 바랍니다.

이 책이 나오기까지 도움을 주신 분들께 감사드립니다. 아내 권은경은 탐방길의 처음부터 끝까지 동행하면서 길라잡이가 되어 주었습니다. 무더운 날씨에도 마다 않고 함께 사진도 찍어 주고 어설픈 원고를 여러 차례 읽어 주고 다듬어 주었습니다. 여행 중에 만났던 모든 태국분들께 감사드립니다. 란나의 후손답게 그들은 이방인을 따뜻한 미소로 반겨주고 이것저것 묻는 말에 언제나 친절하게 대답해 주었습니다. 그 미소와 친절을 오랫동안 깊이 간직하겠습니다. 랏차팟치앙라이 대학교 호텔 운영 관계자와 중앙도서관 관계자 분들께 진심으로 감사드립니다. 원고를 최종 마무리하는 두 달 동안 캠퍼스 안의 호텔에 장기 숙박을 허락해 주고 중앙도서관을 아무런 제약 없이 이용하도록 배려해 주었습니다. 덕분에 원고를 좀더 세심하게 깁고 다듬을 수 있었습니다. 끝으로 한국외국어대학교 지식출판콘텐츠원 관계자 여러분께 감사드립니다. 늘 기대 이상으로 책에 아름다움을 더해 주고 값어치를 높여 주었습니다. 배움에는 끝이 없는지라 아직 부족한 점이 많습니다. 지적해 주시면 다시 한번 더 들여다보고 수정 보완해 나가도록 하겠습니다.

2023년 이른봄에

정 환 승

차례

프롤로그

어릴 적 기억을 더듬어 올라가면 몇 살 때까지 거슬러 올라갈 수 있을까? 사람마다 다르겠지만 나의 경우는 서너 살 때까지는 거슬러 올라가는 것 같다. 충청도 한 시골에서 자라면서 동네 형들을 따라 제방에 소를 매어 놓고 냇가에서 놀던 기억도 나고 해가 지는 저녁이면 석양을 바라보며 소를 몰고 집으로 돌아오던 기억도 난다. 높은 산이 없어 하늘이 꽤 넓어 보이던 당시 나에게는 앞산과 뒷산 그리고 앞내와 뒷내로 가려진 우리 동네가 내가 사는 세계의 전부였다. 어린 나이에 가끔씩 저 산 너머에는 무엇이 있을까 하는 궁금증을 갖게 되었다.

그런데 나이가 좀더 들면서 내가 노는 활동 영역이 넓어졌다. 하루는 처음으로 친구들과 동네 뒷산 꼭대기까지 올라간 적이 있다. 그때 산 너머에 있는 다른 세상을 처음 보게 되었다. 늘 궁금했던 산 너머에도 사람들이 모여 사는 마을이 있었다. 대부분 초가지붕에 몇 집은 잘사는 기와집이 있었고 마을 입구 느티나무 아래로 소를 끌고 드나드는 사람들이 있었다. 논에는 벼가 자라고 아이들이 삼삼오오 뛰어다니며 놀고 있었다. 우리 동네와 비슷하지만 똑같지는 않은 산 너머 다른 동네는 나에게는 신세계였다. 무척이나 오래된 일인데도 그때 느꼈던 경이로움을 나는 아직도 또렷하게 기억한다.

산 너머 다른 세상을 발견한 것과 유사한 경험을 성인이 되고 나서 태국에서 또 한 번 하게 되었다. 유학 시절에 치앙마이와 치앙라이를 간 적이 있었다. 당시 관심사가 주로 언어학 분야여서 나는 태국어의 어휘에 담긴 의미를 익히거나 문장 구조를 분석하고 그 표현 속에 담긴 사회 문화적 의미를 들여다보는 일에 몰두하고 있었다. 그래서 태국의 역사와 문화에 대한 관심이 상대적으로 많지 않았다. 그런데 처음 간 치앙마이와 치앙라이를 둘러보면서 그동안 내가 알고 있던 태국과는 비슷하면서도 생소하게 느껴지는 많은 것들이 눈에 들어왔다. 그런데 그런 것들은 지금까지 내가 배워 온 태국의 역사와 문화 속에 없는 것들이었다. 바로 란나 왕국이라고 하는 또 다른 태국의 일부였다.

역사 교과서를 보면 태국의 역사는 쑤코타이-아유타야-톤부리-랏따나꼬신의 흐름에 따라 기술한다. 마치 우리나라 역사의 흐름을 삼국시대-고려시대-조선시대-대한민국으로 인식한 것처럼 나는 태국 역사를 그렇게 인식해 왔다. 그러나 실제로는 쑤코타이와 비슷한 시기에 출현하여 톤부리 시대까지 태국 북부에서 역사의 다른 한 축을 이루고 있던 란나 왕조가 있었다. 그런데 이상하게 란나 왕조의 역사와 문화에 대한 기술은 역사 교과서에 없거나 있다고 해도 아주 미미하게 다루고 있다. 태국 역사에서 란나 왕조는 내가 어릴 적 산 너머에 있던 다른 동네처럼 내가 갖고 있던 인식의 건너편에 있는 "담장 밖의 역사"였다.

태국 역사의 담장 너머에 있는 란나 왕조에 대한 발견은 내게는 매우 경이로운 일이었다. 그래서 오래전부터 나중에 시간적 여유를 가지고 란나의 역사와 문화에 대한 진지한 탐구를 하고 싶다는 생각을 하게 되었다. 그러나 그런 시간적 여유는 좀처럼 생겨나지 않았다. 그러다가 더 이상 미룰 수 없다는 절박감에 몇 년 전에 치앙마이와 치앙라이를 돌아보고 이번에 다시 치앙마이-람푼-람빵-프래-난-파야오-치앙쌘-치앙라이로 이어지는 란나의 역사 문화 탐방길에 나섰다. 드디어 역사의 담장 밖으로 나선 것이다.

여행의 시작
-제로 킬로미터

태국에서 각 지방의 여러 도시나 특정 지점까지의 거리를 나타낼 때는 방콕에 있는 민주기념탑을 기점으로 삼는다. 여행자의 거리라고 불리는 카오싼 거리와 시청 사이에 있는 민주기념탑은 1932년에 일어난 입헌 혁명으로 절대 왕정이 붕괴되고 절대군주제에서 입헌군주제로 전환된 것을 기리는 기념탑이다. 입헌 혁명 이후에 오늘날까지 민주화 운동을 위한 정치 집회 장소로 사용되고 있어 태국 민주화의 성지로 자리매김하였다. 상징적으로 태국의 민주주의는 이곳에서 시작되고 태국에서 특정 장소까지의 거리도 이곳에서 시작되는 셈이다.

1932년에 일어난 입헌 혁명은 근대사에 한 획을 그었다. 라마 5세인 쭐라롱껀 대왕(1868~1910)은 태국 역사상 가장 위대한 왕으로 꼽힌다. 이른바 '짝끄리 개혁'이라고 부르는 태국의 근대화를 주도하여 도로와 운하의 건설, 화폐 유통을 통한 현대식 경제 제도의 도입, 행정과 군대의 서구식 개편은 물론 노예제를 비롯한 신분 제도의 폐지, 공식 교육 기관의 창설, 서구식 의술과 의복의 도입과 같은 대변화를 꾀하였다. 이런 개혁을 통해 전통적인 태국 국민들의 삶을 획기적으로 바꾸어 놓았다. 그는 또한 절대군주 체제하의 왕이었음에도 불구하고 국가 통치가 왕실이 아니라 국민을 위한 것이라는 기초적인 민주주의 이념을 가지고 있었다.

1932년 입헌 혁명을 주도한 군인들

쭐라롱껀 대왕은 이러한 인식을 바탕으로 정치적으로도 근대화를 이룩하는 발판을 다져 놓은 인물이다.

라마 6세인 와치라웃왕(1910~1925)은 정치적으로 중요한 자리에 서양 교육을 받은 왕족을 우선적으로 배치하여 왕권 중심의 국가를 추구하고 근대화를 위한 개혁 정치를 실현해 나갔다. 여성의 지위를 향상시키고 교육을 통해 태국이 근대화되고 문명화되는 것에 대해 자신감을 갖도록 했다. 나아가 태국인으로서의 자부심과 민족주의를 함양하고자 했다. 그러나 다른 한편으로 대관식에 일 년 국가 예산의 8%를 지출하는 등 국고를 크게 낭비했다. 국가 재정이 파탄 나자 국왕에 대한 존경과 신뢰가 하락하고 정부는 부패했으며 공무公務는 혼란을 가져왔다.

라마 7세인 쁘라차띠뽁왕(1925~1935) 시대에 이르러 언론의 영향이 확산되고 출판이 증대되면서 서양의 사상과 제도가 다양하게 소개되었다. 라마 7세는 여론의 흐름을 파악하면서 절대군주제 시대가 얼마 남지 않았음을 인지하고 있었다. 그리하여 흠정헌법을 제정하고자 하였으나 시

라마 7세의 모습

민주기념탑 전경

대적 요구를 다 수용하지 못해 불발에 그쳤다. 다른 한편으로 국가재정은 갈수록 어려워졌다. 1930년대 이르러 대공황의 여파로 국방예산이 1/3로 삭감되고 땅값은 1/6로 하락하였으며 쌀값은 1/3로 폭락하여 정부의 세수가 줄어들었다. 이러한 가운데 영국과 프랑스 등지에서 유학한 엘리트들을 중심으로 통치제도를 입헌군주제로 혁신하는 논의가 시작되었다. 급기야는 쁘리디 파놈용을 중심으로 한 관료들과 피분쏭크람을 중심으로 한 젊은 장교들이 인민당을 결성하고 1932년 쿠데타를 일으켰다. 라마 7세가 이를 수용함으로써 태국은 헌법을 제정하고 입헌군주국이 되었다.

입헌 혁명이 일어나고 7년이 지난 1939년에 피분쏭끄람 정부는 민주기념탑을 건립했다. 이는 입헌군주제 도입 이후 국민화합과 헌법수호 그리고 민주주의 정신을 함양하기 위함이었다. 민주기념탑은 네 개의 날개 모양으로 된 탑이 중앙의 위령탑을 둘러싸고 있다. 이는 입헌 혁명을 주도하면서 인민당을 구성했던 군인, 경찰, 상인, 국민을 상징한다. 탑의 높이는 24m인데 입헌 혁명이 일어난 6월 24일을 의미한다. 기단부에는 새로운 태국 사회를 건설하려는 인민당의 역사를 부조로 나타내고 있다. 옆으로 돌출된 용은 입헌 혁명이 일어난 1932년이 용의 해임을 나타내는 것이며 탑 주변에 놓인 75개의 대포는 1932년을 불기로 계산한 2475년을 상징한다. 그리고 대포가 서로 쇠사슬로 묶여 있는 것은 혁명을 주도한 인민당의 화합과 단결을 의미한다. 탑의 중심부 위에 안치되어 있는 황금색의 서책은 헌법을 나타낸다. 중심탑은 높이가 3m, 무게가 3톤인데 이는 입헌 혁명이 일어난 6월이 태국력으로는 3월이었음을 뜻한다. 당시 사용하던 태국력에는 4월이 새해의 첫 달이었다. 따라서 6월은 그 해의 셋째 달에 해당한다. 또한 입법부와 행정부 그리고 사법부로 나뉜 3권 분립을 의미하기도 한다. 중심탑에는 6개의 문이 있는데 이는 혁명 당시 인민당이 발표한 성명서의 6개 조항을 상징한다.

연일 사람과 차량이 오가는 방콕 한가운데서 민주기념탑은 오늘도 민주주의의 기점으로 정치적 갈등이 있을 때마다 태국의 민주화가 어디만큼 와 있는지를 뒤돌아보게 하고, 아울러 여행자들에게는 가고자 하는 목적지가 얼마만큼 멀리 떨어져 있는지를 알려주는 지리적 기점으로 역할을 충실히 수행하고 있다.

이번 여행의 첫 목적지는 치앙마이다. 제로 킬로미터 지점에서 공간적으로는 700킬로가 넘는 거리를, 그리고 시간적으로는 700년이 넘는 세월을 거슬러 올라가야 한다. 태국의 공간적인 제로 킬로미터는 민주기념탑이 있는 곳이지만 내게 태국 여행의 시작은 언제나 후어람퐁역이었다. 태국은 위아래로 길이가 1,800km가 넘는다. 그래서 저비용 항공이 없던 시절에 먼 거리 여행에는 대부분의 사람들은 버스나 기차 여행을 즐겼다. 가격은 버스보다 기차가 약간 비쌌지만 침대칸이 있는 기차를 타게 되면 그래도 하룻밤을 누워 자면서 여행할 수 있는 장점이 있다. 그래서 남부 쏭클라대학교에서 유학하던 시절에 방콕에 오르내리거나 이따금 북쪽 지방으로 여행할 때는 주로 기차를 많이 탔다. 기차를 타고 여행하다 보면 옆자리에 앉은 사람은 종착역에 닿을 때까지 가장 가까운 벗이고 이웃이 된다. 처음에는 조금은 어색하지만 서로 행선지를 묻고 이내 말벗이 되어 이런저런 이야기를 나누며 여행에서 지루함을 달래기도 하고 먹을 것이 있으면 나누어 먹기도 한다.

후어람퐁역 대합실

기차로 오가는 사람들

처음 치앙마이에 갈 때도 나는 북행 열차를 탔다. 유학 기간이 길어지면서 어머니께서 몇 달을 와 계셨는데 한국으로 돌아가시기 전에 치앙마이 여행을 시켜드리기 위해서였다. 태국의 장거리 노선은 대개 오후에 출발하여 다음 날 아침에 목적지에 도착한다. 그래서 기차를 타게 되면 침대칸을 이용한다. 침대칸은 낮 시간에는 앉아서 가다가 저녁 시간이 되면 승무원이 좌석의 등받이를 아래로 내리고 앞쪽으로 펴서 침대로 탈바꿈시킨다. 그리고 그 위에 매트리스를 깔고 옆에는 커튼을 달아 잠자리를 마련해 준다. 침대는 이층으로 되어있는데 위층은 사다리를 타고 올라가야 하는 불편함이 있다. 그래서 상대적으로 가격이 조금 더 저렴하다. 이런 까닭에 대부분 사람들이 아래층을 선호하기 마련이다. 그런데 표를 사면서 보니 아래층은 이미 모두 매진되고 없어서 할 수 없이 위층 두 자리를 샀다. 저녁 시간이 되자 승무원이 잠자리를 만들어 주었다. 그런데 어머니께서도 위층에서 주무셔야 하는데 연세가 있으신지라 제대로 사다리를 밟고 올라가지 못하셨다. 이를 지켜보던 사십 대로 보이는 남자가 자신의 아래층 잠자리를 내어주고 위층으로 올라가는 것이었다. 내가 고맙다고 인사를 하고 위층과 아래층의 차액을 지불하겠다고 하자 그는 이마저 손사래를 치며 사양했다. 나는 태국인의 이방인에 대한 친절함을 기차 여행에서 다시 한번 경험하게 되었다. 그래서 매번 치앙마이에 갈 때 그 일을 추억하며 잠시 사람이 살아가는 세상에서 인정이 베풀어 주는 고마움을 생각하게 된다.

침대칸의 내부모습

제1장

북방의 장미

치앙마이

เชียงใหม่-ดอกกุหลาบแห่งภาคเหนือ

Chiang Mai

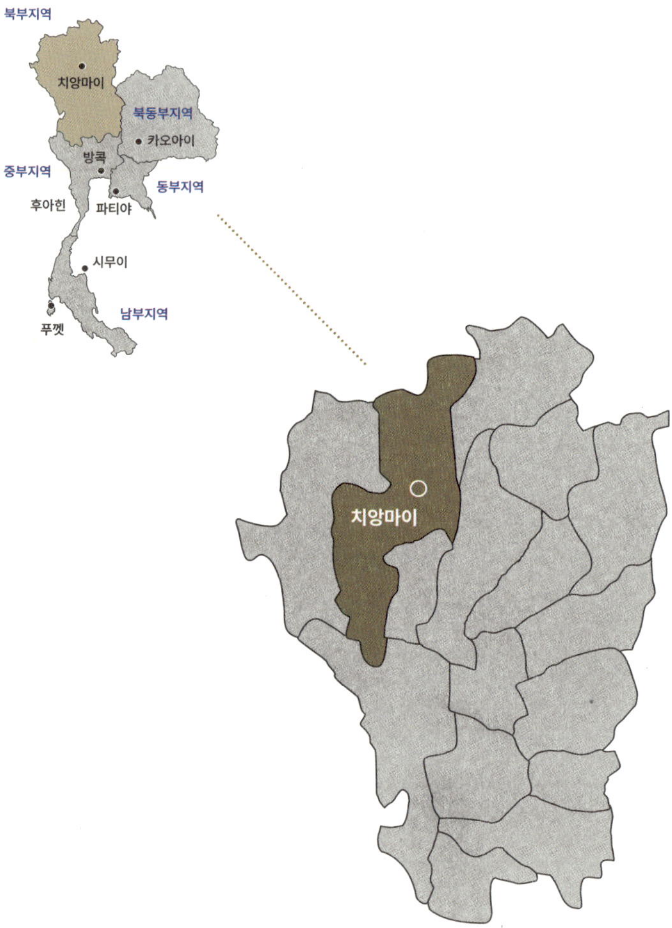

Chiang Mai

ดอยสุเทพเป็นศรี ประเพณีเป็นสง่า
บุปผชาติล้วนงามตา นามล้ำค่านครพิงค์

더이쑤텝은 길하고, 풍습은 우아하며,
온갖 꽃으로 아름다운, 가치가 넘쳐나는 그 이름 나컨핑!

치앙마이를 소개하는 캐치프레이즈다. 여기에 나오는 나컨핑은 치앙마이의 옛 이름이다. 더이쑤텝 사원과 란나 풍습, 그리고 다양하게 피어나는 꽃을 자랑하고 있다. 치앙마이는 산악 지대로 언덕과 산이 많다. 그중에서 인타논산은 태국에서 가장 높은 산으로 높이가 해발 2,565m에 달한다. 북쪽에 위치하고 있는 데다 고산 지대다 보니 기후가 중부 지방보다 선선한 편이다. 과거 란나 왕국의 수도로 짜오프라야강의 지류인 삥강이 흐르고 많은 유적지가 있다. 수려한 자연 경관과 란나 문화가 조화를 이루고 있는 고도古都이면서 다양한 문화유산을 바탕으로 한 축제가 발달하고 여러 가지 수공예품과 산악 지대를 탐험할 수 있는 트래킹 코스가 있다. 아울러 고산족들의 다채로운 생활상도 엿볼 수 있다. 태국에서는 치앙마이 아가씨들이 예쁘다는 속설이 있다. 다른 지역에 비해 날씨가 선선하여 피부가 곱기 때문이라고 한다.

치앙마이주州는 태국에서 두 번째로 큰 주로 방콕에서 치앙마이시市까지는 687km 떨어져 있다. 북동쪽으로 치앙라이와 접해 있고 남쪽으로 람빵과 람푼과 접해 있다. 그리고 남동쪽으로 딱과 붙어 있고 서쪽으로 매헝썬과 붙어 있다. 북쪽으로는 미얀마의 샨주州와 경계를 이루고 있다. 인구는 176만 명인데 대부분이 타이족이고 소수민족들이 13.4%를 차지

한다. 옆에 인접해 있는 람푼과 거리는 35km이고 비교적 멀리 떨어져 있는 치앙라이까지는 186km 거리에 있다.

치앙마이의 "치앙"은 '도시'라는 뜻이며 "마이"는 '새'라는 뜻의 관형어다. 그래서 치앙마이의 문자적 의미는 '새 도시'라는 뜻이 된다. 700여 년 전에 란나 왕국의 망라이왕이 새로 건설한 도시가 치앙마이이다. 태국에서 역사를 이야기할 때 "땀난"과 "퐁싸와단"이 자주 등장한다. 땀난은 우리말로 옮기면 '전해 내려오는 이야기'로 전설을 의미한다. 그러나 땀난은 우리말의 전설과는 의미와 성격이 조금 다르다. 우리말의 전설은 그야말로 사람들의 입에서 입으로 전해지면서 보태지고 왜곡되는 부분이 많아 야사에 가까워 신빙성이 매우 약하다. 그렇지만 태국어의 땀난은 승려들이 불교의 발전 과정을 기술한 역사서를 말한다. 한편, 퐁싸와단은 '나라이신의 현신'이라는 뜻인데 내용상으로는 국왕의 통치 행위를 중심으로 기술하는 왕조사의 성격을 가지고 있다. 기록 문화가 발달하지 않은 태국에서 역사적 사건에 대한 정확한 근거를 제시하기 어려운 경우가 허다하다. 특히 고대사로 거슬러 올라갈수록 땀난이 인용되거나 그보다 좀 더 명확한 근거로 퐁싸와단의 기록이 근거로 제시되는 경우가 많다.

치앙마이의 역사에 대해서는 문서로 남아 있는 명확한 자료가 있다. 이들 자료에 따르면 요녹 왕국(749~1349)의 망라이왕(1261~1311)이 하리푼차이를 정벌한 후에 치앙마이를 건설했다. 망라이왕은 평생을 치앙마이에 상주하면서 란나를 통치했다. 그는 란나 왕국(1292~1774)을 창건한 위인임에도 불구하고 생을 마감할 때는 다소 어처구니없는 죽음을 맞이했다. 불행히도 치앙마이의 중심지에 있던 저잣거리 한 가운데서 벼락을 맞고 죽었다. 그래서 그가 죽은 장소에서 화장을 하고 불탑을 세워 유골을 안치했다.

망라이왕 치세 기간에 치앙마이는 란나 왕국의 중심지 역할을 했다. 그러나 망라이왕 사후에 다른 왕들이 치앙라이와 치앙쌘으로 도읍을 옮기는 바람에 치앙마이는 위상이 격하되어 왕자나 부왕副王이 통치하는 위성도시가 되었다. 초기 치앙마이는 규모가 작은 도시로 기능이 축소되고 정치와 경제 그리고 종교적 중심지 역할은 모두 치앙쌘으로 넘어갔다. 그러나 삥강 유역의 하리푼차이는 여전히 불교의 중심지로서 역할을 톡톡히 해냈다.

파유왕(1336~1355) 시대부터 란나의 왕들은 치앙마이로 돌아와 나라를 통치하기 시작했다. 이때부터 치앙마이는 명실공히 란나 왕국의 도읍지 역할을 하게 되었다. 14세기 중반부터 치앙마이는 눈부시게 번영하고 발전하기 시작했다. 쑤코타이 고승을 통해 랑까웡 불교가 유입되고 치앙마이는 불교의 중심지가 되었다. 학문과 문화가 발달하여 이후 란나 왕국이 번영해나갈 수 있는 토대가 되었다. 특히 띠록까랏왕(1411~1487) 시대부터 므앙깨우왕(1495~1525) 시대까지 눈부신 발전을 이룩하여 란나 왕국은 황금기를 맞게 되었다. 당시 치앙마이는 불교의 중심지로 발전하여 제8차 세계불교경전공회를 개최하기도 했다. 오늘날 치앙마이에 존재하고 있는 수많은 불교 사원과 건축물들이 대부분 이 시기에 세워진 것이다. 므앙깨우왕은 1517년 치앙마이 외곽에 벽돌로 성을 쌓았다.

1525년부터 치앙마이는 점차 쇠퇴하기 시작했다. 주된 원인은 권력 쟁탈전과 내부 세력 간의 갈등이었다. 국력은 점점 약화되고 경제는 침체되었다. 1558년 치앙마이가 약해진 틈을 타서 버마가 침공하였다. 란나는 전쟁에 패하여 버마의 속국으로 전락했다. 버마의 지배하에서 치앙마이는 끊임없는 반란과 세력 갈등으로 인한 혼란 속에서 평온할 날이 없었다. 1774년에 치앙마이의 관료인 짜반 분마와 람빵의 까윌라왕자는 톤부리의 딱씬왕에게 충성을 맹세하고 버마 세력을 물리치기 위한 병력

지원을 요청했다. 톤부리왕이 이를 받아들여 군대를 보내 버마 세력을 몰아내고 독립을 되찾는 데 성공했다. 그러나 버마의 잦은 반격이 이어지고 1775년에 버마군은 치앙마이를 포위하고 압박해왔다. 8개월을 버티던 치앙마이는 성내에 식량이 거의 소진될 무렵 다시 톤부리의 지원을 받아 버마군을 완전히 퇴치할 수 있었다.

짜반 분마는 치앙마이를 되찾기는 했으나 백성의 숫자도 적고 먹을 식량도 부족하여 일단 람빵으로 가서 잠시 머물렀다. 나중에 다시 치앙마이로 돌아오기는 했으나 이로 인해 치앙마이는 21년간 버려진 채 황폐한 도시로 변했다. 짜반 분마 사후에 라마 1세(1782~1809)는 치앙마이 재건을 위해 람빵의 까윌라왕자를 치앙마이 군주로 임명했다. 그러나 까윌라왕(1782~1813)은 폐허된 치앙마이를 보고 백성들을 람푼의 빠쌍에 잠시 머무르게 했다가 1796년에 다시 입성하였다. 그러나 치앙마이를 재건하기에는 너무 인력이 부족했다. 까윌라왕은 북부의 쌀라윈강 유역에 있는 인근 도시를 공략하여 그 지역 주민들을 치앙마이로 강제 이주시켰다. 그리하여 타이야이, 타이르, 타이영, 타이크언, 카, 루와, 까리앙족 등 여러 종족들이 치앙마이로 삶의 터전을 옮겨오게 되었다. 이때 상황을 '야채는 바구니에 담고 노예는 도시에 들인다'라고 표현했다. 주변의 여러 종족을 무차별적으로 강제 이주시켰던 것이다. 그때 이주되어온 이들이 사실상 치앙마이를 재건하는 데 중요한 역할을 담당했다.

18세기 후반에 재건된 치앙마이는 둑과 성곽을 다시 쌓고 초소와 성문을 만들었다. 적의 침략으로부터 방어하기 위한 전략적 토목 사업이었다. 또 한편으로 사원을 복원하는 작업을 병행했다. 그러나 인력과 재정이 부족하여 제대로 복원하지 못한 사원이 많았다. 그래서 적지 않은 사원들이 온전히 제모습을 찾지 못하고 오늘날까지 폐허가 된 채로 남아 있다.

새로 재건된 치앙마이는 통치와 경제 그리고 전통과 풍습에서는 어느 정도 자유를 누렸으나 랏따나꼬신 왕조(1782~현재)의 지배를 받는 속국이었다. 그 후 서양 세력들이 들어와 란나와 통상을 요구하면서 문제가 생기기 시작했다. 치앙마이는 산림 자원이 풍부하여 많은 이권을 가지고 있었다. 그런데 버마를 식민지화한 영국을 중심으로 서양 세력들은 란나의 여러 도시들에게 산림 채벌에 대한 독점권을 요구했다. 상황이 이렇게 되자 랏따나꼬신 왕조는 북부 지방의 여러 도시에 대한 통제를 강화해 나갔다. 1884년 행정개혁에 따라 몬톤테싸피반 제도를 시행했는데 이에 따라 기존의 여러 속국은 방콕에서 파견한 고위 관료들이 직접 통치하게 되었다. 이로써 란나 왕국은 완전히 중앙의 싸얌 왕국에 복속되었다.

처음 건설할 당시 치앙마이는 시가지가 정사각형에 가까운 고대 도시로 폭 1.5km 길이 1.6km의 작은 도시였다. 이 도시에는 일 년 내내 가두어 둘 수 있는 물이 있었다. 므앙깨우왕(1495~1525) 시대에 방어력을 강화하기 위해 성을 다시 쌓고 동쪽과 남쪽으로 성 바깥쪽에 외곽도시를 만들었다. 현재 대부분 성곽이 파괴되고 성문이나 초소 등과 인접한 일부만 남아 있다. 성문도 처음에 네 곳에 만들고 몇 개를 더 추가했는데 오늘날 일부만 남아 있다. 이렇게 남아 있는 성곽과 성문을 볼 수 있는 대표적인 곳이 바로 쁘라뚜타패다.

쁘라뚜타패

ประตูท่าแพ

치앙마이는 정사각형 모양의 시가지를 해자처럼 흐르는 물길이 있다. 기록상으로 보면 사각형의 내곽에는 모두 여섯 개의 문이 있었다. 그중의 하나는 없어지고 현재 다섯 개의 문이 남아 있다. 동서남북으로 각각 하나씩 있고 남쪽에는 하나 더 있다.

다섯 개의 문 중에서 북쪽으로 나 있는 북문이 창프악문이다. 창프악은 흰색 코끼리를 뜻하므로 글자 그대로 하면 '백상문'이라는 의미를 지니고 있다. 이곳은 더이쑤텝으로 가는 시발점이기도 하다. 옛날부터 국왕이나 외교사절들이 이 문을 통해 치앙마이로 입성하였다. 이런 전통을 살려 현대에 와서도 국왕이 치앙마이를 방문하는 경우에 이 북문에서 영접하고 있다.

서쪽으로 나 있는 서문은 쁘라뚜쑤안덕이라고 부른다. 쑤안덕은 '꽃의 정원'이라는 뜻이다. 서문 안쪽은 그리 넓지 않고 바깥쪽이 넓은데 이곳에 꽃을 가꾸고 아름답게 꾸며서 왕의 휴식처로 삼았다. 치앙마이는 다른 지역에 비해 아름다운 꽃이 많이 피는 곳인데 이곳 정원에서 향기 좋은 꽃과 불교 의식에서 많이 사용하는 꽃을 가꾸었다고 한다. 태국의 역사에서 대부분의 왕실의 행사는 힌두교에 기반한 불교 의식으로 치러

쁘라뚜타패의 입구 모습

졌다.

남쪽으로 나 있는 남문은 두 개가 있다. 그중에서 서쪽으로 있는 문이 쁘라뚜쑤안쁘룽이다. 보통 쁘라뚜피라고 부르는데 이는 '귀신문'이란 뜻이다. 성안에서 죽은 사람들의 시신을 성 밖으로 옮길 경우에 이곳으로 반출되었기 때문에 붙여진 이름이다. 쁘라뚜피에서 1km 떨어진 곳에 "빠차"라고 부르는 태국식 공동묘지가 있다. 두 개의 남문 중에서 동쪽으로 나 있는 문은 쁘라뚜치앙마이이다. 이 문은 위양꿍깜으로 향하는 상인들이 드나들던 문이다. 역사적으로 치앙마이의 경제 중심지라고 할 수 있다. 이 문은 오랜 세월을 지나면서 지진을 겪기도 했다. 그래서 현재 많이 낡은 상태로 남아 있다.

쁘라뚜타패의 본래 이름은 쁘라뚜치앙르악이다. 치앙마이를 둘러싸고 있는 다섯 개의 문 중에 동쪽에 있는 문이니까 쉽게 말하자면 동대문 정도 되는 셈이다. 치앙마이의 다섯 개 문 중에 형태가 제대로 남아있는

쁘라뚜타패 광장

것이 바로 쁘라뚜타패다. 본래 이름인 쁘라뚜치앙르악에서 "치앙르악"은 '배가 많은 도시' 또는 '배의 도시' 라는 뜻이다. 인근에 "치앙르악"이라고 부르는 마을이 있어 그 이름을 딴 것으로 보인다.

현재의 쁘라뚜타패는 1985년에 치앙마이시市와 예술청에서 역사적 고증을 거쳐 새로 지은 것이다. 문이 있는 곳에 넓은 광장이 있어 여러 가지 행사를 치르기도 하고 차 없는 거리로 만들어 전통 시장을 열기도 한다. 평일에도 많은 사람들이 이곳을 중심으로 부근에서 지인을 만나 안부를 나누고 가족들이 나와 아이들을 잠시 뛰어놀게 하기도 한다. 인근에 둥지가 있는지 보통은 비둘기 떼가 모여들어 사람들이 던져 주는 과자를 쪼아 먹는다. 도심 한 가운데 있어 작은 랜드마크 기능을 하기도 하고 여유와 낭만을 느낄 수 있는 작은 광장 역할을 하기도 한다.

삼왕의 기념 동상

อนุสาวรีย์สามกษัตริย์

삼왕의 기념 동상

삼왕의 기념 동상은 란나 왕국을 건설한 망라이왕(1261~1311)과 쑤코타이의 람캄행왕(1277~1298) 그리고 파야오의 응암므앙왕(1258~1298)이 나란히 서 있는 모습을 동상으로 제작한 것이다. 치앙마이 시립문화예술원 앞에 세워져 있는 이 동상은 카이묵 추또라는 태국 최초의 여성 조각가가 제작했다. 높이 2.7m의 동상은 놋쇠와 구리로 만들었다. 우리나라의 고려 말인 13세기에 태국의 북부 지방에는 쑤코타이와 란나 그리고 파야오 등의 왕국들이 서로 각축전을 벌이면서 때로는 대립각을 세우고 때로는 우호적인 관계 속에서 발전해 나갔다. 이 동상은 세 왕이 우호적 관계를 수립하고 동맹을 맺은 역사적 사건을 기념하기 위해 세운 것이다.

망라이왕은 은양 왕국(638~1292)의 왕자로 태어났다. 16세가 되어 치앙르앙국의 공주와 혼인했다. 1259년에 부왕父王이 사망하자 왕위를 이어받아 은양 왕국을 다스렸다. 이때 그의 나이 21세였다. 태국인들에게 망라이왕은 란나 왕국을 창건한 초대 군주이며 란나의 발전과 번영을 이룩한 왕으로 추앙받고 있다. 망라이왕은 치앙라이와 위앙꿈깜 그리고 치앙마이를 건설하였다. 은양 왕국을 재건하고 1268년에 파앙 왕국을 다시 복구하여 백성들의 거주지역으로 조성하였다. 그리고 그곳을 맡아들인 쿤크르앙이 다스리도록 했다.

치앙라이에 있는 망라이왕 동상

망라이왕은 군사를 일으켜 주변의 여러 나라를 정벌하고 1281년에는 크메르가 지배하던 하리푼차이를 공략하여 영토를 넓혔다. 망라이왕 시대의 란나는 북쪽으로는 씹썽빤나에 이르고 남쪽으로는 쑤코타이 왕국과 접하게 되었다. 동쪽으로는 라우 왕국 그리고 서쪽으로는 쌀라윈강까지 뻗어나갔다. 1826년에는 홍싸와디 왕국을, 그리고 1289년에는 푸깜국을 정벌하여 속국으로 만들었다.

망라이왕은 불심이 깊은 왕으로 불교의 가르침을 국가 통치의 근간으로 삼았다. 국왕은 자비를 베풀어 백성들은 풍요와 평온을 누렸다. 이런 온정주의적 통치는 란나인들이 후손에게 물려준 정치적 유산이며 아울러 군주의 덕목이 되었다.

망라이왕은 용감한 장수이기도 했지만 같은 동족끼리 피 흘리고 싸워야 하는 일은 극구 피했다. 왕위에 있는 동안 속국의 군주들과 관계도 원만했고 파야오의 응암므앙왕이나 쑤코타이의 람캄행 대왕과 우호적 관계를 유지했다. 또한 백성들 간에 분쟁이나 갈등이 일어났을 때 공명정대하게 판결할 수 있도록 법체계를 만들기도 했다. 망라이왕의 치세에 란나 왕국은 영토를 넓히는 한편 위앙꿈깜과 치앙마이 같은 새로운 도시를 건설하였다. 이 시대에 정복한 여러 지역의 문화와 예술을 받아들여 란나를 중심으로 발전시켜 나갔다. 이후 200여 년간 발전과 번영을 이루던 란나는 1558년부터 버마에게 복속되어 200여 년간 식민 지배를 받게 되었다.

람캄행왕은 쑤코타이 초대왕인 씨인트랏왕의 셋째 아들로 태어났다. 위로 형이 둘 있었는데 큰형은 어려서 일찍 죽었다. 둘째 형 이름은 반므앙이었다. 19세 되던 해에 코끼리를 타고 나가 므앙첫 왕국의 쿤쌈촌을 무찔러 이겼다. 이에 부왕父王이 "프라람캄행"이라는 이름을 하사하였다. 부왕이 사망하고 나서 형인 반므앙이 2대 왕으로 등극하여 9년을 다스리다 죽었다. 이어서 람캄행이 왕위에 올라 쑤코타이 왕국의 세 번째 왕이 되었다.

람캄행이 즉위하던 당시에 쑤코타이는 여러 방면에서 위험에 처해 있었다. 그래서 영토 확장이 매우 어려워 보였다. 북쪽으로는 은양 왕국의 망라이왕이 그리고 파야오 왕국에는 응암므앙왕이 매우 안정된 세력을 구축하고 있었다. 이 두 왕은 람캄행왕과 같은 타이족 혈통이었다. 당시에 동쪽으로는 크메르와 접해 있었는데 타이족이 많이 거주하고 있었다. 서쪽으로는 몬족이 살고 있는 버마와 접경을 이루고 있었고 남쪽으로는 크메르의 라워 왕국이 인접해 있었다. 람캄행왕은 같은 타이족끼리의 충돌을 피하고자 크메르가 지배하고 있던 남쪽과 몬족이 있던 서쪽으로 세력 확장을 꾀했다. 그래서 람캄행왕 당시 영토는 북부 지방을 제외한 오늘날 태국의 영토와 비슷하게 되었다.

람캄행왕의 또 다른 업적은 불교의 진흥이다. 그는 나컨씨탐마랏에

쑤코타이에 있는 람캠행왕 동상

람캄행대왕 비문에 새겨진 라이쓰타이

서 고승을 모셔와 승왕으로 삼았다. 그래서 왕실과 백성 모두가 소승불교를 믿게 되었다. 불교는 통치 이념에 적지 않은 영향을 주었다. 쑤코타이 초기 군주는 어버이가 자녀를 보살피듯이 백성들의 삶을 따뜻하게 보듬어주는 온정주의적 국왕이었다. 그러다가 국가의 규모가 커지자 불교에 기반을 둔 국왕의 십정도가 생겨나고 법왕주의 국왕으로 발전했다. 그래서 쑤코타이 백성들은 평화롭고 풍요롭게 살아갔다. 람캄행 비문에 '물에는 고기가 있고 논에는 벼가 있다'는 말은 당시 백성들의 삶이 얼마나 풍요로웠는지를 잘 설명하고 있다. 오늘날 태국인들이 날마다 승려에게 시주하고 예불일에 절에 가서 불공을 드리는 불교 풍습은 이때부터 생겨난 것으로 보고 있다.

람캄행왕은 1283년에 크메르의 흘림체 문자를 모방하여 "라이쓰타이"라고 부르는 타이 문자를 만들어 냈다. 자음 44자와 기본 모음 32자로 된 타이 문자는 하나의 문장을 표기하면 실제 그 문장이 발화될 때 성조가 그대로 살아나는 우수성을 지니고 있다. 마치 오선지 위에 그려진 악보와 같이 문자 체계에 음성학적 정보를 담고 있다. 람캄행왕 덕분에 오늘날 태국인들은 그들만의 표기 체계를 가지고 문자 생활을 누리게 되었다. 람캄행왕은 한국의 세종대왕과 매우 유사한 업적을 남겼다. 영토를 넓히고 불교 문화와 예술을 진작시키는 한편 문자를 만들어 낸 업적으로 오늘날 람캄행 대왕으로 불리고 있다.

응암므앙왕은 밍므앙의 아들로 태어났다. 16세 되던 해에 학문을 닦기 위해 오늘날의 롭부리 지역에 있던 라워국으로 유학가서 수학했다. 이때 람캄행왕과 함께 동문수학하여 두 사람은 서로 우의를 다지고 교류하게 되었다. 1258년 부왕이 죽자 왕위에 올랐는데 응암므앙왕은 매우 총명하고 놀라운 신통력을 가지고 있었다고 전해진다. 그래서 그가 행차하게 되면 '햇볕이 나도 덥지 않고 비도 오다가 그쳤으며, 구름이 끼려 하다가도 끼지 않고 햇볕이 나려 하다가도 나지 않았다'고 한다. 그래서 "응암므앙"이란 이름을 얻게 되었는데 이는 '나라를 다스리다'라는 의미를 갖고 있다.

파야오에 있는 응암므앙왕 동상

응암므앙왕은 불심도 깊었다. 그래서 가급적 전쟁을 피하고 평화를 추구했다. 공정하고 정의롭게 나라를 다스리는 한편 주변의 힘이 있는 국가들과 우호적 관계를 유지했다. 1262년에 망라이왕이 군대를 이끌고 쳐들어왔을 때 응암므앙왕은 접경 지대의 몇 개 도시를 넘겨주면서 훗날 되돌려받을 것으로 기대했다. 이로써 전쟁을 피하고 우호 관계를 유지할 수 있었다.

응암므앙왕은 국왕의 십정도를 엄격하게 따르는 자비로운 왕이기도 했다. 전해져 내려오는 이야기에 의하면 당시 람캄행왕과 친분이 두터워 자주 왕래했는데 한 번은 파야오에 온 람캄행왕이 응암므앙왕의 왕비를 보고 연모하게 되었다. 왕비도 람캄행왕에 대한 연정이 생겨났다. 그래서 람캄행왕은 응암므앙왕으로 변장하고 왕비의 침실에 들었다. 이 사실을 알게 된 응암므앙왕은 람캄행왕을 잡아 가두고 난 뒤에 망라이왕에게 서찰을 보내 이 사건을 어떻게 처리해야 좋을지 의견을 구했다. 이에 망라이왕은 람캄행왕이 응암므앙왕에게 사죄하고 99만 비아의 벌금을 지불하도록 제안했다. 현재의 화폐 단위로 환산하기는 어렵지만 매우 거금이 아니었을까 싶다. 어쨌든 망라이왕의 중재로 이 사건은 마무리되고 우호적 관계도 유지되었다.

세 왕의 우의는 그대로 지속되었다. 망라이왕이 치앙마이를 건설할 때도 세 사람이 함께 모여 의견을 나누었다고 한다. 이때 망라이왕은 응암므앙왕에게 예전에 파야오를 공격하여 얻은 접경 지역의 도시들을 되돌려주었다. 응암므앙왕은 나중에 아들 쿤캄댕에게 왕위를 물려주고 여생을 보내다가 60세의 나이로 생을 마감했다.

세 왕의 통치 시기에 태국 북부 지역에는 평화가 머물렀다. 여기에는 태국판 도원결의로 결속과 우의를 다졌던 이들 세 왕의 우정이 기여한 바가 적지 않다. 영웅은 가고 700년 세월이 흘렀다. 오늘날 란나의 후손들에게 추앙받고 있는 그들의 모습은 고명한 조각가의 손에서 빚어져 우뚝 서 있다. 그들이 원하고 꿈꾸었던 대로 21세기 치앙마이와 쑤코타이 그리고 파야오는 매일 아침 평온한 하루를 맞이하고 있다.

왓인타킨 사원

วัดอินทขีลสะดือเมือง

왓인타킨 사원은 삼왕의 기념 동상과 치앙마이 예술문화원 가까이 세워져 있는 사원이다. "인타킨"은 '기둥'이라는 뜻이다. 글자 그대로 하면 '기둥 사원' 정도 되는 셈이다. 태국은 옛날에 도시를 건설하면서 성문 앞이나 도시의 가장 중심이 되는 곳에 기둥을 세우고 그곳을 중심으로 발전을 도모했다. 그래서 이 사원을 일명 "왓싸드므앙 사원"이라고 부르는데 이는 '도시의 배꼽 사원'이라는 뜻이다. 이름에서 드러나듯 이 사원은 치앙마이의 한가운데 위치하고 있는 고찰이다. 역사가 적어도 700년 정도 된다니까 치앙마이를 처음 건설하면서 세운 것이다. 그야말로 치앙마이와 역사를 함께한 사원이라고 할 수 있다.

이 사원은 망라이왕이 치앙마이를 건설하면서 인타킨 기둥을 세우기 위해 건립했다고 한다. 땀난에 기록된 전설에 의하면 루와족의 부호인 아홉 가문이 높부리를 건설할 때 제석천이 이 기둥을 하사했다. 그런데 한 은자隱者가 두 마리의 도깨비를 시켜 이를 높부리의 중심지로 옮겨 놓았다. 그리고 루와족들이 와서 경배할 수 있도록 했는데 이후 시간이 지나면서 높부리는 쇠락해갔다.

오랜 세월이 흐르고 난 뒤에 어느 날 망라이왕의 꿈에 흰 사슴이 나

왓인타킨 사원 입구 전경

인타킨 기둥이 있던 곳에 세워진 불당

타났다. 그 사슴을 따라 갔는데 그때 다다른 곳이 도시를 건설하기에 적합해 보였다. 그래서 망라이왕은 1292년에 그곳을 중심으로 치앙마이를 건설하게 되었다. 하루는 망라이왕이 폐허가 된 높부리 지역을 돌아보면서 도심 한가운데 있는 나무 기둥과 도깨비상像의 흔적을 발견하였다. 이상하게 여긴 망라이왕은 신하에게 더이쑤텝에 있는 루와족의 족장을 찾아가 그게 무엇인지를 알아보라고 분부했다. 신하가 예물을 들고 족장을 찾아가 기둥과 도깨비상에 대해 물었다. 족장은 평화롭고 행복한 도시를 건설하려면 우선 그 기둥과 도깨비상을 도심 한가운데 모셔다 놓고 경배를 드려야 한다고 일러주었다. 망라이왕은 그 말을 받아들여 기둥과 도깨비상을 도심의 한가운데로 옮겼다.

인타킨 기둥의 모형이 안치되어 있는 사당

망라이왕은 기둥을 안치해 놓은 곳에 사원을 세우고 왓인타킨 사원이라고 명명하였다. 그러나 주민들은 대부분 이 사원을 왓싸드므앙 사원이라고 불렀다. 도시를 사람으로 치면 배꼽 부위에 자리 잡고 있기 때문이다. 망라이왕 재위 시절에 이 사원은 날로 번창했으나 훗날 버마의 지배를 받으면서 쇠락해갔다. 그러다 1800년 까윌라왕 시절에 버마의 지배에서 벗어나 치앙마이를 재건하면서 인타킨 기둥을 왓쩨디루앙 사원으로 옮겼다. 그리고 남은 자리에 불당을 세우고 사원을 복원한 후 불당 안에 "프라운므앙"이라고 부르는 흰색의 불상을 안치시켰다. 이는 '도시를 따뜻하게 해주는 불상'이라는 뜻이다.

프라운므앙 불상이 안치되어 있는 불당은 13세기 중반 란나 왕조 초

프라운므앙 불상

기에 세워진 것으로 추정된다. 사각형의 불탑은 14세기 중반부터 15세기 중반경에 세워진 것으로 보인다. 이 사원에 팔각형의 불탑이 있는데 요녹 왕국의 역사를 기록한 퐁싸와단이나 치앙마이의 역사를 기록한 땀난에 보면 망라이왕이 이곳에서 벼락을 맞아 죽었다고 한다. 당시 이곳은 물건을 사고파는 시장이었다. 나중에 그의 아들인 차이쏭크람왕이 그 자리에 불탑을 세우고 선왕의 유골을 안치했다. 치앙마이의 구舊 청사 부근에 있는 건축물을 보면 불탑의 모양이 둥근 형태와 주요 부분이 팔각형으로 된 엎어진 종 모양의 불탑이 있는데 이는 하리푼차이에서 많이 볼 수 있는 불탑 양식이다. 이런 점에서 볼 때 이 불탑은 13세기 후반에 세워진 것으로 추정된다.

치앙마이를 건설하면서 망라이왕은 쑤코타이의 람캄행왕과 파야오의 응암므앙왕과 동맹을 맺고 삼국의 평화를 기원했다. 그리고 도시의 한가운데 기둥을 세우면서 치앙마이가 새 왕조의 천년 도읍이 되기를 염원했다. 오늘도 평화롭게 바쁜 일상을 사는 치앙마이 사람들의 삶의 뿌리가 바로 이 사원에 있는 인타킨 기둥이다. 그리고 그들의 삶 속에는 이 사원에 안치되어 도시를 따뜻하게 해주는 프라운므앙 불상의 가호가 있었다. 이방인이 그냥 스쳐 지나가면서 보면 아무것도 아닌 나무 기둥과 불상 하나가 불심 깊은 치앙마이 주민들에게는 오늘날 치앙마이의 평화와 번영을 가져다준 근원이라고 해도 지나친 억지는 아닐 것이다.

왓쩨디루앙 사원

วัดเจดีย์หลวง

왓쩨디루앙 사원은 망라이 왕조의 7대 왕인 쌘므앙마왕 시대에 건축된 것으로 추정된다. 어림잡아도 500년은 족히 된 유서 깊은 사원이다. 정확하게 언제 세워졌는지 알 수 없지만 대략 1385~1402년경에 세워졌을 것으로 짐작된다. 한국 역사에서 고려가 망하고 조선이 들어섰던 시기다. 이 사원은 오랜 세월을 견디며 여러 차례 복원 작업이 이루어졌다. 주탑인 쩨디루앙은 치앙마이 시내 한복판에 세워져 있다. 사각형의 모양을 하고 있는 기단부의 한 변이 60m에 달한다. 주탑이 세워져 있는 장소가 바로 란나 왕국의 가장 중심지였던 곳이다.

왓쩨디루앙 사원은 치앙마이 또는 란나 왕국이 있던 지역에서 가장 높은 불탑이 있는 사원이다. 불교 건축물에서 주탑은 수미산을 상징한다. 그래서 가장 높은 불탑이 있는 이 사원은 치앙마이에서 매우 중요한 사원이라고 할 수 있다. 불탑의 높이는 80m에 이른다. 이 사원의 불탑은 쌘므앙마왕이 그의 나이 39세 되던 해에 부왕父王인 끄나왕의 영전에 헌정하기 위해 지은 것이라고 한다. 불탑의 유래에 대해 전해 내려오는 이야기에 따르면 끄나왕이 죽은 후 얼마 안 되어 버마로 가던 치앙마이 상인 앞에 홀연히 그 모습을 드러냈다. 끄나왕은 상인에게 쌘므앙왕에게

왓쩨디루앙 사원의 전경

쩨디루앙의 앞모습

가서 치앙마이 한가운데에 4km 밖에서도 볼 수 있는 높은 불탑을 세우라고 전언할 것을 명했다. 아들인 쌘므앙왕이 이 말을 전해 듣고 부왕의 왕생극락을 기원하며 불탑 건립 공사를 시작했다. 그러나 정작 쌘므앙왕은 먼저 세상을 뜨고 다섯 해가 걸려 왕비가 완공했다.

1512년 므앙깨우왕과 백성들이 254kg의 은을 모아 탑 주변에 세 겹의 울타리를 만들었다. 그리고 난 뒤에 은을 30kg의 금으로 바꾸어 얇고 편편한 금박으로 만들어 본래의 불탑에 입혔다. 그런데 1545년에 치앙마이에 지진이 일어나 탑의 상단부가 무너져 내렸다. 이후 400년 동안 불탑은 방치된 상태로 있었다. 치앙마이의 7대 군주가 다스리던 1880년에 사원을 해체하고 잔해물을 걷어 낸 뒤에 전체를 목조 건물로 다시 지었다. 이후 1928~1938년 치앙마이의 마지막 군주 시절에 대대적인 복원 작업이 이루어졌다. 그리고 다시 1990~1992년에 예술청에서 많은 예산을 들여 복원과 보수 작업을 마치고 나서 오늘의 모습을 하고 있다.

본래 왓쩨디루앙 사원의 이름은 "초띠까람위한"이었는데 이는 '오로지 발전과 번영만 하는 사원'이란 뜻이다. 이 사원에는 붓다의 머리카락 사리가 안치되어 있다. 전해 내려오는 이야기에 의하면 아쇼카왕 시절에 쏘나 승려와 웃따라 승려가 이끄는 여덟 명의 승려가 인도차이나반도에 왔는데 포교를 위해 태국에 들렀다. 그들이 붓다 사리를 가져와 오늘날 왓쩨디루앙이 세워져 있는 자리에 작은 불탑을 세우고 거기에 안치했다. 그때 불심이 깊은 한 청년이 기름을 적신 담요에 불을 붙이고 소신공양하면서 훗날에 이곳에 초띠까람위한이라는 사원이 세워질 것이라고 예언하였다. 그러자 이 지역에 살고 있던 루아족 사람들이 붓다 사리를 안치시킬 탑을 세우고 숭배하였다. 나중에 사원 이름이 왓쩨디루앙이라고 바뀌었는데 "루앙"은 태국의 북부 지방 방언으로 '크다'는 의미이다. 따라서 사원의 이름은 '큰 불탑이 있는 사원'이란 뜻이다. 치앙쌘에도 왓쩨디루앙 사원이 하나 있는데 이는 쌘푸왕이 치앙쌘을 건설하고 4년 후에 세운 것이다.

란나 왕국이 세워지기 전부터 이곳에 살던 토박이인 루아족들에게는 힌두교와 불교가 혼합된 우주관을 가지고 있었다. 초기에 이들은 성내로 들어가는 성문 앞에 세우는 기둥인 국주國柱를 나라의 상징으로 삼았다. 그리고 나중에 불교가 융성하면서 부처님의 사리를 모신 불탑인 쩨디루앙을 우주의 중심으로 삼았다. 그래서 나라의 가장 중심이 되는 지역에 쩨디루앙을 높게 세우고 이를 우주의 한가운데 위치하고 있는 수미산으로 여겼다. 그래서 치앙마이에 보면 왓쩨디루앙 사원을 중심으로 팔방에 사원이 세워져 있다. 이들은 각각 해와 달을 포함하여 모두 여덟 개가 되는 행성을 상징한다고 한다.

불탑의 왼쪽편으로 가면 싼락므앙이 보인다. 싼락므앙은 옛날에 도시나 국가를 건설할 때 가장 중심이 되는 곳에 세운 기둥을 안치하기 위해 건립한 사당을 일컫는 말이다. 사당은 사면에 박공이 있는 태국식 건물로 지었다. 안에 들어가 보면 기둥이 보인다. 망라이왕이 치앙마이를 건설하면서 세운 나무 기둥이다. 본래는 왓인타킨 사원에 있던 것을 500여 년이 지나 까윌라왕 시대에 치앙마이를 재건하면서 이곳으로 옮겨왔다. 기둥은 땅에 묻혀 있는데 매년 5월에 이를 기리는 의식을 거행한다고 한다. 현재는 화려한 기둥에 금불상이 모셔

싼락므앙

져 있다. 들어갈 때는 미처 몰랐는데 나오다 보니 건물 앞에 작은 안내판이 세워져 있다. 국적이나 종교를 불문하고 여성의 출입을 불허한다는 문구가 적혀 있다. 여성의 경우 생리를 하기 때문에 기둥이 가지고 있는 성스러운 기운을 해치게 되고 그렇게 되면 나라에 재앙이 닥친다고 한다. 남자의 경우에도 가급적 단정한 옷차림을 해야 한다.

싼락므앙에서 나오면 사원의 법당이 있다. 법당 입구 양쪽에는 나가상이 있는데 색깔이 선명하고 화려하다. 법당 안에 들어가면 금방 눈에 들어오는 것이 특유의 란나 양식으로 단장된 실내 장식이다. 진한 보라색 바탕 위에 기둥과 벽에 화려하게 수놓아진 금박의 무늬가 돋보인다. 태국의 북부 지방에 있는 사원들의 공통점이다. 정면에는 입불상이 있다. 대부분의 법당 안에 있는 본존불은 좌불상인 데 비해 이곳의 불상은 서 있는 모습의 입불상이라는 점도 특이하다.

법당을 나와 쩨디루앙 불탑 앞에 가면 우선 보이는 것이 탑의 상단부가 무너진 채로 남아 있는 모습이다. 정면에 탑의 중앙부로 올라가는 계단이 있는데 양옆으로 커다란 나가상이 지키고 있다. 머리와 몸통 전체에 세월이 흐른 만큼의 이끼가 끼어 있어 만들어진 지 꽤 오래된 것임을 금방 알 수 있다. 실제로 이 나가상은 오래전의 옛날 기법으로 만들어졌는데 태국 북부에서 가장 아름다운 나가상으로 알려졌다. 중앙부로 올라가면 불상을 안치해 놓은 것이 보인다. 사면으로 코끼리를 조각해 놓은 코끼리상도 있다. 탑을

불당 안의 입불상

내려와 몇 걸음 뒤로 물러서서 본래의 모습을 상상해 보면 매우 규모가 크고 아름답게 지어진 탑일 것이라는 짐작이 간다. 그러나 남아 있는 모습만으로 아름다움을 느끼기는 그리 쉽지 않아 보인다.

불탑 뒤쪽으로 태어난 해에 맞추어 경배를 드릴 수 있는 사리탑의 모형을 만들어 놓았다. 각 사리탑 앞에는 십이간지의 동물상이 있다. 사람들에게 자신이 태어난 해에 맞는 사리탑이 어느 것인지 금방 찾을 수 있게 해 놓은 것이다. 사리탑은 모두 금색으로 되어 있고 몸통 부분에는 노란색이나 붉은색의 천을 둘러놓았다. 이 밖에도 불상을 모셔 놓은 조그만 불당이 몇 채 있고 소원을 빌면 즉시 들어준다는 프라짜오탄짜이 불상을 모셔 놓은 불당이 있다. 사원 이곳저곳에 불공을 드리는 사람들이 보이는데 태국인뿐만 아니라 가끔 서양인들의 모습도 눈에 띈다.

효심이 극진한 쌘므앙마왕이 선왕인 끄나왕을 위해 세웠다는 이 사원은 치앙마이에서 가장 큰 불탑이 있었다. 쌘므앙마왕은 선왕의 극락왕생을 위해 사원을 짓고 십 리 밖에서도 보이는 높은 탑을 세웠다. 선왕의 전언에 따라 높이 세웠던 탑은 지금은 무너지고 일부의 모습만 남아 있다. 불탑이 무너졌다고 해서 아들의 효심마저 무너져 내린 것은 아닐 것이다. 이곳을 찾는 후손들은 붓다의 자비와 더불어 아비에 대한 아들의 효심을 기억하며 살아가고 있을 것이기 때문이다.

쩨디루앙 불탑의 나가상

십이간지 불탑

왓판따오 사원

วัดพันเตา

왓판따오 사원은 치앙마이에서 매우 오래된 불교사원이다. 15세기 중반에 지어졌다고 하니 역사가 500년은 족히 넘는다. 왓쩨디루앙에서 400m 정도 밖에 떨어져 있지 않지만 대부분 사람들이 그냥 지나쳐 가기 일쑤다. 치앙마이 사람들은 이 사원을 "왓빤따오" 사원이라고 불렀는데 이는 "왓판타오"를 말하는 것으로 '천 배의 사원'이라는 뜻이다. 한번 가서 불공을 드리면 천 배의 복을 받는다는 믿음에서 생겨난 말이다. 나중에 소리가 왜곡되어 왓판따오라고 부르게 된 것이다. 그런데 "판따오"는 '천 개의 가마'라는 뜻이다. 일설에 따르면 옛날에 불상을 주조하기 위해 이곳에 수백 개의 가마를 설치했었는데 그로 인해 왓판따오라는 이름이 붙었다고 한다. 그때 주조한 불상은 입불상인데 인근의 왓쩨디루앙 사원의 법당에 안치되어 있다.

사원은 붉은색의 낮은 담장으로 둘러싸여 있고 출입구에 매우 아름답게 제작된 아치형 문이 서 있다. 가장 독특한 점은 티크 목재로 지어진 불당이다. 건물은 치앙쌘 양식으로 지어졌는데 검은색 건물이 고고한 아름다움과 위엄을 느끼게 한다. 딱 봐도 예사롭지 않은 옛날 양식의 건축물이라는 것을 알 수 있다. 불당 이름이 "허캄루앙"인데 이는 '어전'이라는 뜻이다. 본래 치앙마이의 5대 군주가 기거하기 위하여 지은 것을 나중에 7대 군주가 허물고 자재를 이곳으로 옮겨와 사원으로 다시 지은 것이다. 이 밖에도 단이 높은 옛날 법좌가 있는데 100여 년 전에 제작된 것이라고 한다.

사원 입구의 아치형 문

불당 뒤편에는 주탑이 있다. 팔각형으로 만들어진 기단 위에 다시 팔각형의 중앙부가 있고 그 위에 종 모양의 불탑이 세워져 있고 그 주변을 다시 여러 개의 보조탑이 둘러싸고 있다. 금박을 입혀 황금색으로 눈부시게 빛나는 주탑은 팔각형으로 된 부분의 높이와 그 위에 자리 잡고 있는 종 모양으로 된 부분의 높이 그리고 첨탑에 이르기까지 높이의 비율이 적정하게 나누어져 있다. 그리고 전체 불탑의 높이가 불당의 크기와 적당한 균형을 맞추고 있다.

본래 어전으로 사용하던 건물을 불당으로 다시 지은 탓인지 건축 양식이 특별한 데가 있다. 밖에서 보면 외벽이 나무판자로 되어 있다. 그리고 박공벽에 보면 누런 금색으로 공작새가 조각되어 있다. 란나 문화에서 공작새는 왕의 상징이다. 본래 어전으로 지은 것을 사원으로 다시 지어 붓다에게 공양한 왕의 불심이 엿보이는 것 같다. 불당 안에 모셔 놓은 본존불의 모습도 다른 지역의 것과는 다르다. 글로 표현하기 어렵지만 쑤코타이나 아유타야의 불상들과는 무언가 다른 이미지를 가지고 있다. 굳이 느낌을 말하자면 치앙마이를 중심으로 한 란나 여인들의 자애로운 얼굴과 미소가 투영되어 있는 것 같다. 아련하게 여성성이 느껴진다. 불당 건물 벽에는 창문이 나 있는데 문처럼 여닫게 되어 있다. 열어 놓게

주탑과 보조탑의 모습

티크목으로 지은 불당

되면 세로로 된 나무 창살이 실내와 실외를 구분하는 경계가 된다. 불당 안의 둥근 기둥에는 역대 치앙마이 군주들의 사진이 걸려 있다. 건물이 나무로 된 데다가 창문을 열게 되면 자연 통풍이 되어 전혀 더울 것 같지 않아 보인다.

이 사원에서 하는 행사 중에서 등불 봉헌식이 있다. 인도의 등불 봉헌식을 모방하여 하는 행사인데 태국에서는 만불절과 부처님 오신 날, 그리고 초전법륜일 등의 불교 명절과 러이끄라통 축제 기간에 열린다. 행사는 승려들이 나무 아래 가부좌를 틀고 앉아 독경하는 것으로 시작하는데 이때 분위기가 매우 신비롭고 영묘하다고 한다. 매년 이때가 되면 관광객과 사진사들이 모여든다. 현지 주민들 이야기로는 러이끄라통 축제를 할 때 사람들이 가장 많이 붐빈다고 한다. 등불 봉헌식의 끝 순서로 등불을 하늘에 띄워 보내는 풍등 축제가 있다. 요즈음은 환경과 안전 문제로 풍등에 불을 붙이고 잠깐 띄우는 시늉을 하고는 다시 줄을 당겨 회수한다.

왕이 자신의 어전으로 사용하기 위해 지었다가 사원으로 용도를 바꾸어 불가佛家에 바쳤다는 이 사원은 그래서 공양을 하고 복을 빌면 천 배로 응답받는다는 믿음이 생겨났는지 모른다. 왕실과 백성이 붓다의 가르침대로 살아오면서 내세를 위해 수백 년 동안 공덕을 쌓아온 란나의 후손들은 과연 얼마만큼의 복을 받았을까? 아마도 오늘도 그들에게서 볼 수 있는 삶의 여유와 입가의 미소가 그 물음에 대한 답이 아닐까 하는 생각이 든다.

불당 안의 좌불상

풍등 축제

왓프라씽 사원

วัดพระสิงห์ เชียงใหม่

치앙마이는 내국인 여행자들이 즐겨 찾는 도시 중의 하나로 다른 도시들에 비해 사원이 많은 편이다. 승려가 상주하는 사원이 대부분이지만 더러는 승려가 없는 고찰도 있다. 700년 역사를 담고 있는 수많은 사원들이 치앙마이를 처음 찾는 관광객의 불심을 자극하고 발길을 유혹한다. 그중에서 왓프라씽 사원은 꼭 한 번 가봐야 하는 가장 매력적인 사원 중의 하나다.

왓프라씽 사원의 본래 이름은 "왓리치앙프라"였다. 여기서 "왓리"에서 "리"는 '시장'이라는 뜻인데 이는 사원이 시내 한가운데 있는 시장 가까이 세워져 있기 때문이다. 본래는 1345년 란나 왕국의 파유왕이 하리푼차이에서 모셔 온 고승을 기거하게 할 목적으로 세운 것이라고 한다. 당시 하리푼차이는 오늘날 태국의 북부 지방에서 불교의 중심지였는데 그 역할

왓프라씽 사원 전경

사원 입구의 불당 건물

박공벽의 가루다와 나라이신

이 치앙마이로 옮겨가는 과정이었던 것으로 보인다. 사원 이름이 현재와 같이 바뀐 것은 쌘므앙마왕이 "프라씽" 불상을 이 사원에 안치시키고 난 뒤였다. 불상 이름이 본래는 "프라풋타씨힝"인데 북부 지방 사람들이 짧게 "프라씽"이라고 부른다. 이후 프라씽은 란나의 불상을 일컫는 말이 되었다.

경내로 들어서면 가장 먼저 눈에 띄는 것이 불당이다. 앞서가던 젊은 아기 엄마가 사진 좀 찍어 달라고 한다. 핸드폰을 받아 들고 두세 장 찍어 주었더니 밝게 웃으며 고맙다고 인사하고 간다. 전생에 무슨 인연이 있어 그 많은 사람 중에 나를 골라 사진을 찍어 달라고 했을까 하는 생각이 스쳐 지나간다. 불당 건물은 본래는 정사각형 모습으로 지어진 것을 1924년에 오늘날의 모습으로 고쳐 지었다고 한다. 그래서 이 불당은 란나 왕국의 예술과 현 랏따나꼬신 왕조의 예술이 뒤섞여 있다. 쉽게 관찰할 수 있는 것이 박공벽에 가루다와 나라이신이 조각되어 있고 나뭇가지 무늬가 있는데 이는 전통 란나 양식에서는 볼 수 없는 것들이다.

불당 안에 들어가면 본존불이 모셔져 있는데 그 이름이 "프라씨싼펫"이다. 아유타야의 왓프라씨싼펫 사원과 어떤 연관성이 있지 않을까 싶은데 그렇지는 않다고 한다. 이 불상은 개축되기 이전의 불당에 있었던 것을 그대로 다시 모셔 놓은 것이다. 본존불 주변에 와불상과 좌불상이 여럿 더 있다. 법당 벽에는 오래된 사진들이 있는데 옛날 사원의 모습이 담긴 사진도 있고 비교적 최근에 푸미폰 국왕이 이곳을 방문했을 때의 모습을 찍은 사진도 있다.

불당 뒤쪽으로 가면 법당이 나온다. 건물 주변에 비계석이 있는 것을 보면 금방 법당임을 알 수 있다. 태국에서 불상이 모셔져 있는 건물은 불당과 몬돕 그리고 법당이 있는데 법당에서는 공식적으로 의미 있는 불교 의식을 거행할 수 있다. 그래서 법당 주변에는 비계석을 세워 이곳이 법력이 미치는 장소임을 표시해 둔다. 그런데 이 사원의 법당 주변에 세워진 비계석은 땅에 박혀 있는 기둥 모양을 한 것이 좀 특이하다. 대개는 부채 모양의 넓은 돌이나 시멘트 제작물로 되어 있는데 이렇게 작은 기둥 모양으로 만들어 놓은 것은 그리 흔히 볼수 있는 풍경은 아니다. 이 법당의 특이한 점은 비계석뿐만이 아니다. 보통 법당 안의 본존불은 가장 안쪽에 모셔져 있어 그 앞에서 예불을 드린다. 그런데 이곳의 본존불은 법당 한가운데 안치되어 있어 불상의 양옆에서 예불을 드릴 수 있다. 이런 구조로 만든 이유에 대해 여러 가지 추측이 있는데 아마도 옛날에 한쪽에는 비구승이 그리고 다른 한쪽에 비구니가 각기 나누어 앉아서 예불을 드릴 수 있도록 한 것이라는 가설이 가장 설득력 있어 보인다.

법당과 비스듬히 있는 건물이 하나 있는데 라이캄 불당이다. 불당 내부의 기둥과 조각물 등에 그려진 무늬가 "라이캄"이라서 붙여진 이름이다. 라이캄은 란나 예술에서 어떤 물건이나 도구 등에 무늬를 넣어 장식하는 예술이다. 주로 붉은색이나 검은색 바탕에 금박 무늬를 입힌다.

프라씨싼펫 불상

법당 건물

라이캄 불당

라이캄 무늬의 기둥

색상은 다르지만 우리나라의 나전칠기를 연상케 하는 모양을 지니고 있다. 이 불당은 1518년에 세워졌다고 하는데 현재의 건물 모습은 20세기에 개축한 것이다. 그러나 건물에 새겨진 무늬는 전통적인 란나 양식 그대로다. 그래서 이 불당은 란나 양식이 거의 완벽하게 남아 있는 몇 안 되는 북부의 문화유산 중의 하나라고 한다.

라이캄 불당 안으로 들어가면 맨 먼저 시선을 끄는 것이 라이캄 무늬로 장식되어 있는 기둥과 본존불 뒤에 보이는 천상의 세계를 나타내는 화려한 조각품이다. 붉은색 바탕 위에 새겨진 금박 무늬는 화려하면서도 아름답다. 얼핏 보면 중국 문화 속에 나타나는 누각처럼 조각된 조그만 건축물의 처마 끝에는 용과 봉황 그리고 하늘을 떠다니는 구름 등의 모습이 보인다. 이렇게 란나 고유의 양식으로 지어진 라이캄 불당이 치앙마이의 다른 사원에도 몇 군데 더 있다. 경내에 예불을 드리기 이동하는 승려들의 모습이 보인다. 녹색 잔디 위에 붉은색 기와를 얹은 불당과 황색 승복이 묘한 조화를 이루고 있다.

전해져 내려오는 이야기를 기록한 땀난에 따르면 프라풋타씨힝 또는 프라씽 불상은 스리랑카에서는 2세기경부터 제작되었다고 한다. 그러나 란나에서 만들어지기 시작한 것은 15세기경으로 추정한다. 불상의 이름에 대해서는 몇 가지 설이 있는데 일설에 의하면 불상의 자세가 사자왕과 흡사해서 붙여진 이름이라고 한다. "씽"은 '사자'라는 뜻이니까 나름 일리가 있어 보인다. 그러나 몬족들이 사용하는 언어에서 "씨힝' 또는 "씨흐어이"는 '즐겁고 기쁘다'는 의미를 가지고 있다. 그렇다면 이 불상은 '즐거움과 기쁨을 주는 불상'이라는 뜻이 된다. 사람들 말로는 이 불상을 보게 되면 실제로 붓다를 본 것처럼 즐겁고 기쁘다고 한다. 그래서인지 몰라도 란나 왕국에서 프라씽 불상이 많이 제작되었다. 그리고 란나가 아유타야와의 전쟁에서 패하게 되자 남쪽으로 전파되어 아유타야에서도 많이 만들어졌다. 이렇게 만들어진 불

경내를 이동하는 승려들의 모습

쏭끄란 축제 기간의 거리 모습

쏭끄란 축제의 관불 의식

상 중에서 태국 남부의 나컨 씨탐마랏에 있는 프라씽 불상이 가장 잘 알려진 대표적 불상이다.

매년 쏭끄란 축제 때가 되면 프라씽 불상은 바깥나들이를 한다. 불상이 쏭끄란 행사장으로 옮겨지는데 이때가 치앙마이 주민들에게는 프라씽 불상에게 물을 뿌리고 관불의식을 통해 공덕을 쌓을 수 있는 좋은 기회가 된다. 쏭끄란은 4월 13일부터 15일까지로 태국 전통 설날이다. 멀리 나가 있던 자식들이 고향을 찾아 부모님께 선물을 드리고 한 해를 축원하며 어른들에게 덕담을 청해 듣는 설 명절이다. 오후에는 사원에 가서 불상을 물에 씻기는 관불의식을 행하고 서로 물을 뿌리면서 새해 덕담을 한다. 그런데 쏭끄란이 종교적 행사와 결합되면서 화려하고 열광적인 축제로 바뀌었다. 치앙마이의 쏭끄란 축제는 외국인에게도 널리 알려져 있다. 그래서 해마다 쏭끄란 축제 기간이 되면 많은 내국인과 외국인들이 치앙마이로 몰려든다.

치앙마이에서 4월 13일 오후 3시가 되면 많은 사람들이 쁘라뚜타패로 몰려든다. 프라씽 불상을 비롯한 유명 사원의 불상들이 이곳으로 옮겨져 축제 행렬의 행진이 시작되기 때문이다. 아름답게 장식한 마차 위에 불상이 모셔지고 이 마차를 불자들이 끌고 간다. 행렬의 앞에 전통복장을 한 무희들이 춤을 추고 전통 음악이 연주된다. 거리에는 발 디딜 틈도 없이 많은 사람들이 나와 행렬에 동참한다. 프라씽 불상은 랏차담넌 거리를 지나 왓프라씽 사원으로 돌아와 불당 앞에 안치된다. 일반 시민들이 와서 관불의식을 하고 요일별 불상 앞에 놓여 있는 발우에 동전을 넣는다. 그리고 난 다음에 소원을 담은 깃발인 "뚱"을 가져와 사원 안에 있는 모래탑에 꽂는다. 그리고 각자 소망을 안고 새해를 살아간다.

축제 행사 중에서 가장 즐거운 시간은 서로 물을 뿌리며 즐기는 물축제다. 가족과 이웃은 물론 지나가는 행인들한테도 물을 뿌린다. 거리를 오가는 사람들이 서로 물을 뿌리며 하루 종일 즐겁게 논다. 이는 정화의 의미로 묵은해의 모든 액운을 씻어내고 몸과 마음을 정결하게 한 후 새해를 맞이한다는 의미를 담고 있다. 그러나 최근 들어 본래의 의미는 퇴색하고 단순하게 먹고 마시고 즐기는 축제로 변질되고 있다는 우려의 목소리도 적지 않다. 해마다 쏭끄란 축제 기간에 300명 가까이 사망자가 발생하고 1,000명 안팎의 부상자가 발생한다는 통계가 이를 방증해 주고 있다.

불당의 오른쪽에는 태국의 전통 문학 작품 중의 하나인 프라쌍텅 이야기가 그림으로 그려져 있다. 프라쌍텅은 태국의 민담인데 동화 같은 이야기다. 현실성은 떨어지는 이야기이긴 하지만 나름대로 재미있고 교훈도 담

물 뿌리며 노는 아이들

불당의 벽화

동화책으로 나온 프라쌍텅

겨 있다.

옛날 욧싸위몬 왕국의 왕비인 프라낭짠테위는 조개를 출산하여 왕궁에서 쫓겨났다. 그래서 한 오두막집에서 살게 되었는데 인근에 사는 노인 부부가 잘 보살펴 주었다. 그런데 왕비가 노인 부부 일을 도와주러 집 밖으로 나가면 그사이에 조개 속에서 어린아이가 나와 집안 청소를 하고는 다시 조개 속으로 들어갔다. 집에 돌아오면 집안이 말끔히 청소가 되어 있는 것을 이상하게 여긴 왕비는 어느 날 평소처럼 노인 부부 일을 도와주러 가는 척하다가 집으로 돌아와 조개 속에서 나온 아들을 발견하였다. 왕비는 아들을 끌어안고 울면서 이름을 쌍텅이라고 지어 주었다. "쌍"은 '소라'를 뜻하고 "텅"은 '금'이라는 의미를 갖고 있다.

이 사실이 세간에 알려지자 처음부터 왕비를 시기했던 후궁 짠타가 왕비 모자를 잡아오라고 시켰다. 왕비는 노인 부부의 도움을 받아 피신했으나 쌍텅은 뗏목을 타고 바다로 나갔다가 폭풍을 만나 좌초하고 말았다. 이때 용이 나타나 쌍텅을 구한 다음 도깨비에게 데려가 키우게 했다. 그런데 도깨비는 보통 3일이나 7일 간격으로 숲속으로 들어가 짐승이나 사람을 잡아먹곤 했다. 나중에 쌍텅이 이 사실을 알고 도망갈 기회를 엿보고 있었다. 하루는 쌍텅이 신비한 우물에서 목욕을 했는데 온몸이 황금색으로 변했다. 그리고 람부탄 갑옷을 입고 하늘을 날 수 있는 능력을 갖게 되었다. 쌍텅은 갑옷을 입은 후에 칼을 차고 도망을 갔다. 도깨비가 뒤늦게 이를 알고 쌍텅을 불렀지만 돌아오지 않자 상심한 나머지 죽고 말았다.

도깨비에게서 도망친 쌍텅은 싸몬 왕국으로 갔는데 이 왕국에는 일곱 공주가 살고 있었다. 왕과 왕비가 일곱 공주에게 각각 짝을 지어주는데 막내 공주는 아무하고도 결혼하려 들지 않았다. 그러자 왕은 노한 나머지 막내 공주를 쫓아내 버렸다. 그런데 쫓겨난 막내 공주는 나중에 쌍텅과 결혼하게 되었다. 한편 제석천이 이를 알고 지상으로 내려와 욧싸위몬 왕국의 왕과 격구를 하는데 쌍텅이 왕을 도와 제석천을 이기게 해주었다. 격구가 끝나고 제석천은 쌍텅의 부왕父王에게 모든 사실을 명명백백히 밝혀주었다. 전후 사정을 알게 된 부왕과 왕비는 쌍텅을 본국으로 데려와 왕국을 물려주고 다스리게 했다.

격구하는 장면

이런 태국의 동화를 읽다 보면 다소 허무맹랑하다는 생각도 들지만 어떤 역경이 닥쳐도 이에 굴하지 않고 싸워 극복하면 행복을 누릴 수 있다는 가르침이 담겨 있다.

한편 왼쪽 벽에는 쑤완나홍 이야기가 담겨 있는 그림이 있다. "쑤완나홍"은 백조라는 뜻이다. 이 이야기도 프라쌍텅과는 또 다른 재미가 있다. 때로는 끔찍한 장면이 나오기도 하고 사람을 쉽게 죽이기도 하지

동화책으로 나온 쑤완나홍

만, 주인공은 필요하면 언제든지 다시 살아나고 이야기는 해피엔딩으로 끝난다.

오랜 옛날에 타우수탄누랏왕이 다스리던 아이야릿이라는 도시가 있었다. 왕에게는 쑤완나홍이라는 아들이 있었다. 왕이 백성을 잘 다스려 나라는 날로 번영하고 평화로웠다. 그런데 어느 날 한 점성술사가 와서 앞으로 이 나라에 어려운 일이 닥칠 것이라고 예언했다.

이 사실을 알게 된 왕과 백성들은 도대체 그 어려운 일이 무슨 일인지 몰라 갑갑하고 근심하게 되었다. 어떤 이들은 기근이 들어 쌀값이 폭등할 것이라고 하고 또 어떤 사람들은 적군이 쳐들어올 것이라고도 했다. 불길한 예언으로 나라가 어수선한 가운데 왕은 청년으로 자란 쑤완나홍 왕자를 은둔자에게 보내 통치자 수업을 받게 했다. 왕자는 학문과 예술의 여러 분야를 공부하고 검술은 물론 동물의 언어까지 익히고 돌아왔다. 왕자가 돌아와 나랏일을 도와주자 왕은 크게 기뻐했다. 그러나 한편으로는 점성가의 예언이 떠올라 걱정을 하다가도 어쩌면 그 예언이 빗나갈지도 모른다고 스스로를 위로했다.

하루는 왕자가 개울가에서 몸을 씻다가 금으로 된 용기를 발견했다. 용기의 뚜껑을 열자 안에는 향기롭고 예쁜 화환이 들어 있었다. 왕자는 그 용기를 가지고 왕궁으로 돌아왔다. 그런데 그 화환은 사흘이 지나도 시들지 않는 것이었다. 어느 날 밤 왕자는 꿈에 그 화환의 주인인 아리따운 처녀를 만나게 되었다. 잠에서 깨어나면 왕자는 대부분의 시간을 그 처녀를 생각하고 꿈속에서 다시 만날 궁리를 하는 데 보냈다. 마침내 왕자는 그 처녀와의 사랑에 빠지고 말았다. 왕자가 처녀에 대한 생각으로 애태우고 있던 어느 날 뛰어난 솜씨를 가진 장인 두 명이 찾아와 뵙기를 청하였다. 한 명은 배를 만드는 목수이고 다른 한 명은 기계를 만드는 기술공이었다.

두 명의 장인은 하늘을 날 수 있는 '백조선'이라는 이름을 가진 배를 만들어 왕자에게 바쳤다. 왕자는 크게 기뻐하고 두 장인에게 상을 내렸다. 그런데 그 백조선에는 이상한 글씨로 무엇인가 쓰여 있었다. 장인들에게 그 뜻을 물었으나 장인들은 베다 경전에서 베껴 왔을 뿐 그 뜻을 모른다고 대답했다. 사실 그 글씨는 가루다의 언어였다. 그래서 그 의미를 아는 사람이 배를 새처럼 몰고 하늘을 날아다닐 수 있었다. 왕자는 가루다의 언어를 배운 적이 있어 백조선을 몰고 하늘을 날자 백성들은 모두 놀라며 왕자의 위엄과 능력을 칭송하게 되었다.

어느 날 왕자는 연을 날려 나라의 운명을 점치고자 했다. 연이 바람을 타고 잘 날면 그 해에 나라가 더욱 번영하고 발전할 것이라고 믿었다. 그런데 왕자가 연을 날리자 그 연이 이상하게도 도깨비들이 사는 맛땅국으로 날아가는 것이었다. 그 나라의 왕에게는 딸이 하나 있었다. 왕은 딸을 극진히 사랑하여 다섯 명의 보모에게 맡기고 잘 돌보도록 했다.

왕자는 연을 찾으러 맛땅국의 왕궁까지 갔다가 연줄을 타고 올라가 공주를 만나게 되었다. 공주를 만나는 순간 왕자는 그녀가 꿈에서 본 화환의 주인이라는 것을 금방 알 수 있었다. 왕자와 공주는 금세 서로 사랑에 빠져서 남몰래 부부 사이로 지냈다. 그러나 이런 두 사람의 비밀 행각은 오래가지 못했다. 다섯 보모들이 연줄과 왕자를 발견했기 때문이다. 보모들은 왕으로부터 문책당할 것을 두려워한 나머지 왕자를 제거하려고 했다.

그러던 어느 날 왕자는 여느 때와 마찬가지로 연줄을 타고 올라가는

데 보모들이 창가에 설치해 놓은 창에 가슴을 찔렸다. 상처를 입은 왕자는 백조선을 타고 겨우 자신의 왕국으로 돌아와 죽었다. 누가 자신을 해쳤는지 모르는 왕자는 이를 공주의 소행으로 오해하게 되었다. 한편 공주는 며칠을 기다려도 왕자가 오지 않자 시름에 잠겼다. 하루는 창밖을 바라보고 있다가 창가에 흘린 핏자국을 발견하였다. 공주는 핏자국을 따라 숲속 깊이까지 들어갔다가 그만 정신을 잃고 말았다.

하늘에 있던 제석천이 이를 보고 불쌍히 여겨 정신이 들게 하고 공주를 브라만 청년으로 변신하게 하였다. 그리고 죽은 사람을 살리는 생명의 기름과 마법의 활을 주었다. 청년으로 변신한 공주는 왕자를 찾아가다가 도깨비를 만났다. 공주는 도깨비와 싸워 그를 죽였다. 그러나 자신의 손에 죽은 도깨비를 불쌍히 여긴 공주는 생명의 기름으로 소생시켰다. 도깨비는 다시 살아나서 공주의 충복이 되었다. 공주는 왕자가 사는 나라에 도착하여 자신이 가지고 간 생명의 기름으로 왕자를 소생시켜 왕과 왕비의 환대를 받았다.

왕자는 자신을 살려준 브라만 청년이 공주일 것이라는 생각이 들었다. 그래서 성안에서 제일 예쁜 처녀를 데려와 왕자가 좋아하는 것처럼 보이게 꾸미고 공주의 반응을 살피기로 하였다. 공주는 왕자가 다른 여자를 좋아하는 것을 보고 질투와 배신감을 느낀 나머지 화환을 하나 남기고 성을 빠져나갔다. 브라만 청년이 공주인 것을 알게 된 왕자는 공주에 대한 복수를 하기 위해 백조선을 타고 뒤따라갔다.

왕자는 맛땅국에 도착하여 다섯 보모와 자고 있는 공주를 발견하였다. 왕자는 공주를 죽이기로 마음먹고 칼을 빼어 들었다. 그리고 만약 공주가 자신을 진실로 사랑한다면 공주의 피에서 단맛이 나고 그렇지 않으면 쓴맛이 나게 해달라고 기도하였다. 왕자가 공주의 목을 베고 피 맛을 보니 단맛이었다. 왕자는 뒤늦게 공주의 진심을 알고 슬퍼하며 통곡

하였다. 다섯 보모는 잠에서 깨어 공주가 죽은 것을 보고 그간의 사정을 왕자에게 자백했다.

공주가 죽었다는 소식이 전해지자 충복인 도깨비가 생명의 기름을 가져와 공주의 몸에 부었다. 그러자 공주는 다시 살아났다. 왕자와 공주는 오해를 풀고 서로의 사랑을 확인하자 함께 말을 타고 왕자의 나라로 돌아가기로 했다. 두 사람은 길을 가다가 피곤하여 잠시 쉬기로 했는데 왕자가 잠든 사이에 처녀 도깨비가 나타났다. 왕자에게 반한 처녀 도깨비는 공주를 강물로 떠밀어 버리고 공주로 변신하였다. 왕자는 가짜 공주의 몸에서 이상한 냄새가 나기는 했지만 크게 의심하지는 않았다. 자신의 왕국으로 돌아온 왕자와 공주는 주변의 경치를 돌아보면서 행복한 시간을 보냈다. 그런데 오랫동안 사람이 먹는 음식만 먹은 가짜 공주는 도깨비의 식성을 버리지 못하고 밤에 몰래 숲속으로 들어가 짐승을 잡아먹었다.

한편 공주의 충복인 도깨비는 말을 끌고 강가로 나갔다가 진짜 공주를 만나게 되었다. 그간의 사정을 전해 들은 공주는 성으로 들어가 가짜 공주와 대결을 벌였다. 진짜 공주는 가짜 공주를 물리치고 승리를 거두었다. 성 밖으로 도망치던 가짜 공주는 충복인 도깨비에게 죽임을 당하고 왕자와 공주는 다시 부부가 되어 행복하게 살았다.

쑤완나홍-꿈폰타와이마 장면

쌍텅이나 쑤완나홍 같은 이야기는 업보와 윤회 그리고 권선징악의 전형적인 틀을 가지고 있다. 착하게 살면 복을 받고 악을 저지르면 벌을 받는다. 그리고 아무리

어려운 일이 있어도 이를 극복하고 이겨내면 행복을 누릴 수 있다는 고진감래苦盡甘來의 교훈을 담고 있다. 그래서 아직까지 태국의 어린이들이 즐겨 읽는 고전 민담으로 사랑받고 있다.

태국 사원에 가면 보통 벽에는 붓다의 본생담을 그림으로 표현해 놓는 것이 대부분이다. 옛날에는 평민들이 글을 배울 기회가 적어 팔리어나 산스크리트어로 적힌 경전의 내용을 이해하기 어려웠다. 그래서 경전의 내용을 쉽게 이해할 수 있도록 창이나 벽에 여러 가지 그림을 그려 넣는 경우가 많았다. 그런데 이 사원의 벽에는 특이하게 문학 작품의 내용을 그려 놓았다. 그 이유는 무엇일까? 치앙마이의 6대 군주가 방콕을 다녀온 적이 있는데 그때 나름대로 신문물을 접한 것이 계기가 되었던 것 같다. 당시 방콕에는 사원의 벽에 문학작품 내용을 그려 놓기도 했는데 그 대표적인 사원이 바로 왓쑤탓 사원이다.

이 사원에 벽화를 좀 더 자세히 들여다보면 여러 가지 흥미로운 사실을 발견할 수 있다. 프라쌍텅 벽화는 중국인 화가가 그렸고 이에 경쟁이라도 하듯 쑤완나홍 벽화는 타이야이족 화가가 그렸다고 한다. 그러나 서양인의 기록에 의하면 두 가지 그림 모두 한 사람이 그렸다는 이야기도 있다. 어쨌든 간에 이 벽화를 통해 우리는 태국 문학작품 속의 이야기를 다시 한번 돌아볼 수도 있다. 그리고 조금 더 깊이 들여다보면 태국 특유의 다문화적 속성을 엿볼 수가 있다. 그림 속에 남색 무늬를 넣은 중국 도자기도 있고 책상 위에는 근대식 전등불도 있다. 등장인물들의 옷도 란나와 버마 그리고 타이야이족의 복장이 어우러져 있다.

불당 밖에 있는 주탑은 치앙마이에서 가장 오래된 종 모양의 불탑이다. 란나 사람들은 용의 해에 태어난 사람들이 이 불탑에서 경배를 드리면 복을 많이 받는다고 믿는다. 기단부는 정사각형에 가까운 모양으로 되어 있고 사면에 코끼리 조각상이 있다. 그 위에 종모양의 탑이 있는데

사원의 주탑

사원의 서고

모두 금박을 입혀 황금색을 띠고 있다.

불당 뒤쪽으로 이 층짜리 건물이 하나 보이는데 이는 서고다. 안에 불경을 보관하는 작은 도서관인 셈이다. 지붕은 겹층으로 되어 있다. 아래층은 시멘트로 되어 있는데 서 있는 모습의 신상이 여럿 있다. 아마도 서고를 지키고 보호해주는 수호신들일 것이다. 이층은 목재로 지었는데 위층의 외벽과 아래층의 문은 붉은색 나무판자로 되어 있다. 그 붉은색이 중국인들이 좋아하는 붉은색과는 좀 다르게 보랏빛이 섞여 있는 붉은색이다. 이 서고는 태국 북부에서 가장 아름다운 서고로 손꼽힌다고 한다.

사원의 뒤편에 조그만 정자처럼 만들어 놓은 불당 앞에 무엇인가 간절히 기도하는 여인들의 모습이 눈에 들어온다. 손에는 연꽃을 들고 지그시 눈을 감고 있다. 남편의 건강을 기원하거나 자녀들의 학업에 대한 희망을 간구하고 있을지도 모른다. 혹은 고된 삶에서 벗어나 좀더 부유해지기를 염원하는 것인지도 모른다. 옆에 있는 촛대에서는 촛불이 타오르면서 촛농이 눈물처럼 흘러내린다.

사람마다 취향이라는 것이 있다. 그것은 단지 옷맵시나 좋아하는 음식에 국한된 것만은 아니다. 태국을 여행하면서 만나는 사원에도 취향이 생긴다. 태국인들이야 자신이 태어난 해에 맞추어 복을 준다는 사원을 좋아하겠지만 나 같은 외국인에게는 뚜렷한 기준이나 이유 없이 그냥 마음이 끌리는 사원이 있다. 치앙마이의 왓프라씽 사원은 바로 그렇다. 네 번째 치앙마이에 갔을 때 의도했던 것은 아닌데 호텔이 바로 왓프라씽 사원에서 지척의 거리에 있었다. 무엇인가 끌리는 점 말고도 특별한 인연이 있었나 보다.

기도하는 여인들의 모습

왓쁘라쌋 사원

วัดปราสาท

왓쁘라쌋 사원은 규모가 작기는 하나 타지역의 관광객이나 불자들이 많이 찾는 사원이다. 왓프라씽 사원과 인접해 있어 두 사원을 함께 돌아보기 편하다. 불공을 드린 후에 천천히 란나 시대의 예술과 건축 등을 감상할 수 있는 곳이다. 이 사원이 언제 지어졌는지 정확하게 나타난 기록은 없지만 1492년경에 건립되었을 것으로 추정한다. 사원의 이름에 나타나는 "쁘라쌋"은 지붕이 겹층으로 지어진 '신전'이나 '궁전'을 뜻한다. 그래서 이름을 보면 아마도 귀족이나 관료의 주거 문화와 연관성이 있는 것으로 보인다. 실제로 이 사원이 자리 잡고 있는 지역은 과거 귀족이나 관료들의 살던 주거 지역이라서 지속적으로 유지와 보수를 받아올 수 있었다. 심지어 버마의 지배를 받던 시기에도 쌘캄왕은 불상을 제작하여 이 사원에 안치시켰다.

불당의 건축 양식은 전통적인 란나 양식이다. 건물의 아랫부분은 벽돌로 쌓고 석고를 발랐다. 그리고 윗부분은 나무로 지었다. 지붕은 겹층으로 되어 있고 처마 끝에 나가상이 있다. 박공 부분은 색유리로 장식했다. 불당 입구에는 계단 양옆에 나가상이 조각되어 있다. 안으로 들어가면 맨 끝에 마치 아치형의 골방처럼 조금 더 들어간 공간에 좌불상이 안

나무로 지은 란나 양식의 불당

치되어 있다. 불당의 지붕은 란나 고유의 건축 양식을 잘 보여주고 있다. 지붕의 몸통 부분이 앞쪽이나 뒤쪽 부분보다 높아 마치 말의 등위에 옷감을 실어 놓은 형상을 하고 있어 "마땅마이"라고 부른다. 이는 '비단을 싣고 있는 말'이라는 뜻이다.

새로 지은 불당도 마찬가지로 지붕은 겹층으로 되어 있고 창문을 아치형으로 만들어 놓았는데 티크목의 직사각형의 창틀 위에 아치형 지붕을 얹어 놓은 모양을 하고 있다. 그리고 그 위에 무늬를 정교하게 조각하여 마치 신전으로 들어가는 문처럼 보인다. 사원 한쪽 옆에 "쌀라"라고 부르는 조그만 팔각형의 건물이 있는데 이 안에 윱빠콧 승려와 태국의

아치형 골방 속의 좌불상

불당과 불탑의 모습

전역에서 유명한 고승들의 승려상이 있다. 불탑은 또 하나의 중요한 치앙마이 건축 양식을 보여 주고 있다. 이 불탑은 사각형의 씨쌋차날라이 양식과 둥근 모양의 치앙마이 불탑 양식이 혼재되어 있다.

태국 전역에 남아 있는 불교 유적지를 보면 과거 이 땅 위에 불교가 얼마만큼 융성했는지를 잘 알 수 있다. 사원을 짓고 불탑을 세우는 것은 큰 공덕을 쌓는 일이었다. 그래서 왕과 백성들이 앞다투어 사원을 건립하고 불상을 만들고 불탑을 세웠다. 내세에 좋은 곳에서 태어나 더 나은 삶을 살기를 원했던 내세 지향의 공덕 문화가 그 밑바탕이 되었다. 그런데 전쟁이 일어나면 엄청나게 많은 사원과 불상 그리고 불탑이 불에 타 없어지거나 약탈의 대상이었다. 인간이 가진 선과 악에 대한 양면성이 불교 유적지에서 그대로 나타난다. 파괴된 사원들을 제때 복원하거나 보수하지 않으면 그냥 방치되고 역사 속에서 기둥 몇 개와 벽돌 몇 장으로 남을 수밖에 없다. 그래서 태국 전역에는 아직도 복원되지 못하고 폐허로 남아 있는 사원들도 많다. 그런 면에서 볼 때 왓쁘라쌋 사원은 복이 많은 사원이라고 할 수 있을 것이다.

왓쑤안덕 사원

วัดสวนดอก

왓쑤안덕 사원은 '꽃의 정원 사원'이라는 뜻이다. 치앙마이 시내에 위치하고 있는데 성곽의 서쪽에 있는 쑤안덕문에서 서쪽으로 1km 정도 떨어져 있다. 본래는 망라이 왕조에서 왕실의 화원으로 조성해 놓은 곳이다. 이른바 어화원御花园이었던 셈이다. 그런데 6대 왕인 끄나왕 시절에 란나에 랑까웡 종파를 전파한 고승이 거처할 사원을 이곳에 지었다. 옛날에 이곳에 파염나무라고 부르는 나무가 많았다고 한다. 그래서 '파염나무꽃화원'이라고 부르기도 했다. 파염나무에서 피는 하얀 꽃이 마치 우리나라 초여름에 피어나는 이팝나무꽃과 유사하다. 그런데 끄나왕의 불심이 깊은데다 이곳을 백성들이 예불을 드리고 불교 의식을 거행하는 장소로 사용하기 위해서 사원을 지은 것이다. 사원은 한 변이 180m 정도 되는 사각형 모양의 대지 위에 세워져 있다.

망라이 왕조에서 이 사원은 매우 중요한 사원으로 발전해 나갔지만 란나가 버마의 지배를 받게 되면서 황폐해져 갔다. 그러나 나중에 까윌라왕 시대부터 북부 지방의 군주들과 치앙마이 백성들이 보수 작업을 했다. 이후 두 차례의 대대적인 복원 작업을 거쳤다 첫 번째로 1907년에 라마 5세인 쭐라롱껀 대왕의 후궁이었던 다라랏싸미가 여러 곳에 흩어

왓쑤안덕 사원의 전경

황금색의 주탑

주탑의 윗부분

불당 안의 카킹 불상

프라짜오까우뜨 불상

져 있던 치앙마이 군주와 왕족들의 유골을 이 사원에 안치시키도록 했다. 그리고 두 번째로 1932년에 란나의 고승이면서 건축가인 크루바씨위차이 승려에 의해 법당이 복원되었다. 경내에는 크루바씨위차이 승려의 유골을 안치한 조그만 백색 불탑도 있다.

주탑은 1371년 끄나왕 시절에 세워졌는데 사각형 모양의 기단 위에 엎어 놓은 종 모양을 하고 있다. 주탑의 윗부분에는 사각형의 기둥 모양이 있는데 사면이 색유리로 장식되어 있다. 그리고 그 위에 얹혀 있는 둥근 기둥이 있는데 주변을 여러 가지 자세의 입불상들이 둘러싸고 있다. 얼핏 봐도 스리랑카 양식과 란나 양식이 혼합되어 있는 것을 알 수 있다. 본래는 서쪽에 연꽃 봉오리 모양을 한 쑤코타이 양식의 탑이 있었는데 무너져 내렸다고 한다. 12m 높이의 주탑은 1935년에 국보로 지정되었다. 주탑에는 1369년에 쑤코타이에서 모셔 온 붓다의 사리를 안치시켜 놓았다.

땀난을 통해 전해져 내려오는 이야기에 의하면 처음 붓다의 사리를 이곳에 가져와 아주 예쁜 항아리에 넣고 씻었다고 한다. 그러자 기적과 같은 일이 일어났다. 갑자기 사리가 영롱한 빛을 발하면서 여러 가지 색깔로 변하는 것이었다. 그리고 여러 개로 갈라져 숫자가 늘어나기도 했다. 이에 놀란 왕과 주변의 신하들이 엎드려 경배하고 항아리에서 사리를 꺼냈는데 두 개의 사리가 남아 있었다. 하나는 크기가 작고 또 하나는 보통 크기였다. 끄나왕은 보통 크기의 사리를 본래의 항아리에 넣고 이를 다시 금 항아리와 놋쇠 항아리 그리고 흙으로 만든 항아리에 차례로 넣어 삼중의 항아리에 안치시켰다. 끄나왕은 주탑을 세워 사리를 안치시키고 주변에 보조탑을 세웠다. 그리고 남은 사리 하나는 따로 보관했다가 나중에 왓프라탓더이쑤텝 사원에 안치시켰다.

사원을 세운 뒤에 끄나왕은 스리랑카에서 유학한 고승을 모셔 와 이곳에 기거하게 하고 초대 주지로 추대했다. 그 고승이 주지로 있으면서 사원의 규모를 키우고 랑까웡 종파의 불교 발전에 크게 이바지했다. 인근의 승려들은 물론 소왕국 군주들과 왕족들이 팔리어로 불교의 가르침을 공부하고 고향으로 돌아가 이를 전파하였다. 이리하여 랑까웡 불교는 란나 전역으로 전파되어 나가면서 더욱 발전해 나갔다.

불당 안에 가부좌를 틀고 앉아 있는 황금색의 불상이 본존불로 모셔져 있다. 이 불상은 끄나왕 시대에 청동으로 만든 것이다. 좌불상의 양 무릎 사이 폭이 2m이고 지면에서 높이가 2.5m다. 란나의 전설에 의하며 이 불상은 끄나왕이 몹시 아팠을 때 어머니가 아들인 끄나왕의 키와 같은 높이로 만든 등신불이라고 한다. 란나 문화에서는 자신의 키와 길이가 같은 깃발을 만들어 액막이를 하는 의식이 있다. 이를 '뚱카킹'이라고 한다. "뚱"은 '깃발'을 의미하고 "카"는 '길이가 같다'는 뜻이며 "킹"은 '자신'을 뜻한다. 누가 병이 걸리거나 액운이 들면 이를 쫓아내고 행복과 번영을 맞이하기 위해 자신의 키와 같은 길이의 깃발을 만들어 불교 의식을 치른다. 그래서 이 불상을 "프라짜오카킹"이라고 이름 지었는데 끄나왕의 키와 같은 높이를 가진 불상이란 의미를 담고 있다.

법당 안에 모셔져 있는 본존불은 프라짜오까우뜨 불상이다. 그 이름을 보면 "까우뜨"는 '아홉 뜨'라는 뜻인데 태국의 전통 도량형에서 한 뜨는 1,400kg이다. 그러니까 까우뜨 불상 전체 무게는 대략 12,600kg이 된다. 1504년에 청동으로 제작된 좌불상이다. 양 무릎 사이 폭은 3m이고 단 아래서부터 높이는 4.7m다. 모두 아홉 개의 조각으로 만들어 조립한 것으로 여덟 군데의 이음새가 있다. 처음 주조를 거쳐 이를 이어 붙이고 마지막 손질을 하여 완성하기까지 다섯 해가 걸렸다고 한다. 그래서 완성된 시기가 1509년이다. 망라이 왕조 11대 왕인 므앙깨우왕이 관료 신하와 백성들을 이끌고 이곳에 와서 불상을 법당에 안치시킬 때 뭇사람들이 이 불상을 가리켜 까우뜨의 불상이라고 불렀다. 이때 이곳에서 당시 두 종파로 나뉘어 있던 승려들을 종파별로 500명씩 1,000명의 승려를 초대하여 함께 거대한 의식을 치렀다. 이때 므앙깨우왕은 모든 승려들에게 승려 용품을 보시하여 백성들로부터 칭송을 받았다고 한다.

이때부터 이 사원의 본존불의 불력이 영험하다는 소문이 사방으로 퍼져 나갔다. 불상 앞에 단정하게 앉아서 불상의 얼굴과 몸을 응시하고 있으면 영험한 기운이 나와 그 사람의 마음에 있는 악한 기운을 몰아낸다고 한다. 그래서 근심과 걱정을 덜어 주고 간절하게 바라는 소원을 모두 들어준다는 것이다. 아이를 낳지 못하는 사람은 아이를 낳게 되고 불행을 겪는 사람들은 불행에서 벗어나 마음의 평화를 얻고 복을 받았다. 이런 소문으로 인해 각지에서 이곳을 찾아오는 승려와 불자들의 행렬이 끊이지 않았다. 현재까지도 많은 사람들이 이 사원을 찾아와 불공을 드리고 복을 빈다. 불상이 가지고 있는 영험한 불력에 대한 기대와 더불어 란나 시대의 가장 아름다운 불상을 보고 싶어 하는 호기심이 더해져 있는 것 같다.

이 사원에 있는 위한루앙이라고 부르는 불당이 있는데 크루바씨위차이가 1931~1932년에 가로 25m 세로 66m 정도 되는 대지 위에 콘크리트 건물로 복원하여 세운 것이다. 이 불당을 복원할 때 각지에서 불심이 깊은 사람들이 몰려와 일을 도왔다. 돈이 있는 사람들은 성금을 내고 돈이 없는 사람들은 공사장에서 노력 봉사를 했다고 한다. 태국의 불당은 대개 커다란 방이나 홀 같은 공간에 불상을 모셔 놓은 곳이라서 지붕과 벽이 있는 실내 공간이다. 그런데 이 불당은 벽이 없고 기둥 위에 지붕이 있는 탁 트인 공간이다. 불당을 지을 때 모두 56개의 기둥을 사용했다고 한다. 안쪽에 불상이 있고 기둥에는 아름다운 란나풍의 무늬가 그려져 있다. 처마 아래쪽으로는 회랑이 있다. 이 불당은 1935년에 국보로 지정되었다.

사원도 운명이라는 것이 있나 보다. 이 사원을 보면 처음에 우리나라 창덕궁의 비원처럼 왕실 전용 화원으로 만들어진 것이 치앙마이를 다스리던 통치자들의 영묘가 되고 나중에는 사원으로 탈바꿈했다. 그래도 부침의 세월을 겪으면서 역대 군주들이 쌓은 공덕이 적지 않았던지 오늘날까지 그 후손들의 발길이 끊이지 않는다. 각지에서 모여든 불자들이 저마다 붓다에게 경배하고 자신들의 복을 빈다. 이쯤 되면 사원치고는 괜찮은 팔자인 것 같다.

영묘가 있는 경내를 산책하는 승려의 모습

푸핑 왕실별장

พระตำหนักภูพิงค์

푸핑 왕실별장은 더이부악하에 세워진 별장이다. 해수면으로부터 높이가 1,373m이니까 꽤나 높은 편이다. "더이부악하"에서 "더이"는 '산'을 의미하고 "부악"은 '샘'이란 뜻이다. 그리고 "하"는 '와나무'를 뜻한다. "와"라고 하는 열매는 포도와 겉모양은 약간 비슷하지만 단맛보다 떫은 맛이 강하다. 그래서 더이부악하는 '이 산꼭대기에는 샘이 많고 와나무가 번성하여 샘가를 뒤덮는다'는 의미가 된다.

이 별장은 1961년 라마 9세인 푸미폰 국왕이 세웠다. 국왕이 북부 지방에 와서 지역 주민들과 접촉하거나 왕실의 업무를 수행할 때 묵을 거처로 사용하기 위해 지은 별장이다. 때로는 외교사절들의 숙소로 사용하기도 한다. 왕실의 별장을 이곳에 지은 이유는 날씨가 시원하고 경치가 좋은 데다가 옛날에 란나 왕국의 수도였던 고도古都이기 때문이다.

푸핑 왕실 별장은 집을 일렬로 짓는 "르안무" 형태로 지어졌다. '여러 채로 지어진 집'이란 뜻이다. 이는 태국 중부의 주거 문화 형식을 따른 것이다. 태국의 전통 방식을 응용한 형태로 벽은 벽돌을 쌓고 시멘트를 발랐다. 지붕은 태국식 겹층 지붕이다. 안에는 대전과 식당 그리고 침실과 욕실이 있다. 외교 사절의 숙소는 커다란 발코니가 있어 치앙마이의 전경을 한눈에 내려다볼 수 있다. 별장의 이층은 옥좌가 있고 아래층에는 시종과 시녀들의 거처로 사용된다.

푸핑 왕실 별장은 일 년 내내 개장되는데 보통 겨울에 가장 경치가 좋다고 한다. 태국인들의 왕실 사랑은 각별하다. 그래서 이런 별장에 들어갈 때는 사원에 들어갈 때처럼 여러 가지 주의 사항이 요구된다. 고성방가를 삼가는 것은 물론이고 복장도 단정해야 한다. 반바지나 짧은 치마 그리고 민소매 옷도 허락되지 않는다. 미처 복장을 갖추지 못한 관람객을 위해서 입구에서 몸에 두를 수 있는 천을 빌려준다. 안에 꽃이나 식물을 꺾는 행위도 금지되며 무기 소지도 허락되지 않는다. 카메라 삼각대도 반입이 불허될 수 있다.

태국 전역에는 왕실 별장이 여러 곳 있다. 입헌군주제하의 국왕이기는 하나 아직까지 국민들로부터 절대적인 존경과 사랑을 받는 국왕의 존엄을 생각하면 일반인들이 발을 붙이기 어려운 곳으로 생각하기 쉽다. 그러나 실제로 왕이나 왕족이 체류하는 기간이 아니면 대개는 일반인들에게 개방하여 누구나 관람할 수 있다. 태국의 전통적인 국왕상은 어버이와 같은 온정주의적 국왕이다. 어버이가 자녀를 돌보듯이 백성을 따뜻하게 보살펴 주는 존재다. 그래서 13세기 국왕들의 이름 앞에 "퍼쿤"이란 말이 들어가는데 "퍼"는 '아버지'란 뜻이고 "쿤"은 '관료'라는 뜻이다. 푸미폰 국왕은 21세기 가장 대표적인 온정주의적 국왕이었다. 그의 생일인 12월 5일은 태국에서 아버지의 날이기도 하다.

왕실별장 입구

별장 안의 르안무

아름답게 가꾸어진 산책로

왓프라탓더이쑤텝 사원

วัดพระธาตุดอยสุเทพ

한밤중에 치앙마이 시내에서 가장 높이 보이는 곳에 불빛이 반짝이는 것을 볼 수 있다. 바로 왓프라탓더이쑤텝 사원이다. 치앙마이의 가장 대표적 사원이라고 할 수 있다. 왓프라탓더이쑤텝 사원은 더이쑤텝-뿌이 국립공원에 있다. 치앙마이 시내 평지에서 689m 높이에 있으며 해수면으로부터 높이는 1,046m이다. 그래서 치앙마이 시내 어디서든지 볼 수 있다. 사원은 란나 양식으로 지었고 불탑은 치앙쌘 형식으로 높은 기단 위에 팔각형의 종을 엎어 놓은 모양을 하고 있다. 기단부는 이층으로 되어 있는데 모서리를 한 번 더 깎아 내고 탑 전체에 금박을 입혀 무척 화려하게 보인다. 한편에 조성된 공간에 전망대가 있어 치앙마이 시내를 한눈에 내려다볼 수 있다. 전망대에는 나무정자가 하나 세워져 있는데 네 개의 기둥과 지붕에 매우 정교하고 아름다운 조각이 새겨져 있다. 낮에도 좋지만 밤에는 치앙마이 시내의 야경이 더욱 두드러져 보인다. 사진 찍기 좋아하는 사람들은 사원 내의 불교 건축물과 더불어 다양한 풍경 사진을 찍을 수 있다. 이곳은 치앙마이의 손꼽는 명소로 여기를 다녀가지 않으면 치앙마이를 가봤다고 말할 수 없다는 말이 있을 정도다. 양의 해에 태어난 사람들에게 특별히 복을 준다는 사원이기도 하다.

사원의 입구

전망대의 나무정자

주탑에는 붓다의 사리가 모셔져 있다. 란나 왕국의 6대 왕인 끄나왕은 불교를 진흥시키기 위해 쑤코타이에 사절단을 보내 고승을 모셔왔다. 이때 붓다의 사리를 하나 들고 왔는데 그 고승이 왓쑤안덕 사원에 머물고 있을 때 사리를 담은 용기를 열어 보니 사리가 두 개로 늘어나 있었다. 그래서 하나는 왓쑤안덕 사원의 불탑에 모시고 다른 하나는 새로운 곳에 사원을 짓고 그곳에 모시기로 했다. 그래서 남은 사리를 코끼리 등에 싣고 사원을 짓기에 적합한 곳으로 데려가 달라고 청했다. 사리를 싣고 가던 코끼리는 더이수텝 산을 오르더니 꼭대기에 이르자 세 번을 울었다. 그러고 나서 시계 방향으로 세 바퀴를 돌고는 무릎을 꿇고 쓰러졌다. 왕은 그 자리에 깊이 4m 폭 13.5m의 구덩이를 파고 커다란 돌기둥 여섯 개를 가져다 관 모양으로 세웠다. 그러고 나서 그 위에 사리를 모셔 놓고 돌로 덮은 후에 다시 10m 높이의 탑을 세웠다.

이러한 전설로 인해 주탑은 매우 신령한 곳으로 여겨 오늘날까지도 여성들에게는 출입을 제한하고 남성들도 신발을 벗고 들어가야 한다. 그 후 12대 왕 때에 이르러 불탑을 더 높게 증축하여 폭을 13m 높이를

사리를 싣고 가는 코끼리상

5.5m로 확장했다. 그리고 금으로 연꽃 모양의 용기를 만들고 거기에 사리를 담은 후에 첨탑에 안치시켰다. 이 연꽃 모양의 용기는 풍요로움을 상징하는데 란나 왕국에 불교가 융성하기를 바라는 염원이 담겨 있다고 한다. 불탑 옆에는 붓다의 사리를 싣고 온 코끼리상을 세워 코끼리의 노고와 신묘함을 기리고 있다.

사리를 봉헌한 탑 주변에는 몇 가지 부속 건축물들이 있다. 네 귀퉁이에 찻이라고 부르는 금색의 파라솔이 세워져 있다. 까윌라왕 시대에 만들어 놓은 것이다. 이런 모양의 파라솔은 대개 왕이나 왕족들이 외부로 행차할 때 시종들이 받쳐주는 것으로 그늘을 만들어 주는 도구다. 사원에 세워진 파라솔은 더운 나라에서 필요한 시원한 그늘을 상징한다. 또한 사방으로 퍼져 나가는 붓다의 자비와 은혜로 불자들이 더위에 시달리지 않고 행복을 누리라는 의미를 담고 있다. 불탑 주변에는 여러 개의 창을 세워 놓은 듯한 모습의 창살로 둘러싸여 있다. 여기에도 전해 내려오는 이야기가 있다. 붓다가 쿠시나가라에서 열반한 후 주변의 여러 나라 군주들이 서로 먼저 사리를 가져가려고 다투면서 갈등과 위기가 고조되었다. 그때 당시 현자 한 사람이 창을 든 병사들에게 사리를 호위하게 한 후에 골고루 나누어 주었다고 한다. 불탑 주변의 창살로 된 울타리는 이 이야기에 바탕을 둔 것이다. 사리탑 주변에 작은 불당이 사방으로 세워져 있다. 이 작은 불당에는 불상이 모셔져 있는데 이는 붓다의 자비와 은혜를 기리기 위해 세운 것이라고 한다. 다른 한편에 사각기둥 위에 정자가 얹혀 있는 모양의 조그만 탑이 있다. 이 탑의 사면에는 붉은색 바탕 위에 금색으로 새겨진 신상神像이 있다. 중요한 장소나 물건을 보호하고 지켜 준다는 이 수호신상들은 모두 다른 모습을 하고 각각 동서남북 사면에서 사리탑을 지키고 있다.

사원의 주탑

이 사원은 치앙마이의 대표적 사원이라서 여러 가지 큰 행사가 열린다. 특히 태국 불교의 가장 큰 명절인 완위싸카부차날에는 촛불 행진이 있다. 완위싸카부차는 우리나라의 석가탄신일이나 마찬가진데 의미가 약간 다른 부분도 있다. 단순히 부처님 오신 날뿐만 아니라 싯다르타가 룸비니에서 태어난 날이며 부다가야에서 깨달음을 얻어 붓다가 된 날이기도 하고 쿠시나가라에서 생을 마감하고 열반에 드신 날이기도 하다. 란나의 고승이었던 크루바씨위차이는 이 사원을 한 번 다녀가는 것은 해탈의 길을 걸어 아라한이나 붓다가 되는 것과 같다고 말한 바 있다. 촛불 행진을 할 때 승려가 앞장서서 독경을 하고 불자들의 행렬이 뒤를 따른다. 시작은 크루바씨위차이 기념탑에서 시작하여 이 사원으로 올라온다. 승려에게 시주하고 참선을 하거나 예불을 드리고 난 다음 걸어서 하산한다. 이런 행사에 참가하는 것은 큰 공덕을 쌓는 것으로 여겨 매번 많은 사람들이 참여한다.

왓프라탓더이쑤텝 사원으로 올라가는 방법에는 두 가지가 있다. 하나는 양쪽 입구에 나가상이 있는 계단을 걸어 올라가는 것이다. 계단 양옆으로 나가의 몸뚱어리가 길게 뻗어 있는데 더운 날씨에 306개의 계단을 오르내리기는 쉬운 일이 아니다. 또 하나의 방법은 케이블카를 타고 올라가는 것이다. 계단을 오르기 불편한 사람들은 옆쪽으로 가서 지상으로 오르내리는 케이블카를 타고 가면 된다. 더이쑤텝에 오르는 도로

사원으로 오르내리는 계단

도 옛날에는 매우 불편했는데 크루바씨위차이 시절에 치앙마이 동물원에서 더이쑤텝을 지나 푸핑 왕실별장까지 이르는 도로가 건설되었다. 이 도로는 전장 11.53km에 이른다. 승용차를 가지고 가면 편하지만 여의치 못한 경우에는 대중교통으로 가야 하는데 치앙마이대학교 앞에서 썽태우를 타고 가면 된다. 왓프라탓더이쑤텝 사원은 1935년에 국보로 지정되었다.

우리나라의 사원들은 대개는 산속에 위치하고 있다. 조선 시대 초기에 억불숭유 정책으로 도심에서 밀려난 것이 그 중요한 이유라고 한다. 그로 인해 세속 권력과 일정한 거리를 두게 되었다. 그러나 태국의 경우는 전역에 3만 5천 개 이상의 사원이 있다. 중부와 남부 지역은 사원들이 대개 도심에 위치하거나 마을을 따라 세워져 있다. 그러나 북부 지방의 경우 산악 지대가 많다 보니 이런저런 사유로 산 위에 위치하고 있는 사원들이 많다. 대개는 코끼리나 영험한 기운이 명당을 점지해주고 능력 있고 덕망 높은 승려가 그 자리에 사원을 세우게 되었다는 전설이 함께 따라붙는다. 옛날에 치앙마이대학교에서 신입생 환영회를 할 때 306개의 계단을 걸어서 왓더이수텝 사원을 오르내리게 했다는 이야기를 들은 바 있다. 신입생들은 우선은 힘들고 어려웠겠지만 높은 곳에 올라 정신적으로는 호연지기도 기르고 더불어 육체적으로는 지구력을 키우는 데 도움이 되었을 것 같다. 그러고 보니 왓프라탓더이쑤텝 사원은 자주 와서 예불을 드리게 되면 공덕을 쌓는 것은 물론 오르내리며 하는 운동 덕분에 건강은 그냥 덤으로 얻어질 것 같다.

왓쨋엿 사원

วัดเจ็ดยอด

왓쨋엿 사원은 오래된 고찰로 역사적으로나 문화적으로 매우 의미 있고 유서 깊은 사원이다. 치앙마이 성 밖 북서쪽에 자리 잡고 있는 이 사원은 1477년에 제8차 세계불교경전공회가 열렸던 곳이기도 하다. 란나 사람들의 믿음에 의하면 뱀의 해에 태어난 사람들이 복을 많이 받는 사원이다. 이 사원은 망라이 왕조의 9대 왕인 띠록까랏왕이 1445년 인도의 부다가야에 있는 대보리사 사원을 본떠 세운 것이다.

인도의 부다가야는 싯다르타가 깨달음을 얻어 붓다가 된 곳이다. 기원전 254년 아쇼카왕은 붓다의 해탈을 기리기 위해 마하포티 사원을 지었다. 우리말로는 대보리사 사원이라고 부른다. 그러나 인도의 대보리사 사원은 12세기 이슬람 세력의 침략으로 파괴되고 무너진 채로 남아 있다가 1883년 발굴되어 복원 작업을 하게 되었다. 대보리사는 한가운데 수미산을 상징하는 주탑이 있고 네 모퉁이에 작은 보조탑이 있다. 싯다르타가 깨달음을 얻은 보리수는 주탑 뒤에 위치하고 있다.

왓쨋엿 사원의 주탑은 당대의 최고의 건축가가 인도로 가서 대보리사를 직접 보고 그 모양을 본떠서 이곳에 지은 것이다. 그래서 중앙에 싯다르타가 깨달음을 얻었다는 보리수나무 아래 금강좌를 만들고 주탑을 세웠다. 주탑의 기단부는 사각형으로 주변에 신상들의 부조와 꽃무늬가 있다. 신상들은 합장을 하고 있는데 이런 모습은 태국의 전통 춤이나 무에타이에서 흔히 볼 수 있는 자세와 유사한 모양을 하고 있다. 기단부 위에 일곱 개의 탑이 세워져 있다. 왓찟엿 사원은 '일곱 개의 탑이 있는 사원'이란 뜻인데 바로 주탑과 주변의 보조탑 숫자에서 그 이름이 유래된 것이다.

주탑의 모습

부조로 새긴 신상

이 사원의 본래 이름은 "왓포타람마하위한"이다. '보리수 사원' 이라는 뜻이다. 띠록까랏왕은 스리랑카에서 온 고승의 법문을 듣고 보리수 나무를 심는 것이 공덕을 쌓는 것이라는 사실을 알게 되었다. 그래서 당시에 스리랑카에서 가져와 심었다는 더이수텝의 보리수 나뭇가지를 가져와 이 사원에 꺾꽂이를 했다. 그래서 사원 이름이 보리수 사원이 된 것이다.

사원으로 들어서는 입구에 있는 아치형 문이 매우 특이하다. 상인방이 아치형으로 되어 있는 란나 형식의 건축물이다. 이런 형태의 문은 불교의 우주관을 반영한 것이다. 불교의 우주관에 따르면 세상의 중심에 수미산이 있고 수미산 언덕에 거대한 숲이 있는데 이것이 바로 힘마판 숲이다. 한자어로는 보통 설산림이라고 부른다. 그래서 태국의 문학이나 건축물에서 보면 설산림에 산다는 동물들이 많이 등장한다. 수미산 사방으로 네 개의 거대한 대륙이 있는데 수미산 남쪽에 있는 대륙이 촘푸타윕이다. 이 촘푸타윕 대륙에서 수미산으로 올라가는 길의 입구를 상징하는 것이 바로 이 아치형 문이다. 아치형 문은 벽돌을 쌓아 올려 만든 것인데 위쪽의 둥근 아치형 부분은 무너져 내렸고 양쪽에 모서리를 여러 겹으로 주름 잡듯 각을 지게 만든 기둥만이 남아 있다.

이 사원의 불당은 역사적으로 매우 중요한 의미가 있다. 띠록까랏왕이 1477년에 건립한 것인데 란나의 승려 대회를 개최하기 위한 장소로 사용되었다. 또 다른 쪽에 있는 법당은 1502년에 띠록까랏왕의 손자인 므앙깨우왕이 선왕의 시신을 화장하고 그 장소에 세운 것이다. 옆에 있는 불탑은 띠록까랏왕을 기리는 불탑이다. 1488년에 망라이 왕조 10대 왕인 엿치앙라이왕이 불탑을 세우고 띠록까랏왕의 유골을 여기에 안치했다.

띠록까랏왕의 유골탑

보리수와 주탑 사이에 싯다르타가 해탈한 자리를 상징하는 금강보좌가 있다. 불교에서 전해져 내려오는 이야기에 의하면 붓다는 깨달음을 얻은 뒤에 7일마다 자리를 옮겨가면서 7주 동안 주변에서 머물렀다고 한다. 이 일곱 군데의 장소를 칠선처七禪處라고 한다. 49일 동안 깨달음의 환희를 즐기면서 보리수 나무 주변에서 시간을 보냈던 것이다. 매주 붓다가 머물렀던 자리에는 여러 가지 상징이 만들어졌다. 그래서 금강보좌 주변에 일곱 곳의 작은 성지가 생겨났다. 인도까지 가기에 현실적으로 어려운 사람들이 아쉬움을 달래며 대리 만족을 얻을 수 있는 곳이 바로 왓쩻엿 사원이다. 불심이 깊은 사람들에게는 아쉬움이 크겠지만 그래도 시공을 초월하는 순례와 수행으로 이를 달랠 수 있다는 것은 그나마 다행인 것 같다.

사원 안의 보리수나무

흔히 어떤 일이나 행사를 끝내고 하는 것이 뒤풀이다. 행사가 잘 끝날수록 뒤풀이는 즐겁기 마련이다. 붓다도 깨달음을 얻은 뒤에 뒤풀이를 했던 모양이다. 그것도 7일마다 장소를 바꾸어 가며 7주 동안 했다고 하니 시쳇말로 7차까지 갔던 모양이다. 칠선처를 돌아보고 나니 드는 생각이 우리 세대는 어려서부터 너무 일을 강조하는 사회에서 살아온 것 같다. 옛날에 즐겨 불렀던 "노세 노세 젊어서 놀아 늙어지면 못 노나니 화무는 십일홍이요 달도 차면 기우나니라"라는 노랫말이 있다. 학창 시절에 이 멋진 노랫말이 잘못된 것이라고 배웠다. 젊어서 일하고 늙어서 놀아야 맞는 것이라고 선생님께서는 늘 그렇게 말씀하셨다. 그러나 살아 보니 딱히 맞는 말은 아니었던 것 같다. 일도 젊어서 해야 하지만 노는 것도 젊어서부터 해야 하는 것이 맞다. 어쨌든 인생은 즐겁고 아름다운 것임은 분명한 사실이다.

나이트바자

ไนท์บาซาร์

치앙마이의 나이트바자는 중국계 상인들이 주도하여 조성한 시장이다. 치앙마이에서 생산되는 수공예품, 바구니 세공품, 옷감, 장신구 등을 판매할 수 있는 야시장이 필요하다고 생각해서 만들었는데 초기의 주대상 고객은 외국인이었다. 당시에 치앙마이를 찾아온 서양인들이 기념품으로 수공예품을 많이 선호했기 때문이다. 오늘날 짜른쁘라텟 거리 입구에서 창클란 거리까지 약 1km 길이의 길가에 상가들이 늘어서 있다. 시장은 씨던차이로 가는 길까지 이어져 있지만 중요한 상가 밀집 지역은 세 군데 정도 있다.

그중에서 아우싼 시장은 맛집 거리이다. 처음에는 비교적 값이 비싼 시푸드 가게들이 주를 이루고 있었는데 나중에는 관광객들을 대상으로 하는 다양한 맛집 거리로 바뀌었다. 입구에는 식사를 하러 오는 손님들을 대상으로 호객 행위를 하는 종업원들이 늘어서 있다. 지나가는 외국인 관광객들에게 무에타이쇼나 카바레쇼 관람을 권유하는 전단지를 뿌리기도 한다. 이에 비해 깔래 지역은 식사보다는 가벼운 음료를 마시면서 밤 풍경을 즐기고자 하는 사람들이 찾는 곳이다. 맥주를 마실 수 있는 비어 광장이 있고 잠시 앉아 쉬면서 이런저런 음료를 골라 마시면서 즐겁게 이야기를 나눌 수 있는 곳도 있다. 깔래의 맞은편에는 나이트바자 플라자가 있다. 이곳은 본래 호텔 소유로 초기에는 가격이 비싼 수입품을 파는 곳이었으나 나중에 일반 상품을 파는 쇼핑 거리로 탈바꿈했다.

나이트바자의 상인은 중국계 태국인과 타이족 그리고 무슬림 등의 세 부류가 있다. 짜른쁘라텟 거리 중간 지점에 이슬람 사원이 있고 이 부근이 치앙마이에 거주하고 있는 타이 무슬림들의 주거 지역이다. 그래서 자연스럽게 할랄 음식의 중심지가 되었다. 치앙마이로 놀러 온 이슬람교도와 아랍인들이 이곳을 찾는다. 특히 금요일 저녁이면 할랄 음식뿐만 아니라 아랍에서 들여온 향신료나 양념들을 진열해 놓고 판다.

나이트바자에서 초기에는 주로 지역 토산품, 특히 수공예품들을 주로 팔다가 나중에는 품질이 좋은 모조품을 파는 시장으로 변해갔다. 초기에는 주요 고객이 서양 관광객들이었는데 나중에는 중국인과 내국인 관광객들이 많아지면서 판매하는 품목도 바뀌어 갔다. 이러한 모조품을 copy grade A 라고 부르기도 하고 "찐댕"이라고 부르기도 한다. '빨간

나이트바자의 풍경

중국'이란 뜻인데 옛날 냉전 시대에 중국을 그렇게 불렀다. 아마도 초기에 중국계 태국인들이 과거 중국산 제품을 들여와 팔거나 모조품을 만들어 팔면서 생겨난 말인 것 같다. 모조품은 보통 이름있는 브랜드의 제품을 흉내 내어 만들어 파는데 주 고객이 외국인보다는 내국인이다. 가격이 상대적으로 저렴하여 부담 없이 구입할 수 있다. 일부 품목은 중국에서 직접 들여오는 것인데 전자 담배, 스프링 칼, 가스라이터, 셔츠 같은 의류 등이다. 가격은 불과 몇백 밧 안 되는 것부터 시작해서 비교적 저렴한 가격에 파는 다양한 상품들이 있다.

나이트바자의 판매 방식은 초기에는 블록을 정해서 물건을 팔다가 나중에는 특정한 장소를 안정적으로 임대하는 형식으로 바뀌었다. 그러자 여기저기 돌아다니며 파는 행상인들의 숫자가 감소했다. 토속적인 기념품들도 초기에는 사람이 일일이 손으로 만들어 팔던 것을 이제는 공장에서 기계로 만들어 낸다. 그러다 보니까 전통적인 수공예품들은 이따금 눈에 띄는 정도이다. 깔래 지역 쪽으로 보면 조그만 문이 하나 있는데 이름이 "쁘라뚜매우"이다. '고양이 문'으로 해석할 수 있는데 실제로는 '매우족 문'이란 뜻이다. 예전에 매우족을 비롯한 소수민족들이 이곳을 통해 드나들었기 때문에 붙여진 이름이다. 소수민족들은 특유의 무늬가 있는 옷감이나 모자 등의 전통 의상과 장신구 등을 이곳을 통해 관광객들에게 기념품으로 판매한다.

어릴 적에 닷새 만에 한 번씩 서는 오일장 시장은 어린아이들에게는 작은 기대를 갖게 했다. 어머니나 아버지를 따라 인파로 북적이는 시장 골목을 돌아다니는 것은 또 다른 세상에 눈을 뜨는 듯한 환희와 즐거움이 있었다. 운이 좋으면 호떡이나 눈깔사탕 하나 얻어먹을 수 있었고 굳이 먹을 것이 없더라도 그냥 가게마다 사고팔기 위해 내어놓은 넘쳐나는 물건들은 그저 신기하기만 했다. 이따금 뜻하지 않게 친구를 만나기도 하고 때로는 생각지 않았던 구경거리가 생기곤 했다. 약장수가 공연을 벌이기도 하고 가끔은 공터에 천막을 치고 영화를 보여주는 이동극장이 들어서기도 했다. 그래서 시장은 인근 마을 사람들이 다 모이는 작은 축제 장소이기도 했다.

태국에 유학 가서 처음 느낀 시장의 모습도 크게 다르지 않았다. 아침 일찍 여는 시장에 가면 각종 식자재와 생필품을 파는 가게들이 문을 연다. 싱싱한 야채와 갓 도축하여 아직 체온이 남아 있는 육류에서는 무럭무럭 김이 나기도 한다. 한쪽에서는 아침 일찍 나오느라 식사를 못 한 사람을 위해 쌀국숫집이나 밥집이 문을 열고 각종 야채 주스와 음료수도 판다. 분주하게 움직이는 장사꾼들과 물건을 사러 온 손님들로 북적이는 시장에서는 항상 생기가 넘쳐난다.

그런데 태국에는 한국과 분위기가 다른 시장이 하나 있다. 저녁부터 밤 늦게까지 열리는 "또룽"이라고 부르는 야시장이다. 더운 나라에서 해가 뉘엿뉘엿 지게 되면 무더위가 한풀 꺾이면서 사람들이 활기를 되찾는다. 여기저기 형광등이 켜지고 도시가 다시 살아난다. 아는 사람을 만나면 반갑게 인사하고 저녁 삼아 간단히 요기도 한다. 더러는 술잔을 기울이는 사람들도 있다. 이따금 열리는 지역 축제나 사원이 주최하는 행사장에서 열리는 야시장은 또 다른 별천지이다. 여러 가지 음식은 물론 생필품과 옷가지 그리고 가구까지 특별 할인가로 판매한다. 심지어는 어린 아이들을 위한 놀이기구가 등장하고 어른들을 위한 공연까지 열린다. 야시장은 삶에 지친 사람들에게 잠시 열렸다 사라지는 낙원 같은 곳이기도 하다.

야시장에 가면 여러 가지 물건도 살 수 있지만 값싸고 맛있는 토속 음식도 즐길 수 있다. 그러나 치앙마이에는 좀 더 격조 높은 토속 음식을 즐길 수 있는 곳이 있는데 바로 칸똑 음식을 파는 레스토랑이다. 칸똑 디너쇼에 가면 칸똑에 담긴 치앙마이 전통 음식을 먹으면서 민속춤 공연도 함께 관람할 수있다. 칸똑은 우리나라의 개다리소반을 연상케 하는 원형으로 된 밥상이다. 개다리 소반은 보통 네 개의 다리가 받치고 있지만 칸똑은 바닥과 닿은 부분이 원형으로 되어 있다. 주로 티크목으로 만들다가 요즘은 티크목을 구하기 어려워 등나무를 엮어 만드는 경우가 많다. 옛날에는 고관대작이나 일반 서민들도 모두 칸똑에 음식을 차려 먹었지만 요즘은 서구의 영향을 받은 식탁 문화가 들어오면서 칸똑은 점차로 사라져 가고 있다.

칸똑에 담기는 음식에는 여러 가지가 있다. 우선 깽항레라고 부르는 돼지고기찌개와 땅콩, 그리고 삶은 채소와 남프릭엉이라고 부르는 태국식 고추장이 있다. 치앙마이 사람들은 신맛을 내는데 라임 대신 토마토를 쓴다. 그렇게 해야 삶은 채소와 궁합이 맞는다고 한다. 이밖에 싸이우아라고 부르는 북부의 전통식 순대가 있다. 돼지고기를 갈아서 양념을 한

또룽의 풍경

다음에 돼지 창자에 넣고 불에 익힌 것이다. 캡무는 돼지고기를 튀긴 것인데 소스를 찍어 먹기도 하고 그냥 두었다가 간식으로 먹기도 한다. 까이텃은 닭고기 튀김이다. 이 밖에도 다양한 음식이 상 위에 올라온다.

손님들이 식사를 하는 동안 중앙 무대에서는 공연이 시작된다. 과거 지체 높은 사람들 집에서 손님을 환영하기 위해 추었던 춤이다. 북부 지방의 전통춤들과 칼춤이 흥미롭게 이어진다. 섬세한 손동작을 하는 무희들이 있고 단단한 체구로 검을 휘두르는 청년 무사도 있다. 공연하는 무대가 중앙에 있어 손님들은 누구나 편안하게 관람할 수 있다. 공연의 맨 끝 순서는 둥글게 원을 그리며 추는 춤이라서 손님들이 무대 위에 올라가 무희들과 함께 출 수 있다. 식사를 끝내고 나오면 식당 입구에 무희들이 나와 배웅한다.

칸똑은 본래 이 지역 사람들의 식사 문화였다. 조상 대대로 온 가족이 둥글게 모여 앉아 함께 밥을 먹으면서 가족 간의 정을 나누는 시간이기도 했다. 예기치 않은 손님이 찾아와도 기꺼이 합석하여 함께 식사하는 친교의 장이기도 했다. 그러나 최근 들어 칸똑은 사라지고 일부 음식점에 가야 맛보고 즐길 수 있는 관광 상품이 되어버렸다. 저녁에 온 가족이 밥상머리에 둘러앉아 식사를 같이하면서 낮에 있었던 일을 이야기하고 그렇게 오가는 대화 속에서 교육이 이루어지고 나아가 그 집안의 가풍이 세워진다. 칸똑이 사라지는 것은 밥상머리 교육이 함께 사라지는 것이다. 그래서 느껴지는 아쉬움이 적지 않다.

칸똑 상차림

민속춤 공연

왓치앙만 사원

วัดเชียงมั่น

왓치앙만 사원은 치앙마이에서 가장 오래된 사원이면서 성곽 안에 세워진 첫 번째 사원이기도 하다. 1296년에 망라이왕이 치앙마이를 건설하고 응암므앙왕과 람캄행왕과 더불어 세 왕이 이곳에 불탑을 세웠다. 치앙마이를 건설하는 동안에 망라이왕은 이곳에 한시적으로 머물렀는데 나중에 사원을 짓도록 땅을 희사했다. 사원을 짓고 나서 이름을 "치앙만" 이라고 지었는데 이는 '견고한 도시'라는 뜻이다. 새로 건설한 치앙마이가 안정되게 번영하기를 바라는 염원을 담은 듯하다. 그러나 이 사원의 불탑은 띠록까랏왕 시대에 버마의 침략을 받아 무너진 것을 1471년에 홍토로 다시 세운 것이다. 1551년에 란나가 버마의 속국이 되자 이 사원은 폐허로 변했다가 1558년에 버마의 꼰바웅 왕조의 3대 왕이 왕자 시절에 사원을 복원하였다.

불당의 앞모습

이 사원의 불당에는 치앙마이 사람들이 특별히 경배하는 불상이 하나 있다. "프라쎄땅카마니"라고 부르는 불상인데 '백색 유리 불상'이라는 뜻이다. 전해져 내려오는 이야기에 의하면 붓다가 입적하고 700년이 지난 해 7월 15일에 쑤테와르씨라는 도사가 도리천에 갔다. 그때 목련과에 속하는 짬빠를 다섯 송이 들고 붓다의 머리카락을 안치해 놓은 탑에 경배를 드렸다. 그곳에서 제석천을 만나 위싸카달 보름날에 라워국에서 백색 유리로 좌불상을 만들 것이라는 이야기를 들었다. 라워국은 오늘날 롭부리에 자리잡고 있던 고대 왕국이다. 지상으로 내려온 쑤테와르씨는 그길로 라워국을 찾아갔다. 그때 라워국의 왕과 마하가섭이 유리 불상을 만들 계획을 하고 있었다. 쑤테와르씨는 아라한이 찬드라에게서 가져온 유리 원석을 비수갈마에게 주면서 불상을 만들어 달라고 요청하였다. 비수갈마는 제석천의 신하로 건축과 공예를 담당하는 신이었다. 좌불상이 완성되자 붓다의 사리를 불상의 정수리와 이마 그리고 가슴과 입 등 네 곳에 넣은 후에 한동안 라워국에 안치시켜 놓았다. 그 후 쑤테와르씨가 하리푼차이를 건국하자 초대 왕인 짬마테위여왕이 불상을 모셔가 자신의 수호불상으로 삼았다. 그때부터 수백 년간 유리 불상은 하리푼차이에 모셔져 있었다. 1281년 란나 왕국의 망라이왕이 하리푼차이를 점령하면서 도시 곳곳을 불태워 버렸다. 불에 소실된 피해 상황을 돌아보던 망라이왕은 왕궁에 남아 있는 유리 불상을 발견했다. 그런데 유리 불상은 전혀 불에 탄 흔적이 없었다. 망라이왕은 이를 보고 불심이 생겨 이를 자신의 거처로 모셔 왔다.

프라쎄땅카마니 불상

그리고 나중에 자신의 수호불상으로 삼았다.

그 후 1296년 망라이왕이 치앙마이를 건설하고 유리 불상을 왕궁으로 옮겨갔다. 그곳이 바로 오늘날 왓치앙만 사원이 자리 잡고 있는 곳이다. 훗날 망라이 왕조의 엿치앙라이왕 시절에 어떤 도둑이 불상을 훔쳐가 아유타야의 왕에게 바쳤다. 그러자 엿치앙라이왕은 군대를 이끌고 쳐들어가 되찾아 왔다. 그 후 유리 불상은 1546년에 란창 왕국으로 옮겨져 225년간 그곳에 있었다. 1781년에 짝끄리 장군이 란창 왕국을 정벌한 다음 이 불상을 찾아와 본래의 왓치앙만 사원에 모셔 놓았다.

유리 불상은 줄곧 치앙마이 시민의 수호불상으로 정신적 구심점 역할을 해왔다. 1873년에 치앙마이 군주는 유리 불상의 안치대를 만들고 이를 금으로 입혔다. 그리고 하단에 란나어로 불상의 유래를 기록해 놓았다. 1996년 치앙마이 건국 700주년을 맞아 낡은 안치대를 보수하였다. 매년 관불의식을 하면서 물에 젖은 안치대가 많이 낡아 있었기 때문이다. 새로 만든 안치대는 500돈에 가까운 금을 입힌 파라솔과 9개의 다이아몬드, 그리고 37개의 보석이 사용되었다.

불당 내부의 모습

이 사원에는 또 하나의 유명한 불상이 있는데 "프라씰라" 라고 부르는 불상이다. 글자 그대로 해석하면 돌로 만들어진 '석불상'이란 뜻이다. 이 불상은 커다란 석판에 사나운 코끼리를 제압하고 있는 입불상을 부조로 제작한 것이다. 석판에는 서 있는 붓다 옆에 오른쪽으로 코끼리가 그리고 왼쪽에 아난타가 발우를 들고 있는 모습이 새겨져 있다.

이 부조는 불교의 설화에 바탕을 두고 있다. 붓다가 깨달음을 얻은 지 9년이 지나서 한때 코삼비 지역에 머무른 적이 있다. 그때 그 지역에 경전을 중시하는 비구들과 계율을 중시하는 비구들 사이에 사소한 일로 큰 싸움이 벌어졌다. 이에 붓다가 세 차례나 싸움을 말렸지만 비구들은 싸움을 멈추지 않았다. 그러자 붓다는 그곳을 떠나 외딴 마을 숲속 나무 아래에서 홀로 우기를 보냈다. 나중에 비구들과 아난타까지 나서서 붓다를 찾았다. 아난타가 숲속으로 들어가면서 성난 코끼리를 만나 위험에 처하게 되었는데 붓다가 온유한 음성으로 코끼리를 제압하였다. 붓다는 코끼리와 자신을 찾아온 비구들과 함께 우기를 지내면서 다음과 같이 가르쳤다고 한다.

"비구들이여, 모든 존재에게 폭력을 쓰지 말고, 누구에게도 상처를 주지 마라. … 소리에 놀라지 않는 사자같이, 그물에 걸리지 않는 바람같이, 물과 진흙이 묻지 않는 연꽃같이, 코뿔소의 뿔처럼 혼자서 가라."

프라씰라 불상

이 불상이 만들어진 배경과 관련하여 전해내려오는 이야기가 있다. 옛날 석가모니가 입적하고 7년 7개월 7일이 지난 후에 라즈기르를 다스리던 왕이 불상을 만들고자 했다. 붓다가 코끼리를 제압하는 모습의 입불상을 제작하기 위해 아라한에게 바다에 있는 대리석을 가져오게 했다. 대리석 위에 탁발하고 있는 붓다와 오른쪽에 머리를 조아리고 있는 코끼리 그리고 왼쪽에 발우를 들고 있는 아난타 모습을 하나의 석판

위에 새겼다. 그러고 나서 왕과 아라한 모두 한마음으로 일곱 개의 붓다 사리가 석불상에 들어가 자리하기를 염원했다. 붓다의 일곱 개 사리가 석불상에 들어가 자리를 잡자 그때부터 영험한 기운을 내뿜으며 공중으로 떠 올랐다. 이런 기적과 같은 일을 지켜본 왕은 높은 산기슭에 단을 만들고 그 위에 불상을 안치하여 뭇사람들이 와서 불공을 드리고 경배할 수 있게 하였다.

이후 세 명의 고승이 찾아와 인근의 다른 나라 사람들도 이 불상에 불공을 드릴 수 있게 해달라고 간청하자 왕이 이를 허락하여 석불상은 하리푼차이 왕국으로 옮겨졌다. 그래서 오랜 시간 람빵에 안치되어 있었는데 치앙마이에 있던 띠록까랏왕이 치앙마이로 모셔 오라고 명을 내렸다. 그래서 치앙마이의 왓빠댕 사원과 왓믄싼 사원 그리고 왓쑤안덕 사원에 차례로 안치시켰다가 나중에는 왕궁으로 모셔 왔다. 그때부터 해마다 석불상과 유리 불상을 모셔 놓고 예불을 드렸다. 가뭄이 들어 비가 오지 않는 해에는 관불의식을 거행하고 기우제를 지냈다. 이런 불교 의식은 후대의 왕들에게도 그대로 이어졌다.

왓치앙만 사원은 망라이왕 시대부터 불교의 경전을 배우고 포교하는 중심지였다. 따라서 이 사원에는 여러 가지 유적과 유물이 간직되어 있다. 사원의 남쪽에 위치한 법당은 1581년에 지은 란나 형식의 건축물이다. 앞쪽에는 76호 돌비석이 세워져 있다. 이 돌비석에는 망라이

불당과 불탑의 모습

사원의 주탑

왕과 응암므앙왕 그리고 람캄행왕이 치앙마이를 건설하고 왓치앙만 사원을 세웠다는 내용 등이 새겨져 있어 역사적으로 매우 중요한 사료로 평가받는다. 사각형과 둥근 모양이 어우러진 불탑이 있는데 기단부에는 반신이 돌출되어 나온 코끼리상이 조각되어 있다. 이 불탑은 1297년에 망라이왕이 세운 후에 후대 치앙마이 군주들이 지속적으로 보수 작업을 해왔다. 예술청에서 1935년에 유적지로 등록하였다.

이 사원은 "쌀락팟" 축제가 시작되는 곳이기도 하다. 이 축제는 "딴꾸아이쌀락"이라고도 하는데 이는 불자들이 승려를 특정하지 않고 시주를 하면 승려들이 제비를 뽑아 그 시주한 물건을 받는 불교 풍습이다. 이런 풍습은 붓다가 생존해 있을 때부터 있었다고 한다. 당시 한 도깨비 여인이 있었는데 사람들과 섞여 붓다의 설법을 열심히 들었다. 그러다 보니 법문에 감화를 받았다. 그 결과 포악하고 사나운 성질을 버리고 더 이상 사람을 죽이지 않는 아주 자비로운 도깨비가 되었다. 그러자 사람들이 그 도깨비 여인에게 호의가 생겨 여러 가지 물건들을 가져와 나누어 주었다. 도깨비 여인은 그 물건들을 승려에게 시주하고자 했다. 그런데 그 물건들 중에는 제각기 값이 다른 것들이 섞여 있었다. 그래서 시주할 물건에 제비를 만들어 넣고 승려들에게 그 제비를 뽑게 한 다음 그에 맞는 물건을 받아 가도록 했다. 이때부터 시작된 것이 쌀락팟 풍습이다.

쌀락팟 축제는 란나의 오랜 불교 풍습으로 돌아가신 조상들을 위해 보시하는 것이다. 주로 대나무를 엮어 만든 바구니나 죽통 형태로 만든 용기에 시주할 물건을 담는다. 대개는 쌀과 마른 음식 또는 과일이나 승려들이 사용하는 생활용품 등을 담는다. 그 다음에 바구니를 들고 사원에 모여 정해진 불교 의식을 치른다. 의식이 끝나면 승려들에게 제비를 나누어주고 제비를 받은 승려는 그 제비에 적힌 물건을 받는다. 이 풍습은 태국 북부 달력으로 12월 보름날 열린다. 일반 달력으로는 9월에서 10월경에 닿는다. 마침 농사가 끝나고 농한기로 접어들면서 우기가 시작되는 시기이기도 하다. 그래서 사람들이 외부로 출타하지 않고 대개 집에 머물러 있는 기간이다. 또한 승려들도 모두 사원에서 수행에 정진하는 우안거 기간이다. 아울러 여러 가지 과일이 풍성하게 익는 철이기도 하다. 따라서 인심도 넉넉해지고 가난한 사람에게 인정을 베풀기 알맞은 시절이다. 그런 까닭에 이 시기에 적선을 하고 보시를 하면 그 공덕이 크다고들 한다.

시주를 하면서 승려들이 제비뽑기를 하는 쌀락팟 축제는 매우 흥미롭다. 사람은 살아가면서 많은 선택을 하게 된다. 그런데 그 선택이 다른 사람에게 영향을 주거나 서로 간의 이해관계가 엇갈릴 때 요구되는 것이 공정성이다. 그러나 공정성을 확보하는 일이 매번 쉬운 일이 아니다. 아마도 많은 사람들이 공정하다고 생각하는 방법 중의 하나가 제비뽑기일 것이다. 태국은 군복무 여부도 제비뽑기로 결정한다. 징병제를 선택하고 있는 태국은 해마다 징집 연령에 되는 청년들이 소집되어 관공서의 너른 광장에 모인다. 지원자로 부족한 인원을 매년 4월에 제비뽑기로 충원하는데 빨간 제비를 집으면

쌀락팟 행사 모습

입대로 결정되고 검은 제비를 집으면 면제로 판정이 난다. 현장에서 보면 빨간 제비를 뽑고 탄식하는 사람들과 검은 제비를 뽑고 환호하는 사람들로 희비가 엇갈리는 모습을 볼 수 있다. 이따금씩 긴 머리를 한 처자들이 제비뽑기 하는 장소에 나타나는 것을 볼 수 있다. 성소수자들인데 이들도 피해갈 수 없는 것이 제비뽑기다. 그러나 성전환자들의 경우에는 정해진 심사 과정을 거쳐 대부분 면제 판정을 받는다. 일반 남성들의 경우 미리 자원 입대하면 군복무 기간을 절반으로 줄여주는 혜택이 있는데도 적지 않은 사람들이 제비뽑기로 자신의 운명을 결정한다. 그래서 태국에서 4월은 누군가에게는 '잔인한 달'일 수밖에 없다.

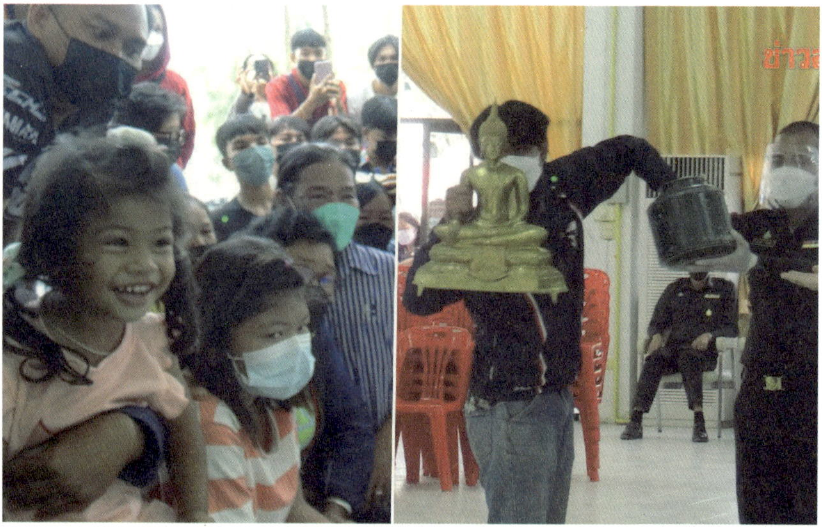

군입대 결정을 위한 제비뽑기 하는 장면

왓쌘팡 사원

วัดแสนฝาง

왓쌘팡 사원은 타패로드에 위치하고 있다. 이곳이 옛날에는 부둣가여서 버마 상인들과의 교역 중심지였다. 이 사원은 그래서 버마 예술로 세워진 오래된 사원 중의 하나다. 특히 불탑은 매우 아름다운 무늬로 장식되어 있다. 이 사원의 건축물들은 버마 양식과 란나 양식이 잘 어우러져 과거 버마와의 관계를 드러내 주는 일면을 엿볼 수 있다. 정확한 기록은 아니지만 땀난에 전해져 내려오는 이야기에 의하면 이 사원은 망라이 왕조의 쌘푸왕 시대에 세워졌다. 이후 모든 왕들의 지속적인 지원과 후원 아래 양호하게 보존되어 왔다. 대장경을 보관하는 서고의 티크목에 새겨진 기록을 보면 쌘푸왕은 그의 조부와 부친을 본받아 자신의 재산을 불교에 '묻어 두고자' 했다. 그래서 삥강에서 조금 떨어진 한 개울가의 공터에 사원을 세우고 자신의 재산을 보시하였다. 이렇게 불교에 '묻어 두고 싶은' 생각을 실행에 옮겼다. 이때 세운 사원에 "왓쌘팡 사원"이라는 이름이 붙었다. "쌘"은 쌘푸왕의 이름에서 가져온 것이고 "팡"은 '묻다'라는 의미인데 쌘푸왕이 자신의 재산을 불교에 보시하였음을 나타낸다.

이 사원의 주탑은 태국의 다른 불탑들과 확연히 다른 모습을 하고

사원의 전경

있다. 불탑이 세워진 곳은 치앙마이 6대 왕이 머물러 살던 곳인데 이곳에 버마의 쉐다곤 파고다와 흡사한 형태로 불탑을 세웠다. 귀퉁이에 사자와 반인반수상狀이 지키고 있고 높은 파라솔이 세워져 있다. 법당은 라마 5세의 후궁인 다라랏싸미가 세운 것으로 알려졌다. 근대식 이층 건물로 되어 있는데 아래층은 벽돌을 쌓은 후에 시멘트를 발랐고 지붕은 흙을 구워 만든 붉은색 기와를 올렸다. 위층은 나무에 아름다운 무늬를 넣은 무늬목으로 짓고 옆면에는 별 모양으로 장식했다. 지붕 능선의 끝머리에는 설산림에 산다는 반인반조상을 조각해 놓았다.

또 한쪽으로는 불당이 하나 있는데 치앙마이 7대 왕인 인타위차야논의 부친이 1877년에 자신의 별장을 허물고 그곳에 불당을 짓도록 보시한 것이다. 건물 전체에 붉은색을 바탕으로 한 금박 무늬를 넣었다. 1878년에 불당을 완공한 후 이를 경축하는 준공식을 거행했다. 이 불당 건물은 란나 형식으로 지붕이 낮고 경사가 완만하다. 앞부분은 나무를 조각한 무늬목으로 장식하고 박공벽은 특유의 꼬불꼬불한 무늬를 새겨 넣었다. 그리고 여러 개의 직사각형의 액자를 층층이 만들고 그 안에 설산림에 사는 것으로 알려진 동물들을 조각해 넣었다. 이 밖에도 100년 된 승려용 숙소와 오래 된 서고가 있고 옛날에 사원의 안전을 관리하던 경비 초소가 있다.

이 사원의 법당을 건립한 다라랏싸미 왕비는 치앙마이 군주의 딸이었다. 또한 태국의 근대화를 이룩한 쫄라롱껀왕의 후궁이기도 했다. 당시 동남아 전역의 여러 국가들이 서로 연대하고 유대 관계를 공고히 하는 방법 중의 하나는 자녀들 간의 정략결혼이었다. 다라랏싸미는 1873년에 태어났다. 다라랏싸미가 태어나던 시기에 치앙마이 왕국은 사실상 짝끄리 왕조의 속국이어서 새 군주가 왕위에 오르기 위해서는 방콕으로 가서 국왕을 알현하고 치앙마이를 평화롭게 다스리겠다는 서약서에 서명을 해야 했다. 다라랏싸미의 부친은 당시에 치앙마

주탑의 귀퉁이 모습

불당 안의 좌불상

이 군주 대행을 하고 있었다. 그래서 국왕을 알현하기 위해 방콕으로 갔다. 다라랏싸미를 방콕의 궁궐로 입궁시킨 것은 1886년이지만 여러 가지 전후 사정을 살펴보았을 때 치앙마이 쪽이나 방콕 쪽에서 이미 여러 해 전부터 입궁을 계획하고 있었던 것 같다. 라마 4세의 아들이 손글씨로 기록한 문서를 보면 다라랏싸미는 방콕의 아이들처럼 머리를 정수리 쪽에만 남겨두는 이른바 "쭉"을 하고 있었다. 그녀의 모친이 세상을 하직하자 방콕으로 보내져 한동안 머물러 있다가 나중에 다시 치앙마이로 돌아왔다. 그리고 길렀던 쭉을 깎고 다시 방콕으로 가서 내궁으로 입궁하였다.

태국에서는 아이들이 아직 어렸을 때 머리를 깎으면서 정수리 부분의 머리만 남겨두는 풍습이 있었다. 이를 "폼쭉"이라고 한다. 아직 어린 나이에는 병에 걸리기 쉬운데 정수리 부분의 머리를 남겨두면 병에 걸리더라도 쉽게 나을 수 있다는 믿음 때문이었다. 그러나 사실은 더운 나라에서 어린 아이들이 긴 머리를 관리하기 어려우므로 머리를 짧게 밀었던 것이다. 그런데 정수리 부분은 아직 물렁한 채로 성장하는 과정이라서 이를 외부 충격이나 다른 위험으로부터 보호하기 위해 머리털을 남겨 두었다. 이렇게 길렀던 머리는 보통 다섯 살이 넘어가면 열두 살이 되기 전 홀수 나이의 해에 자르게 된다. 쭉을 자를 때에는 "꼰쭉" 의식을 치른다. 이 꼰쭉 의식은 앞으로 아이가 건강하고 복되게 살아가기를 기원하는 행사이다. 그래서 승려를

다라랏싸미

초청하여 정해진 의식을 치르는데 형편이 넉넉한 집에서는 잔치를 벌이기도 한다.

다라랏싸미의 꼰쭉 의식은 매우 특별했다. 기록에 보면 다라랏싸미의 부친이 라마 5세를 알현하면서 꼰쭉 의식을 치르게 해 달라고 청을 한 바 있다. 쫄라롱꼰왕은 이를 받아들여 1883년에 당시 치앙마이를 관장하던 총독에게 명을 내려 다라랏싸미의 꼰쭉 의식을 거행하게 했다. 다라랏싸미가 11살 되던 해였다. 이 꼰쭉 의식에서 라마 5세는 다라랏싸미에게 귀걸이를 선물로 하사했다. 보통 고위 관료의 자녀가 아니면 꼰쭉 의식에 국왕이 선물을 하사하는 경우는 극히 드문 일이다. 따라서 라마 5세가 다라랏싸미에게 귀걸이를 하사한 것은 청혼의 의미가 있는 것으로 볼 수 있다. 그로부터 3년 후에 다라랏싸미는 정식으로 상경하여 왕궁으로 들어갔다.

다라랏싸미가 입궁한 1886년경에는 당시의 싸얌 왕국에 정치적 안정이 깃들기 시작하던 때였다. 그동안 권력을 쥐고 있던 기존 세력들이 세월이 지남에 따라 대부분 사망하고 권력의 중심이 라마 5세를 중심으로 한 신흥 세력으로 넘어갔다. 이를 바탕으로 태국은 근대화에 박차를 가하고 있었다. 다라랏싸미가 싸얌 왕국의 내궁으로 들어간 것은 치앙마이 왕국과 중앙정부와의 관계가 새로이 설정되는 것을 의미하기도 했다. 당시 영국 영사는 이를 두고 "Important Step" 이라고 규정하

폼쭉의 모습

였다. 다라랏싸미가 왕자나 공주를 낳게 되면 치앙마이 왕국의 군주는 "Rightful Ruler"가 되고 이는 짜끄리 왕조의 왕족의 일원으로써 매우 존중받을 수 있기 때문이다.

방콕에서의 다라랏싸미 생활은 매우 풍족했다. 그녀의 부친은 자신의 딸이 치앙마이 군주의 공주에 걸맞은 대접을 받고 품위를 유지하며 살기를 바랐다. 그래서 궁내에 4층짜리 서양식 숙소를 지어주고 부족함 없이 살 수 있도록 넉넉한 뒷바라지를 해주었다. 당시 항간에 다라랏싸미를 '라오족 여편네' 또는 '생선 비린내 나는 아낙' 등으로 부르며 수군거리는 것을 의식하여 더더욱 시집간 딸에게 금전적 지원을 아끼지 않았다. 라마 5세는 돈을 물 쓰듯이 쓰는 다라랏싸미에게 크게 괘념치 않았고 자신의 후궁인 그녀를 '정치적 마누라'라고 불렀다고 한다.

다라랏싸미는 16세가 되던 1889년에 딸을 낳았다. 그녀의 지위도 "짜오쩜만다"로 승격되었다. 이는 자식을 낳은 후궁들에게 부여되는 지위였다. 그러나 다라랏싸미에게 개인적으로 주어진 "프라옹짜오"는 다소 아쉬운 점이 있다. 후궁의 소생에게 붙여지는 이 지위는 다라랏싸미가 정부인은 아니더라도 치앙마이 왕국의 공주임을 감안할 때 "짜오퐈"가 더 적합한 지위였다. 다라랏싸미의 딸은 겨우 세 살의 어린 나이에 병을 앓아 세상을 떴다. 그때 라마 5세는 "과인이 잘못한 것 같다. 다라랏싸미에게 짜오퐈의 지위를 내렸어야 하는 건데 그걸 간과해서 그 아이가 죽은 것 같다…"고 통탄했다는 기록이 있다.

어쨌든 치앙마이 군주 입장에서 보면 자신의 딸이 종주국의 왕비가 되어 공주를 출산했다는 것은 매우 반갑고 기쁜 일이 아닐 수 없었다. 당시 치앙마이는 싸얌 왕국의 속국이었기 때문에 이로 인해 종주국과의 관계가 더욱 긴밀해지고 치앙마이 군주에게 힘이 실릴 뿐만 아니라 매우 영광스러운 일이었기 때문이다. 1908년 다라랏싸미의 이복동생이 치앙마이 군주의 자리에 오르기 위해 방콕으로 상경했다. 이때가 다라랏싸미가 출가한 지 21년이 되던 해였다. 그녀는 처음으로 친정 나들이를 하기 위해 라마 5세에게 윤허를 청했다. 국왕이 이를 허락하자 잠시 방콕을 떠나 치앙마이로 갈 수 있었다. 친정에 다녀온 후에 몇 해 지나지 않아 여생을 편안하게 보내고 싶었던 다라랏싸미는 28년간의 방콕 생활을 청산하고 영구히 치앙마이로 돌아가기로 했다. 이때 다라랏싸미는 라마 6세가 자신에게 어떤 권력이나 지위를 하사하기를 바라지 않았던 것 같다. 28년 궁중 생활을 통해 다라랏싸미는 싸얌 왕국의 문화와 내부 사정을 잘 알고 있었기 때문이다. 어쨌든 그녀의 삶은 이미 저물어 버린 란나 왕조의 역사적 끝자락에서 자신을 낳아준 란나 왕국과 종주국인 싸얌 왕국 간의 유대 관계를 긴밀하게 하고 란나 문화가 싸얌 문화 속에서 공존하면서 거듭나게 하는 한 축이 되었던 것은 사실이다. 오늘날 란나의 후손들이 이를 잘 알고 있기에 아직 다라랏싸미에게 적지 않은 존경과 사랑을 보내고 있는 것 같다.

왓붑파람 사원

วัดบุพพาราม

왓붑파람 사원은 400년 된 불교 사원이다. 망라이 왕조 12대 왕인 므앙깨우왕 시절에 건립되었다. 므앙깨우왕은 즉위한 지 2년째 되던 해에 조부가 왕세자 신분으로 있을 때 부친과 머물렀던 마을에 사원을 짓도록 하고 사원 이름을 왓붑파람 사원이라고 명명했다. 이는 '동쪽의 사원'이라는 뜻이다. 그다음 해에 므앙깨우왕은 다시 대법당 한가운데에 신전을 짓고 은으로 만든 불상을 안치시켰다. 그리고 고승을 모셔 와 이 사원에 기거하도록 했다. 즉위 4년째 되던 해에 므엉깨우왕은 대장경을 보관하

사원의 전경

허몬티안탐

푸미폰 국왕의 초상화와 인형

티크목의 백색 불상

옥색의 불상

기 위해 허몬티안탐을 세웠다. 허몬티안탐은 건물 전체를 티크 목재를 사용하여 지은 다음에 섬세하고 아름답게 장식했다. 허몬티안탐이 세워진 곳은 바로 므앙깨우왕이 태어난 장소이기도 하다. 이후 1864년에 청동으로만 만든 불상을 제조하기 시작하여 5년 후에 완성하고 이를 법당에 안치시켰다. 이때 므앙깨우왕은 대대적인 경축식을 거행했다. 이 사원에서는 매년 2월에 불상을 물로 씻는 관불의식이 거행된다.

왓븝파람에 들어서면 가장 먼저 눈에 띄는 것이 허몬티안탐이다. 본래 므엉깨우왕 시대에 대장경을 보관할 목적으로 세웠던 서고를 대체하여 세운 건물이다. 1980년에 새로 짓기 시작하여 1995년에 완공했는데 이층에는 푸미폰왕이 "부파피몽콘불상"이라고 이름을 지어 준 불상이 안치되어 있다. 한쪽 옆에 푸미폰 국왕의 초상화와 서 있는 모습의 피규어 인형을 세워 놓았다. 그리고 왼쪽 벽면에는 옥으로 만든 듯한 불상이 있고 오른쪽에는 티크목으로 만들었다는 하얀색의 불상이 자리하고 있다. 벽면에는 사방으로 코끼리와 군인들이 이동하는 장면이 부조로 새겨져 있고 천정은 알록달록한 색상으로 무늬와 그림을 넣어 매우 화려해

아래층의 전시관

옛날의 기록물

보인다. 바깥쪽의 지붕은 세 단계로 층을 지게 만들고 외벽은 사방을 같은 모양으로 만들었다. 그리고 다시 정사각형의 지붕 위에 탑을 쌓아 올렸다. 지붕 위에 얹혀 있는 탑 모양의 구조물도 세 겹의 복층을 하고 있어 한눈에 보아도 매우 섬세하고 정교하게 지은 것임을 알 수 있다. 아래층에는 토속 유물들을 모아 전시해 놓은 문화 도서관으로 활용하고 있다. 안에는 종려나무 잎으로 만든 옛날식 기록물을 볼 수 있고 대장경이 담긴 책장도 있다.

법당은 란나 예술로 지어진 건물이다. 외부는 석고 몰드로 장식했는데 버마 양식의 무늬를 넣었다. 안에는 좌불상이 안치되어 있다. 가운데 있는 본존불은 구리로 주조한 것으로 여덟 조각을 이어 붙여 만들었다. 본존불의 양옆으로는 청동으로 주조하여 만든 치앙쌘 양식의 불상이 각각 하나씩 더 있다. 법당 안에는 붓으로 칠한 것이 아니라 파우더로 코팅하는 기법으로 그려진 붓다의 본생담 그림이 있다. 치앙마이 6대 군주부터 여러 차례에 걸쳐 보수와 복원이 이루어져 오늘날의 모습을 하고 있다.

붓다의 사리가 모셔져 있는 이 사원의 주탑은 란나 형식으로 세워졌다.

주탑의 모습

땀난에 전해 내려오는 이야기에 의하면 므앙깨우왕이 1510년에 이 탑을 세웠는데 폭이 6m 높이가 15m였고 탑의 외부 전체를 금으로 입혔다. 당시 승려들과 불심이 깊은 불자들이 크게 기뻐하며 여러 가지 장신구와 보석을 가져와 보시하는 바람에 불과 석 달 만에 완공을 보게 되었다고 한다. 이 밖에도 불탑을 건립하는 동안 여러 가지 기적이 많이 일어났다고 전해진다. 이후 1898년에 한 독지가가 사재를 털어 이 불탑을 개축했다. 그래서 기단부를 19m로 넓히고 높이도 22.5m로 높여서 오늘날의 모습을 하고 있다.

이 사원에는 오래된 우물이 하나 있다. 이름이 "버남팁"인데 '감로수 우물'이라는 뜻이다. 본래 이곳은 띠록까랏왕의 왕립공원이 있던 자리인데 그의 손자인 므앙깨우왕이 사원을 지으면서 이 우물의 물을 붓다의 사리를 씻는 법수로 사용했다. 현재 태국에서 왕실에서 하는 중요한 종교 행사가 있을 때 이 우물의 물을 사용한다. 이런 우물은 태국 내 몇 군데 되지 않는다. 매년 이 사원에서 거행되는 관불의식에서도 이 물을 사용하고 있다.

태국 역사에서 왕들은 앞다투어 사원을 짓고 불탑을 세웠다. 이는 왕들이 불심이 깊었던 까닭도 있었지만 왕실의 위엄을 보이기 위한 것이기도 했다. 또 왕실 사원의 불탑들은 왕의 유골을 안치시키는 영묘靈墓였다. 그래서 왕들의 사원 건립은 공덕을 쌓고 선왕의 극락왕생을 비는 효행이면서 나아가 백성들 앞에서 국왕의 덕목을 실천하는 것이기도 했다. 란나 왕국이 자리 잡고 있던 태국의 북부 지방에도 과거에 왕들이 세운 크고 작은 사원들이 도처에 널려 있었다. 그러나 오늘날 그중의 일부만 남아 있다. 어떤 사원들은 전쟁통에 소실되었고 어떤 사원은 흐르는 세월 속에서 무심하게 방치되었다. 사원도 과업에 따라 정해진 운명이 있던 것인지도 모른다.

와로롯 시장

ตลาดวโรรส

치앙마이 시내를 오갈 때 가장 대중적인 수단이 “롯댕”이다. ‘빨간 차’라는 뜻인데 외부 도색을 빨간색으로 해서 붙여진 이름이다. 다른 지역에서는 보통 “썽태우”라고 부르는 차인데 이는 ‘두 줄’이라는 뜻이다. 운전자 뒤쪽에 양쪽으로 마주 보고 앉게 만든 좌석이 두 줄이어서 그렇게 부른다. 보통 10명 안팎의 사람들이 탈 수 있다. 주로 노선버스가 닿지 않는 지역이나 작은 골목 등을 갈 때 이용한다. 승객들의 행선지가 제각기 다르기 때문에 운전 기사가 매번 머릿속으로 노선을 정하고 새 손님을 태울지 여부를 결정한다.

롯댕-합승 택시

롯댕을 이용하는 방법은 간단하다. 손을 들고 지나가는 롯댕을 부르면 차가 와서 멈추어 선다. 행선지를 말하면 운전기사가 가격을 제시한다. 가격이 맞으면 타고 그렇지 않으면 그냥 보내고 다음에 오는 차를 불러 다시 흥정해야 한다. 가격이 맞아 차를 타게 되면 운전기사가 정한 순서에 따라 탑승한 승객들을 행선지로 데려다준다. 내리고 싶은 곳에 도착하면 벨을 눌러 세운 다음에 차에서 내려 약속한 요금을 지불하면 된다.

예전에 어학연수단 지도 교수로 갔을 때 하루는 문화탐방 시간이 있어 담당 교수가 학생들에게 사원을 관람시켰다. 그러고 나서 남는 시간에 시장에 데리고 간 적이 있다. 그때 롯댕을 대절하여 이동했는데 운전기사 옆자리에 앉아 오가면서 몇 마디 대화를 나눌 수 있는 기회가 생겼다. 50대 안팎으로 보이는 운전기사는 타이야이족 여인과 결혼하여 아들 하나를 두고 살던 사람이었다. 그런데 자신이 가정에 충실하지 못해 이혼을 당하고 현재는 다른 여성과 재혼하여 살고 있었다. 그래도 한 달에 서너 번은 아들을 보러 전처가 살고 있는 집으로 간다고 한다. 조심스럽게 한 달 수입을 물

와로롯 시장

었더니 성수기와 비수기 간 차이가 컸다. 성수기에는 80만~120만 원은 되는데 비수기가 되면 80만 원 벌기도 어렵단다. 그래도 이렇게 할 수 있는 일이 있어서 굶어 죽지는 않을 거라면서 웃었다. 그렇게 웃는 운전기사의 미소가 운전대 앞에 놓여 있는 조그만 불상의 미소와 닮은 것 같았다.

이야기를 나누는 사이에 시장 앞에 도착하여 학생들을 내리게 했다. 한 시간 정도 자유시간을 주고 학생들을 시장에 풀어놓았다. 그동안 강의실에서 적지 않게 따분함을 느꼈던지라 학생들은 삼삼오오 떼를 지어 순식간에 시장 속으로 사라졌다. 얼마 후 시장을 한 바퀴 돌아보는데 여기저기서 물 만난 고기들처럼 신나게 돌아다니는 학생들이 눈에 들어왔다. 더러는 기념품을 사고 더러는 군것질거리를 사서 입에 물고 있었다. 시장은 누구에게나 즐거운 곳임을 새삼 깨달을 수 있었다. 나중에 알고 보니 그 시장이 바로 와로롯 시장이었다.

와로롯 시장은 깟루앙이라고 부르는 치앙마이 주민들의 대표적 시장이다. "깟루앙"은 글자 그대로 해석하면 '큰 야채 시장' 이란 뜻이다. 관광객들이 가장 선호하는 먹을거리 시장이면서 기념품이나 특산품을 구매할 수 있는 장소이기도 하다. 온갖 종류의 상품이 다 있는데 가격도 저렴하고 품질도 우수하다. "싸이우아"라고 부르는 태국 북부의 전통 소시지와 고추장 그리고 "캡무"라고 부르는 돼지 껍질로 만든 음식이 유명하다. 무심히 지나치면 별로 살게 없다 싶다가도 조금 관심을 가지고 돌아보면 괜찮은 물건 몇 가지를 싼 값에 구입할 수 있는 곳이 태국의 재래시장이다.

먹을거리 판매점

와로롯 시장은 100년의 전

통을 가지고 있다. "와로롯"은 치앙마이의 8대 군주인 인타와로롯왕의 이름에서 따온 것이다. 본래 시장이 들어서기 전에 이곳은 역대 치앙마이 군주들의 시신이나 유골을 안치시켰던 이른바 왕실의 공동묘지였다. 그런데 라마 5세의 후궁인 다라랏싸미가 이들을 왓쑤안덕 사원 부근으로 옮겨 안치시키고 시장으로 만들었다. 공동묘지가 시장으로 바뀐 것이다. 지금은 북적이는 인파와 상인들과 손님들이 가격을 묻고 흥정하는 소리만 들려올 뿐 과거 공동묘지의 흔적은 전혀 남아 있지 않다.

옛날에 시골에서 자란 사람들은 누구나 공동묘지에 대한 추억이 있다. 우리나라 시골 어디를 가더라도 마을 인근에 공동묘지가 있었다. 낮에는 별로 무서울 것이 없는데 밤이 되면 어지간한 강심장을 가진 사람이 아니면 감히 접근을 못했다. 가뜩이나 무서운 데다가 대개는 그곳에서 귀신이나 도깨비를 만났다는 이야기가 돌아 어린 아이들에게 공포심을 조장했다. 아마도 아이들이 밤늦게 돌아다니지 못하게 하려는 어른들의 숨은 의도가 있었을 것이다.

우리는 예로부터 매장 문화를 선호하여 산에 무덤이 많았던 것에 비해 태국은 대부분 화장을 하고 그 유골을 불교 사원의 탑에 모시는 경우가 많다. 유학 생활을 시작하면서 문화체험 겸해서 단기 출가수행을 한 적이 있다. 암파와 수상시장에서 가까운 매끌렁 강변의 왓껫까람 사원에서 열흘 남짓 수행했는데 저녁 예불이 끝나면 경내와 강변을 산책하곤 했다. 사원이 강변에 있어서 저녁 무렵에 무더위도 가시고 황토물이 흐르는 강을 보면서 산책하는 시간이 나름 하루 중 가장 즐거운 시간이었다. 매번 강변을 따라 걷다가 하루는 사원 뒤쪽에 무엇이 있는지 가 보기로 했다. 굴뚝이 높이 솟아 있는 자그마한 건물이 하나 보이고 그 옆 공터에 작은 불탑들이 여럿 세워져 있었다. 알고 보니 굴뚝이 있는 건물은 화장터고 불탑들은 주민들의 유골이 보관되어 있는 영묘였다. 그 사실을

왓껫까람 사원의 화장터

알게 되자 두 번 다시 그곳으로는 가지 않게 되었다.

공동묘지였던 곳에 시장이 들어섰다는 것은 매우 흥미로운 일이다. 한국인에게는 이승과 저승이 엄격하게 나누어져 있는 데 비해 태국인들은 삶과 죽음이 함께 어우러진 삶을 살아간다는 느낌을 자주 받는다. 그래서인지 평소에 귀신을 본 적이 있다는 사람도 많다. 우리에게 귀신은 소름 끼칠 정도로 무서운 존재이지만 태국인들이 보았다는 귀신은 그냥 이웃과 같은 평범한 존재인 경우가 많다. 심지어는 그 귀신이 복권 번호를 알려주어 당첨되었다는 사람도 있다. 태국 사람들처럼 낙천적인 사람들에게는 귀신도 착한 귀신이 찾아오는 모양이다.

롬버쌍 마을

ร่มบ่อสร้าง

태국인들이 한국에 와서 이상하게 느끼는 점 중의 하나는 밖에 비가 오지 않는데 사람들이 아침에 우산을 가지고 집을 나서는 모습이라고 한다. 우산을 가지고 나가는 사람은 아마도 낮에 비가 올 것이라는 일기예보를 보았기 때문일 것이다. 태국인들이 이상하게 여기는 이유를 찾아보면 나름 공감이 가는 면이 있다. 태국에서는 우산을 들고 다니는 사람들을 찾아보기가 어렵다. 아마도 비가 오는 형태가 우리와 좀 다르기 때문일 것이다. 태국은 우리나라에 비해 국지성 호우가 많고 하루 종일 내리는 비보다는 잠깐 지나가듯 내리는 비가 대부분이다. 그래서 비가 오면 잠깐 처마 밑이나 건물 안으로 들어가 비를 긋고 가면 된다. 그래서 굳이 우산을 들고 다닐 필요가 없다. 그러나 우리나라는 태국과 달리 국지성 호우가 적고 잠시 내렸다

버쌍 마을의 우산

그치는 비도 그리 많지 않다. 그래서 어느 집이든 신발장 안쪽을 열어보면 우산 대여섯 개씩은 구비하고 있는데 태국은 그렇지가 않다.

그런데 태국 치앙마이 쪽 관광포스터에 보면 종이로 만든 우산에 꽃을 그려 넣거나 울긋불긋한 색종이로 예쁘게 만든 우산을 볼 수 있다. 이는 치앙마이 우산마을의 축제를 알리는 포스터다. 치앙마이의 우산 마을은 시 외곽 쪽에 있다. 본래 작은 시골 마을에서 농사짓고 살던 사람들이 시간 날 때 틈틈이 우산을 만들어 팔았는데 이 우산이 기념품으로 인기를 끌면서 마을 전체가 우산으로 유명해졌다.

이 마을에는 수공예품 축제가 있다. 그 축제의 역사는 그리 길지 않다. 20여 년 전에 한 농부의 아들이 이 지역 주민들의 손재주가 남다르다는 사실을 발견하였다. 그는 마을 지도자와 주민들에게 수공예품으로 가계 수입을 올릴 수 있다고 설득했다. 그래서 수공예품과 지역 특산품을 모아 판매하고 여러 가지 행사를 곁들였다. 첫해에 많은 사람들이 몰려들어 축제는 성공리에 끝났다. 그러나 매년 행사가 좋은 호응을 얻는 것은 아니었다. 매년 1월에 축제를 개최했는데 시간이 얼마 지나고 나자 어느 해는 성황리에 끝나는가 하면 또 어느 해는 별다른 성과를 올리지 못해서 기복이 심했다.

수공예품 축제는 크게 성공했다고 볼 수 없지만 이곳 우산은 역사가 오래된 치앙마이의 전통 수공예품으로 꼽힌다. 치앙마이를 찾는 사람들은 꼭 이곳에 들러 우산 한두 개쯤 기념품으로 챙겨간다. 이곳 우산을 "버쌍 우산"이라고 부르는 것은 마을 이름을 딴 것이다. 버쌍 마을 주민들이 높은마루집에 살면서 낮 시간 한가로울 때 마루 아래 "따이툰"이라고 부르는 공간에서 우산을 만들었다. 우산을 만들고 나서 이를 말리기 위해 집 앞 공터에 나란히 진열해 놓은 것이 지나가는 사람들에게는 무척이나 이채로워 보였다. 우산에 형형색색의 꽃과 무늬가 그려져 있었기

우산을 만들고 있는 모습

버쌍 마을 역사관

코끼리 모양으로 접어 놓은 수건

때문에 뭇사람들의 시선을 끌기에 충분했다. 오늘날 이 마을의 우산은 견직물과 면직물 그리고 종이로 만드는데 제작 방법은 동일하다.

우산을 만들어 파는 수공업은 처음에는 버쌍 마을에서 시작하여 인근 여덟 개 마을로 늘어났다. 나중에는 우산 만드는 가구가 수백 가구에 이르게 되었고 집에서뿐만 아니라 공장에서도 만들게 되었다. 우산을 만드는 기술자도 할아버지와 할머니가 주축이 되는 노년층에서 젊은층으로까지 확대되어 수천 명에 달했다. 우산 만드는 작업이 분업화되고 버쌍 마을은 여러 마을에서 공급되는 부속품들을 모아 완제품으로 조립하는 장소로 변했다.

태국인들은 손재주가 좋고 예술적 감각이 뛰어난 것 같다. 단순히 비를 맞지 않거나 햇볕을 막기 위해 만드는 우산이나 양산에도 색을 넣고 무늬를 그려 아름다움을 더한다. 그래서 본래의 목적에 장식품으로서 가치와 기능이 추가된다. 과일 하나를 깎아도 단순하게 껍질을 벗겨내어 먹기 좋게 하는 것이 아니라 동물 모양으로 조각을 한다. 그래서 먹기에 주저하게 만든다. 호텔에 가면 침대 위에 수건을 새나 코끼리 모양으로 만들어 접어 놓는다. 그래서 풀어쓰기에 아깝게 만든다. 그래서 태국인들에게 적지 않은 경이로움을 느낄 때가 많다.

위앙꿈깜

เวียงกุมกาม

위앙꿈깜은 1286년에 망라이왕이 건설한 란나 왕국의 도읍이다. 사방으로 물길을 파고 여기에 삥강의 물을 가두어 해자를 만들었다. 치앙마이에 들어서기 전에 시험 삼아 도읍으로 건설하던 곳인데 어느 순간에 역사 속으로 사라졌다가 최근에 많은 유물과 유적들이 발굴되고 있다. 예전에 망라이왕이 람푼에 위치하고 있던 하리푼차이를 정벌하고 그곳에서 2년간 머무르면서 새 도읍을 건설해 보기로 했다. 그래서 시작한 것이 위앙꿈깜 건설 사업이었다. 그런데 공사를 시작하면서부터 매년 홍수로 인해 공사를 마칠 수가 없었다. 이에 망라이왕은 쑤코타이의 람캄행 대왕과 파야오의 응암므앙왕과 의논한 끝에 치앙마이를 새 도읍으로 건설하기로 하였다. 이리하여 위앙꿈깜은 시험 삼아 건설하다 중단된 도읍으로 역사 속에 묻혔다.

위앙꿈깜이 사라진 것은 매년 거듭되는 홍수 때문이었다. 그 시기를 보면 1558~1774년으로 이때는 란나 왕국이 버마의 지배하에 있었던 시기와 맞물려 있다. 이 시기의 큰 홍수는 역사적으로 매우 중요한 사건임에도 불구하고 위앙꿈깜에 대해 언급하거나 홍수에 대해 기록한 사료를 찾기 어렵다. 게다가 홍수로 인해 유물이 땅속에 묻혀있다 보니 발굴과

옛 사원터

위앙꿈깜 관광 트램

복원 작업도 매우 까다롭고 어려움이 많았다. 남아 있는 유물이나 유적 중에는 1.5~2m 깊이의 땅속에 묻혀 있는 불당과 불탑들이 많다.

위앙꿈깜은 1984년 들어 역사학자와 일반 주민들의 관심을 받기 시작했다. 예술청에서 발굴 작업과 더불어 폐허가 된 사원의 복원 작업을 추진했다. 2002년까지 지속된 사업을 통해 오늘날 위앙꿈깜은 치앙마이의 새로운 관광지로 탈바꿈하게 되었다. 이는 위앙꿈깜이 도시로서 완벽함을 갖추었을 뿐만 아니라 건축과 예술 그리고 란나 문화에 대해 연구할 수 있는 사료로서의 가치가 매우 높기 때문이다.

위앙꿈깜이 건설된 지역은 사각형의 모습을 하고 있는데 길이가 850m 폭이 600m로 치앙마이의 북동쪽으로 뻗어 있다. 도시 자체가 옛날에 삥강이 동쪽으로 흘러가던 물길을 따라 길게 늘어져 있었다. 그래서 위앙꿈깜은 건설 당시 치앙마이의 서쪽에 위치하고 있었을 것으로 추정한다. 그러나 나중에 삥강이 물줄기의 방향을 바꾸게 되면서 위앙꿈깜이 강의 동쪽에 위치하게 된 것이다. 삥깡이 물줄기의 방향을 바꾼 것은 대략 18세기경으로 보인다. 강이 물줄기를 바꾸면서 큰 홍수가 났다. 그 결과 도시가 물에 잠기고 토사가 밀려와 사원들이 땅속에 묻혔다. 그래서 결국 위앙꿈감 전체가 사라져 버렸다. 위앙꿈깜이 공동화空洞化된 또 다른 이유에 대해서는 아마도 버마와의 전쟁으로 많은 사람들이 도시를 떠나 피란을 갔기 때문일 것이라는 추정도 있다.

현재 위앙꿈깜은 치앙마이 시내에서 동남쪽으로 3~4km 떨어진 곳에 위치하고 있다. 삥강 기준으로 보면 동쪽 가까이 있는데 치앙마이에서 람푼으로 가는 국도상에서는 오른쪽이다. 현재까지 복구 작업을 거쳐 확인된 유적은 대부분 불교 사원으로 40여 개의 사원이 있다. 그러나 대부분 토사에 묻혀 있는 것을 복원한 것이라서 불당이나 불탑이 온전한 모습을 갖추고 있지 못하다. 이곳의 사원들은 오랜 시간에 걸쳐 하나 둘씩 세워진 것으로 추정된다. 그 이유는 치앙마이에 도읍을 정하기 이전의 건축 형태와 치앙마이로 천도한 이후의 건축 양식이 뒤섞여 있기 때문이다. 그중에서 왓탓카우 사원은 망라이왕의 왕비가 출가수행을 하면서 생을 마감한 곳이다. 왕비가 출가수행한 이유는 망라이왕이 후궁을 맞아들였기 때문이다. 망라이왕은 치앙쌘에 있을 때 처음 왕비와 결혼하면서 앞으로 후궁을 들이지 않겠노라고 맹세를 했다. 그런데 나중에 망라이왕이 버마를 공격하면서 홍싸와디의 군주가 항복을 하고 자신의 딸을 망라이왕에게 보내 후궁으로 삼게 했다. 이에 상심한 왕비는 머리를 깎고 절에 들어가 수행하다가 그곳에서 생을 마감했다고 한다.

위앙꿈깜 지역에서 그나마 온전한 모습을 갖추고 있는 사원은 왓창캄 사원과 왓쩨디리암 사원이다. 위앙꿈깜을 찾아가면 제일 먼저 만나는 것이 왓창캄 사원이다. 그런데 머릿속으로 상상했던 고도의 모습이나 유적지가 즐비한 모습은 볼 수 없었다. 그저 황량한 벌판에 사원 하나 서 있고 주변에 가게와 앞 공터에 말이 끄는 마차 몇 대가 있어 제대로 찾아오긴 했구나 하는 생각이 들었다. 이곳이 위앙꿈깜 발굴 작업이 시작된 곳이라서 위앙꿈깜 관광의 관문 역할을 하고 있었다.

망라이왕 기념관

위앙꿈깜 발굴지 표지판

왓창캄 사원

วัดช้างค้ำ

왓창캄 사원은 1290년에 망라이왕이 세웠다. 당시 망라이왕이 평소 아끼던 깐톰이라는 목수가 있었다. 치앙쌘에 있을 때 그에게 목재를 사용하여 불당을 여러 부분으로 나누어 만들게 했다. 그러고 나서 이를 위앙꿈깜으로 가져와 조립해 세웠다. 그래서 이 불당 이름을 깐톰 불당으로 명명했다. 이런 연유로 왓창캄 사원을 왓깐톰 사원이라고 부르기도 한다. 현재 불당의 모습은 온데간데없고 불당이 세워져 있던 자리에 일부 흔적만 남아 있다. 전해져 내려오는 이야기에 의하면 옛날에 다섯 명의 스리랑카의 고승이 있었다. 이들이 쑤코타이에서 위앙꿈깜까지 올라와 큰 나무 아래 앉아 수행하고 있었다. 이 소식을 들은 망라이왕이 승려들을 찾아와 경배하고 법문을 청해 들었다. 고승의 법문을 들은 망라이왕은 불심이 일어 그 자리에 사원을 지었다.

이 사원을 건립하고 불상을 만들 즈음에 망라이왕은 군사를 일으켜 버마의 홍싸와디를 정벌하러 가던 시기였다. 출전에 앞서 망라이왕은 이번 전쟁에서 승리를 거두게 되면 다섯 기의 청동 불상을 안치시킬 불당을 짓겠노라고 맹세를 했다. 그런데 홍싸와디의 군주는 망라이왕이 이끄는 군대의 위세를 보고 지레 겁을 먹고 전의를 상실했다. 그래서 조공을 바

법당의 앞모습

법당과 주탑의 모습

치기로 하고 자신의 딸을 망라이왕에게 보내 화친을 청했다. 망라이왕이 이를 기꺼이 수락하자 홍싸와디의 군주는 약속대로 남녀 노비는 물론 코끼리와 말을 각각 500마리씩 보냈다. 망라이왕은 위앙꿈깜으로 돌아와 약속대로 불당을 지었다. 아울러 청동으로 다섯 기의 불상을 주조하여 안치시켰다. 다섯 기의 불상은 좌불상이 세 기 그리고 입불상이 두 기였다. 그중에 하나는 실제 망라이왕의 신체 크기와 똑같은 등신불로 만들었다고 한다. 이 불상들은 현재 두 기만이 남아 있는데 하나는 이 사원의 법당 안에 본존불로 모셔져 있고 다른 하나는 왓칸컷 사원에 안치되어 있다고 한다.

그 후 망라이왕은 다시 버마의 바간국 정벌에 나섰다. 그러면서 이번 전쟁에서 승리하면 돌아와 불탑을 세우겠노라고 서원을 했다. 망라이왕이 군대를 이끌고 바간국으로 출전하자 바간국의 군주는 사신을 보내 조공을 바칠 것을 약속하며 화친을 청했다. 망라이왕은 이를 받아들이면서 여러 분야의 장인들을 데려왔다. 이때 바간국의 금은세공 장인과 주조공, 대장장이들이 대거 란나로 유입되었는데 망라이왕은 금은세공 장인은 치앙뚱으로 보내고 주조공은 치앙쌘으로 보냈다. 그리고 대장장이와 다른 장인들은 위앙꿈깜으로 데리고 왔다. 이때부터 란나 왕국은 여러 분야의 기술이 발달하고 문화와 예술이 더한층 발전해 나가게 되었다.

위앙꿈깜으로 돌아온 망라이왕은 자신과 약속한대로 1291년에 왓창캄 사원에 불탑을 세웠다. 불탑의 기단부 폭은 12m이고 탑의 높이는 18m이다. 아치형으로 된 문을 사방으로 내고 각각 2층으로 만들어 안에 불상을 안치시켰다. 불탑에는 붓다의 사리가 모셔져 있다. 이 사원 안에는 스리랑카에서 옮겨와 심은 보리수도 있다.

법당 안의 좌불상

왓쩨디리암 사원

วัดเจดีย์เหลียม

왓쩨디리암 사원으로 가는 길은 흔히 볼 수 있는 태국의 소도시 모습을 하고 있다. 양 옆으로 음식점과 상점들이 들어서 있고 상가 건물과 사무실 등이 즐비하지만 오가는 사람들은 상대적으로 적은 편이다. 위앙꿈깜의 북서쪽에 도착하면 맨 먼저 눈에 띄는 것이 왓쩨디리암 사원의 불탑과 불당이다. 불탑은 버마 양식과 크메르 양식이 혼재되어 있다. 그리고 불당은 큰 불당과 작은 불당이 하나씩 있다. 불당 안에는 불상이 안치되어 있고 벽에는 아름답게 보이는 그림들이 그려져 있다.

불탑에는 붓다의 머리카락과 오른쪽 턱 부분의 사리가 안치되어 있다고 한다. 불탑의 양식은 사각형으로 된 몬돕의 형태를 하고 있다. 벽돌로 쌓은 후에 흰색 석고를 발랐다. 하단부는 홍토로 쌓고 담을 둘렀는데 한 변의 길이가 17.45m인 정사각형 모습을 하고 있다. 불탑에서 몬돕 형태로 된 부분은 5층의 피라미드와 유사한 모습을 하고 있다. 각층마다 외부에 아치형 베란다를 내고 거기에 입불상을 모셔 놓았다. 입불상의 자세는 층마다 다르다. 이런 아치형 베란다를 각 측면마다 3개씩 만들어 놓아 한 층에 모두 12개가 있다. 그래서 전체 베란다 개수는 60개에 이른다. 아래쪽 기단부의 각 모서리에는 사자상을 만들어 놓았다. 그리고 사면에 아치형 베란다가 있는데 안쪽에 좌불상을 안치시켜 놓았다. 이러한 건축 양식은 버마의 바간 양식과 매우 유사하다.

이 사원은 1288년 망라이왕 시절에 세워졌다. 망라이왕은 기술자와 장인을 람푼으로 보내 그곳의 왓짬마테위 사원을 보고 위앙꿈깜에 똑같은 형식으로 사원을 짓게 했다. 그렇게 지어진 사원은 나중에 황폐되어 수백 년간 방치되어 있었다. 그러다가 1908년 불심이 깊은 버마의 거부巨富가 자국의 기술자를 불러와 본래 크메르 형식으로 지어진 불탑을 버마 양식으로 다시 지어 현재의 모습을 하고 있다.

위앙꿈깜 안에는 수십 개의 사원이 있는 것으로 알려졌다. 대부분의 사원이 아직도 발굴 중에 있지만 온전한 모습을 되찾기는 어려워 보인다. 허허벌판에 여기저기 사원 이름이 적힌 팻말과 무너진 벽돌더미들이 세월의 무상함을 말해주고 있다. 역사 속에서 보면 이따금 어처구니없는 일이 일어나기도 한다. 위앙꿈깜이 실패한 것도 그중의 하나일 것이다. 새로운 왕조의 도읍으로 천년 영화를 꿈꾸던 도시가 홍수로 인해 건설이 중단되었다는 것도 그렇고 그나마 이미 지어진 것들이 수백 년 방치된 시간 속에서 흔적도 없이 사라졌다는 것도 그렇다. 암탉이 달걀을 품고 있으면 병아리가 나온다. 그런데 이따금 무언가 잘못되어 새 생명으로 태어나지 못하고 그대로 곯아 버리는 달걀도 있다. 위앙꿈감은 어쩌면 태국 역사 속에서 이런 곤달걀이었는지도 모른다. 뒤늦게 발견하고 복원을 하고 있지만 아마도 상당 부분은 우리의 상상력으로 채워야 할 것 같다.

사원의 모습

베란다 안의 입불상

사원의 불탑

왓쩻린 사원

วัดเจ็ดลิน

왓쩻린 사원은 언제 누가 지었는지 분명하지 않은 사원이다. 그러나 어림잡아 500년 이상의 역사를 지니고 있는 치앙마이의 중요한 고찰이다. 이 사원에 대한 여러 가지 궁금증을 해소하기 위해 사료를 찾아보면 1517년 므앙깨우왕 시절에 지어진 것으로 추정된다. 예술청에서 발굴 작업을 한 결과 사원 주변에 상태가 많이 훼손된 불탑과 불당 그리고 불당에서 연결된 또 하나의 건물이 있었다. 그나마 상태가 좀 양호한 것은 본존불의 아래쪽 기단부와 안치대였다. 이 본존불은 몸뚱어리는 간데없고 머리 부분만 발견되었다.

머리만 있는 불상의 미소

왓쩻린 사원에 들어서면 불당 입구 앞쪽으로 벽돌로 단을 쌓고 그 위에 불상의 머리를 세워 둔 모습

쩻린-일곱개의 통

이 바로 눈에 들어온다. 머리의 크기로 봐서 매우 거대한 불상이었던 것으로 보인다. 얼굴에 온화한 미소를 띠고 있는데 과장되지 않은 표정과 지그시 감고 있는 눈에서 자비로움이 묻어나고 보는 이의 마음을 평온하게 해준다. 상태도 매우 양호해서 본래 불상 자체의 아름다움을 넉넉히 짐작할 수 있다.

불당은 란나 양식으로 지었는데 비교적 최근에 지었는지 깨끗해 보이는 석고를 바르고 지붕은 붉은색 기와를 올렸다. 불당 밖에 연못이 있고 그 앞쪽에 왕의 대관식에서 사용하던 홈통이 전시되어 있다. 란나의 관습에 따르면 망라이 왕조에서 왕위에 오르기 위해서는 반드시 흰색 옷을 입고 왓믄뚬 사원에 가서 액막이 의식을 치러야 했다. 그리고 다시 이곳 왓쩻린 사원에 와서 즉위식을 거행했다. 이 즉위식에서 물을 흘려보내는 데 사용하는 금으로 만든 통이 있는데 이를 북부 지방에서는 "린"이라고 부른다. 나가상의 모습을 하고 있는 일곱 개의 홈통은 서로 지그재그 모양으로 맞물려 높은 곳에서부터 낮은 곳으로 흐르도록 만들었다. 이때 사용하는 물은 사원 옆에 있는 연못의 물을 길어다가 황금 소라 껍데기에 담아 일곱 개의 통으로 흘려보냈다. 장차 치앙마이를 통치할 왕은 이 홈통을 통해 내려오는 물에 몸을 씻고 이를 통해 신비한 힘을 얻어 군주로서의 자격을 갖추게 되는 것이다.

왕의 즉위식이나 대관식에서 물에 몸을 씻는 세례 의식은 브라만과 불교에서 유래한 것이다. 이 의식은 아유타야 시대부터 있었다. 당시에 물은 짜오프라야강, 매끌렁강, 펫차부리강, 빠싹강, 그리고 방빠꽁강과 싸켓, 싸깨우, 싸콩카, 그리고 싸야무나 등의 호수에서 가져왔다. 그러나 최근 들어서는 태국 전역에 지정된 108군데의 수원水源에서 가져와 사용한다.

불당 뒤쪽에 있는 불탑은 몬돕 형식과 쑤코타이에서 영향을 받은 둥근 원형의 형식이 혼재되어 있다. 불탑에는 사방으로 아치형의 문이 나 있고 그 안에 불상이 모셔져 있다. 그런대로 불탑의 형태는 갖추고 있지만 상태는 그리 양호하지 못하다. 버마의 지배를 받던 시기에 훼손되고 방치되었던 것을 나중에 보수하여 현재의 모습을 하고 있다. 이 사원의 불당도 완전히 폐허가 되어 거의 제 모습을 찾지 못하고 있던 것을 2003년에 복원했다. 불당 안에는 황금색의 커다란 좌불상이 안치되어 있다. 본래 석고로 만든 것인데 나중에 금칠을 했다고 한다. 양쪽 귀가 유난히 길게 늘어져 있다. 불당 밖에 전시되어 있는 머리만 남은 불상의 크기가 불당 안의 좌불상 크기와 얼추 비슷할 것 같기도 하다. 어쩌면 실제로 불당 안에 모셔져 있던 불상이 버마와 전쟁통에 참화를 입은 것일지도 모른다는 생각이 들었다. 사실 옛날에 전쟁이 일어나게 되면 이런 불상들이 약탈 대상이 되곤 했다.

주탑의 모습

사원 안에는 곳곳에 란나 문화 특유의 뚱 깃발들이 늘어서 있다. 연못가에 자그만 정자도 있고 연못을 가로지르는 다리도 세워져 있다. 다

또와 다리

리 이름이 "또와"라서 한국인들에게는 '다시 또 오라'는 의미를 지닌 다리가 된다. 위에서 내려다보는 연못 위로 연꽃이 피어 있고 다리 양쪽으로 파라솔이 펼쳐져 있다. 연꽃은 한쪽 편에 있는 것은 눈에 익은 모양의 연꽃인데 다른 한쪽의 연꽃은 마치 커다란 쟁반을 물 위에 띄워 놓은 것 같은 형상을 하고 있다. 양쪽 난간에 줄을 치고 거기에 청사초롱과 유사한 형태의 등이 줄지어 걸려 있다.

본래 사원이 위치하고 있는 지역은 현재보다 좀 더 넓었다. 그런데 사원이 황폐해지자 인근에 집을 짓고 살려고 하는 주민들이 늘어나면서 사원 부지를 조금씩 잠식해 들어왔다. 그러자 치앙마이시에서 이를 억제하여 현재 상태로 유지시켰다. 덕분에 비교적 옛 모습 그대로를 간직하게 되었다. 사원을 복원할 때 이 연못도 황폐해진 상태여서 쓰레기로 가득 차 있었다. 그래서 청소와 정화 작업을 거쳐 현재의 상태로 복구했다. 물은 아직도 그다지 맑아 보이지는 않는다. 그래도 옛날에 왕의 즉위식에 사용하던 물은 지금보다는 좀 더 맑고 깨끗했을 것이다. 사원을 나서며 이 세상의 온갖 더러운 것을 씻어내고는 아무 말 없이 아래로만 흘러내리는 물을 생각한다. 그런데 세월이 지나면서 물뿐만 아니라 사람의 마음도 혼탁해지는 것 같다. 참으로 안타까운 일이다.

왓씨쑤판 사원

วัดศรีสุพรรณ

왓씨쑤판 사원은 1500년경 므앙깨우왕 시절에 세워진 500년 역사를 지닌 고찰이다. 므앙깨우왕은 당시 란나 왕국의 수도인 치앙마이를 다스리던 군주였다. 므앙깨우왕의 모친이 사원을 세우고 처음에 이름을 "왓씨쑤판아람"이라고 지었는데 나중에 짧게 "왓씨쑤판"이라고 부르게 되었다. 이 사원에는 세계 최초로 은으로 지은 법당이 있다. 이 법당은 사원이 위치하고 있는 우알라이 지역이 치앙마이의 은세공품 지역으로 명성을 유지하고 존속되어 나가게 할 목적으로 마을 주민들이 뜻을 모아 지은 것이다.

사원의 모습

이 사원의 법당도 여성들에게는 입장이 불허된다. 란나 문화에서는 여성들이 법당 안에 들어가게 되면 법당 안에 있는 영험한 것들이 부정을 타서 훼손된다는 것이다. 그래서 일부 사원의 법당 앞에 여성 출입을 금한다는 표지판이 세워져 있다. 이로 인해 가끔은 해프닝이 벌어지기도 한다. 몇 해전에 타지에서 온 한 승려가 여성 불자 두세 명을 데리고 법당 안으로 들어갔다. 마침 사원에서 일손을 도와주던 한 주민이 이들을 발견하고 호되게 나무랐다. 법당에 여성 출입을 불허하는 금도를 깼다는 것이다. 이들을 쫓아내는 장면을 누군가가 동영상으로 촬영해 SNS에 올리고 이는 곧 지상파 방송에서도 방영되었다. 대체적인 반응은 이곳 지역 사원의 특이한 문화에 대한 몰이해에서 비롯된 잘못으로 규정하는 분위기였다. 여성들에게 법당 출입을 금하는 것은 태국 북부 지방에 있는 일부 사원 특유의 불교 문화인 셈이다.

이 사원에는 기적 같은 이야기가 하나 전해져 내려오고 있다. 제2차 세계대전이 한창일 때 일본군은 이 사원을 점령하고 무기고로 사용했다. 그런데 연합군 측이 이 사실을 알고 비행기를 띄워 공습했다. 그때 사원이 거의 초토화되었는데 법당만 유일하게 전혀 피해를 입지 않았다. 이로 인해 이 사원의 법당에 모셔져 있는 본존불의 불력佛力과 영험함이 알려져 주민들의 불심이 더욱 깊어졌다고 한다.

법당의 앞모습

사원이 위치한 지역은 은세공 제품을 만들어 파는 사람들이 모여 사는 주거와 상업 지역이다. 그래서 이곳에 란나 예술을 담은 은세공품 상가의 중심지로 발전했다. 버마의 지배하에 있던 치앙마이를 되찾은 까윌라왕은 여러 왕족들을 치앙마이로 불러 정착하게 했다. 그리고 버마가 지배하고 있던 치앙쌘을 정벌한 후에 그곳 주민들을 란나 왕국의 여러 도시로 이주시켰다. 이때 그중의 일부가 이곳 우알라이 지역에 정착해서 은세공 기술을 익혔다. 왓씨쑤판은 이 마을의 중심에 자리 잡고 있으면서 은세공 기술을 전수하는 중심 역할을 했다. 그리고 은세공 기술을 업으로 하여 먹고 사는 이곳 주민들에 의해 2004년에 은으로 지은 법당이 모습을 드러내게 되었다.

치앙마이의 은세공 기술은 역사가 깊다. 이미 망라이왕 시절부터 란나 왕국은 바간 왕국과 교류했는데 이때 일부 란나인들이 바간 왕국 사람들로부터 은세공 기술을 전수받았다. 당시 치앙마이는 주로 농사를 짓고 사는 농경 국가였다. 농한기가 되면 할 일이 없던 치앙마이 주민들은 은세공 기술을 익혀 여러 가지 공예품을 만들어 내기 시작했다. 그래서 거의 모든 가구마다 은세공 장비와 은을 녹이는 조그만 가마들을 갖추게 되었다. 은세공 기술은 대를 이어 전수되어 왔는데 제2차 세계대전 이후에는 은세공품을 파는 가게들이 들어서고 1970년대 후반부터는 우알라이 지역에 은세공 마을이 들어서게 되었다. 현재 우알라이 지역 주민들은 은세공업을 주업으로 하는 사람도 있고 부업으로 하는 사람들도

금과 은으로 제작한 수호불

있다. 대개는 가내 수공업의 형태를 띠고 있다. 남자들이 은을 녹여 재료를 만들고 여자들이 무늬를 넣고 액세서리나 은세공 제품으로 가공한다. 그리고 노인이나 아이들은 제품에 광을 내고 마감 작업을 한다.

왓씨쑤판 사원의 법당은 란나 예술이 돋보이는 불교 건축물로 이 지역의 토박이 장인들이 은과 주석으로 지은 것이다. 내부와 외부 모두 은을 가공하여 만든 공예품으로 장식했는데 그 무늬가 부드럽고 섬세하다. 법당 안에 모셔진 본존불은 청동으로 제작한 것으로 폭 6m 높이 2m 정도 된다. 이 본존불은 영험이 많아 기적 같은 여러 가지 이야기가 인구에 회자되고 있다. 한 번은 법당 옆에 있는 연못의 물을 떠다 물을 뿌리며 복을 간구하는데 불심이 깊은 여인들에게 세 가지 신비한 힘을 느끼는 기적이 일어났다. 첫째로 음양의 조화에서 나오는 신비한 힘, 둘째로 온냉溫冷의 조화에서 나오는 신비한 힘, 그리고 셋째로 금은 보화에서 나오는 신비한 힘을 느끼게 되었다는 것이다. 이후 이런 일은 불심이 깊은 사람들에게서 자주 일어났다고 하는데 설명을 듣고도 신비한 힘이라는 것이 어떤 것인지 정확히 이해하기는 어려웠다. 어쨌든 그로부터 이곳에 와서 불공을 드리고 복을 구하는 사람들이 더욱 늘어났다고 한다.

이 사원의 불당은 1799년에 란나 형식으로 세워졌다. 처음 짓고 나서 세월이 많이 흘렀지만 지속적으로 보수 작업이 이루어져서 본래의 원형을 잘 유지하고 있다. 내부의 벽에 십이궁도 그림을 포함하여 여러 가지 그림과 붓다의 전생을 그린 작품들로 꾸며져 있다.

옛날부터 값진 것을 나타낼 때 금은보화라는 말을 많이 쓴다. 금과 은은 그 자체로 재산이 되고 가공하여 장신구로 만들면 부가 가치가 발생하여 많은 수익을 창출해 낸다. 수백 년 전 버마로부터 전수받은 은세공 기술로 대대로 이곳에 살아온 사람들은 자신의 운명에 감사하는 마음에 불심을 더해 은으로 만든 건축물을 붓다에게 바친 것이다. 금은 예로부터 불교 건축물을 짓거나 불상을 제작하는 데 널리 사용해 왔지만 은으로 법당을 지은 것은 이 사원이 처음이고 유일하다고 한다. 법당이 지닌 섬세하고 화려한 아름다움은 물론 그 희소가치만으로도 높이 평가받을 만한 건축물이 아닐 수 없다.

법당 내부의 모습

불당의 모습

왓록몰리 사원

วัดโลกโมฬี

왓록몰리 사원은 500년이 넘는 역사를 가지고 있다. 낮은 담장이 둘러싸고 있어 길가에서도 금방 눈에 띈다. 사원 입구의 아치문에서부터 란나 예술의 향기가 뿜어 나오는 듯한 분위기를 느낄 수 있다. 벽돌로 쌓은 아치형 문에 현란하면서도 아름다운 무늬가 새겨져 있다. 담장 안쪽으로 들어가면 흰색의 코끼리 한 쌍이 좌우로 마주 보면서 이곳을 찾아오는 불자들과 관광객을 맞이하고 있다. 입구 앞에서 곧바로 불당이 보이는데 앞쪽에 여러 개의 깃발이 늘어서 있고 불당으로 올라가는 계단 양쪽에 나가상이 있다.

이 사원은 독특한 란나 예술과 예스러움을 고이 간직하고 있어 역사와 문화적 가치가 높다. 그래서 사극이나 영화를 촬영할 때 배경으로 많이 사용된다. 1586년 버마가 아유타야를 침공했을 때 짝끄라팟왕의 왕비인 쑤리요타이는 코끼리를 타고 나가 적장과 싸우다 장렬히 전사했다. 이 이야기를 담은 영화 "쑤리요타이"를 제작할 때도 이 사원에서 촬영했다.

"록몰리"는 '세상의 꼭대기'라는 의미를 담고 있다. 언제 세웠는지 정확한 시기는 알 수 없지만 왓프라탓더이쑤텝 사원의 땀난에 그 이름이 등장한다. 이 사원은 치앙마이 시내 북쪽에 위치하고 있다. 성곽을 기준으로 보면 북서쪽에 있는데 한때는 폐허된 사원이었다. 끄나왕 시절에 란나 왕국은 판왕국의 우툼펀이라고 하는 고승에게 불교의 가르침을 전해줄 것을 요청한 적이 있다. 그러나 우툼펀 승려는 노쇠하여 오지 못하고 대신에 10명의 제자를 파견해 주었다. 끄나왕은 이들 승려를 왓록몰리 사원에 기거하게 했다고 한다. 당시 이곳은 외국의 사신을 맞이하는 장소였다.

사원의 전경

사원의 입구

불당과 주탑

이 사원에는 왕들의 유골이 모셔져 있다. 1528년 껫끌라오왕 시절에 불당과 불탑을 건립했는데 1545년에 껫끌라오왕이 사망하자 왕비는 그의 유골을 이곳의 불탑에 안치시켰다. 그 후 신하들이 왕비를 여왕으로 추대하였다. 같은 해에 아유타야의 왕이 군대를 이끌고 치앙마이를 공격해오자 여왕은 조공을 바치기로 하고 우호 관계를 맺었다. 이로써 란나의 평화는 유지되었다. 껫끌라오왕의 왕비는 이후에도 나라를 잘 다스려 아직까지 란나의 위대한 여왕으로 추앙받고 있다. 불당 옆에 몬돕이 있고 그 안에 여왕의 동상이 세워져 있다. 한국 사람들에게는 죽은 조상들이 신격화되어 조상의 은덕에 기대어 복을 구하는 것과 유사하게 태국 사람들은 역사적으로 위대한 인물들이 사후에 신격화되어 복을 준다고 믿는 경향이 있다. 란나의 위대한 여왕은 사랑과 성공을 기원하는 사람에게 영험이 있다고 해서 아직도 많은 사람들이 꽃과 향을 가지고 와서 경배하고 복을 빈다.

왓록몰리 사원은 시간이 지나면서 한때 황폐해져 갔다. 나중에 사람들이 이를 복구하여 불당을 짓고 승려를 상주시켰다. 불당은 티크목을 사용하여 란나 형식으로 지었는데 건물의 외부에 섬세하고 아름다운 무늬를 새겨 넣었다. 본래 있던 불당은 1528년에 불탑과 함께 세웠다는 기록이 있다. 가장 눈에 띄는 특이한 점은 색유리로 꾸며진 앞쪽의 박공 부분이다. 색유리로 된 부분의 모양과 색이 매우 다채로워 보인다. 지붕 쪽은 검은색 바탕에 빨갛고 파랗고 하얗고 노란색들이 어우러져 반짝이고 있다. 안에 안치되어 있는 본존불은 가부좌를 틀고 앉아 있는 황금색의 좌불상이다. 불상의 상투 부분에 붓다의 사리가 안치되어 있다고 한다. 본존불의 뒤쪽에도 공간이 있는데 검은색의 좌불상이 있고 그 옆에 두타행頭陀行차림의 승려상이 서 있다. 불당 옆에는 앞쪽보다는 키가 작은 기둥에 여러 개의 뚱 깃발이 바람에 나부끼고 있다. 그 옆에 십이간지의 동물상들이 나열하여 있는데 흙을 구워 만들었는지 모두가 황토색이다.

불당의 뒤쪽으로는 불탑이 있는데 16세기 초반에 세워졌다는 기록이 남아 있다. 땀난에 의하면 1528년 껫끌라오왕 때 신전 형태로 건립한 것을 나중에 꾸준히 보수하고 발전시켜 오늘날의 모습을 갖게 되었다. 본래는 이 지역의 토박이 장인들이 세운 것이 시간이 지나면서 쑤코타이와 아유타야의 영향을 받으며 약간씩 변화되어 왔을 것으로 추정한다. 또한 불탑에 새겨진 무늬를 보면 중국과 교역하면서 일정 부분 명나라의 영향도 받은 것으로 보인다.

나무는 나이테로 나이를 나타낸다. 나이테를 보면 그 나무가 겨울을 몇 번을 났는지 알 수 있고 그것을 통해서 나이가 몇 살인지도 알 수 있다. 가지를 보면 얼마나 꿋꿋하게 자라왔는지도 알 수 있고 가지가 많이 뻗은 쪽이 남쪽임을 짐작할 수도 있다. 태국의 사원은 건축 양식을 보면 그 사원이 대략 언제 세워졌는지 알 수 있고 부속 건물들 사이에서 나타나는 건축 양식의 차이에서 무엇이 어떻게 다시 세워졌는지 또는 보수 작업을 거쳤는지 짐작할 수 있다. 대부분의 사원이 사람처럼 생로병사를 겪는다. 나아가 때로는 부활하기도 한다. 오늘날 우리가 목도하고 있는 사원의 모습 자체가 하나의 역사적 기록물이라고 한다면 왓록몰리 사원이 가장 다양한 역사를 기록하고 있는 대표적인 예가 될 것이다.

불당 안의 본존불

불당의 박공벽

불당 뒤쪽의 불탑

쩨디카우-백색탑의 전설

เจดีย์ขาว-ตำนานปู่เปียง

치앙마이 시청 주변에 보면 보기에 좀 허름해 보이는 탑이 하나 서 있는 것을 볼 수 있다. 종을 엎어 놓은 듯한 모습을 하고 있는데 조금은 거칠게 석고를 발라 놓아 흰색을 띠고 있다. 태국의 탑은 대개 불탑이다. 그런데 얼핏 봐도 이 탑은 불탑으로 보이지는 않는다. 이 백색탑에는 애달픈 이야기가 하나 전해져 내려오고 있다.

옛날 버마가 치앙마이를 공격하기 위해 군대를 이끌고 삥강 유역에 주둔하고 있었다. 전쟁이 길어지면서 고착화되자 양쪽이 모두 지쳐 종전할 방법을 강구하게 되었다. 그래서 생각해낸 방법이 양쪽 진영에서 대표 선수를 뽑아 삥강 물속에서 누가 더 오래 잠수하는지를 겨루어 승패를 결정짓는 것이었다. 만약 치앙마이가 패하면 속국이 되어 조공을 바치고 버마군이 패하면 즉각 군대를 철수시키고 돌아가는 조건이었다.

결전을 사흘 앞두고 치앙마이에는 잠수 결전에 참전할 선수를 뽑는다는 포고문이 떴다. 그러나 하루가 지나고 이틀이 지나도 아무도 지원하는 사람이 없었다. 사실 치앙마이는 지형이 산악 지대가 많고 물과 인접한 지역이 적어서 잠수에 능한 사람이 그리 많지는 않았다. 결전의 날이 다가와도 지원자가 없자 성 외곽 지역에도 방을 붙였다. 사흘째 되던 날 성 밖에 혼자 살고 있던 삐앙이라는 이름을 가진 할아버지가 이 소식을 듣고 고민에 잠겼다. 그는 한평생 평안하게 살게 해준 나라의 은혜에 보답해야겠다는 생각이 들어 마지막 날에 입성하여 지원 의사를 밝혔다.

백색탑의 모습

드디어 시합이 벌어지는 날 양 진영의 대표가 군중 앞에 나타났다. 버마군 쪽에서는 건장한 병사가 선수로 나오고 치앙마이 쪽에서는 삐앙 할아버지가 선수로 나왔다. 누가 봐도 치앙마이 쪽은 승산이 없었다. 시합이 시작되고 두 선수는 물속으로 뛰어 들었다. 침묵 속에서 얼마간 시간이 지나자 예상을 완전히 뒤엎고 버마 측 병사가 먼저 물 위로 올라왔다. 치앙마이 쪽이 승리를 거둔 것이다. 버마군은 패배를 인정하고 약속대로 즉각 퇴각했다. 그런데 시간이 한참 더 지나도 삐앙 할아버지는 물 위로 나오지 않는 것이었다. 사람을 투입시켜 물속을 수색해보니 삐앙 할아버지는 허리에 두르고 있던 천으로 물속의 기둥에 자신의 몸을 붙들어 매고 죽어 있었다. 삐앙 할아버지는 살신성인의 정신으로 치앙마이를 구했던 것이다. 치앙마이 군주는 탑을 세워 죽음으로 나라를 지킨 삐앙 할아버지의 희생을 기리도록 했다.

태국인의 의식 구조 속에는 사람이 가지고 있는 선은 물과 불로도 해칠 수 없는 고귀한 가치로 여긴 것 같다. 그래서 옛날에 백성들 간에

송사가 벌어지면 피고와 원고 당사자를 물에 잠수시켰다. 그래서 물 위로 먼저 올라오는 자가 패소하고 나중에 올라오는 자가 승소하는 판결 방법을 썼다. 그렇지 않으면 소송 당사자에게 불에 달군 쇠를 만지게 해서 화상을 덜 입는 자가 승소하는 방법을 사용하기도 했다. 현대인의 시각에서 보면 원시적 방법이기는 하지만 아무래도 떳떳한 자가 물이나 불에 더 잘 견딜 것이라는 생각이 들기는 한다.

자세한 기록이 없어 삐앙 할아버지의 거룩한 충정과 희생의 진위를 정확히 알 수는 없지만 역사와 문화적 배경을 볼 때 전혀 지어낸 이야기 같지는 않다. 우리가 살아온 어느 시대에도 나라를 걱정하는 민초들이 있었다. 그런 민초들이 나라가 위기에 처할 때마다 자신을 희생시켜 나라를 구하고 역사를 이어 왔다. 고도古都 치앙마이를 돌아보면서 삐앙 할아버지의 숭고한 희생을 되돌아보고 개인과 국가와의 관계에 대해 한 번 더 진지하게 생각해 봄직도 하다.

버마와의 전쟁 장면을 그린 벽화

잠수로 판결하는 재판 방식

왓웁빠쿳 사원

วัดอุปคุต

왓웁빠쿳 사원은 태국의 북부 사람들에게는 매우 중요한 사원이다. 단지 예불을 드리고 보시를 하기 위한 불교 사원일뿐만 아니라 해마다 웁빠쿳 승려에게 시주하는 행사가 열리는 곳이기도 하기 때문이다. 태국 사람들이 한 달에 네 번 예불을 드리는 날이 있는데 이런 예불일이 보름날이면서 수요일과 겹치게 되면 이날을 "뼁뿟"이라고 부른다. 이날은 평소에 깊은 바닷속에 은거하고 있던 웁빠쿳 승려가 사미승으로 변신하여 밤 열두시에 탁발을 나온다는 날이다. 이때 누구든 시주를 하게 되면 큰 공덕을 쌓게 되어 큰 위험에서 벗어날 수 있을 뿐만 아니라 뜻밖의 재물을 얻을 수 있다고 한다. 그래서 치앙마이와 치앙라이를 비롯한 태국의 북부 지방 사람들은 큰 불교 행사를 치를 때면 깊

왓웁빠쿳 사원의 현판

욥빠쿳 승려상

은 바닷속에 있는 욥빠쿳 승려를 모셔 온다. 대개는 가까운 강이나 호수에 가서 욥빠쿳 승려상을 물에 담갔다 꺼내는 의식을 치른다. 이 의식을 통해 바닷속 깊은 곳에 있던 욥빠쿳 승려는 불자들을 축복해 주기 위해 다시 사바세계로 나오는 것이다.

보름날이 수요일과 겹치는 뼁뿟은 보통 일 년에 한두 번 정도 있다. 치앙마이와 치앙라이를 중심으로 태국 북부 지방에서는 이날 자정에 시주하는 풍습이 있다. 이런 풍습은 란나가 버마의 지배를 받던 시기에 생겨난 것으로 추정한다. 전설에 의하면 옛날에 농사를 지으며 장사를 하는 노부부가 있었다. 이 노부부는 그리 부유하지 못해서 어렵게 살아가고 있었다. 그러던 어느 날 늦은 밤에 발우를 들고 탁발을 하는 사미승을 만나게 되었다. 노부부는 그 사미승에게 시주를 했다. 그런데 시주를 하고 나서 보니 사미승은 온데간데없이 사라져 버렸다. 그 후로 노부부는 하는 일마다 번창하여 부자가 되었다. 노부부는 감사한 마음에 사미승에게 시주했던 곳에 사원을 지었다. 그 사미승이 바로 욥빠쿳 승려였다. 이런 일이 있은 후에 이 지역에서는 수요일과 겹치는 보름날 늦은 밤에 시주하는 풍습이 생겨나게 되었다.

태국의 불교에서 승려들은 매일 아침에 탁발을 나선다. 불자들은 먼

탁발하는 승려의 모습

저 탁발 나온 승려들에게 시주를 하고 아침을 먹는다. 탁발을 마친 승려들은 사원으로 돌아와 아침 공양을 하고 일부 음식을 남겨 놓았다가 정오 이전에 점심 공양을 마친다. 정오 이후에는 음료수는 마실 수 있지만 씹어서 먹는 음식을 섭취할 수 없다. 그래서 아침 이른 시간에 태국 전역에서 탁발하는 승려들을 쉽게 볼 수 있다. 이러한 태국의 불교 문화 속에서 밤 열두 시에 승려가 탁발을 하고 불자들이 시주하는 광경은 매우 이채로울 수밖에 없다.

사원 입구로 들어가면 불당이 나오는데 앞쪽 벽면은 흰색 석고를 바르고 위쪽으로 박공 부분은 금색 무늬가 들어가 있다. 지붕은 붉은색 기와를 얹었다. 용마루 끝에는 코끼리 머리 모양을 한 가네샤 위에 하늘로 비상하는 듯한 나가상이 얹혀 있다. 불당의 옆면에는 합장을 하고 있는 신상들이 여럿 줄지어 서 있다. 열려 있는 창문을 보면 붉은색 바탕에 금으로 신상들의 모습을 수 놓은 것이 보인다. 그래서 벽이 더욱 화려하고 입체적으로 보인다. 불당 안으로 들어가는 입구는 양쪽으로 계단을 만들어 오르내리도록 만들었는데 앞쪽에 흰색 나가상이 지키고 있다.

불당 안으로 들어가면 정면에 본존불이 있다. 그리고 양쪽으로 여러 기의 좌불상이 있고 좌우 맨 끝 쪽으로 입불상이 서 있다. 좌불상 앞쪽에는 양쪽에 모습을 약간 달리한 두 기의 웁빠쿳 승려상이 있다. 웁빠쿳 승려는 특유의 고개를 갸우뚱한 모습을 하고 있어 금방 구분이 된다. 벽에는 북부 지방 사람들의 생활 방식이 반영된 그림들이 있는데 1927년에 그린 것이라고 한다.

이 사원 안에는 눈에 띄는 또 하나의 건물이 있는데 안쪽에 작은 불상들을 잔뜩 모아 놓은 조그만 불당이다. 외벽은 석고를 바르고 그 위에 무늬를 넣었다. 입구에는 석고로 만든 도깨비상이 문을 지키고 있다. 문짝에는 옻칠을 하고 금박을 입혔다. 안쪽으로 들어가면 여느 불당과 마찬가지로 앞에 본존불이 있고 여러 기의 좌불상이 있다. 맨 앞쪽으로 검은색으로 만든 승려상도 있다. 그런데 정면과 양쪽 측면의 벽에는 작은 불상들이 빼곡하게 자리 잡고 있다. 마치 벽면에 수를 놓은 듯 엄청나게 많은 숫자의 불상들로 채워져 있다.

불당 바깥쪽에 흰색의 불탑이 있고 불탑 아래쪽에는 사방으로 베란다를 만들어 입불상을 안치시켜 놓았다. 거북의 등 위에 서 있는 관음보살상도 보이고 웁빠쿳 승려상의 모습도 보인다. 한쪽에는 옛날 학교에서 사용하던 크기의 종들이 잔뜩 걸려 있다. 이 사원의 위상은 사원 안에 세워져 있는 불당이나 불탑보다는 그 안에 담겨 있는

불당의 모습

불당 안의 본존불

벽에 있는 작은 불상들

옵빠쿳 승려의 전설에 있는 것 같다.

"옵빠쿳"은 "우빠"와 "쿠따"의 합성어다. "우빠"는 '들어가다', '가깝다', '견고하다'는 뜻이며 "쿠따"는 '보호하고 지키다'는 의미다. 그래서 "옵빠쿳"은 '수호하고 지켜주다'는 뜻이 된다. 북부 지방 사람들의 믿음에 따르면 옵빠쿳 승려는 악마를 제압할 수 있는 신통력이 있어 사람들을 위험으로부터 보호해 준다. 그리고 가난에서 벗어나 부자가 되게 해주는 법력을 가지고 있다. 그는 법문과 수행을 통해 제자를 가르쳤는데 18,000명의 제자들이 그의 가르침을 받고 아라한이 되었다고 한다.

옵빠쿳 승려는 아쇼카 대왕 시절 인도에서 태어난 사람으로 알려졌다. 그의 부친은 본래 향수를 만들어 파는 사람이었다. 부친은 결혼하기 전부터 한 고승에게 나중에 아들을 얻게 되면 출가시켜 승려를 만들겠다고 약속했다. 시간이 흘러 부친은 결혼하고 첫째 아들을 낳았다. 그러나 맏아들이라서 집안의 재산을 돌보아야 한다는 핑계로 출가를 시키지 않았다. 얼마 지나지 않아 둘째 아들을 낳았다. 그러나 이번에도 고승과의 약속을 지키지 않았다. 맏아들은 가게를 지켜야 하고 둘째 아들은 이곳저곳의 거래처를 다니며 수금을 해야 한다는 이유에서였다. 그 후 부인을 하나 더 얻어 셋째 아들을 낳았는데 옵빠쿳이란 이름을 지어주고 애지중지 키웠다. 그러나 고승과

흰색의 불탑

의 약속은 모르는 체하고 넘어가려고 했다. 고승은 아직 때가 되지 않았음을 알고 달리 독촉하지 않았다.

아이는 준수한 청년으로 자랐다. 부친은 나이가 들어 웁빠굿에게 가업을 물려주었는데 그때부터 사업이 엄청나게 번창했다. 얼마간의 시간이 지나고 나서 고승은 날을 하루 잡아서 웁빠굿을 찾아갔다. 웁빠굿은 한눈에 그 고승이 상당한 수준의 깨달음을 얻은 덕망 높은 승려임을 알아차렸다. 고승이 웁빠굿의 부친에게 이제는 약속을 지킬 때가 된 것 같다고 하며 종용하자 부친은 더 이상 핑곗거리를 찾지 못해 아들의 출가를 허락했다. 고승을 따라 출가한 웁빠굿은 수행을 통해 아라한의 지위에 올랐다.

당시에 아쇼카왕이 8만 4천 개의 불탑 세우고 나서 7년 7개월 7일 동안 이를 경축하기 위한 잔치를 벌였다. 그런데 행여 악마가 와서 일을 그르칠까 염려가 되었다. 그래서 아쇼카왕은 고승들에게 악마의 훼방을 막아 달라고 부탁했다. 하루는 신통력을 가진 많은 고승들이 모여 있는 곳에 나가가 승려들에게 경배하고 있었다. 그때 하늘에서 가루다가 나타나 나가를 잡아먹으려 하는 것이었다. 이에 놀란 나가가 고승들에게 살려 달라고 애원하였다. 그러나 고승들은 가루다를 막아 줄 능력이 없었다. 이때 많은 고승들 사이에 한 사미승이 있었다. 고승들은 사미승에게 가루다를 막아 달라고 부탁하였다. 그러나 사미승은 법력이 높은 고승들도 막지 못하는데 어찌 자신이 이를 막을 수 있겠느냐며 정중히 거절하였다. 고승들이 재차 사정을 하자 사미승은 그때서야 앞으로 나섰다. 가루다가 나가를 잡아먹기 위해 사람 키만큼의 거리까지 다가왔을 때 주문을 외워 바람을 일으켰다. 그러자 거센 바람이 불면서 가루다를 날려 보냈다.

사태가 진정되고 나자 고승들은 처음 가루다를 물리쳐 달라고 요청했을 때 사미승이 이를 거절한 것을 문제 삼아 벌을 내려야 한다고 주장했다. 사미승이 자신이 무슨 벌을 받아야 하느냐고 묻자 야쇼카왕의 잔치를 방해하려는 악마를 막아 달라고 부탁했다. 그러자 사미승은 자신은 신통력이 약해 안 되고 바닷속 깊이 은거하고 있는 웁빠쿳 승려라면 충분히 악마를 물리칠 수 있을 것이라고 말했다.

아쇼카왕은 이 이야기를 전해 듣고 두 명의 승려를 보내 웁빠쿳 승려를 모셔 오도록 했다. 웁빠쿳 승려는 두 명의 승려로부터 이야기를 듣고 알았다고 답한 후 먼저 돌려보냈다. 그런 다음 신통력을 발휘하여 먼저 간 승려들보다 앞서 왕궁에 도착했다. 아쇼카왕은 악마를 물리쳐 줄 승려가 왔다는 소식을 듣고 궁에서 나와 웁빠쿳 승려를 맞았다. 그러나 웁빠쿳 승려의 행색을 보니 깡마르고 허약해 보여 과연 악마를 물리칠 수 있을까 하는 의구심이 들었다. 그래서 웁빠쿳 승려의 능력을 시험해 보기로 했다. 다음 날 아침에 웁빠쿳 승려가 궁에서 탁발을 하고 성 밖으로 나가자 코끼리를 풀어 웁빠쿳 승려를 공격하게 했다. 그러나 이를 알아차린 웁빠쿳 승려는 자신을 향해 돌진해 오는 코끼리를 돌로 변하게 하였다. 아쇼카왕은 이를 보고 비로소 웁빠쿳 승려의 능력을 믿게 되었다. 아쇼카왕이 그동안의 허물을 사과를 하자 웁빠쿳 승려는 왕을 탓하지 않고 코끼리를 본래의 모습으로 되돌려 놓았다. 웁빠쿳 승려는 아쇼카왕을 도와 잔치를 방해하려는 악마를 막아주고 이로 인해 명성을 얻게 되었다. 오늘날까지 태국 북부와 미얀마 등지에서 많은 사람들이 웁빠쿳 승려를 추앙하고 있다. 그래서 북부 지방의 사원에 가면 쉽게 웁빠쿳 승려상을 만날 수 있다.

거의 모든 종교에서 믿음을 중요시한다. 그러나 믿음을 갖기가 그리 쉬운 일만은 아니다. 그래서 사람들은 초능력이나 기적을 보여 주기를 원한다. 그런 것들을 보여 주면 믿기가 훨씬 쉬워지기 때문이다. 이런 기

왓우몽 사원에 있는 아쇼카왕 석주 모형

대에 부응해서인지 모든 종교의 역사에 크고 작은 기적이 있다. 기적을 두고 사실 여부나 진실 여부를 따지는 것은 어찌 보면 무의미한 일이다. 수백 년에 걸쳐 우리 삶에 이로움을 주면 기적은 이미 증명된 것이나 마찬가지일 것이기 때문이다.

왓우몽 사원

วัดอุโมงค์ สวนพุทธธรรม

왓우몽 사원은 글자 그대로 동굴사원이다. 이 사원은 치앙마이와 함께 한 700여 년의 역사를 가지고 있다. 사원이 위치한 지역에 "쑤안픗타탐"이라고 부르는 불교수행원이 있다. 치앙마이대학교 뒤편으로 넓게 자리 잡고 있는 숲속에 사원이 있고 호수와 숲이 사원과 조화를 이루고 있다. 복잡한 세속을 떠나 잠시 조용하고 한적한 곳에서 마음을 가라앉히고 수행할 수 있는 곳이어서 태국인은 물론 외국인도 많이 찾는다.

왓우몽 사원이 위치하고 있는 곳은 불교수행원 부지에 속한다. 불교수행원 안에 아래쪽 밑변이 짧은 평행사변형 모양의 대지 위에 위치하고 있는데 사방으로 벽돌담이 둘러 싸고 있다. 4만 평방미터의 면적 안에 규모가 작은 법당과 종을 엎어 놓은 모양의 스리랑카 형식의 불탑이 하나 서 있다. 그리고 동굴이 하나 있는데 드나드는 입구가 세 군데 있다. 불교수행원의 전체 면적은 24만 평방미터인데 그 안에 이곳을 찾는 불자들과 승려의 숙소가 있다. 왓우몽 사원 외에 사방으로 하나씩 모두 네 개의 사원이 더 있다. 왓우몽 사원에 대한 정확한 기록은 없다. 여러 가지 사료들을 살펴보면 망라이왕 시절에 처음 세워진 것으로 추정된다.

망라이왕이 삥강과 더이쑤텝 사이에 새 도시를 건설할 때 쑤코타이의 람캄행왕과 파야오의 응암므앙왕과 더불어 동맹을 맺고 서로 협력하기로 맹세를 했다는 것은 널리 알려진 사실이다. 1296년에 세 왕은 폭 1.6km 길이 2km의 사각형 대지 위에 새 도읍을 짓기로 하고 도시의 중심을 상징하는 기둥을 세웠다. 5만 명을 동원하여 왕궁을 짓고 4만 명을 더 동원하여 해자를 파고 성벽을 쌓았다. 넉 달의 공사를 거쳐 완공되자 칠일 밤 칠일 낮 동안 동안 이를 경축하는 잔치를 벌였다.

새 도읍을 건설한 망라이왕은 중요한 사원들을 여럿 지었다. 당시 승가僧伽에는 캄마와씨와 아란야와씨라고 부르는 두 그룹의 승려가 있었다. 캄마와씨는 주로 사람들이 모여 사는 마을이나 도시에 있는 사원에서 기거하면서 붓다의 가르침을 공부하는 승려들이고 아란야와씨는 붓다의 가르침을 공부한 후에 마을이나 도시에서 벗어나 조용한 숲속으로 들어가 수행하는 승려들이다. 망라이왕은 도읍의 사방에 하나씩 그리고 왕궁 안에 하나를 더해 모두 다섯 개의 캄마와씨 사원을 짓고 도읍의 외곽 지역에 왓까오탄 사원을 비롯한 여러 개의 아란야와씨 사원을 지었다.

사원을 짓고 난 후에 망라이왕은 불심

왓우몽 사원 입구

동굴 속의 좌불상

이 더욱 깊어져 란나의 승려들과 랑까웡 승려들에게 지속적인 후원을 아끼지 않았다. 손수 법문을 듣고 왕족들과 백성들에게도 붓다의 가르침대로 행할 것을 설파했다. 랑까웡 승려들의 해박한 지식과 절제있는 생활, 그리고 엄격한 규율에 힘입어 출가수행하는 사람들이 늘어났다. 이로 인해 란나에서 랑까웡 불교는 빠르게 성장하고 발전해 나갔다.

1317년 망라이왕이 80세를 일기로 세상을 떠나자 란나의 불교도 쇠락의 길을 걷기 시작했다. 뒤를 이은 왕들이 연이어 수도를 치앙라이와 치앙쌘으로 옮기고 치앙마이는 왕자가 다스리도록 했다. 이후 1336년 파유왕이 치앙마이 군주로 등극하였다. 그는 치앙마이에서 나고 자란 사람이었다. 파유왕 시절에 불교는 다시 융성하기 시작하였다. 그는 국왕의 십정도를 엄격히 지키고 오늘날 람푼에 위치하고 있던 하리푼차이에서 고승을 모셔와 승왕으로 추대했다. 더불어 학승 10명을 모셔와 왓프라씽 사원에 거주하게 했다. 그는 불교를 통치 이념으로 삼아 치앙마이를 다스렸다. 굳이 하리푼차이에서 승려들을 모셔온 것은 당시 치앙마이의 불교가 그만큼 쇠퇴했기 때문이었다. 파유왕은 19년의 재위 기간 동안 불교 진흥에 힘쓰다가 1355년에 세상을 떠났다.

파유왕 사후에 치앙쌘에 있던 끄나왕이 치앙마이를 다스리게 되었다. 끄나왕은 세속적인 학문과 더불어 불교에 대한 관심도 많았다. 그는 여러 학문과 무술을 연마하고 왕의 십정도를 엄격히 지키면서 부왕인 파유왕의 위업을 이어받아 치앙마이를 훌륭하게 다스렸다. 이에 힘입어 불교는 다시 한번 빠르게 발전해갔다.

끄나왕(1355~1385)의 치세기간은 30년이었다. 왕으로 재위하는 동안 그는 치앙마이를 발전시키고 힘을 키워갔다. 그는 많은 신하와 백성들로부터 존경을 받았으며 인근의 다른 도시나 소왕국들은 감히 치앙마이를 넘보지 못했다. 나라가 안정되자 불교도 발전해 갔다. 끄나왕은 쑤코타

왓우몽 사원의 내부

이에 있는 랑까웡 불교의 고승들을 초빙하여 란나 불교의 발전을 꾀했다. 그리하여 망라이왕 시절 이후 70년간 쇠퇴했던 란나의 랑까웡 불교를 다시 부흥시켰다.

끄나왕이 랑까웡 불교를 진작시키면서 선대왕 시절에 세웠던 불교 건축물들을 복원하고 수리했다. 특히 망라이왕이 세운 왓우몽 사원은 심혈을 기울여 보수했다. 불탑은 본래의 원형을 유지하면서 그 위에 석회를 덧씌우고 새로 단장하였다. 그래서 오늘날 왓우몽 사원의 불탑은 두 겹으로 덧씌워 보수한 흔적이 남아 있다. 불탑의 보수 작업을 마친 끄나왕은 새로 큰 동굴을 만들었다. 이때 만든 동굴은 규모가 크고 내부를 아름답게 장식했다. 네 개의 통로가 있는데 서로 연결되어 있어 동굴 안 어디든 출입이 가능했다. 동굴 벽을 조금 파내고 그 안에 등불을 켜 놓았다. 등불로 안을 더 밝게 하고 시각적인 아름다움을 더해 승려들이 산책하기 좋게 만들었다. 양쪽 벽에는 유화를 그려 놓았는데 중국과 란나의 예술이 혼합된 모습을 보인다. 동굴이 완성되자 이를 경축하는 잔치를 벌이고 이름을 왓우몽 사원이라고 지었다. '동굴 사원'이라는 의미인데 "왓우몽 사원"으로 기록에 나타나는 것은 바로 이때부터다.

끄나왕이 사원에 이렇게 커다란 동굴을 만든 것은 란나의 한 고승이 거처할 수 있도록 하기 위한 것이었다. 당시 "마하테라짠"이라는 이름을 가진 고승이 있었는데 삼장에 능하면서 설법을 잘했다. 해박한 지식을 가지고 있어 불교의 가르침에 대해 묻고 답하는 데 막힘이 없었다. 땀난의 기록에 의하면 그는 16세에 사미승으로 출가하여 "짠" 승려가 되었다. 그는 왓포너이 사원에 있다가 20세가 되면서 승려로 출가하여 같은 사원에서 3년을 더 있었다. 그런데 현재의 왓우몽 사원에 있던 법사스님이 앓아 눕게 되자 짠 승려는 옆에서 극진히 간병을 하였다. 법사 스님은 입적하기 전에 주문을 하나 가르쳐 주었다. 그러면서 조용한 곳을 찾아 정해진 의식을 치르고 그 주문을 외우라고 일러주었다. 그렇게 하면 지혜가 생겨 무엇이든 빨리 배우고 깨닫게 된다는 것이었다.

법사스님이 입적하고 나서 짠 승려는 조용한 곳을 찾아 나섰다. 법사스님이 일러준 대로 의식을 치르고 주문을 외우기 위해서였다. 그는 마을 주민의 도움을 받아 정자를 하나 찾았다. 짠 승려는 그곳에 앉아 의식을 치르고 주문을 외웠다. 주문이 끝나가자 눈앞에 섬광이 비치면서 무엇인가 다가왔다. 가만히 보니 사람의 형체를 하고 있는데 그 모습이 아름답기 그지없었다. 사람의 형체를 한 존재는 손을 내밀어 "그대는 무엇을 하고 있는가? 무엇을 간절히 원하는가?"하고 물었다. 짠승려가 "명석한 지혜를 얻기 위해 의식을 치르고 있습니다"라고 대답하였다. 그러자 그 존재는 다시 "의식이 끝나면 평생 고명한 승려가 되기를 원하는가? 아니면 환속하여 속인으로 살아가기를 원하는가?"하고 물었다. 이에 짠 승려는 "저는 이미 불가에 귀의한 몸입니다" 하고 대답하였다.

짠 승려가 대답을 마치자 그 존재는 물건을 하나 주면서 "이것을 줄 터이니 손을 내밀어 받으라" 하는 것이었다. 땀난에는 그 물건이 태국의 전통 껌인 "막"이라고 기록되었다. 막은 빈랑나무 열매를 구장나무 잎새로 싸서 껌처럼 씹던 것이다. 막을 씹으면 입안이 개운해지면서 입술을 붉게 해주는 효과도 있었다. 또한 이웃과 나누어 씹으면서 친화력을 높여주기도 해서 결혼 예물에도 막을 보냈다. 짠 승려가 손을 내밀자 그 존재의 손과 닿았는데 그 손이 무척이나 아름답고 부드러웠다고 한다. 막을 건네 준 그 존재는 "그대는 지각知覺을 잃을 것이다" 하고는 순식간에 사라져 버렸다. 짠 승려는 그 후로 정신이 몽롱해지고 넋이 빠진 사람처럼 변했다. 그래서 혹시 의식을 제대로 치르지 못해 자신이 바보가 된 것 아닌가 의심하면서 본래 있던 왓포너이 사원으로 돌아왔다.

그런데 어느 정도 시간이 지나고 정신이 제대로 돌아오자 그는 매우 명석한 사람으로 바뀌었다. 삼장을 공부하는데 한 달 만에 율장을 터득하고 다시 한 달 만에 경장을 끝냈다. 그리고 다시 한 달 보름 만에 논장을 마쳤다. 이후 짠 승려는 이곳저곳을 순회하다가 다시 조용한 곳을 찾아 혼자서 수행에 전념했다. 후일 사람들은 짠 승려에게 다가왔던 그 존재는 천신天神이 사람으로 변신한 것이라고 했다.

당시에 란나에는 삼장에 능통한 승려가 대여섯 명 되었다. 이들은 가끔씩 한자리에 모여 서로 불경의 깊은 내용에 대해 토론했다. 이때 짠 승려는 탁월한 지식과 총명한 지혜로 어려운 질문에 늘 명확한 답을 하곤 했다. 이를 본 끄나왕은 짠 승려에 대한 공경심과 더불어 불심이 깊어졌다. 그러나 짠 승려에게는 일정한 거처가 따로 없었다. 대부분의 시간을 숲속의 조용한 곳을 찾아 수행에 힘썼다. 가끔 불경에 대한 궁금증이나 어려운 문제가 있어 짠 승려를 찾아가면 제때 만나는 경우가 거의 없었다. 그래서 끄나왕은 불탑의 위쪽에 큰 동굴을 만들어 짠 승려가 그곳에 거처할 수 있도록 했다. 사람들이 이 동굴 사원을 "왓마하테라짠"이라고 불렀는데 이는 '위대한 고승 짠 승려 사원'이라는 뜻이다. 짠 승려가 동굴 사원에 거처하면서 수십 년 동안 왕과 백성들의 불심이 깊어지고 불교가 진작되었다. 짠 승려는 77세를 일기로 이 동굴사원에서 입적했다.

태국에서 살다 보면 느끼는 것 중 하나가 의외로 동굴 사원이 많다는 것이다. 태국어에서 '동굴'을 뜻하는 단어에는 "우몽"과 "탐"이 있다. 우몽은 인위적으로 만든 터널에 많이 사용하고 탐은 천연 동굴에 많이 사용한다. 그래서 "왓우몽"이나 "왓탐"은 모두 동굴 사원이다. 웬만한 천연 동굴에는 크고 작은 불상이 모셔져 있고 그 앞에 향과 초가 있기 마련이다. 아마도 더운 나라다 보니 상대적으로 시원한 공간이 있으면 우선 불상을 모시고 사원으로 만드는 것 아닌가 싶다. 어쨌든 태국에서는 어디에 가든 모두 "부처님 손바닥 안"이란 생각이 든다.

왓우몽 사원의 불탑

제2장

하리푼차이의 영광이 깃들어 있는

람푼

ลำพูน-ดินแดนแห่งความรุ่งเรืองของหริภุญชัย

Lamphun

Lamphun

พระธาตุเด่น พระรอดขลัง ลำไยดัง กระเทียมดี ประเพณีงาม จามเทวี ศรีหริภุญชัย

붓다의 사리가 돋보이고, 프라럿 호신불이 영험한 곳. 람야이-용안龍眼이 유명하고 마늘이 좋은 곳. 그리고 풍습도 아름다운 짬마테위여왕의 하리푼차이

람푼을 소개하는 캐치프레이즈다. 하리푼차이 역사와 불교문화의 중심지라는 점과 람야이와 마늘이 특산품이라는 점을 자랑하고 있다. 마늘 수확 철이 되면 대로변 양쪽에 마늘을 쌓아 놓고 파는 상인들의 모습을 쉽게 발견할 수 있다. 람푼 주민의 대다수가 씹썽빤나 지역에서 이주해 왔다고 한다. 이들은 조상이 남긴 전통문화를 잘 보존하고 있어 도시 안의 곳곳에 불교 건축물과 조각 예술품 등이 많다. 지리적으로는 지진이나 홍수 등과 같은 자연재해가 적은 지역에 위치해 있다. 그래서인지 사람들이 인정이 많고 친절이 몸에 배어 있어 이방인들조차 정겹게 맞이한다.

람푼주州는 삥강 유역에 위치하고 있으면서 주변이 산으로 둘러싸여 있다. 방콕에서 658km 떨어져 있고 치앙마이시市와 35km의 거리를 두고 있다. 인구 45만 명의 작은 도시 안에 짬마테위여왕이 창건한 하리푼차이 왕국의 역사와 문화가 고스란히 담겨 있다. 전설에 따르면 661년에 와쑤텝 도사가 하리푼차이라는 나라를 세웠다. 그리고 2년이 지나 라워국의 짬마테위를 모셔 와 나라를 다스리게 했다고 한다. 당시의 라워국은 오늘날 롭부리에 있던 소왕국이었다. 짬마테위는 본래 라워국의 공주로 남편은 람부리 왕국의 재상이었다. 짬마테위는 수백 명의 예술가와

장인들을 데리고 삥강을 따라 람푼으로 왔다.

하리푼차이가 가장 번영했던 시기는 11세기 중반이다. 불교가 융성하면서 11세기 말에 붓다의 사리를 모셔 와 안치하게 되었다. 이때 불교는 짬마테위가 들여온 소승불교였다. 이 불교는 스리랑카 형식이 혼합된 불교로 몬과 버마를 거쳐 온 것이었다. 하리푼차이는 일찍부터 이 지역의 불교 중심지로 성장해나갔다. 하리푼차이에서 융성한 불교는 인근 다른 지역으로 전파되어 나갔고 하리푼차이의 위상은 란나 시대로 이어졌다.

람푼은 1281년 망라이왕이 하리푼차이를 점령하면서 란나의 일부로 병합되었다. 그러나 란나가 번영하던 시기에도 하리푼차이는 삥강 유역의 불교 중심지로 그 중요성을 유지했다. 나중에 랑까웡 불교가 들어와 치앙마이를 중심으로 발전해 나갔지만 하리푼차이는 여전히 불교의 중심지로서의 역할을 수행했다. 특히 이곳에는 붓다의 사리를 안치시켜 놓은 사리탑이 있었고 이 불탑은 이 지역 많은 사람들의 경배 대상이었다. 그래서 란나 시대 대부분의 왕들이 관심을 갖고 하리푼차이의 사원들을 지속적으로 보수하고 유지시켜 왔다.

15세기 중반에 란나 왕국은 전성기를 맞았다. 므앙깨우왕은 꾸앙강변에 왕궁을 짓고 한때 하리푼차이에 머물렀다. 그는 1516년에 삼십만 명의 인력을 동원하여 하리푼차이의 성을 다시 쌓았다. 이는 적의 공격으로부터 하리푼차이의 안전을 도모하기 위함이었다. 그러나 란나가 쇠퇴하면서 버마의 지배를 받게 되고 여러 도시에서 버마세력을 물리치기 위한 반란이 일어났다. 이로 인해 란나 왕국은 나라 전체가 혼란에 빠졌다. 이 와중에 하리푼차이만 온전할 수는 없었다. 1768년 치앙마이가 고립되고 병력과 식량 부족으로 어려움을 겪으면서 오랜 시간동안 버마군에 포위되어 있었다. 그러자 치앙마이의 짜반왕은 백성들을 데리고 치앙마이를 빠져나와 람푼으로 왔다. 그러자 치앙쌘과 치앙라이 군대가 람푼을 공격해왔다. 람푼이 함락되자 짜반왕은 람푼을 버리고 리강 유역으로 진지를 옮겼다. 그래서 람푼은 전쟁이 끝나고 나라가 평온을 되찾을 때까지 한때 방치되어 있었다.

1805년에 당시 치앙마이를 다스리고 있던 까윌라왕은 람푼을 복구하고 짜오쩻똔 가문에서 군주를 임명하여 다스리게 했다. 이때 치앙마이에서 500명 그리고 람빵에서 500명의 백성들을 이주시키고 버마 랏찬의 므앙영에서도 사람을 모아 람푼으로 옮겨와 살도록 했다. 이주 정책의 결과로람푼은 다시 재건되어 오늘날까지 발전해 올 수 있었다. 람푼이라고 하는 지명은 하리푼차이의 방언에서 비롯된 것으로 보고 있다. 전설을 기록한 땀난에 따르면 토착인들은 하리푼차이를 "라푼차이" 또는 "라푼"이라고 불렀는데 시간이 지나면서 "람푼"으로 굳어진 것으로 보인다.

왓짬마테위 사원

วัดจามเทวี

람푼 시내에 자리 잡고 있는 왓짬마테위 사원은 왓꾸꿋 사원이라고도 부른다. 역사적으로나 고고학적으로 중요한 의미가 있는 란나 시대의 유적이다. 비문에 의하면 짬마테위여왕의 두 아들이 세운 것이라고 한다. 짬마테위의 유골을 안치시키기 위해 첨탑 부분은 금으로 입힌 사각형의 불탑을 세웠다. 이 사각형의 불탑은 인도의 부다가야 형식으로 각 층마다 사면에 홈을 파서 베란다를 만들고 그 안에 입불상을 모셨다. 이렇게 아치형으로 된 베란다에 모셔진 입불상은 한 면에 15기씩 모두 60기가 있다. 불탑 안에는 하리푼차이의 초대 왕인 짬마테위 여왕의 유골이 있다. 언제인지는 모르지만 금으로 입힌 첨탑이 잘라져 나갔다. 그래서 주민들이 왓꾸꿋 사원이라고 불렀는데 "왓꾸꿋"은 란나어로 '잘려진 사원'이란 뜻이다. 이 사원은 하리푼차이 예술

사원의 모습

에 있어서 매우 중요한 건축물이다.

또 하나의 중요한 건축물은 불당의 오른쪽에 있는 팔각형의 불탑이다. 랏따나 불탑이라고도 하는 이 불탑은 세 부분으로 이루어져 있다. 기단부는 팔각형으로 두 개 층을 이루고 있는데 그 위에 다시 팔각형의 몸통 부분이 있다. 몸통 부분의 팔면에는 아치형의 홈을 파내고 그 안에 입불상이 모셔 놓았다. 그 위에 첨탑과 연결되는 팔각형 모양으로 된 부분이 더 있다. 유골을 모셔 놓은 꼭대기 층의 첨탑 부분은 사라지고 둥근 원형으로 된 부분이 남아 있는데 그 아래쪽에 군데군데 풀이 돋아나 있다. 어디선가 바람에 날려온 풀씨가 이곳에 떨어져 싹을 틔운 모양이다.

불당 옆 팔각형의 탑

짬마테위 여왕의 출신과 내력에 관련하여 재미있는 이야기가 전해져 내려온다. 기록에 의하면 641년에 커다란 새가 아이를 물어다 놓고 갔는데 쑤테와르씨라고 하는 도인이 이를 발견하고 데려다 키웠다고 한다. 아이가 자라자 도인은 여러 가지 학문을 가르쳤다. 아이의 나이가 열세 살이 되자 도인은 원숭이들이 호위하는 배에 태워 떠내려 보냈다. 배가 라워국에 이르자 왕과 왕비가 이를 발견하고 데려다 키우면서 "짬마테위"라는 이름을 지어 주었다. 왕은 짬마테위에게 학문과 예술, 병법과 음악 등을 가르쳤다. 나이가 스무 살이 되자 결혼을 하고 661년에 오늘날의 람푼으로 와서 하리푼차이 왕국의 초대 왕으로 등극했다. 이때 짬마테위는 흰색 유리 불상을 모셔 갔는데 이 불상은 현재 치앙마이의 왓치앙만 사원에 안치되어 있다. 짬마테위는 60세가 되자 왕위를 두 아들

하리푼차이의 역사를 그린 벽화

에게 물려주고 비구니가 되어 이곳 짬마테위 사원에서 수행에 전념했다. 이후 92세가 되던 해 세상을 떠났는데 두 아들은 모친의 시신을 화장하고 불탑을 세워 유골을 안치했다.

람푼에서 짬마테위 여왕이 등극하고 하리푼차이 왕국을 다스리던 시기는 한국 역사에서 삼국 시대에 해당한다. 비슷한 시기에 한국에서는 선덕 여왕이 등장했다. 선덕 여왕은 신라 시대 27대 왕으로 재위 기간은 632~647년이다. 우리나라 역사상 최초의 여왕인 선덕 여왕은 진평왕의 둘째 딸로 태어났다. 진평왕은 정실부인에게서 딸을 셋을 얻고 후궁에게서 아들을 하나 얻었다. 그러나 그 아들이 어려서 죽는 바람에 왕위는 성골 사위에게 돌아갈 수밖에 없었다. 그런데 첫째 딸과 혼인한 용수는 실정으로 쫓겨난 25대 지지왕의 후손이었다. 귀족들은 화백 회의에서 이 점을 들어 반대했다. 그래서 평소 총명하고 기백이 뛰어났던 둘째 공주 덕만에게 왕위를 물려주었다. 이때가 632년으로 덕만공주는 선덕 여왕으로 즉위했다. 선덕 여왕은 부왕인 진평왕이 딸을 위해 준비한 왕권 강화 정책들을 토대로 비교적 안정된 정치를 할 수 있었다. 남성 중심의 사회에서 최초의 여왕이 된 선덕 여왕에게 어려움이 없었던 것은 아니다. 그러나 김유신과 김춘추와 같은 신하의 도움을 받아 이를 잘 극복하고 결국 삼국 통일의 기초를 다진 왕이 되었다. 불교도 융성하여 원효와 의상 같은 훌륭한 승려들이 배출되었다. 황룡사 9층목탑과 첨성대 그리고 분황사도 이 시대에 세워진 것이다.

짬마테위 사당

오늘날 람푼을 비롯한 태국의 북부 지방의 주요 도시에는 짬마테위 여왕의 동상이 세워져 있다. 아직도 많은 란나의 후손들에게 흠모와 추앙을 받는다. 그러나 한국의 경주나 과거 신라 영토에 속했던 어느 지방에서도 선덕 여왕의 동상이 세워진 곳은 없다. 두 나라의 최초의 여왕은 비슷한 시기에 한 나라를 다스리고 갔지만 역사적 배경과 역할이 달랐던지 후손들이 기억하고 기리는 방식은 많이 다른 것 같다.

왓싼빠양루앙 사원

วัดสันป่ายางหลวง

왓싼빠양루앙 사원은 람푼 시내에 있다. 붓다의 수제자인 사리붓다와 목갈라나의 사리가 안치되어 있는 오래된 고찰이다. 본래는 브라만교 사원으로 지은 것인데 버마로부터 세 명의 고승이 이곳에 와 기거하면서 불교 사원으로 바뀌었다. 세 명의 고승이 이곳에 거처를 정하고 수행하면서 붓다의 가르침을 전하게 되자 531년에 사원의 이름을 왓컴람퐁으로 바꾸었다. 당시 세 명의 고승 중 한 명인 프라깐타워 승려가 주지로 있었는데 이때부터 란나 지역의 최초 불교 사원이 되었다. 그러나 이 지역의 불교가 쇠퇴하면서 한동안 폐허로 변했다. 그러다가 짬마테위여왕이 하리푼차이 왕국을 다스리게 되자 이 사원을 복원하고 사원의 이름을 바꾸어 오늘날의 왓싼빠양루앙 사

사원 입구 쪽 현판

원이 되었다. 사원의 이름에 들어간 "빠양"은 '고무나무 숲'이란 뜻인데 이는 당시 사원이 위치해 있던 자리에 고무나무가 무성하게 자라났기 때문이라고 한다.

사원은 시내에 있어 찾아가기가 어렵지 않다. 밖에서 보면 담장에 가려 잘 보이 않는데 일단 사원 안으로 들어가면 그 화려함에 눈이 휘둥그레진다. 입구에 들어서서 신발을 벗고 앞을 보면 경내의 모습이 한눈에 들어온다. 바로 앞에 있는 불당 입구에 눈부시게 흰 아치형 문이 서 있다. 양옆으로 세워져 있는 파라솔은 윗부분만 금박이 입혀져 있다. 그 위로 중앙에 높은 신전 모양의 탑이 얹혀져 있고 양옆으로 보다 작은 탑이 하나씩 놓여 있다. 탑 중앙부에 홈을 파서 베란다를 만들고 입불상을 안치해 놓았는데 가운데 탑은 두 기의 불상이 있는 반면에 양쪽 작은 탑에는 각각 한 기의 불상이 세워져 있다. 주변에는 신상神像이 여럿 서 있는데 손에 화환을 들고 있다. 화려한 입구를 지나 불당 안으로 들어 가면 중앙에 좌불상이 안치되어 있고 아래쪽에 고승들의 모습을 빚어 놓은 승려상이 나란히 놓여 있다. 벽에는 붓다의 본생담 내용을 담은 그림이 그려져 있고 기둥은 사각 나무 기둥에 꽃무늬가 새겨져 있다. 벽과 천정은 물론 창문에도 정교한 무늬가 조각되어

아치형의 문

프라키아우콩 불상

프라키아우 불당

불당의 박공벽

불당 안의 본존불

있다. 안팎이 모두 화려한 불당이다.

불당을 나와 옆에 보면 조그만 아치형 건축물에 프라키아우콩 불상이 안치되어 있다. 앞에 꽃이 놓여 있고 향과 초가 타고 있다. 바로 옆에 지붕이 다섯 겹으로 되어 있는 화려한 건물이 있다. 지붕 위 박공의 정점에는 가루다상의 장식물이 있는데 각층 마다 한 마리씩 있어 모두 다섯 마리다. 이 건물이 바로 프라키아우콩이라는 이름을 가진 불당인데 아름답기로 태국 전역에서 열 손가락 안에 든다고 한다. 1993년에 지은 이 불당은 들어가는 입구부터 과연 명불허전이다. 앞쪽에 일곱 개의 머리를 가진 백색의 나가상이 있는데 이를 아래쪽에서 거북이가 받치고 있다. 내부는 라오스와 버마 그리고 태국산 목재를 들여와 꾸몄다는데 토속 문화에 기반한 무늬를 넣었다. 불당의 한가운데 커다란 좌불상이 본존불로 안치되어 있고 위쪽으로 크기가 작은 프라키아우콩 불상이 자리하고 있다. 사원 안의 건축물에는 여러 가지 아름다운 조각과 부조가 있다. 특히 불당 안에 벽과 지붕 모두에 빼어난 아름다움을 자랑하는 조각들이 많다. 심지어는 박공 부분까지 모두 조각품으로 되어 있다. 불당 앞쪽 벽과 처마에 모두 금박을 입혀 불당 전체가 화려하고 아름답게 보인다. 이 불당의 건축 양식은 고대와 근대의 예술이 조화를 이루고 있다는 평가를 받는다.

종탑

불당의 내부 벽과 창문

사원 안에는 여러 가지 건축물이 많다. 윱빠쿳 승려를 모셔 놓은 아치형 건축물이 있고 코끼리상이 조각되어 있는 종탑이 있다. 종탑의 아래쪽에 큰 징이 있고 위쪽으로 종이 매달려 있다. 붓다의 족적 모형을 만들어 놓은 건축물도 있다. 사원 곳곳에 화려하기 그지없는 건축물들이 조화를 이루며 자리 잡고 있어 가슴을 설레게 만드는 사원이다.

사원에서 나오면 맞은편 길 건너로 쌀국숫집이 있다. 조그만 공터에 큰 나무가 몇 그루 있어 그늘을 만들어 주고 바로 옆에 주차 공간도 있어 제법 손님이 많다. 바쁠 때 간단하게 요기를 하기에는 쌀국수만 한 것이 없다. 쌀국수는 면의 굵기나 국물의 종류, 그리고 곁들이는 재료에 따라 종류가 수십 가지에 달한다. 그리고 무엇보다 주문하면 5분 안에 먹을 수 있는 장점이 있다. 테이블 위에 고춧가루와 땅콩 가루, 설탕, 식초 그리고 어魚간장 등이 담긴 양념통이 있어 자신의 입맛에 맞게 간을 할 수 있다. 태국의 쌀국수는 "꾸아이띠아우"라고 하는데 중국에서 건너와 태국 음식으로 자리 잡은 것이다. 중국에서 본래 과조粿條 또는 분조粉條라고 부르는 음식이었는데 아유타야 왕조 시대 중국과의 교역이 활발해지면서 태국에도 유입된 것으로 보인다. 이후 근대화 시기에는 국가에서 식비 절감과 국가 경제 활성화를 위해 국민들로 하여금 이 쌀국수를 먹도록 장려한 바 있다.

치앙마이에는 꾸아이띠아우와 유사하면서도 약간 다른 음식이 하나 있다. 바로 카우써이다. 카우써이는 태국 북부 지방의 전통음식이다. 중국의 윈난성에 살던 허족들이 먹던 음식에서 유래한 면 요리다. 허족은 주로 이슬람교를 신봉했는데 19세기 중국 남부에서 이슬람교도들에 대한 박해가 심해지자 태국 북부로 이주해 왔다. 이후 1949년 중국혁명이 일어나면서 또다시 위난성의 허족들이 치앙마이로 대거 이주해 왔다. 치앙마이에 터를 잡고 살던 허족들은 소고기나 닭고기를 넣어 만든 국수

태국의 쌀국수

쌀국수 양념통

카우써이

카우써이 양념

를 만들어 먹었는데 이를 태국인들은 "꾸아이띠아우허"라고 불렀다. '허족들의 쌀국수'란 뜻이다.

카우써이는 소스를 넣어 끓인 육수에 면을 넣고 절인 배추, 적양파, 양배추 샐러드 등과 같은 반찬과 기름에 볶은 고추, 라임, 어간장, 설탕 등으로 맛을 낸다. 본래는 소고기나 닭고기를 넣어 먹었는데 나중에는 돼지고기를 대신 넣거나 해산물 또는 두부를 넣기도 했다. 면은 태국의 "바미"와 비슷한데 밀가루와 계란을 반죽한 것으로 노란색을 띤다. 국물도 처음에는 아무것도 넣지 않은 맑은 국물이었는데 나중에는 코코넛 밀크를 넣어 오늘날과 같은 카우써이로 변모하였다. 카우써이는 허족의 발자취를 따라 미얀마와 라오스 등지에서도 즐겨 먹는 음식이 되었다. 카우써이는 이슬람교를 믿는 중국인들의 음식에서 발전한 것이라서 중국 음식과 중동 음식 그리고 동남아 음식의 맛과 특징이 어우러진 독특한 음식이라고 할 수 있다.

쌀국수를 먹을 때마다 어린 시절 정부에서 하던 분식의 날에 대한 추억이 떠오른다. 쌀이 부족했던 시절 매주 토요일은 밀가루 음식을 먹도록 정부에서 장려한 일이 있다. 아울러 보리쌀을 섞어 먹도록 혼식도 장려했는데 심지어 점심시간에 담임 선생님이 도시락 검사를 하기도 했다. 그래서 쌀밥을 싸 온 아이들은 꾸지람을 들어야 했다. 사실 그 시절은 무척 가난했던 따라서 쌀밥을 싸 오는 아이들이 그리 많지는 않았다. 대부분의 가정에서 쌀과 보리쌀을 섞어 밥을 지어 먹던 시대였다. 지금은 식생활 문화도 바뀌어 쌀 경작지가 줄어도 쌀이 남아도는 시대가 되었다. 태국이나 한국이나 먹을 거리를 생각해 보면 격세지감을 느끼기는 마찬가지다.

왓프라탓하리푼차이 사원

วัดพระธาตุหริภุญชัย

왓프라탓하리푼차이 사원은 람푼의 도심에 자리 잡고 있는 고찰이다. 주청사로부터 불과 150m 떨어진 곳에 자리 잡고 있으면서 사방으로 난 도로에 둘러싸여 있다. 옛날부터 북부 지방 사람들이 중요하게 여겨온 경배지로 유서 깊은 사원이다. 닭의 해에 태어난 사람들에게 복을 내려준다는 사원이기도 하다. 그래서 사원 앞에 닭 모양의 조형물을 만들어 놓았다. 입구에 설치되어 있는 아치형 문은 벽돌로 쌓고 위에 석고를 발랐다. 그리고 그 위에 여러 가지 기묘하고 아름다운 무늬로 장식했다. 장인의 솜씨로 보아 씨위차이 Sriwijaya 시대 것으로 보인다.

사원 입구의 닭 조형물

양쪽에 1m 높이의 사자상 같은 것이 우뚝 서서 지키고 있다. 그런데 흔하게 볼 수 있는 사자상과는 좀 다른 모습이다. 자세히

사원의 앞모습

보니 사자가 아니라 키미 Khi Mee라는 동물이다. 이 동물에 대해 알려진 것이 거의 없다. 주로 오래된 그림에서 나타나는 키미는 두꺼운 목털과 덤불 같은 꼬리가 있는 개와 비슷한 몸을 가지고 있다. 키미는 여러 가지 종류가 있다. 본질적으로 잡식성 동물로 대부분은 혼자 사냥하지만 일부는 무리를 지어 사냥을 한다. 키미는 예리한 후각과 사냥을 하기에 알맞은 튼튼한 다리를 가지고 있다. 주로 다람쥐, 토끼 등과 같은 작은 동물을 잡아먹는데 아플 때 풀을 먹음으로써 스스로를 치유할 수 있다고 한다. 이 키미상은 아팃따야랏왕이 왕궁을 사원으로 사용할 수 있도록 보시하면서 만들어 세운 것이다.

전해져 내려오는 이야기에 의하면 아팃따야왕이 신전을 세우고 그 신전 가까이 화장실로 사용할 건물을 하나 지었다고 한다. 사실 그곳에는 붓다의 사리가 안치되어 있었는데 왕은 당시에 그 사실을 알지 못했다. 건물을 세우고 나서 왕이 들어가 용변을 보고자 하면 매번 그곳을 지키고 있던 까마귀 한 마리가 날아들었다. 까마귀는 왕의 머리 위에 똥을 싸고는 날갯짓을 하며 왕을 쫓아 내는 것이었다. 왕은 화가 나기도 하고 이상한 생각도 들어서 시종에게 그 까마귀를 잡아 오게 하였다. 그러나 아무리 해도 그 까마귀를 잡을 수 없었다. 왕은 그곳을 지키는 지신地神에게 하소연을 했다. 그러자 왕의 꿈에 지신이 나타나 태어난 지 일주일 된 갓난아이를 까마귀 있는 곳에 뉘어 놓고 매일 까마귀 우는 소리를 듣게 하라고 일러주었다. 잠에서 깨어나자 왕은 그대로 실행하였다. 갓난아이가 자라 아홉 살이 되자 까마귀의 말을 알아듣게 되었다.

왕은 아홉 살이 된 아이에게 까마귀에게 왜 그러는지 이유를 묻게 했다. 까마귀는 그곳에 붓다의 사리가 안치되어 있다는 사실과 자신이 그곳을 지키는 임무를 맡고 있어서 그렇게 한 것이라고 자초지종을 설명해 주었다. 까마귀의 말을 듣고 전후 관계를 파악한 왕은 불심佛心이 깊어져 화장실 건물을 허물고 그곳의 나쁜 흙을 파서 멀리 갖다 버렸다. 그리고 좋은 흙으로 다시 채운 후에 그 위에 모래를 뿌렸다. 나아가 그곳을 향기로운 꽃으로 장식한 후 초와 향을 피우고 신성한 지역으로 선포하고 경배를 드렸다. 그러자 기적처럼 붓다의 사리함이 땅속에서 올라왔다. 왕은 크게 기뻐하고 6m 높이에 이르는 몬형식의 사리탑을 세웠다. 그리고 사면에 아치형 문이 있는 불당을 지었다. 불당과 크고 작은 정자를 더 짓자 람푼지역의 중요한 사원으로 자리 잡게 되었다. 이때부터 람푼에서는 이 사원의 사리탑보다 높은 건물을 지을 수 없게 되었다.

나중에 쌉파씻티왕 시대에 사리함의 높이를 50cm 더 높이고 사리탑의 높이를 4m 더 높여 몬돕을 지었다. 이후 후대 왕들이 이를 잘 유지하고 보존하였다. 람푼이 란나의 지배를 받던 시기에 망라이왕은 몬돕을 20m 더 높게 증축하고 사리함에 금박을 입혔다. 이때부터 탑은 전체가 아름다운 황금빛을 띠게 되었다. 그

사원 안의 풍경

불당 입구

후 불탑은 여러 차례 복원과 수리를 거쳤다. 1443년 띠록까랏왕 시대에 탑을 높이 46m가 되도록 증축하고 기단부는 폭을 25m로 넓혔다. 그리고 첨탑에 불력佛力을 나타내는 파라솔을 7층으로 만들었다. 므앙깨우왕 시대에 탑을 둘러싸고 창살 모양의 울타리가 쳐지고 1786년에 중앙 불당이 세워졌다. 까윌라왕 시절에는 사리탑을 복원하고 사방에 파라솔을 세웠다. 그리고 첨탑에 있는 파라솔을 9층으로 만들었다. 사리탑의 기단부를 정사각형으로 만들고 각 변의 폭을 20m로 늘린 다음 탑 주변의 울타리를 황동으로 둘렀다.

입구로 들어서면 눈앞에 "위한루앙"이라고 부르는 커다란 불당이 자리 잡고 있다. 사방에 회랑이 있고 앞뒤로 현관이 나 있다. 이 불당은 1923년 태풍으로 무너진 것을 그 자리에 다시 지은 것이다. 불당은 예불일에 불교 관련 행사를 치르거나 법회를 여는 장소로 사용되고 있다. 불당 안에는 커다란 좌불상이 안치되어 있는데 벽돌로 만들고 회반죽을 바른 후에 다시 금박을 입힌 것이다. 불당 가운데 본존불을 안치시키고 조금 앞쪽에 다시 양쪽으로 좌불상이 하나씩 더 있어 모두 세 기의 불상이 있다. 그리고 다시 그 앞줄에 크기가 작은 네 기의 불상이 또 있다. 그리고 오른쪽 옆으로 크루바씨위차이상도 보인다.

사원 안에는 전형적인 란나 형식으로 지어진 불탑이 있다. 불탑 안에는 황금으로 만든 사각형의 사리함에 붓다의 머리카락 사리가 안치되어 있다. 불탑의 기단부 모서리는 다시 주름지게 각을 잡았다. 그 위에 둥근 모양으로 된 세 개 층이 있어 종 모양의 탑을 받쳐주고 있다. 전체적으로 보면 치앙마이에 있는 왓프라탓더이쑤텝 사원의 불탑과 모양이 흡사하다. 탑의 높이는 51m이고 기단부의 폭은 25m가 조금 넘는다. 주변에는 쇠창살 형태의 울타리가 둘러싸고 있다. 불탑을 가운데 두고 동서남북 사방으로 불당이 세워져 있다.

주탑의 북서쪽으로 불탑이 하나 더 있다. 왓짬마테위 사원의 불탑과 같은 부다가야 형식으로 지은 것인데 홍토와 벽돌로 쌓은 여러 층의 사각형 모양을 하고 있다. 모두 다섯 개 층으로 되어 있는데 각 층마다 아치형의 베란다가 나 있고 그 안에 입불상이 안치되어 있다. 본래는 불상에 금박을 입혔다고 하는데 오랜 세월이 지나면서 그 흔적만 미미하게 남아 있다. 첨탑 부분에는 조그만 승려상들이 모셔져 있다는데 이를 육안으로 확인하기는 쉽지 않다.

왓프라탓하리푼차이 사원을 돌아보니 규모는 그다지 크지 않지만 짜임새

란나 형식의 주탑

부다가야 형식의 불탑

있고 아름답게 세워진 사원인 것 같다. 람푼은 그리 큰 도시는 아니지만 오래된 고도로서의 특유의 분위기가 있다. 람푼이라는 도시의 이미지나 분위기가 바로 이 사원과 닮은꼴 같다. 집들도 아담하고 도시는 깨끗하다. 쑤코타이나 아유타야는 웅대하고 화려한 사원들이 많은데 무언가 좀 투박하다면 람푼의 사원들은 작지만 화려하고 정교하다. 잘 꾸며진 정원 같다는 느낌이 든다. 왠지 이곳에 사는 사람들도 소박하고 친절한 것 같다. 그럴 리가 없는데 자꾸만 옛날에 와 본 적이 있는 것 같은 기시감이 들기도 한다.

왓마하완 사원

วัดมหาวัน

왓마하완 사원은 라워 왕국의 짬마테위 공주가 람푼으로 와서 하리푼차이 왕국을 다스릴 때 왕실 사원으로 사용하던 곳이다. 람푼으로 올 때 짬마테위공주는 장인과 승려 등 여러 분야의 백성을 오백 명씩 데리고 왔다. 배편으로 일곱 달이 걸려 람푼에 도착한 짬마테위공주는 일주일 후에 아들 둘을 낳았다. 그리고 하리푼차이의 초대왕으로 등극하고 난 후에 승려들이 거처할 수 있도록 왓마하완 사원을 지었다. 짬마테위 여왕은 백성들을 동원하여 네 개의 사원을 더 지었다. 그래서 모두 다섯 개의 사원이 되었다. 그리고 각각 흰색의 돌과 검은색의 돌로 만든 불상을 가져와 이곳에 안치시켰다. 나중에 흰색 돌로 만든 불상은 망라이왕이 치앙마이의 왓치앙만 사원으로 옮겨가고 검은

불당과 불탑의 모습

사원 입구의 모습

사원 안의 도인상

색 불상만 남았는데 백성들은 이 불상을 "프라럿루앙"이라고 불렀다.

이 사원은 규모는 작지만 매우 화려하다. 사원은 흰색으로 된 두 마리의 사자상이 입구 양쪽을 지키고 서 있다. 안으로 들어서면 란나의 고승이자 건축가인 크루바씨위차이의 동상이 보이고 나무 아래 앉아 있는 도인상이 보인다. 불당 건물은 양쪽으로 각각 세 마리의 나가상이 있는데 붉은색과 황금색이 어우러져 약간 섬뜩한 느낌까지 준다. 불당은 전면이 초록색과 붉은색 그리고 금색이 어우러져 매우 화려하다. 뒤쪽으로는 금박을 입힌 화려한 불탑이 보이고 작지만 아담하고 예쁘게 세워 놓은 종탑도 보인다. 이 작은 사원이 유명한 것은 프라럿 호신불 때문이다.

하리푼차이 건설을 주도하고 짬마테위 여왕을 보좌하던 두 명의 도인이 있었는데 이들은 하리푼차이를 여왕이 통치하게 되면 외부로부터 침략이 잦을 것을 예상하였다. 그래서 하리푼차이 왕국을 지켜주고 병사들에게 힘과 용기를 북돋우어 줄 영험한 성물聖物을 만들기로 하였다. 람푼 지역의 사방에서 흙을 가져와 천 가지가 넘은 약재와 꽃봉오리를 섞었다. 그러고 나서 주문을 외우고 의식을 치른 후에 반죽하여 두 가지의 호신불을 빚었다. 하나는 "프라콩"이라고 부르는 호신불로 하리푼차이의 안녕을 기원하고 또 하나는 "프라럿"이라고 부르는 호신불로 위험에서 벗어나게 해달라는 염원을 담았다. 호신불을 빚고는 칠일 밤낮을 불에 구운 다음에 프라콩 호신불은 왓프라콩르씨 사원에 안치시키고 프라럿 호신불은 왓마하완 사원에 안치시켰다.

나중에 하리푼차이가 오늘날의 치앙마이에 자리 잡고 있던 라밍나컨 왕국의 13대 왕인 쿤루와위쌍카 군대와 전쟁을 하게 되는데 이때 프라럿 불상의 모습을 그대로 본떠서 호신불을 만들었다. 이 호신불을 전쟁터에 나가는 병사들에게 나누어 주고 남은 것을 이 사원의 불탑에 안치시켜 놓았다. 나중에 불탑이 무너져 내리자 인근의 백성들이 제각기 호신불을 집으로 가져가 모셨다. 그 후 호신불을 모시고 있는 사람들에게서 여러 가지 기적이 일어났다. 이 호신불을 "프라릿마하완"이라고 불렀는데 타와라와디Davaravati와 씨위차이Sriwijaya 형식이 혼재되어 있다. 오늘날 이 호신불은 매우 비싼 값에 거래되고 있다. 불교 국가인 태국은 불교 용어가 발달했는데 불상을 구입할 때 '사다'라는 뜻을 가진 "쓰"를 사용하지 않고 '빌리다'는 뜻을 가진 "차오"라는 말을 사용한다. 불상은 사고파는 물건이 아니라는 생각을 가지고 있기 때문인 것 같다.

태국 사회에서는 불상에서 나오는 불력佛力 말고도 승려상에서 나오는 법력法力에 대한 믿음이 있다. 호신불은 불상도 있고 유명한 고승의 모습을 빚어 만든 승려상도 있다. 어떤 호신불은 건강을 지켜 준다고 하고 어떤 호신불은 재물을 가져다준다고 한다. 또 어떤 호신불은 위험에서 지켜 준다고 한다. 불교사원에서 여러 가지 사유로 재원이 필요하면 이런 호신불을 제작하여 불자들에게 판매한다. 태국 곳곳을 돌아다니다 보면 사원 앞에 이런 호신불을 제작 판매한다는 광고 현수막이 걸려 있는 것을 종종 볼 수 있다. 보통 99밧에서 599밧의 가격이 매겨진다. 그러나 영험하기로 소문이 난 호신불은 부르는 것이 값이 되는 경우도 적지 않다. 가격이 수천만 원에서 수억 원에 이르는 것도 있다. 어떤 호신불은 전국적으로 인기를 누리는 것도 있지만 어떤 호신불은 특정 지역에서 선호하는 호신불도 있다. 또 어떤 사람은 불심을 가지고 모시는 사람도 있지만 어떤 사람들은 액세서리로 목에 걸고 다니는 사람도 있다.

태국의 북부 지방에서 예로부터 인기를 누리고 있는 호신불 중의 하나가 바로 "프라릿마하완" 호신불이다. 이 호신불은 북부 지방의 5대 호신불 중의 하나로 꼽힌다. 오늘날 많은 사람들이 왓마하완 사원을 찾는다. 이곳이 짬마테위여왕이 세운 천년 고찰이기 때문이기도 하지만 호신불에 대한 기대와 호기심을 갖고 찾는 경우도 적지 않다고 한다.

땅속에서 발굴된 호신불

호신불 판매상

왓프라이은 사원

วัดพระยืน

왓프라이은 사원은 하리푼차이의 탐미까랏왕 시절에 세워진 사원이다. 대략 1063~1068년에 세워진 것으로 추정된다. 이 사원은 한때 하리푼차이가 번영하던 시기에 대승불교 승려들이 상주하던 중요한 사원이었다. 불탑은 몬돕 형식으로 세우고 사면에 입불상이 안치되어 있다. 그리고 탑의 윗부분에는 작은 크기의 종을 엎어 놓은 모양을 하고 있다. 이러한 형식의 불탑은 바간의 아난타쩨디 또는 치앙쌘의 왓빠싹 사원의 불탑과 유사하다. "프라이은"은 '입불상'이란 뜻인데 이 사원의 중요한 경배 대상이 주탑에 안치되어 있는 입불상이라서 사원 이름을 그렇게 붙인 것이다.

사원의 전경

전해져 내려오는 이야기에 의하면 1369년에 끄나왕이 쑤코타이에서

주탑의 모습

치앙마이로 고승을 모셔 왔는데 이곳 하리푼차이에 머무르게 했다. 그 당시에 이곳에는 입불상 하나밖에 없었고 주변은 숲이었다고 한다. 그러자 끄나왕은 사람을 보내 길을 내고 세 기의 입불상을 더 제작했다. 추가로 세운 입불상은 각각 서쪽과 북쪽 그리고 남쪽을 보게 하고 그 위쪽에 몬돕을 씌웠다.

사면으로 입불상이 안치되어 있는 이 사원의 주탑은 버마 형식의 불탑이다. 지면에서 층층으로 쌓아 올린 단 위에 평평한 공간이 있다. 사각형의 단 위에는 사방 네 귀퉁이에 조그만 탑이 하나씩 서 있는데 이는 버마의 바간 예술 이전의 것이다. 불탑의 가장 중요한 몸통 부분은 사각형으로 되어 있고 사방으로 문이 나 있다. 그 위에 종 모양으로 된 부분을 떠받치기 위해 여러 층으로 된 단이 있다. 그리고 다시 그 위에 사리

불당의 모습

방과 첨탑이 올라가 있다.

이 사원의 불당은 666년 짬마테위 여왕 시절에 세워졌다. 역사가 불탑보다 500년을 앞선다. 폭 12m 길이 14m의 사각형으로 된 땅 위에 4m 높이의 단을 만들고 그 위에 불당을 지었다. 나가상이 있는 출입문이 북쪽으로 나 있다. 나가상 앞쪽으로 두 마리의 도깨비상이 서 있다. 하나는 청색이고 다른 하나는 붉은색이다. 안쪽에는 좌불상이 안치되어 있다. 바닥은 붉은색 카펫이 깔려 있고 기둥은 붉은색에 금색으로 무늬를 넣었다. 동쪽으로는 조그만 방이 하나 있는데 수행자들에게 불경을 가르치고 연구하는 공부방이라고 한다. 불당 주변을 돌아볼 수 있는 회랑이 있고 사방으로 불력을 나타내는 파라솔이 있다. 파라솔은 나무로 만들고 금박을 입혔는데 세월이 지남에 따라 많이 낡아서 최근에 복원 작업을 했다고 한다.

오래된 사원의 불탑은 모습 자체로 수백 년의 역사를 스스로 말하듯 고풍스러운 모습을 하고 있다. 불당은 최근에 다시 지은 듯 화려하고 깨끗한 모습을 하고 있다. 그러나 경내 여기저기에 사람 손이 제대로 미치지 못한 흔적이 보인다. 승려의 모습도 불자들의 모습도 보이지 않고 관광객의 발길도 그리 잦아 보이지 않는다. 세월의 흐름 속에서 사원들도 이렇게 늙어가는 것 같아 마음이 허망해진다. 입구 앞쪽에 음식점이 몇 군데 있다. 손님 몇이 앉아 있는데 주인과 하는 대화 내용으로 보아 마을 주민인 듯하다. 마침 저녁 때가 되어 서둘러 쌀국수 한 그릇을 시켜 먹고 자리를 떴다.

왓프라풋타밧딱파 사원

วัดพระพุทธบาทตากผ้า

왓프라풋타밧딱파 사원은 산꼭대기와 산기슭에 자리 잡고 있는 사원이다. 아주 오래전부터 람푼을 대표하는 사원 중의 하나였다. "프라풋타밧"은 '붓다의 발'을 의미하고 "딱파"는 '옷을 말리다'는 뜻이다. 이 사원은 붓다의 가르침을 익히고 수행하는 신앙의 중심지일 뿐만 아니라 주변 경관이 좋아 많은 사람들이 찾는 곳이다. 사원의 이름에서 암시하듯이 사원은 붓다의 족적과 가사에 얽힌 전설이 있다.

붓다가 생존하던 시절에 쑤완나품을 찾은 적이 있다고 한다. "쑤완나품"은 '황금 지역'이라는 뜻인데 예로부터 대륙부 동남아를 일컫는 말이다. 붓다가 이 지역에 와서 자비를 베풀고 가르침을 전할 때 현재 왓프라풋타밧딱파 사원이 있는 곳에 머물렀다. 그때 제자 아난타에게 가사를 널어 말리라고 명했다. 그러자 아난타가 가사를 펼쳐 널었는데 그곳이 바로 현재 사원이 있는 곳이었다. 붓다가 이곳을 "프라풋타밧딱파"라고 이름을 짓고 나중에 인간과 신이 모두 와서 경배하는 장소가 될 것이라고 예언했다. 나중에 하리푼차이의 짬마테위여왕 시대에 몬돕을 세웠다. 그리고 근세기 들어 1929년에 정사면체의 건물을 비롯하여 법당과 정자를 세우고 승려 학교와 숙소를 세워 오늘날의 모습을 갖추게 되었다.

사원의 전경

이 사원은 산의 위아래에 두 구역으로 나누어져 있다. 산의 위쪽 구역과 아래쪽 구역이 계단으로 연결되어 있는데 계단수가 469개다. 더운 나라에서 그냥 올라가기에는 엄두가 잘 나지 않는 높이다. 계단이 시작되는 곳에는 나가상이 지키고 있고 계단이 끝나는 정상에는 도깨비상이 땀 흘리며 올라오는 손님을 맞이한다. 걸어 올라가기 어렵다 보니 대부분 차를 가지고 우회도로를 따라 산 정상 바로 옆에 있는 주차장까지 이동한다. 산 정상에 있는 조그만 평지에 불당이 세워져 있다. 그 옆에 네 명의 고승의 유골을 안치시켜 놓은 불탑이 있다.

입구 쪽에 타이영족의 역사에 대해 짧게 기록해 놓은 조그만 석판이 있다. 이에 따르면 타이영족은 씹썽빤나의 타이르족이나 치앙뚱의 타이크언족과 유사한 자신들의 고유한 언어를 가지고 있다. 이들을 영족이

정상 쪽 사원의 입구

정상으로 올라가는 계단

라고 부르는 이유는 영강 유역에 살고 있기 때문이다. 크언족을 크언족이라 부르는 것도 그들이 크언강 유역에 살기 때문이다. 영족은 본래 타이족의 한 부류이기 때문에 "타이영족" 또는 "따이영족"이라고 부른다. 태국 북부 지방의 역사를 연구하는 학자들에 따르면 라마 1세의 말기인

1805년에 오늘날 람푼에 자리 잡고 있던 하리푼차이가 매우 황폐해져 있었다. 무서운 열병으로 이 지역에 살고 있는 사람들 대부분이 다른 곳으로 옮겨가 인구가 급격히 줄어들었다. 불교 사원도 폐허로 변했다. 당시 치앙마이를 다스리고 있던 까윌라왕이 라마 1세를 알현하고 이에 대한 대책을 아뢰었다. 그러자 라마 1세는 주변에 의사소통이 가능한 종족이 있느냐고 물었다. 까윌라왕이 타이영족이 있다고 하자 그러면 그들을 하리푼차이로 강제 이주시키라는 명을 내렸다.

치앙마이로 돌아온 까윌라왕은 동생인 분마에게 군대를 내어주며 타이영족을 한 달 이틀 안으로 굴복시키라고 명했다. 분마는 출병하여 타이영족이 사는 지역 가까이 군대를 주둔시켰다. 그리고 적진 앞으로 나아가 자신들과 싸울 것인지 아니면 화친을 할 것인지를 물었다. 타이영족의 군주는 아무래도 아군의 숫자가 적음을 알고 화친하기로 하였다. 성문을 열어 분마를 맞이한 타이영족의 군주는 자신의 이복 여동생과 코끼리 한 마리 그리고 말 한 필을 바쳤다. 분마는 한 달을 그곳에 머무른 후에 주변 도시를 공략하여 그곳 주민들을 이끌고 다시 타이영족들이 사는 곳으로 돌아왔다. 그는 주민들을 모아 놓고 람푼으로 이주시킬 계획을 알리고 가기를 원치 않는 사람은 머리를 삭발하라고 명을 내렸다. 그러자 대부분 사람들이 삭발을 하고 삭발하지 않은 사람은 얼마 되지 않았다. 그러자 분마는 마음을 바꾸어 삭발한 사람들을 데려가기로 했다. 삭발한 사람들이 숫자가 많고 오히려 다스리기 쉬운 심성을 가지고 있다고 판단했기 때문이다. 분마는 이들을 데

타이영족의 역사를 기록한 석판

프라탓씨크루바 불탑

크루바퍼뼁의 동상

리고 람푼으로 돌아왔다. 이른바 "야채는 바구니에 담고 노예는 도시로 들인다"던 시기였다. 이때 람푼으로 유입된 타이영족이 오늘날 람푼 인구의 90%에 달한다. 당시 사람을 쓸어 모으다시피 해서 람푼을 재건한 까윌라왕과 분마의 모습이 밀랍으로 제작되어 한쪽 옆에 서 있다.

이곳에 세워져 있는 황금색 불탑은 왓프라탓더이쑤텝 사원과 왓프라탓하리푼차이 사원에 있는 불탑과 닮은꼴이다. 불탑의 이름은 "프라탓씨크루바 불탑"이다. '네 명의 고승 유골 불탑'이란 뜻이다. "크루바"란 법력과 덕망이 높아 뭇사람부터 인정받고 추앙받는 고승을 말한다. 역사적 기록에 따르면 이 지역의 빠쌍 마을에 "뻥 핌싼"이라는 농부의 아들이 있었다. 그는 18세에 사미승으로 출가했다가 21세 되던 해에 다시 승려로 출가하였다. 4년간의 수행을 마치고 환속하여 "부아타"라는 여성과 결혼하였다. 그 후 속인으로 살면서 슬하에 아들 일곱과 딸 여섯을 두었다. 그는 스스로 불교의 가르침에 따라 엄격한 생활을 하면서 가장으로서 자녀들 또한 훌륭하게 키웠다. 살아 있는 것은 절대 잡아먹지 않고 저녁 식사 후에는 마을 주민과 자녀들에게 법문을 들려주었다. 아버지의 가르침을 받고 그의 아들 중에 셋이 출가했다. 그 또한 61세 되던 해에 다시 출가하여 승려가 되었다. 이미 출가한 세 아들과 함께 4부자가 모두 승려가 된 셈이다. 출가 후 칠 일째 되는 날 그는 두타행을 행하기 위해 숲속으로 들어갔다. 두타행이란 모든 것을 버리고 속세를 떠나 인간의 모든 집착과 번뇌를 버리고 심신을 수련하는 것을 말한다. 세 아들도 모두 두타행에 들어갔다. 이들은 10년 넘게 버마와 인접한 국경 지대의 숲속에서 수행하면서 주민들의 존경을 받았다. 주민들은 이들을 추앙하면서 "씨크루바" 즉, '네 명의 고승'이라고 불렀다. 이 네 명의 유골이 안치되어 있는 곳이 바로 이 사원의 불탑이다.

불탑 옆에 불당이 있다. 황금 좌불상이 높은 안치대에 모셔져 있고 벽에는 붓다의 본생담을 그린 벽화가 있다. 그리고 타이영족이 람푼으로 이주해오는 모습을 담은 듯한 그림인데 부조로 제작하고 위에 금박을 입혔다. 우마차에 짐을 싣고 식솔을 이끌고 가는 모습이 보인다. 영문을 모르고 마냥 기뻐서 따라가는 강아지 모습도 눈에 띈다. 산 정상에 세워

타이영족의 이주 모습

진 건축물은 불교 사원이면서 역사관이기도 하다. 하리푼차이 왕국의 흥망성쇠와 폐허가 되고 난 후의 재건 과정, 그리고 백성들이 겪어야 했던 고통스러운 삶의 흔적이 새겨져 있다. 아래쪽에서 올라오는 계단 앞에 서면 산 아래 풍경이 한눈에 들어온다.

산아래로 내려오면 넓은 평지에 불당이 있고 붓다의 족적을 만들어 놓은 정자가 있다. 불당 안에는 불상과 더불어 크루바퍼뺑의 좌상이 있다. 다른 한쪽에는 동굴에서 수행하는 듯한 도인상이 있고 그 앞에 음식과 과일 그리고 꽃이 놓여 있다. 여기저기에 두타행을 하는 모습의 동상이 서 있다. 넓은 마당 한쪽에는 톤부리 왕조를 세운 딱씬왕의 동상도 보인다.

람푼을 떠나 람빵으로 이동하는데 국도의 양옆에 커다란 가로수들이 있다. 그런데 가만히 관찰해보면 이 가로수들이 가지를 도로 안쪽으로 더 길게 뻗었다. 그래서 양쪽 가로수가 마치 터널을 만들어 주는 형상을 하고 있다. 인위적으로 그렇게 나무를 관리한 것 같지는 않은데 대

산 아래쪽 사원 입구

그늘을 만들어 주는 가로수

부분의 가로수들이 그런 모습을 하고 있다. 더운 나라에서 행인들에게는 여간 고마운 일이 아니다. 여행객들에게는 그늘이 있어 잠시 쉬어 가기에도 좋고 도로변에서 과일이나 먹을 것을 파는 상인들에게도 더위를 막아주는 고마운 가로수 그늘이다. 뜬금없기는 하지만 어쩌면 나무들도 공덕을 많이 쌓아 다음 생에 사람으로 태어나기를 바라는 것일지도 모른다는 생각이 들었다.

제3장

마차가 다니는 고풍스러운 도시

람빵

ลำปาง-เสน่ห์ของเมืองรถม้า

Lampang

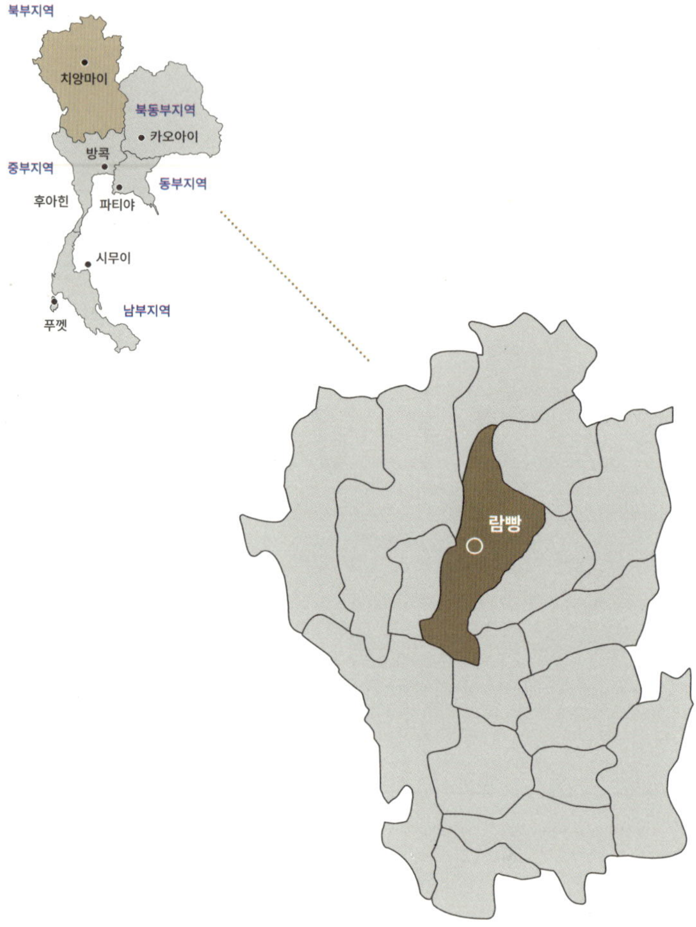

Lampang

ถ่านหินลือชา รถม้าลือลั่น เครื่องปั้นลือนาม งามพระธาตุลือไกล ฝึกช้างใช้ลือโลก

석탄이 유명하고 마차가 이름난 곳. 도자기가 유명하고 붓다의 사리가 이름난 곳. 코끼리를 훈련시켜 잘 부리기로 명성이 높은 곳.

람빵을 소개하는 캐치프레이즈다. 광업과 도자기 산업이 발달했으면서도 아직 시내에 마차가 다니는 고풍스러운 도시라는 점을 자랑하고 있다. 람빵은 왕강을 끼고 발달한 도시다. 인근의 산악 지대에는 도석陶石, 점토, 갈탄이 풍부하여 광업이 발달하고 이들을 원료로 하는 도자기 산업이 번성했다. 19세기에는 티크 목재의 산지로 벌목 산업이 번창했다. 그로 인해 목조로 세워진 사원과 예스러운 건축물들이 많다. 북부의 다른 도시에 비해 상대적으로 볼거리가 적어 여행객이 많지는 않다. 그러나 나름대로의 독특한 분위기가 있는 유서 깊은 도시다.

람빵주州는 치앙라이, 파야오, 프래, 쑤코타이, 딱, 치앙마이와 접하고 있다. 옛날에는 켈랑나컨으로 불렸다. 방콕에서 거리는 599km이며 인구는 76만 명이다. 치앙마이에서 100km 떨어져 있어 차로 가면 한 시간 남짓 걸린다. 면적으로 보면 람빵은 태국 북부에서 치앙마이 다음으로 크다. 방콕에서 기차로 치앙마이를 가는 경우에 모든 열차가 람빵에서 정차한다. 그래서 철도 교통의 중심지 역할도 한다.

역사적으로 거슬러 올라가면 람빵은 인도차이나반도 북쪽에 고대 국가들이 등장하던 초기에 건설된 도시다. 하리푼차이와 가까운 시기에 켈랑나컨이라는 이름으로 모습을 드러냈다. 땀난에 의하면 680년에 쑤프롬 도사와 켈랑 사냥꾼이 세웠다고 한다. 두 사람은 켈랑반폿 산기슭과 왕강 유역에 도시를 건설하고 짬마테위 여왕의 작은아들인 아난따욧에게 다스리도록 했다. 이때 우리나라에서는 통일 신라 시대가 막 들어서던 시기였다. 초기의 켈랑나컨은 하리푼차이의 속국으로 교역로를 통제하고 왕강 유역의 평야 지대에 사는 백성들을 다스리는 데 중요한 역할을 했다. 이후 상세한 기록은 없지만 아마도 하리푼차이의 위성도시로 존재했을 것으로 추정된다.

1201년에 이르러 하리푼차이에서 파견되어 켈랑나컨을 다스리고 있던 관료 타이암맛이 군대를 일으켜 하리푼차이를 공략했다. 반란에 성공한 타이암맛은 스스로 왕위에 오르고 이후 타이암맛가에서 10명의 왕이 하리푼차이를 다스리게 되었다. 1281년에 이르러 이바왕이 하리푼차이를 통치하고 있을 때 망라이왕에게 정복당하고 말았다. 이바왕은 켈랑나컨으로 피신하여 브악왕에게 의탁하였다. 여러 사료에 따르면 브악왕이 이바왕의 동생이라고도 하고 혹은 아들이라고 한다. 1287년 브악왕은 하리푼차이를 되찾기 위해 반란을 일으켰다. 그러나 패하여 도주하다가 망라이왕의 아들에게 목숨을 잃었다. 이바왕은 오늘날 피싸눌록에 있던 썽캐우 왕국으로 피신하여 여생을 그곳에서 마쳤다. 이로써 하리푼차이의 속국이었던 켈랑나컨은 치앙마이의 지배를 받게 되었다.

치앙마이에서는 관료 차이쎄나를 파견하여 켈랑나컨을 다스리도록 했다. 이때부터 켈랑나컨은 란나 왕국의 일부로 존재하게 되었다. 이후 1301년에 대규모 건설공사를 통해 남서쪽으로 시가지를 확장했다. 아마도 군주와 관료들의 주거지와 관청을 짓기 위한 것으로 추정된다. 구시가지는 여전히 백성들의 주거지로 남아 있었다. 그래서인지 란나 시대의 많은 유적들이 구시가지의 여러 곳에서 발견되었다. 한때 에메랄드 불상이 람빵의 한 사원에 안치되어 있던 적이 있었는데 그 사원이 바로 구시가지에 있는 왓프라깨우촘푸 사원이다. 사료에 보면 1515년 아유타야가 람빵을 침략했을 때 진입해 들어온 문이 쁘라뚜타낭이라고 기록되어 있다. 이 문이 바로 구시가로 진입하는 문이었다. 이러한 근거에 입각해서 보면 그 시대 구시가지와 신시가지는 서로 연결되어 있던 것으로 보인다.

란나 시대 초기 람빵은 땀난에 "켈랑나컨"으로 나오다가 나중에는 여러 비문이나 땀난에 "므앙나컨"으로 나오는데 이는 "므앙켈랑나컨"의 줄임말로 보인다. 14세기 중반부터 15세기 중반에 이르기까지 란나와 아유타야 간의 갈등이 심화되면서 람빵의 중요성이 커졌다. 란나의 군대가 남하할 때 람빵은 전방위 도시이면서 전초기지 역할을 하게 되었다. 그래서 람빵은 여러 차례 아유타야의 공격을 받았다. 란나에서는 람빵을 중요하게 여겨 많은 관료와 왕족을 파견하였다. 이런 과정을 거치면서 오늘날의 람빵에 란나 시대 황금기의 예술품과 건축물이 문화유산으로 많이 남아 있게 되었다.

16세기 중반에 버마가 란나를 지배하던 시절에 람빵도 다른 여러 도시와 마찬가지로 버마의 지배하에 있었다. 18세기 초부터 란나의 여러 도시에서 권력 다툼이 일어나고 이로 인해 혼란이 가중되었다. 그러나 버마가 이를 통제하지 못하자 여러 도시들이 독립해 나가고 이들 간의 세력 다툼이 이어졌다. 이때 람빵의 군주가 사망했으나 버마는 후임자를 임명하지 못했다. 이틈을 타서 타우마하욧이 버마군을 동원하여 람빵을 점령했다. 그는 왓프라탓람빵루앙 사원에 주둔하면서 세금을 거두고 백성들을 강탈하여 도시를 곤경에 빠트렸다. 그러자 팁창이 의용군 300명을 이끌고 타우마하욧을 처단했다. 백성들은 팁창을 칭송하며 람빵의 군주로 옹립했다. 람빵의 군주가 된 팁창은 버마의 앙와(잉와)국 왕에게 조공을 바치고 자신을 공식적으로 람빵의 군주로 임명해 달라고 간청했다. 앙와국 왕은 이를 수락하고 "프라야차이쏭크람"이란 칭호를 내렸다. 람빵의 차이쏭크람왕은 1732년부터 1759년까지 람빵을 다스리다가 구시가지로 돌아가 어전을 짓고 그곳에서 여생을 보냈다. 차이쏭크람왕 사후에 아들인 차이깨우가 왕위에 올랐다. 차이깨우왕은 아들과 딸을 합쳐 열 명의 자녀가 있었다. 그중에 아들이 일곱 명이었다. 이들 일곱 명의 형제가 쩻똔가의 시조였다. 쩻똔이란 '일곱 그루'라는 뜻이다. 이 일곱 명의 형제는 힘을 합쳐 버마 세력을 몰아낸 후에 란나의 여러 도시를 나누어 다스렸다. 마치 한국인들이 성씨에 본을 나타내는 것처럼 이들의 후손들이 오늘날 그들의 성씨에 치앙마이, 람빵, 람푼 등 란나의 여러 도시명을 넣어 본으로 표기하고 있다.

버마와의 갈등이 고조될 때마다 란나의 여러 도시들이 피해를 입었다. 특히 17세기 중반에 버마와의 전쟁에서 피해가 컸는데 람빵은 다른 도시에 비해 피해가 적었다. 치앙마이를 점령한 버마군을 상대로 싸우면서 란나는 람빵을 전초기지로 삼았다. 이때 람빵은 차이깨우왕이 다스리고 있었는데 1775년에 버마군이 람빵까지 밀고 들어왔다. 차이깨우왕은 버마에 대항할 수 없게 되자 백성들과 함께 람빵을 버리고 싸완칼록으로 피신하여 때를 기다리다가 일 년 후에 다시 돌아왔다. 란나가 버마의 지배에서 벗어나기 위한 싸움을 할 때 람빵은 다른 도시들이 다시 세력을 모으고 군사력을 회복할 수 있도록 시간을 벌어주는 전방위 기지로서의 역할을 충실히 해냈다.

란나가 다시 재건되던 초기에 람빵은 아직 왕강의 서쪽 편에 위치하고 있었다. 이곳은 하리푼차이 시대부터 란나 시대에 이르기까지 백성들의 주거지였다. 당시에는 작은 규모였지만 란나의 재건이 시작되고 평화가 찾아오자 인구가 늘어났다. 그러자 주거 지역을 확장해 나가지 않으면 안 되었다. 1808년 왕강의 맞은편에 새 도시를 건설하고 바깥쪽에 해자를 팠다. 그리고 강을 따라 벽돌로 길게 성을 쌓았다. 이때부터 람빵은 왕강의 양쪽 편에 모두 주거 지역이 형성되었다. 처음에는 이 도시를 "므앙나컨" 불렀는데 나중에 발견된 사료에서는 "므앙나컨람빵"이란 이름으로 표기되어 있다. 근대 시기에 행정구역이 개편되면서 공식 명칭이 람빵주州로 확정되어 오늘날에 이르고 있다.

왓쩨디싸우랑 사원

วัดเจดีย์ซาวหลัง

람빵에 와서 처음 찾은 사원이 왓쩨디싸우랑 사원이다. 사원에 들어서다 보니 입구에 쟁기로 논을 갈고 있는 부부 농군의 모습을 빚어 놓은 조형물이 있다. 오랜만에 보는 풍경이라서 정겨움이 느껴지고 어린 시절 추억이 떠오른다. 양쪽에 나가상이 있는데 농부 하나가 나가상 꼬리 쪽을 들고 서 있다. 사원 안으로 들어가면 의외로 많은 불탑들이 눈에 들어온다.

왓쩨디싸우랑 사원은 다른 사원에 비해 불탑이 많은 편이다. 태국의 북부 방언에서 "싸우"는 숫자 20을 뜻한다. 따라서 "왓쩨디싸우랑"은 '스무 기의 불탑이 있는 사원'이라는 뜻이다. 이 사원은 오래된 고찰로 역사적으로나 고고학적으로 가치가 높다. 불탑에서 발굴된 유물들을 보면 최소한 천 년 전에 세워진 것으로 추정된다. 사각형 기단부 위에 세워진 작은 불탑들은 버마 양식으로 지어졌는데 상단부는 황금빛으로 빛나고 첨탑 부분은 아름다운 파라솔로 장식되어 있다.

한쪽 편에는 지체 있어 보이는 남자가 두 승려와 대화를 나누는 모습을 빚어 놓았다. 전해 내려오는 이야기에 의하면 옛날 붓다가 입적하고 오백 년이 지나 두 명의 승려가 이곳에 왔다고 한다. 그들은 이 사원에 기거하면서 포교에 힘썼다. 당시 이 지역을 다스리고 있던 밀린왕이

사원 입구의 부부 농군 조형물

승려에게 법문을 듣는 왕의 모습

찾아와 붓다의 가르침에 대해 물었다. 왕은 자신의 물음에 막힘없이 대답하는 두 승려에 대해 존경하는 마음이 들었다. 그래서 후손들이 두 승려를 기리고 경배할 수 있는 건축물을 세우겠노라고 말했다. 이 말을 들은 두 승려가 각자 손으로 머리를 쓸어내리자 손안에 머리카락이 열 올씩 있었다. 두 승려는 머리카락을 밀린왕에게 주었다. 밀린왕은 이곳에 불탑을 스무 기를 세우고 탑 하나에 머리카락 한 올씩을 안치시켰다. 그래서 이 사원에 스무 기의 불탑이 세워지게 된 것이라고 한다.

스무 기의 불탑은 모두 흰색인데 중앙에 커다란 주탑이 있고 주위에 열아홉 기의 탑이 더 있다. 탑의 건축 양식은 란나 양식과 버마 양식이 혼재되어 있다. 지역 주민들 사이에서는 눈으로 불탑의 숫자를 세되 스무 기를 맞게 세면 공덕을 쌓게 된다고 한다. 불탑들이 하나같이 하단부는 흰색으로 칠하고 상단부는 금색을 입혀 놓아 숫자를 세기가 그리 쉽지만은 않다. 눈으로만 세어 나가다 보면 집중력을 잃게 되어 자칫 건너뛰거나 중간에 숫자를 잊어버리는 경우가 많다. 탑들이 서 있는 외곽 지역으로 십이간지의 동물들을 세워 놓았다.

사원 뒤쪽으로 우물이 두 개 있다. 전설에 의하면 사원이 들어서기 전 이곳에 두 명의 아라한이 기거하고 있었다고 한다. 앞서 이야기한 밀린왕이 만났던 승려인지 또는 별개의 인물인지는 확인되지 않는다. 마을 주민들이 아라한을 찾아와 시주와 보시를 하고 법문을 들었다. 이 마을에 가난한 형제가 두 명 있었는데 이들은 자신들이 먹을 것조차 없었다. 그래서 둘이 의논하기를 우리는 마땅히 시주할 것조차 없으니 각자 이곳에 우물을 파서 두 명의 아라한에게 하나씩 보시하자고 했다. 두 형제는 2m를 파기 전에 물이 나오게 해달라고 소원을 빈 다음에 땅을 파내려 갔다. 과연 깊이가 2m가 채 되기도 전에 물이 나왔다. 이 우물의 물은 그로부터 몇백 년이 지나도 마르지 않았다. 주민들의 말에 따르면 오늘날까지 이 우물은 신비한 힘이 있다고 한다. 그래서 형 우물에서 반병 그리고 동생 우물에서 반병을 담은 후 그 물로 몸을 씻으면 복을 받는다고 믿는 사람들이 많다.

사원 안에 작은 불당과 이보다 큰 법당이 하나 자리 잡고 있다. 작은

스무 기의 불탑

불당에는 치앙쌘 양식으로 제작된 청동 좌불상이 있고 큰 법당 안에는 매우 아름답게 보이는 황금 좌불상이 안치되어 있다. 법당 출입문과 아치형 창문에는 정교한 무늬가 수놓아져 있다. 중간에 색유리가 있는 것으로 보아 최근에 보수한 것으로 보인다. 법당 뒤쪽으로 정자가 있고 주민들이 만들어 놓은 규모가 작은 박물관이 있다. 1983년에 이곳에서 순금으로 만들어진 좌불상이 발견되었는데 무게가 1.5kg이 넘었다. 란나 양식의 이 불상은 몇 개의 조각으로 구성되어 있어 분해와 조립이 가능하게 만들어졌다. 이 불상은 태국의 국가유물 제1호로 등록되었다고 한다.

고승에게 가르침을 얻고 탑을 세운 밀린왕 이야기나 우물을 파서 두 아라한에게 보시한 가난한 형제 이야기에서 알 수 있듯이 이 땅에 사는 사람들은 수백 년 전부터 왕이나 백성 모두가 불교를 신봉해 왔다. 왕은 붓다의 가르침을 근간으로 어진 정치를 했고 백성들은 고된 삶을 살아가면서도 이를 전생의 과업으로 여기고 선덕을 쌓으며 내세의 복을 간구했다. 붓다의 자비는 누구에게나 비치는 햇살처럼 부자와 빈자를 가리

불당의 모습

지 않고 고르게 삶의 희망과 기쁨을 안겨주었다. 그래서 태국인들은 여유와 미소를 잃지 않고 낙천적 삶을 살아갈 수 있었던 것 같다.

왓프라깨우던따우쑤차다람 사원

วัดพระแก้วดอนเต้าสุชาดาราม

왓프라깨우던따우쑤차다람 사원은 다른 사원에 비해 긴 이름을 가지고 있다. 이 사원은 본래 왓프라깨우던따우 사원과 왓쑤차다람 사원으로 분리되어 있는 별개의 사원이었다. 두 사원이 인접해 있어 나중에 담장을 허물고 하나의 사원으로 병합했다. 이름도 본래의 두 사원 이름을 가져와 붙이다 보니 길어졌다. 역사적으로는 매우 유서 깊은 고찰이다.

왓프라깨우던따우 사원은 500년의 역사를 가지고 있다. 사원의 한쪽 구석에 에메랄드 불상을 등에 싣고 가는 코끼리상이 서 있다. 이 사원이 한때 그 유명한 에메랄드 불상을 안치했던 곳이다. 치앙마이를 다스리고 있던 삼팡깬왕이 에메랄드 불상을 모셔 오기 위해 치앙라이로 갔다. 코끼리 위에 불상을 싣고 치앙마이로 오는데 람빵으로 길이 갈라지는 곳에 다다르자 코끼리는 갑자기 흥분하여 람빵 쪽으로 달려가는 것이었다. 삼팡깬왕은 어쩔 수 없이 코끼리를 따라 이곳 왓프래깨우던따우 사원으로 올 수밖에 없었다. 에메랄드 불상은 이 사원에 32년간 안치되어 있다가 나중에 치앙마이로 옮겨졌다. 그리고 치앙마이를 다스리던 군주가 오늘날 라오스의 루앙프라방으로 돌아가면서 위앙짠에 모셔 놓았다. 시간이 지나 톤부리 시대에 짝끄리 장군이 라오스를 정벌하고 위

사원 입구

불당의 모습

에메랄드 불상을 싣고 가는 코끼리상

수박을 든 여인상

앙짠에 있던 에메랄드 불상을 톤부리로 옮겨왔다. 그리고 나중에 랏따나꼬신 왕조가 들어서면서 오늘날 방콕의 에메랄드 사원에 안치시켜 놓게 되었다.

왓쑤차다람 사원의 한쪽에는 수박을 들고 있는 여인상이 있다. 이 사원의 유래에 대한 전설이 하나 있다. 옛날에 왓프라깨우던따우 사원 인근에 쑤차다라는 이름을 가진 여인이 살고 있었다. 어느 날 수박을 하나 가져다 승려에게 시주를 했다. 승려가 수박을 쪼개 보니 그 안에서 커다란 에메랄드가 나왔다. 승려는 장인을 불러 에메랄드로 불상을 조각하게 하였다. 그리고 그 불상의 이름을 "프라깨우던따우"하고 지었다. "던따우"는 '수박'이라는 뜻이다. 그러자 마을의 한 주민이 람빵을 다스리고 있던 군주에게 달려가 승려와 쑤차다라는 여인이 통정을 했다고 고했다. 그러자 람빵의 군주는 쑤차다 여인을 잡아들여 사형에 처했다. 이 소식을 들은 승려는 불상을 가지고 달아나 왓프라탓람빵루앙 사원에 맡겼다. 그래서 그 불상은 오늘날까지 왓프라탓람빵루앙 사원에 안치되어 있다. 한편 쑤차다 여인이 살던 마을에는 불심이 깊은 지역 주민들이 돈을 모아 사원을 세우고 사원 이름을 "왓쑤차다람"이라고 지었다.

왓프라깨우던따우 사원은 규모가 매우 크다. 사각형으로 된 경내에 동쪽으로 향한 불당이 있었는데 나중에 허물었다. 현재 새로 지은 불당이 있고 불당 뒤편으로 란나 형식으로 세워진 커다란 주탑이 있다. 주탑 앞쪽에 버마 양식으로 지은 몬돕이 있는데 나무에 정교하게 새겨진 무늬와 조각들로 꾸며져 있다. 몬돕 안에는 금박을 입힌 불상이 있고 화려한 색유리로 장식해 놓았다. 라마 5세 때 벌목 사업을 위해 태국 북부로 건너온 버마인들이 큰돈을 벌게 되자 이곳에 지은 몬돕이다. 그래서 몬돕의 외형은 물론 내부의 벽이나 천정 장식도 모두 버마 양식으로 되어 있다. 화려한 무늬와 조각 그리고 그림과 도안들이 혀를 내두르게 한다. 천정 장식 중 일부에서는 기독교적 요소가 발견된다. 이는 당시 버마는 영국의 식민지여서 일정 부분 서양의 영향을 받았기 때문으로 보인다. 건물 전체가 화려하고 정교한 모습을 하고 있는 이 몬돕은 람빵에서 접할 수 있는 버마 불교 예술의 정수라고 한다. 앞에 안치되어 있는 본존불은 청동으로 만들고 금을 덧씌웠다. 밖으로 나와 다시 몬돕의 외부를 둘러보는데 시선이 다른 데로 옮겨지지가 않는다.

사원을 되돌아 나오는데 한쪽에 반쯤 무너져 내린 벽돌 탑이 있다. 앞에 있는 명패를 보니 "프라쩨디람창" 이라고 쓰여 있다. '코끼리를 묶어 두는 탑'이라는 뜻인데 옛날에 이곳 왕들이 사원에 행차하면서 타고 온 코끼리를 잠시 매어 두던 곳이라고 한다. 오늘날로 치면 귀빈 전용 주차장인 셈이다. 오래된 사원들은 구석구석에 많은 이야기들을 담고 있다. 그래서 모든 사원은 그 시대의 사랑방이면서 생활 박물관인 것 같다.

버마식 몬돕

프라쩨디람창

왓씨렁므앙 사원

วัดศรีรองเมือง

왓씨렁므앙 사원은 버마 양식으로 세워진 사원으로 역사적으로나 건축학적으로 가치가 높은 사원이다. 이 사원은 영국에 고용되어 일하던 버마인 갑부가 세웠다. 당시 태국 북부의 대부분 지역은 영국인이 산림 벌목에 관한 독점권을 가지고 있었다. 1904년에 인따 씨렁므앙이라고 하는 노인과 마을 주민들이 토지를 기증하고 건축 자재를 조달해 사원을 완공하였다. 이 사원의 이름은 사원을 세운 버마인의 성을 따서 지은 것이다.

사원의 전경

이 사원의 중요한 건축물로는 목재로 지은 불당이 있는데 박공과 용마루가 여러 층을 이루고 있다. 처마도 매우 아름답게 마감했다. 아래층은 콘크리트로 짓고 위층은 목재로 지은 전형적인 버마 양식의 건물이다. 천정에 있는 나무에 무늬가 새겨져 있고 목재로 된 기둥은 색유리로 장식했다. 솜씨가 정교하고 매우 아름답다. 앞쪽에 있는 기둥에는 여러 가지 신과 사람 그리고 동물 모양을 조각해 놓았는데 마치 설산림을 형상화한 듯하다. 이러한 장식과 꾸밈은 버마의 사원에서 나타나는 특징들이다.

이 사원을 짓는데 1905년부터 시작하여 일곱 해가 걸렸다고 한다. 사원 안에는 크고 작은 불당이 아홉 채까지 있었는데 작은 불당들은 모두 무너지고 큰 불당 하나만 남아 있다. 현존하는 씨렁므앙 불당은 이 층짜리 건물로 지붕은 버마식 겹층 지붕으로 되어 있다. 아래층은 벽돌로 쌓고 위에 회반죽을 발랐다. 그리고 위층에는 세 기의 불상이 안치되어 있는데 만달레이 양식으로 제작한 것이다. 가운

불당의 앞모습

불당의 본존불

불당 안의 신상

데 있는 커다란 본존불은 왼쪽 어깨에 비스듬히 가사를 걸치고 있다. 본존불은 수령이 106년 된 티크 목재로 만들고 금박을 입힌 것으로 랏따나꼬신 시대 초기에 제작된 것이다.

불당 입구 쪽에 보면 손가락으로 앞쪽을 가리키고 서 있는 신상神像이 하나 있다. 울긋불긋한 옷을 입고 서 있는 할아버지 모습의 이 신상은 버마의 상징물 중 하나이다. 위쪽으로 란나의 깃발인 뚱과 초롱불 모양의 등이 한 줄로 길게 늘어져 있다. 불당 안에는 라마 7세의 얼굴이 조각된 커다란 원형의 패가 있다. 이는 1932년 라마 7세가 이곳을 방문한 기념으로 만들어 놓은 것으로 이 사원을 건립하고 보수할 때 18,187밧의 재산을 기부한 쌍토 매짠퓡과 그 일행에게 하사한 것이라는 설명이 적혀 있다.

경내에 보리수나무가 한 그루 있는데 인도에서 가져와 심은 것이라고 한다. 나무 아래 누가 가져다 놓았는지 모르는 크고 작은 불상들이 있다. 한쪽 구석에 붓다의 사리를 모신 빠오쩽떵 불탑이 있는데 얼핏 봐도 버마 양식의 불탑이다. 이 사원에는 100년이 더 된 우물이 하나 있는데 액운을 씻어내는데 효험이 있다고 하여 많은 사람들이 길어 간다.

람빵은 북부 지방의 벌목 사업의 중심지여서 당시 이곳에 와서 돈을 벌어 부자가 된 버마인들이 많았다. 그들은 벌목 과정에서 나무의 정령에게 지은 악업을 씻기 위해 사원을 많이 지었다. 역사적으로 버마와 태국은 견원지간이었다. 그럼에도 서로 악감정은 남아 있지 않은 듯 태국에 버마 양식으로 지은 사원들이 원형 그대로 유지하고 보존되어 있다. 근대화 시기에 나라를 잘 다스리고 국제 정세에 지혜롭게 대처해 상대적으로 국가 개발에 성공한 승자의 아량이 작용한 탓도 있겠지만 그보다는 태국인들이 가지고 있는 포용력과 쉽게 잊어버리고 쉽게 용서하는 국민성에 기인한 바가 더 큰 것 같다.

경내의 보리수

왓씨춤 사원

วัดศรีชุม

왓씨춤 사원은 버마 양식으로 세워진 사원으로 버마에서 베어 온 목재로만으로 지었다고 한다. 왓씨렁므앙 사원과 지붕 형태가 유사하여 금방 란나 양식으로 지은 사원은 아니라는 것을 알 수 있다. 그러나 전체적인 짜임새나 분위기는 왓씨렁므앙 사원과도 조금 다르다. 좀 더 간결한 아름다움을 뽐내고 있는 것 같다. 사원에는 황금색으로 된 붓다의 유골함이 있는데 버마와 몬 양식으로 제작된 것이다. 붓다의 사리가 안치되어 있는 사원이라서 오래전부터 람빵 사람들이 이곳을 찾아 불공을 드리고 있다. 현재 불당과 법당 그리고 불탑과 아치형 출입문을 모두 갖추고 있는 가장 온전한 버마 양식의 사원으로 꼽힌다.

왓씨춤 사원은 1893년에 "우요"라는 이름을 가진 버마의 부호가 세웠다. 그는 영국인을 따라 태국에 들어와 벌목 사업을 했는데 돈을 많이 벌고 부유해지자 인근 주민들과 함께 사원을 지었다. 당시 벌목으로 부자가 된 버마인들이 그랬던 것처럼 우요 노인도 매일 베어내는 나무의 정령들에 대한 속죄를 위해 이 사원을 세운 것이다. 아래층은 콘크리트로 짓고 위층은 나무로 지었다. 내부 장식을 보면 버마 양식과 란나 양식이 혼합되어 있다.

사원의 전경

불당의 모습

불당으로 올라가는 계단은 두 길로 나 있는데 나무에 아름다운 무늬를 조각해 놓았다. 불당 안의 벽에는 붓다의 생애를 그린 본생담이 그려져 있다. 지붕은 나무에 조각한 무늬가 새겨져 있다. 태국에는 버마 양식으로 지어진 사원이 모두 서른한 개 있는데 그중에서 이 사원이 가장 아름다운 사원으로 손꼽힌다. 몬돕은 정사각형으로 짓고 겹층 지붕으로 첨각 아래까지 쌓았다. 그리고 첨각의 맨 꼭대기는 황금색 파라솔로 장식해 놓았다.

1992년 1월 15일 한밤중에 갑자기 이 사원에서 화염이 치솟고 화마가 사원을 집어삼켰다. 소방차가 출동하고 자다가 놀란 인근 주민들이 물을 떠다 진화에 나섰다. 그러나 불당을 뒤덮은 화마는 그 기세가 꺾일 줄을 몰랐다. 몇 시간이 지나서야 겨우 불길이 잦아들었다. 그 뒤에 남아 있는 것은 불당의 타고 남은 잔재와 이곳에서 나고 자란 노인들이 안타까움과 허망함을 이기지 못해 흘리는 눈물이었다. 나중에 복원되었다 하더라도 본래 있었던 아름다움을 완벽하게 살려 내지는 못했다고 한다. 현재 재건한 불당은 콘크리트와 목재가 사용된 버마 양식이다. 내부는 버마식 불교 예술로 치장되어 있다.

버마에서 건너온 벌목업자들은 불교를 신봉하고 있으면서도 나무에 대한 정령신앙을 가지고 있었다. 나무를 베어 내면서 악업을 쌓는다는 죄책감을 느끼던 당시 버마인의 여린 심성이 마음에 와 닿는다. 사실 커다란 나무에 대한 정령이 있다는 생각은 많은 토속 신앙에서 볼 수 있는 일이다. 태국에서는 커다란 나무에 색동천을 둘러놓은 것을 흔히 발견할 수 있다. 나무에 있는 정령에게 바치는 것이다. 그렇게 되면 나무는 함부로 베어지는 위험에서 벗어나고 더운 날씨에 그늘을 만들어 사람의 삶을 보듬어준다. 사람은 나무를 섬기고 나무는 사람을 섬기니 누이 좋고 매부 좋은 일이 아닐 수 없다.

불당 입구

불당의 본존불

왓프라탓싸뎃 사원

วัดพระธาตุเสด็จ

왓프라탓싸뎃 사원은 람빵에서 중요한 유적지로 꼽힌다. 입구에 흰색의 아치형 문이 있는데 매우 섬세하고 아름답다. 위쪽으로 금박을 입힌 부분이 있어 더욱 화려해 보인다. 사원 이름에 "프라탓"이 들어간 것은 붓다의 사리가 모셔져 있음을 의미한다. 전설에 의하면 왓프라텟싸뎃 사원은 짬마테위 여왕 시절에 세워진 것이라고 한다. 그러나 정확히 언제 세워졌는지는 알 수 없다. 오래된 사원이기는 하나 법당과 불당 등이 복원 과정을 거쳐 현재 매우 양호한 상태로 유지되고 있다. 예술청에서는 이 사원을 국가유물로 지정해 놓았다.

현재 사원이 위치하고 있는 곳의 본래 지명은 "던포용" 또는 "던퐁"이다. '퐁귀신이 있는 높은 지대'라는 뜻이다. 이는 주변이 구릉 지대로 주민들의 공동묘지였기 때문이다. 전설에 의하면 이곳에 커다란 나무가 하나 있었는데 매달 여드렛날과 보름날 밤에 불빛이 솟구쳐 올랐다고 한다. 인근 지역의 주민들은 이를 시체를 파먹는 '퐁귀신' 이라고 믿었다. 그래서 이 지역의 지명이 던퐁으로 굳어지게 되었다.

이곳의 지명과 관련하여 마을 사람들에게 전해 내려오는 이야기가 있다. 옛날에 버마에서 두 명의 승려가 붓다의 사리에게 경배하기 위해

"던포용"을 찾아왔다. 마을 사람들에게 던포용을 물었지만 아무도 안다고 하는 사람이 없었다. 나중에는 마을에서 가장 나이가 많은 노인을 찾아가 물었지만 그 역시 들어본 적이 없다고 했다. 그래서 마지막으로 점성술사를 찾아갔다. 그는 버마에서 유학한 적이 있는 승려였지만 귀국한 후에 환속하여 점성술사가 된 사람이었다. 점성술사가 던포용은 왕강변의 구릉지대에 있는 마을이라고 알려주었다. 그러면서 사람들은 그곳을 던포용이라고 부르지 않고 던퐁이라고 부른다고 설명해주었다. 두 명의 승려는 자신들이 찾고 있던 지점이 바로 던퐁임을 확인하고 매우 기뻐했다. 그리고 마을 사람들에게 이곳이 바로 붓다의 진신사리가 있는 곳이라고 알려주었다.

사원 입구의 아치형 문

그러나 마을 사람들은 승려들의 말을 믿지 않았다. 오히려 승려들이 묘지 구역에 사원을 세우고 싶어 자신들을 속이는 것이라고 생각했다. 그러자 두 승려는 밥과 꽃, 향과 초를 놓고 절을 한 다음 커다란 나무를 가리켰다. 그리고 이곳에 정말로 붓다의 사리가 안치되어 있다면 이를 지키고 있는 수호신이 있을진대 우리에게 기적을 보여 달라고 기도를 했다. 그러자 커다란 나무에서 광채가 일어나며 사리가 쏟아져 내려왔다. 그리고 빛을 내뿜으며 황금색의 나가 모습으로 변하더니 하늘로

사원 안의 풍경

올라갔다. 이를 지켜본 마을 사람들은 놀라고 기뻐하며 각자 집으로 돌아갔다. 나중에 마을 사람들이 음식을 시주하기 위해 두 승려를 찾았지만 어디로 갔는지 종적을 감추고 사라져 버렸다. 끝내 승려를 찾지 못한 마을 사람들이 당시 이곳을 다스리던 군주를 찾아가 이 사실을 그대로 고했다. 사건 경위를 전해 들은 군주는 크게 기뻐하였다. 군주의 명에 따라 백성과 승려들이 모두 모여 기적이 일어난 장소에 불탑을 세우고 동쪽에 불당을 지었다. 이러한 연유로 이 사원은 '붓다의 사리가 행차한 사원'이라는 의미를 지닌 "왓프라탓싸뎃 사원"으로 불리게 되었다.

1806년에 지진이 일어나 불탑의 기단부가 파손되었다. 당시 람빵을 통치하고 있던 루와왕은 승왕僧王과 함께 복원에 나섰다. 쇠를 녹여 만든 2.5m 높이의 철주를 가운데 넣고 사리탑을 다시 세웠다. 그리고 황금으로 만든 파라솔을 세 개 추가하여 모두 다섯 개로 만들었다. 그런 다음에 2,150개의 쇠창살로 탑 주변을 두르고 사방 네 귀퉁이에 황금색 파라솔을 설치하였다. 그래서 폭 14m에 높이 30m를 갖춘 불탑이 만들어졌다. 불탑이 완공되자 이를 경축하는 잔치를 벌였는데 온 백성들이 칠일 밤 칠일 낮을 먹고 즐겼다. 이 잔치는 오늘날 축제로 전해져 내려오고 있다.

사원 안에는 위한루앙이라고 부르는 큰 불당이 있고 청동으로 만든 걷는 모습의 입불상인 유행불遊行佛이 있다. 위한쑤완나콤캄이라는 이름을 가진 불당이 있는데 이는 이 지역의 전형적인 전통 양식으로 세워진 건축물이다. 그래서 란나 형식의 나무 장식들을 볼 수 있다. 사원 안에 위한짬마테위라고 부르는 불당이 하나 더 있다. 언제 지었는지 정확히 알 수 없는데 1933년 불심이 깊은 한 여신도의 후원으로 복원된 것이라고 한다.

왓프라텟싸뎃 사원은 주거 지역 한가운데 세워져 있다. 예로부터 1,000여 가구가 모여 사는 지역인 데다 정부 관청도 가까이 있어 이곳에서 종교행사가 빈번하게 개최되었다. 그래서 이 사원은 지역 주민들의 생활 중심지이면서 붓다의 가르침을 기반으로 한 도덕과 윤리 교육이 이루어지는 장소이기도 했다. 아울러 전통적인 불교 행사를 보존하고 발전시켜 나가는데 중요한 역할을 해왔다. 태국 전통 사회에서 불교 사원이 가지고 있는 기능과 역할을 제대로 수행하는 대표적 사원이라고 할 수 있다.

사원을 나서는데 길옆에 쏨땀과 까이양을 파는 가게가 있다. 파파야 샐러드와 바비큐 치킨인데 언제나 맛있게 먹을 수 있는 음식이다. 본래 북동부 음식인데 널리 알려져 태국 전역 어디서나 먹을 수 있다. 도마를 놓고 칼질을 하던 아낙네 둘이서 식사하고 가라고 눈길을 준다. 아직 밥때가 아니어서 그냥 지나치는데 약간의 아쉬움이 밀려온다. 오늘은 인연이 아닌가 보다.

불당 안의 입불상

왓프라탓쩜삥 사원

วัดพระธาตุจอมปิง

왓프라탓쩜삥 사원은 란나 예술의 영향을 받은 불교 건축물이다. 황금빛 불탑의 기단은 모서리의 각을 주름지게 깎아 단조로움을 줄이고 몸통을 얹어 붓다의 사리를 모셨다. 이 사원의 유래에 대해서는 몇 가지 이야기가 서로 엇갈린다. 그중 일설에 의하면 짬마테위여왕 시대에 짓기 시작했으나 여러 가지 우여곡절 끝에 띠록까랏왕 시대에 완성을 보았다고 한다. 불탑의 아름다움과 더불어 법당 천정에 정교하게 수놓은 무늬가 란나 예술의 아름다움을 유감없이 드러낸다. 사원 부근에서 발견된 불상과 팔찌 그리고 그릇 등의 유물을 전시해 놓은 작은 박물관도 있다.

사원 입구로 들어가면 바로 앞에 나타나는 불당이 있다. 불당의 크기는 가로 14.5m 세로 29m의 직사각형인데 크루바씨위차이 시절인 1927년에 복원된 것이다. 주변에 도깨비, 호랑이, 코끼리 그리고 나가상들이 둘러싸고 있다. 불탑은 폭 18m 높이 34m인데 1957년에 복원하고 그 후에도 여러 차례 보수 작업을 거쳤다. 전설에 의하면 붓다의 왼쪽 갈비뼈 사리가 안치되어 있다고 한다. 불당 안에 모셔져 있는 본존불은 좌불상으로 양 무릎 간의 거리가 2.2m이고 높이가 7.3m이다.

새로 지은 법당은 매우 화려하고 아름답게 지어졌다. 앞에 좌우로

사원의 앞모습

사원의 주탑과 불당

새로 지은 불당

매터라니상

세 마리씩의 나가상이 하얀 이를 드러내며 서 있다. 한쪽 옆에 여성은 출입을 금한다는 팻말이 붙어 있다. 불탑은 형체는 온전하지만 금박을 입힌 부분이 여기저기 벗겨져 나가 보수가 필요해 보인다. 경내에 두타행에 나선 승려상이 있고 앉아서 참선하고 있는 승려상도 있다. 한쪽 구석에는 긴 머리를 가진 매터라니상도 보인다. 불교 설화에 나오는 매터라니는 붓다가 명상에 잠겨 있을 때 이를 유혹하려는 마귀를 물에 빠뜨려 죽였다고 한다. 매터라니가 물에 젖은 긴 머리를 짜내게 되면 이를 통해 엄청난 물이 나온다. 그래서 보통 풍요의 상징이기도 하고 일부 지역에서는 논밭이나 물소를 보살펴 주는 신으로 믿는다. 매터라니는 태국뿐만 아니라 대륙부 동남아의 불교 건축물에서 흔히 볼 수 있다.

이 사원을 찾는 사람들이 신기하게 여기는 것 중 하나는 옛 법당 안에서 볼 수 있는 불탑의 그림자다. 오래되어 좀 허름해 보이는 법당 안에 들어가면 내부가 어둡다. 문을 꼭 닫고 외부의 빛을 차단하면 창문의 구멍을 통해 희미한 빛이 들어온다. 그 빛이 안쪽에 있는 흰색 천으

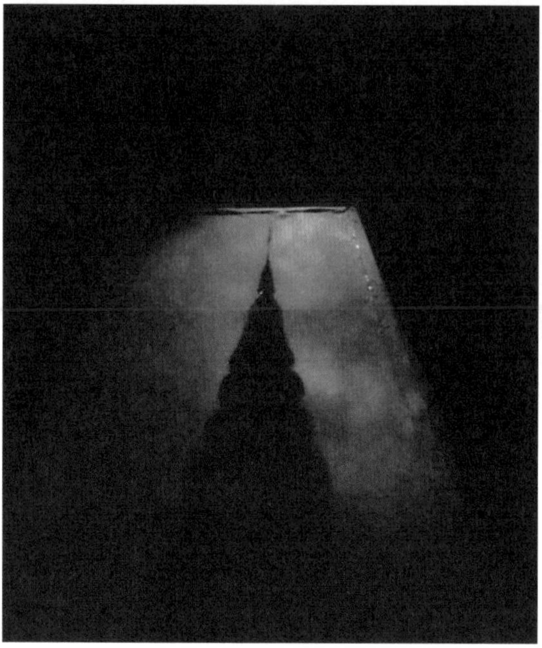

스크린의 불탑 그림자

로 만든 조그만 스크린 위로 희끄무레한 그림자를 비춘다. 조금 더 가까이 가서 보면 그림자는 다름 아닌 법당 밖에 서 있는 불탑의 형상임을 알 수 있다. 다른 창문 하나에도 구멍이 있어 법당 안에서 받아내는 불탑의 그림자는 두 개다. 외부의 빛이 조그만 구멍을 통과하면서 만들어내는 것이라서 해가 떠 있는 낮에만 볼 수 있다. 이를 기적이라고 신기하게 여기는 사람들이 적지 않다고 한다. 문득 어릴 적 수업 시간에 만들던 바늘구멍 사진기가 떠오른다. 지식이 결여된 곳에 기적이란 이름으로 포장된 잘못된 믿음이 신앙의 영역을 밀고 들어온다.

왓프라탓람빵루앙 사원

วัดพระธาตุลำปางหลวง

왓람빵루앙 사원은 람빵 시내에서 남서쪽으로 18km 떨어진 곳에 위치하고 있다. 짬마테위여왕 시대부터 람빵을 대표하는 매우 아름다운 사원이다. 대개의 사원은 평시에는 사람이 붐비는 모습을 보기 어려운데 이 사원은 한눈에 봐도 드나드는 사람들의 발길이 끊이지 않는다. 람빵을 대표하는 사원이라고 할 만하다.

사원에 도착하여 도로 쪽에서 보면 사원은 일정 높이의 지면 위에 세워져 있다. 가운데 출입문을 두고 양쪽으로 벽돌담이 길게 늘어서 있다. 사원으로 올라가는 계단 양쪽을 나가상이 지키고 있는데 사람들이 나가상에게 합장하고 화환을 걸어주기도 한다. 계단으로 올라가 사원으로 들어서는 입구에 아치형 문이 있다. 벽돌로 쌓고 몰타르를 발랐는데 위에는 뾰족하게 층층으로 만들어져 있다. 그 모습이 매우 아름답고 정교하기 그지없다. 솜씨 좋은 장인이 만든 것임이 분명하다. 외벽에 무늬를 넣었는데 꽃과 설산림의 동물들 모습이 보인다. 이 아름다운 아치형 문은 람빵주州를 상징하는 로고로 사용하고 있다.

사원으로 들어서면 아치형 문과 같은 방향으로 불당이 세워져 있다. 사각형으로 된 지면 위에 란나 시대 초기 형식으로 지은 목재 건물이다.

기둥 위에 지붕을 얹고 창문과 벽이 없이 사방으로 통하게 만들었다. 지붕과 박공이 겹층으로 되어 있고 안에는 몬돕이 있다. 그리고 그 안에 "프라짜오란텅"이라고 부르는 불상이 모셔져 있는데 매우 아름답고 영험하기로 이름이 나 있다. 벽에는 붓다의 전생담 내용을 담은 그림들이 그려져 있다. 본래 그림은 매우 아름답고 수려하게 그려져 있었다고 하는데 현재는 오래되어 탈색이 되고 군데군데 칠이 벗겨져 있다. 불탑의 북쪽에 나무로 지은 사각형 모양의 불당이 있는데 크기는 작지만 매우 아름답게 보인다. 목조 건물로 지은 불당은 전체적인 구조가 아담한 느낌을 준다. 안에는 청동 불상이 모셔져 있다.

사원의 앞모습

사원 앞의 나가상과 아치형 문

프라짜오란텅 불상

불당의 벽화

불당 옆에 세워져 있는 불탑은 소의 해에 태어난 사람들에게 복을 준다는 탑이다. 소의 해에 쌓기 시작하여 소의 해에 완공되었다고 한다. 기단부에는 꽃무늬 도안을 넣고 그 위에 란나 형식의 둥근 탑을 올려놓은 모양새를 하고 있다. 겉에는 금박을 입히고 첨탑 부분의 파라솔도 금으로 만들었다. 그리고 여러 가지 규칙적인 무늬를 넣었는데 이러한 형식은 람푼의 프라탓하리푼차이 불탑과 파야오의 프라탓쩜텅 불탑에 영향을 주었다. 불탑에는 붓다의 머리카락과 이마 그리고 목의 앞부분과 뒷부분의 사리가 안치되어 있다고 한다. 탑 주변은 쇠로 만든 울타리가 쳐져 있다.

전해져 내려오는 이야기에 따르면 옛날에 붓다가 세 명의 제자를 대동하고 이곳에 왔다. 그때 "루와 아이껀"이라는 이름을 가진 마을 주민 하나가 꿀과 과일을 가져와 붓다에게 시주를 했다. 붓다는 꿀물을 마시고 그릇을 북쪽으로 던지며 앞으로는 이곳이 지명이 "람파깝빠"가 될 것이라고 예언했다. 그러고 나서 머리카락을 쓸어 올려 그중 한 올을 뽑아 루와 아이껀에게 주었다. 루아 아이껀은 이를 금으로 만든 용기에 담아 동굴 속에 보관한 다음 금은보화를 예물로 바쳤다. 그러고 나서 바닥을 평평하게 다진 다음에 그 동굴 위에 3.5m 높이의 탑을 쌓았다. 그 후 오랜 시간이 흐르면서 람빵을 통치하는 많은 군주들이 그 탑을 더 높이 증축하고 보수하면서 오늘날과 같은 아름다운 불탑으로 발전한 것이라고 한다.

역사적으로 보면 1732년 람빵은 매우 혼란한 상황에 직면해 있었다. 당시 버마는 세력을 확장하여 란나 왕국을 침략했다. 치앙마이와 람푼을 점령한 다음 타우마하욧을 파견하여 다스리게 했다. 타우마하욧은 군대를 이끌고 람빵으로 쳐들어와 왓프라탓람빵루앙 사원에 주둔하고 있었다. 이때 뽕양콕의 사람 팁창이 이에 맞서 싸웠다. 그는 사원을 포위하고

불당 옆의 불탑

팁창의 동상

총으로 타우마하욧을 쏘아 죽였다. 이때 쏜 총탄 자국이 울타리에 아직 남아 있다. 팁창은 주민들의 추대를 받아 람빵의 차이쏭크람왕으로 등극하였다. 사원 아래 조그만 광장에 팁창의 동상이 있다. 이곳 주민들은 아직도 팁창이 람빵을 지켜준 은혜를 기리고 있다. 오늘날에도 많은 사람들이 그의 동상 아래 꽃과 초를 놓고 향을 피우며 예를 올린다.

이 사원은 불탑과 불당 그리고 아치형의 문 등 모든 건축물들이 란나 시대 불교의 발전상과 건축 예술의 아름다움을 잘 나타내고 있다. 다시 사원 아래로 내려와 보니 말을 모는 마부들이 기다리고 있다. 제각기 마차를 꽃으로 장식해 놓고 손님을 유혹한다. 전통 의상을 입은 젊은 아가씨 일행이 마차를 타고 있다. 뒤에 카메라를 든 스텝진이 따라붙는 것으로 보아 영상을 제작하고 있는 것 같았다. 앞쪽에 있는 마차에서는 어린아이를 안은 젊은 부부가 흥정을 하고 있다. 따른 한쪽에 보니 가게들이 즐비하다. 간단한 식음료부터 기념품까지 판매하는 작은 시장이 들어서 있다. 생수를 한 병 사 들고 북적이는 사람들 속을 빠져나와 다음 행선지로 갔다. 길가 양쪽으로 태국 국기와 법륜기가 열을 지어 서 있다. 해는 중천에 떠 있는데 바람 한 점 없어 깃발들도 맥없어 늘어져 있다. 그래도 사람들은 바쁘게 움직인다.

사원 앞의 마차

왓뽕양콕 사원

วัดปงยางคก

왓뽕양콕 사원은 대승불교에 소속된 민간 사원이다. 700년경에 세워진 것으로 추정된다. 전설에 의하면 옛날에 하리푼타이의 짬마테위여왕이 람빵에 순시를 오게 되었다. 당시 이곳은 여왕의 아들이 다스리고 있었다. 여왕은 오는 길에 왓프라탓람빵루앙 사원에 들르기로 했다. 파라솔

사원의 전경

꾸짱놉 사당

짬마테위 불당

을 들고 코끼리를 타고 오는데 여왕이 타고 있던 코끼리가 갑자기 몸을 납작하게 엎드렸다. 그러고 나서는 코를 위쪽으로 들어 올려 절을 하는 것이었다. 이를 기이하게 여긴 여왕은 일행을 모두 멈추게 하고 잠시 쉬어가기로 했다. 잠시 마음을 추스른 다음 여왕은 만일 영험한 존재가 있다면 모습을 드러내 달라고 기도하였다. 때는 한밤중이었는데 여왕이 기도를 마치자 흰개미집에서 빛이 솟구쳐 올라왔다. 여왕은 이를 기이하게 여기고 몬돕을 지어 흰개미집을 감싸게 한 다음 그 자리에 사자상과 꾸짱놉 사원을 세웠다. "꾸짱놉"은 '코끼리가 합장 배례하다'는 뜻인데 시간이 지나면서 주민들이 이를 뽕양콕으로 잘못 발음하여 이름이 왓뽕양콕 사원으로 굳어지게 되었다.

현재 몬돕은 짬마테위 불당 안에 안치되어 있다. 불당은 18세기 차이쏭크람왕 시절에 세워졌는데 가로는 방 세 개를 연결한 너비와 같고 세로는 방 다섯 개를 연결한 길이와 같다. 문이나 창문이 없어 기둥이 지붕을 떠받치고 있는 건물은 사방으로 트여 있다. 지붕은 겹층인데 앞쪽에는 세 겹이고 뒤쪽은 두 겹으로 되어 있다. 목재로 지은 오래된 불당은 기나긴 세월의 흔적을 보이기는 하지만 그렇다고 허름하거나 누추해 보이지 않는다. 안쪽을 들여다보니 한 아낙네가 무릎을 꿇고 앉아서 무언가를 간절히 빌고 있다.

불당 안의 몬돕

경내에 또 다른 건물이 하나 있는데 겹층 지붕으로 지어진 사당이다. 본래는 "싼짜오퍼팁창" 사당인데 지역 주민들은 북부 지방의 방언으로 "뚜짜오띱짱"이라고 부른다. 이 사당은 옛날에 람빵을 다스렸던 차이쏭크람왕을 기리는 사당이다. 옛날에 람빵은 하리푼차이의 짬마테위여왕의 아들이 다스렸다. 이때가 688년인데 1295년까지 권력이 세습되었다. 그러나 치앙마이의 망라이왕이 아들인 차이쏭크람에게 병력을 주어 람빵을 점령하도록 명하였다. 이때 람빵의 군주는 브악왕이었는데 군대를 이끌고 전쟁터로 나갔다. 브악왕은 코끼리를 타고 용감하게 싸웠으나 부상을 입고 도망치다가 차이쏭크람에게 죽임을 당했다. 이로써 하리푼차이 왕국에 속해 있던 람빵 시대는 막을 내리게 되었다.

망라이왕이 란나 왕국을 통치하면서부터 람빵은 수백 년 동안 란나의 군주가 파견하는 관료가 다스리게 되었다. 그 후 버마의 세력이 강성해지면서 란나가 버마의 속국이 되자 람빵도 버마의 지배하에 있게 되었다. 이후 람빵은 버마의 식민 지배로 고통과 시련 속에서 200년을 보내야 했다.

나중에 여러 차례 반란이 일어나고 팁창이 군대를 일으켜 버마의 편에 있던 타우마하욧을 물리치자 팁창을 새로운 군주로 옹립했다. 사원 안에는 오래된 목조 건물 아래쪽에 두 사람이 싸우다 칼로 내리쳐 흠집이 난 부분을 가리키는 팻말이 있다. 팁창은 람빵의 새로운 군주가 되어 1732년에 차이쏭크람왕으로 등극했다. 이로써 망라이왕의 아들이 1311년 란나 왕국의 차이쏭크람왕으로 등극한 이래 421년 만에 같은 칭호를 가진 왕이 람빵의 군주로 역사에 등장하게 되었다. 이후 람빵은 톤부리 왕조는 물론 랏따나꼬신 시대까지 협력 관계를 유지했다. 18세기에 팁창이 통치하던 람빵은 1922년까지 존속하다가 랏따나꼬신 왕조에 합병되었다.

사원 한쪽에는 보수공사가 진행되고 있었다. 붉은 벽돌이 쌓아져 있고 인부들이 열심히 일을 하고 있다. 사원의 바깥쪽 한편에는 팁창의 동상이 있고 그로부터 좀 떨어진 조그만 광장에 짬마테위여왕 동상이 있다. 역사를 돌이켜보면 과거에 이곳에서 기적이 일어나 사원이 세워지고 한때는 전쟁으로 사람이 죽어 나갔는데 지금은 사원 안에 세워져 있는 정자에 개들이 앉아서 한가로이 오후를 즐기고 있다.

팁창이 버마 장수와 싸우다 생긴 칼자국

짬마테위여왕 동상

왓라이힌루앙 사원

วัดไหล่หินหลวง

왓라이힌루앙 사원은 수백 년의 역사를 가진 고찰로 여러 전설에 나타난다. 대부분 종교적으로 중요한 역할을 하는 사원으로 기록되었다. 1638년까지는 아직 규모가 작은 사원으로 승려들이 거처하면서 불경을 공부하는 장소였다.

전설에 따르면 이 사원의 주지였던 승려들은 "프라마하빠"라고 불렸다. '위대한 숲속의 승려'라는 뜻이다. 이들은 대개 숲속으로 들어가 두타행으로 수행하고 붓다의 가르침을 전하는 승려들이었다. 그런데 이런 승려 중에 "께썬빤요"라는 승려는 수행도 열심히 하면서 불경에 대한 지식이 해박하고 아는 것이 많았다. 그는 매일 붓다의 가르침에 대한 내용을 엄청난 양의 책으로 집필해 냈다. 이러한 그의 모습에 인근 주민들이 불심이 깊어지고 소문이 자자해서 버마의 짜잉뚱Kengtung까지 알려졌다. 그래서 그곳의 왕자가 와서 불당을 지어주었다고 한다.

이 사원은 오래된 사찰이라는 점 외에도 인근 주민과 외지 사람들이 붓다의 가르침을 학습하고 불경을 필사하던 곳이기도 하다. 당시 사용되던 오래된 불경들이 일부는 상태가 낡아 버려진 것도 있으나 일부는 경내 서고에 보존되어 있다. 오래된 것은 700여 년 전의 문서도 있는데 란나 문자로 기록된 팔리어 경전들이다.

사원 안에는 역사적으로 가치가 있는 건축물들이 많다. 불당과 법당, 불탑, 아치형 문 그리고 서고 등은 당시의 건축 예술과 장인들의 솜씨를 잘 드러내 주고 있다. 불당은 폭이 5m 길이 9m의 아담한 크기로 비교적 규모가 작다. 안에는 본존불이 모셔져 있고 안팎을 모두 그림과 무늬로 장식하고 있다. 나무판자 위에 여러 색을 사용하여 그린 그림이 있고 지붕 위쪽에는 붓다가 서 있는 모습이 그려져 있다. 꽃과 붓다 그리고 신과 선녀 등의 그림이 있고 여러 가지 동물 그림도 있다. 이곳에 남겨진 기록에 의하면 1683년에 께썬빤뇨 승려와 제자 그리고 짜잉똥의 왕자가 건립했다고 한다.

불당의 상태를 보면 고풍스러운 모습이 많이 남아 있다. 오랜 시간 거치면서도 본래의 원형을 유지하려고 애쓴 흔적이 보인다. 옛날 이 지

사원의 전경

역에는 종교 건물을 허물어서는 안 된다는 믿음이 있었기 때문에 아마도 불당을 완전히 허물고 새로 짓지는 않았을 것으로 추정된다. 종교 건축물을 허물게 되면 화를 입게 된다고 하는 믿음이 있었는데 그 덕택에 이 불당은 원형을 유지하면서 오랜 시간 버텨냈던 것 같다. 1980년에 예술청에 유적지로 등록되었다.

불당의 앞쪽에 아치형 문이 있다. 솜씨로 보아 람빵 장인이 신전 형태로 지은 후에 석회를 바르고 그 위에 다시 여러 가지 무늬를 넣은 것으로 보인다. 지붕에는 나가상과 봉황의 모습을 볼 수 있다. 양쪽 옆으로는 여성 인조人鳥상이 부조로 모습을 드러내고 있다. 박공벽에는 색깔 있는 그림이 반 원형의 형태로 채워져 있다. 이 사원의 아치형 문은 다른 사원의 것과 달리 지붕이 흙으로 빚어 구운 동물상으로 장식되어 있다.

법당은 불당 구역에 위치해 있는데 폭 3m 길이 5m로 작고 아담하게 세워져 있다. 람빵의 마지막 군주가 1916년에 지은 것이라고 한다. 서고書庫는 북쪽 출입문 가까이 있는 승려 구역에 위치하고 있다. 1919년에 지어진 것으로 처음에는 승려 숙소로 사용하다가 나중에는 불경을 보관하는 서고로 용도가 바뀌었다. 이 서고는 왓프라탓람빵루앙 사원의 승려 숙소와 건축 양식이 같다. 두 곳 모두 란나의 옛날 승려 숙소 모양을 하고 있다.

사원의 주탑

왓라이한루앙 사원은 현재 종교 의식을 거행하는 장소로 사용

불당 앞의 아치형 문

서고의 내부 보습

되고 있다. 뿐만 아니라 유서 깊은 고찰로 란나 시대의 예술과 역사를 탐방하기 위해 많은 여행객들이 찾아온다. 언뜻 외관만 보면 매우 낡은 사원으로만 보인다. 아치형 문에는 이끼가 끼어 있고 오래된 나무들은 검은색으로 변했다. 지붕의 기와도 탈색된 것이 많다. 그런데 죽은 사원 같지가 않고 살아 숨 쉬는 사원 같다. 시간을 수백 년 거슬러 올라와 있는 것 같은 착각을 불러일으키게 한다. 오래된 벼루에 먹을 갈 때 나는 묵향이 여기서도 나는 것 같다.

불당 안의 본존불

제4장

란나의 동쪽 문

프래

แพร่-ประตูล้านนาตะวันออก

Phrae

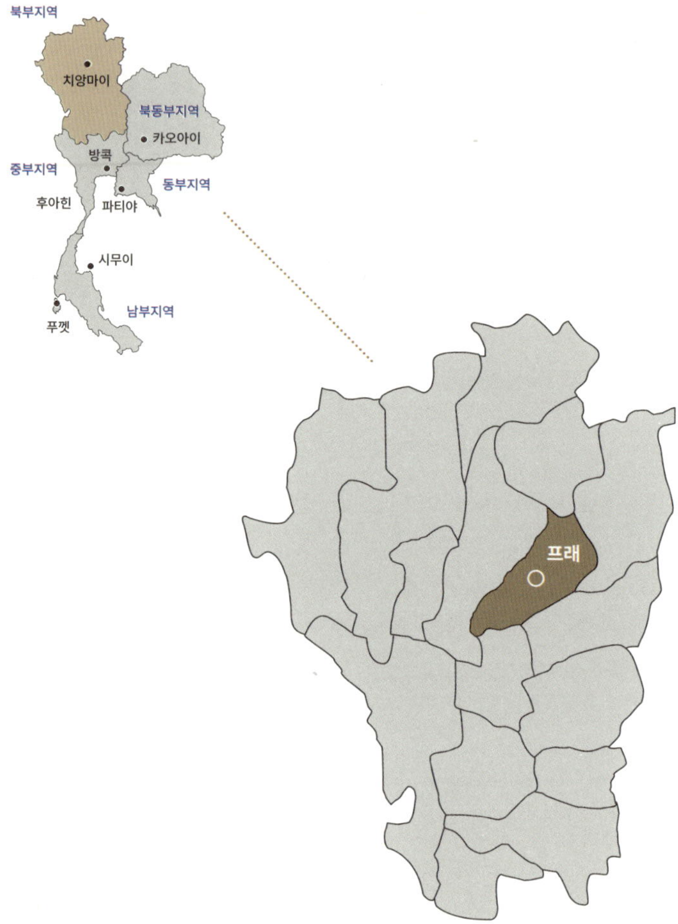

Phrae

หม้อห้อมไม้สัก ถิ่นรักพระลอ ช่อแฮศรีเมือง ลือเลื่องแพะเมืองผี คนแพร่นี้ใจงาม

머험 옷감, 티크 목재, 프라러의 고장, 처해 사리탑이 있어 복된 도시,
패므앙피로 유명한 곳, 이곳에 사는 프래사람들은 마음씨도 좋다.

프래를 소개하는 캐치프레이즈다. 불교문화와 산림 자원 그리고 자연 경관 속에서 선하게 살아가는 사람들의 도시라는 점을 강조하고 있다. 시 외곽으로 나가면 위앙꼬사이 국립공원을 비롯한 자연공원에서는 힐링 여행을 즐길 수 있다. 그리고 욤 국립공원에서는 계곡 사이로 흐르는 물에서 래프팅이나 트래킹을 즐길 수 있다. 패므앙피에 가면 생태 관광을 즐길 수 있고 흙과 사암이 침식되면서 높고 낮은 기둥 모양의 지형을 만들어낸 자연의 신비로움을 감상할 수 있다. "머험"이라고 부르는 태국 전통 직물로 만든 셔츠는 이 지방의 특산품이다. 머험은 "험"나무에서 만든 천연염료로 물들인 청색 셔츠인데 태국 북부 지방과 라오스 등지에서 즐겨 입는다.

프래주州는 파야오, 난, 우따라딧, 쑤코타이, 그리고 람빵과 인접해 있다. 방콕으로부터 552km 떨어져 있으며 인구는 46만 명이다. 오랜 역사를 간직한 곳으로 아름다운 건축물과 문화유산을 간직하고 있다. 흔히 '란나의 동쪽 문' 이라고 부른다. 왓프라탓처해 사원과 같은 고찰이 있다. 왓쩜싸완 사원은 사원 전체를 티크목으로 짓고 아름다운 겹층 지붕을 가진 특색 있는 사원으로 유명하다.

프래에 대한 역사적 기록은 그다지 많지 않다. 몇 안 되는 사료를 보

면 초기에 이 도시는 "폰나컨" 또는 "폰랏"이라는 이름으로 등장하는데 11세기 중반에 건설된 것으로 추정한다. 여러 가지 면에서 오늘날의 씨 쌋차날라이에 있던 고대도시 찰리앙과 유사한 면이 많다. 아마도 같은 욤강 유역에 건설된 도시이기 때문일 것이다. 두 도시 모두 건설된 시기를 11세 중반으로 보는데 이 시기에 동남아시아는 여러 소왕국들이 대대적인 경제적 변화와 사회적 변동을 겪고 있었다. 또한 중국이 이 지역까지 해상을 통한 교역을 확대하던 시기였다. 이전에는 중국과 교역을 할 때 중개상을 거치거나 다른 도시를 거쳤었다. 그러나 11세기 중반 들어 이 지역 도시들은 물론 여러 군도群島들이 중국과의 직접 교역을 모색하고 있었다. 이런 움직임으로 많은 항구도시들이 생겨났고 내륙으로 닿는 교역로를 확대해 나갔다. 이는 해상 무역에서 발생하는 산림 자원에 대한 수요를 충족시키기 위한 것이었다. 상황이 이렇게 되자 내륙의 여러 종족들이 세력을 규합하여 도시 국가들로 발전하기 시작했다.

프래와 찰리앙도 이런 환경 변화 속에서 생겨난 도시였다. 아마도 초기부터 오늘날 롭부리에 위치하고 있던 라워국과 교류를 갖기 시작했을 것으로 추정된다. 이는 북쪽의 하리푼차이와 요녹 왕국은 물론 북쪽의 난강과 메콩강 유역에 자리 잡고 있던 루앙프라방까지 교역을 해 나갈 수 있기 때문이다. 라워국은 중국과의 운송과 교역에 있어서 매우 중요한 관문이었다. 프래가 건설된 초기 11세기경에는 아마도 찰리앙과 더불어 하리푼차이와 양호한 유대 관계를 맺고 있었을 것이다. 역사적 기록에 보면 요녹 왕국의 망라이왕이 군대를 이끌고 하리푼차이를 점령하자 하리푼차이의 왕은 람빵으로 피신했다. 이때 람빵을 다스리던 군주는 찰리앙 군주의 동생이었다. 나중에 찰리앙과 프래의 군사들을 모아 하리푼차이를 되찾기 위해 전쟁을 벌였으나 패하고 찰리앙은 란나의 속국이 되었다. 그러나 프래는 13세기 중반까지도 란나에 복속되지 않고 쑤코타이 왕국의 일부로 존속했으며 람캄행대왕 비문에 프래는 "므앙플래"라고 기록되어 있다.

도시 이름의 변천사를 보면 쑤코타이 왕조가 들어선 13세기에 폰나컨은 사라지고 므앙플래로 대체되었다. 중요한 계기는 "더이처플래"라는 곳에 붓다의 사리를 안치한 불탑을 세우고 나서부터로 추정된다. 붓다의 사리가 모셔진 사원이 신성시되고 도시의 대표적 상징물이 되자 불심이 깊은 이 지역의 주민들이 "므앙플래"로 부르기 시작했다. 여기서 "플래"는 '비단'을 의미한다. "플래"는 "패"로 적고 "빼"로 발음하기도 하는데 나중에 "프래"로 변화되었다. 토착인들이 "프래"로 표기한 가장 오래된 기록은 1837년에 제작된 비문에 나타나는데 이는 랏따나꼬신 왕조 초기의 것이다.

람캄행대왕 사후에 쑤코타이는 크고 작은 도시로 떨어져 나갔다. 프래도 한동안 독립 국가로 있었다. 이후 리타이왕이 군사를 이끌고 프래를 점령한 후 그곳에 7개월을 머물렀다. 그러나 얼마 후 14세기 중반에 쑤코타이의 국력이 약해지자 프래는 다시 독립했다. 이때 란나 왕조의 캄푸왕이 프래를 공격했는데 점령하지 못하고 1443년 띠록까랏왕이 고대도시 므앙난을 공격하면서 일부 병력을 나누어 프래를 공격했다. 프래가 함락되자 이때부터 프래는 란나 왕국의 일부가 되었다.

란나가 버마의 지배를 받던 16세기 중반에 프래도 버마의 지배 아래에 있게 되었다. 이 시기에 란나는 버마와 아유타야를 상대로 한 잦은 전쟁과 내부의 권력 투쟁으로 인한 혼란을 겪었다. 1740년 버마의 앙와왕이 만 명의 병사를 보내 므앙턴, 므앙프래, 므앙난을 치고 주민들을 치앙쌘으로 강제 이주시켰다. 이듬해 므앙프래와 므앙영 군주가 각기 세력을 모아 치앙쌘을 통치하고 있던 버마세력을 공격했다. 버마 본국에서는 이 소식을 듣고 대규모 지원 병력을 보냈다. 북방의 여러 군주들이 힘을 합쳐 대항했지만 버마군에 패하여 므앙난으로 피신하였다. 결국 북방의 여러 도시들은 다시 버마의 지배를 받게 되었다. 이런 전쟁의 소용돌이 속에서 프래는 파괴되고 점점 황폐해져 갔다.

1762년에 버마의 앙와왕은 아유타야를 침략하면서 프래의 군주에게 군사를 이끌고 합류할 것을 명했으나 프래의 군주는 먼저 도망가고 말았다. 얼마 후 프래 군주는 1770년 톤부리의 딱씬왕에게 항복하고 충성을 서약하면서 지원을 요청했다. 딱씬은 이를 받아들여 버마군의 본거지인 치앙마이를 공격하여 함락시켰다. 1787년 버마 군대가 북부의 도시들을 공격하면서 프래와 난의 병사들을 치앙쌘으로 몰고 갔다. 이때 프래의 군주는 버마군과 싸우다가 붙잡혀 므앙영으로 이송되었다. 그러나 프래 군주는 나중에 므앙영 군주와 함께 버마가 점령하고 있던 치앙마이를 공격하여 함락시켰다. 그리고 사로잡은 버마의 장수를 방콕의 라마 1세에게 압송했다. 프래 군주를 그다지 신뢰하지 않던 라마 1세는 그에게 방콕에서 일정 기간 공무를 수행하게 한 다음에 다시 프래로 보내 다스리게 했다. 이때부터 프래는 다시 복구되고 싸얌의 영토로 복속되었다. 프래 군주가 사망한 후에도 여러 명의 군주가 자리를 이어받았다. 그러나 1891년에 프래에서 중앙정부에 대한 반란이 일어나고 배후에 프래 군주가 개입한 사실이 드러났다. 반란이 진압되면서 결국 프래 군주는 더 이상 견디지 못하고 루앙프라방으로 도망갔다. 그러자 방콕의 조정에서 프래 군주의 지위를 박탈한 후에 더 이상 새 군주를 임명하지 않았다.

왓프라탓쑤톤몽콘키리 사원

วัดพระธาตุสุโทนมงคลคีรี

람빵을 떠나 프래로 가는데 점심시간이 다 되어 갔다. 목적지에 거의 다 와서 마침 식당이 하나 보이길래 바로 주차를 했다. 금강산도 식후경이란 말이 달리 있는 것이 아니다. 뱃속을 든든히 채워야 흥이 나고 세상 구경도 제대로 할 수 있다. 오가는 사람이 별로 없는 도로변이라 주차장 공간이 꽤나 넓었다. 왓프라탓쑤톤몽콘키리 사원은 바로 길 건너편에 있었다. 식사를 마치고 식당 주인에게 이곳에 주차하고 사원을 둘러보고 나와도 되겠느냐고 물었다. 그러자 식당 주인은 차를 가지고 가는 것이 좋을 것이라고 한다. 사원이 있는 곳이 그리 가파르지는 않지만 그래도 산기슭이기

사원의 전경

산기슭 위에 있는 입불상

도 하고 안에 들어가면 경내가 보기보다 넓단다. 그녀의 말대로 차를 가지고 경내로 들어가니 과연 낮으막한 산기슭 위로 길이 나 있다. 그 길을 따라 올라가는데 좌우로 보이는 사원 건물들이 장엄하기 그지없다. 막다른 길에 도착하고 보니 비가 내리기 시작한다. 할 수 없는 차 안에서 비를 긋고 있는데 창밖으로 보이는 입불상들이 말없이 우리를 지켜보고 있다.

우기에 여행을 하다 보니 비를 자주 만난다. 비가 내리면 아무래도 이동할 때 불편하니까 반갑지는 않지만 그래도 잠시 쉬어갈 빌미를 얻게 된다. 유적지 탐방길에서는 사진을 많이 찍어야 하는데 비가 오지 않더라도 잔뜩 먹구름이 끼게 되면 사진의 배경이 아름답게 나오지 않는다. 그렇다고 햇볕이 반짝 나는 날씨도 반갑지만은 않다. 태국이 워낙 더운 나라다 보니 햇볕에 장시간 활동하는 것도 그리 쉬운 일이 아니다. 땀을 많이 흘리게 되고 그러면 식욕도 떨어진다. 그래서 가장 좋은 날씨는 구름만 끼고 비는 오지 않는 날씨다. 그래서 태국 사람들이 날씨에 상관없이 꼭 무엇을 하겠다는 다짐을 줄 때 '비가 오거나 햇볕이 나더라도'라는 표현을 사용한다.

비가 멎자 사원 관람을 시작했다. 왓프라탓쑤톤몽콘키리 사원은 1977년에 세워졌다. 란나 예술을 응용하여 지은 아름다운 사원이다. 불당의 회랑에는 붓다의 전생담과 붓다의 생애를 담은 그림이 있다. 사원 주변으로 여러 가지 건축물이 있는데 오르막길 계단 쪽에는 30여 기의 불탑이 세워져 있다. 사원 앞쪽에서 보면 커다란 규모의 핫싸디링이란 새모양의 조각상과 와불이 있는데 와불의 규모가 엄청나게 크다. 이 두 가지 건축물은 크기도 크거니와 매우 아름답게 제작되어 절을 찾는 사람들의 발걸음을 멈추게 한다. 이 밖에도 란나 형식으로 지은 박물관이 하나 있다. 티크 목재로 지은 박물관 안에는 란나와 프래의 이야기를 담은 전시물이 있고 옛날 장수들이 사용하던 무기와 북부 지방을 다스리던 군주들 그리고 란나의 중요한 역사적 사건을 그린 전시물들이 있다.

이 사원을 세우는데 주지인 몬뜨리 승려의 역할이 컸다. 주민들이 보통 "크루바너이"라고 부르는 이 승려는 태국의 북부는 물론 버마와 중국 그리고 라오스 등지의 주요 사원들을 두루 돌아보았다. 그리고 나서 각 사원의 빼어난 점들을 본떠서 이 사원을 지었다. 그래서인지 이 사원은 여러 가지 양식이 뒤섞여 어우러지면서 여느 사원과는 다른 독특한 모습을 하고 있다. 란나의 최고 불교 예술은 물론 "쌀라"라고 부르는 태국 북부 지방 장인들의 최고 솜씨가 이 사원에 모두 녹아 들어 있다. 이 과정에 몬뜨리 승려는 기초단계의 설계와 시공에 직접 관여했다.

사원 건립 공사가 한창일 때 마을 주민들은 몬뜨리 승려가 일하고 있는 모습을 자주 목격했다. 때로는 법당 건물 위에 앉아 기와를 얹기도

불당의 회랑

불당과 불탑

법당의 모습

하고 불상 제작 초기 과정에서는 직접 틀을 만들어 장인에게 넘겨주는 모습도 보였다. 심지어 예술청 직원이 현장에 실사를 나왔는데 몬뜨리 승려가 즉석에서 여러 가지 무늬 도안을 그려 넣는 것을 보고는 감탄을 금치 못했다고 한다.

이 사원에서 빼어난 란나의 불교 예술의 혼합체로 손꼽히는 건축물이 여러 개 있다. 모두 여러 지역의 사원에서 선택한 건축물을 모방하여 세운 것들이다. 법당의 아치형 문은 왓프라탓람빵 사원의 것을 모방한 것이고 동쪽의 아치형 문은 왓프라탓더이쑤텝 사원의 것을 흉내 낸 것이다. 그리고 서쪽의 아치형 문은 라오스의 왓프라탓루앙위앙짠 사원의 것을 본떠서 세운 것이다.

법당의 아래 구불구불한 모양의 기반은 치앙라이의 망라이왕 왕궁을 본떠서 만든 것이고 문과 창문에 나무로 조각한 무늬는 치앙마이의 왓프라씽 사원의 불당을 모방한 것이다. 북부 지방의 목조 가옥에서 사용하는 지붕 꼭대기의 들입入자 모양의 장식은 왓인트라왓 사원의 것을 본뜬 것이고 머리가 일곱 달린 크메르 나가상과 압살라 부조는 치앙마이의 왓쩻엿 사원의 것을 모방하여 만든 것이다. 경내의 서고는 치앙마이의 왓프라씽 사원의 것과 유사하고 종탑은 람푼의 왓프라탓하리푼차이의 것과 형태가 비슷하다. 그리고 규모가 큰 승려 숙소는 중국의 씹썽빤나에 있는 반타이에서 그 틀을 가져온 것이다. 그리고 붓다의 서른 가지 바라밀을 의미하는 30기의 불탑은 치앙쌘의 예술로 지은 왓프라탓너 사원의 것을 흉내낸 것이다.

이 사원을 건립하는 데 있어 주도적 역할을 한 몬뜨리 승려는 1960년에 태어났다. 어릴 때부터 불교에 관심이 많았고 다섯 살 때부터 흙을 빚어 무엇인가 만드는 일을 좋아했다. 아홉 살이 되었을 때 들판 한가운데서 양 무릎 간의 폭이 1.5m가 되는 커다란 좌불상을 단 하루 만에 만들었다고 한다. 나중에 출가하여 수행하던 중에 여러 이름난 장인들로부터 공예와 도자기 그리고 주물 기술을 배웠다. 그리고 팔리어와 란나 문자도 깊이 있게 익혔다. 이후 이 사원의 주지로 부임하고 나서 그는 모든 능력과 역량을 아끼지 않고 사원 건립에 혼신의 힘을 기울였다.

산기슭 아래쪽으로 보면 마치 군부대의 연병장처럼 넓은 마당이 나온다. 이곳에 와불상과 커다란 새 모양의 핫싸디링 조형물이 눈에 들어온다. 그리고 오른쪽으로는 두 마리의 사자상과 좌불상이 있고 뒤쪽으로 여러 기의 불탑과 불당의 지붕들이 배경으로 서 있다. 중앙에는 사원으로 올라가는 계단이 있고 양쪽에 화려한 나가상이 있다. 앞쪽으로 기상전을 펼치고 있는 딱씬왕의 동상도 보인다.

사원에서 가장 눈에 잘 띄는 커다란 와불상은 버마 양식으로 제작되었다. 머리부터 발끝까지 길이가 85m에 달한다. 은은한 미소를 띠고 있

사자상과 좌불상

와불상의 미소

는 와불상은 일반 와불상과는 다른 분위기가 느껴진다. 분단장 곱게 한 어머니 같은 자애로운 여성성이 배어 나오는 듯하다. 북부 지방을 돌다 보면 이따금 이런 불상들을 만나게 된다.

핫싸디링이란 동물은 설산림에 살고 있다고 믿는 새다. 전체적으로 새의 모양을 하고 있지만 부리 대신에 코끼리 코 모양을 한 입을 가지고 있다. 주로 장례식에서 많이 사용되는데 그 이유는 선업을 많이 쌓은 사람의 영혼을 등에 태우고 하늘나라로 날아간다고 믿기 때문이다.

태국 사람들이 즐겨 먹는 카놈이라고 부른 음식 중에 "루암밋"이라고 하는 게 있다. '친구를 모으다'라는 의미를 가지고 있다. 여러 가지 재료를 섞어 그릇에 담고 코코넛 밀크를 넣어 먹는 음식인데 갖가지 재료가 마치 친구들처럼 어우러져 맛있고 고소한 맛을 낸다. 어떻게 보면 이 사원이 바로 '루암밋 사원'인 것 같다. 어마어마한 양의 불교 건축물이 응집되어 있는데 서로 어우러져 독특한 분위기를 자아낸다. 다음 일정 때문에 이를 하나하나 꼼꼼하게 보지를 못하고 길을 재촉해야 했다. 꼭 더 머물다 가라고 붙잡는 주인의 손을 뿌리치고 가던 길을 서둘러 가는 무례한 과객이 된 것 같다.

핫싸디링의 앞모습

핫싸디링의 옆모습

핫싸디링의 뒷모습

왓프라탓인캔짬렁 사원

วัดพระธาตุอินแขวนจำลอง

왓프라탓인캔짬렁 사원은 도심에서 25km 떨어진 외곽에 있다. 구글 지도의 안내에 따라 차를 몰고 가는데 점차로 산길로 접어들었다. 길이 좁아지면서 굽은 길이 자주 나타난다. 그런데 낯선 곳으로 간다는 생각보다는 고향을 찾아간다는 느낌이 더 들었다. 낮은 산들이 보이고 이따금 논이나 밭도 보였다. 시골에서 자란 나에게는 매우 익숙한 풍경이다. 목적지 앞에 거의 다 와서 보니까 앞에 안내판이 있다. 운전대를 우측으로 꺾어 좁고 가파른 길을 올라가야 했다. 그런데 오르기 시작하자마자 앞에 입불상과 좌불상 그리고 불탑 등의 모습이 나타났다. 산기슭에 여기저기 세워 놓은 것이라 나무에 가려 일부만 보인다. 마치 숨바꼭질하듯 숨어있다가 찾아오는 사람들을 반겨주는 것 같다.

이 사원은 개의 해에 태어난 사람에게 복을 준다는 사원이다. 이곳에 반신 불상이 있다. 이 반신 불상은 "프라풋" 또는 "프라텅"이라고 하는데 멀리서 보면 마치 땅에서 솟아오른 듯한 모습을 하고 있다. 전설에 의하면 옛날에 한 아이가 물소를 끌고 가서 땅 위로 조금 솟아나 있는 흙기둥에 매어 두었는데 저녁이 되자 아이도 죽고 물소도 죽어버렸다. 그날 밤 아이의 아버지는 죽은 자식이 붓다의 머리 원광에 물소를 묶고

사원 입구의 오르막길

숲속의 불상들

프라풋 불상

프라탓인캔짬렁

숲속의 승려상

있는 꿈을 꾸었다. 이상한 생각이 들어 다음 날 아침 현장에 가서 물소를 매어 두었던 곳을 파내었다. 그러자 그곳에 진짜 불상이 묻혀 있는데 아무리 파고 들어가도 불상의 절반까지밖에 팔 수 없었다. 반신 불상은 현재 푸껫과 매썻에도 있는데 이곳에 있는 반신 불상이 가장 크다고 한다.

경사가 급한 산기슭을 조금 더 올라가자 바로 사원이 나타났다. 앞에 세워진 안내판을 보고 순서를 정해 둘러보기로 했다. 조그만 산속 여기저기에 불상과 건축물이 흩어져 있다. 때로는 가파른 길을 오르기도 하고 때로는 바위에 걸쳐 놓은 사다리를 타고 올라가야 했다. 그 꼭대기에 프라탓인캔짬렁이 있다. 위로 올라가면서 보이는 불상이나 불탑들의 모습이 시시각각 다르게 보인다. 내가 서 있는 지점의 높이와 각도에 따라 달리 보이는 모습들이 신기하다. 마치 불가佛家의 비원秘苑 같다는 느낌이 든다. 주로 도심이나 평지에 있는 사원들만을 보다가 숲에 있는 사원에 와보니 신비감이 느껴진다. 조그만 산기슭을 오르내리면서 연신 사진 찍기에 바빴다.

이 사원은 숲속에 위치하고 있어 공기가 아주 좋다. 붓다에게 경배도 하고 좋은 공기를 마시면서 몸과 마음을 함께 정화할 수 있는 곳

위쪽에서 내려다본 모습

이다. 사원이 위치하고 있는 곳은 불교 수련원이라서 여러 가지 불교 건축물들이 세워져 있다. 600여 년 전에 이곳은 숲이 우거지고 바위가 많은 산이었다고 한다. 바위산 기슭에 여러 가지 품종의 바나나 나무를 심고 채소도 가꾸었다. 절벽이 있는 쪽으로 불당 구역을 지정하여 반신 불상과 입불상 등을 제작하여 안치시켰다. 그 후 이곳을 불교 수련원으로 조성하여 승려와 불자들의 수행처가 되었다. 그리고 인근의 학교 학생들도 와서 수련회에 참가하기도 한단다.

산길을 내려오는데 눈길은 자꾸 뒤에 머물러 있다. 아까는 우리를 환영하는 듯하던 불상의 미소가 이번에는 우리를 배웅하고 있었다. 불국정토를 머리 속으로 그려보라면 아마도 이곳이 가장 먼저 떠오를 것 같다.

왓나쿠하 사원

วัดนาคูหา

왓나쿠하 사원은 왓프라탓인쾬짬렁 사원에서 조금 더 가면 있다. 산길을 따라 나 있는 길을 가다 보면 조그만 논도 나오고 밭도 보인다. 그러다가 나쿠하 마을에 도착하면 마을로 들어서는 입구에 조형물로 만들어 놓은 두 마리의 소가 반긴다. 오랫동안 잊고 있었던 기억이 되살아난다. 어렸을 때 시골에서 자라 농촌에 대한 추억이 많다. 동네 친구들과 소를 몰고 제방으로 풀을 뜯기러 가기도 하고 누런 들판에서 메뚜기를 잡기도 했다. 아직도 이런 기억은 선명히 떠오른다. 마을 입구 쪽 들판 위에 대나무로 다리를 만들어 놓아 목가적 풍경을 자아낸다. 동네 누군가가 키우는 개 두 마리가 이방인을 보고 짖을 생각은커녕 가이드처럼 길을 안내하듯이 뒤를 돌아보기도 하고 앞서가기도 한다.

프라풋 불상

사원이 위치하고 있는 나쿠하는 프래주州의 외딴곳에 있는 조그만 마을이다. 뒤로는 야산을 배경으로 그리 넓지 않은 논밭들이 펼쳐져 있다. 그 위로 놓여 있는 대나무 다리 끝머리에 커다란 좌불상이 안치되어 있다. 벌판에 있는 좌불상은 "프라짜오똔루앙"이라고 부른다. '가자나무 불상'이란 뜻이다. 이 불상은 특이하게 가자나무 열매를 손에 들고 있다. 그래서 불상 앞에서 소원을 빌 때도 가자나무 열매를 손에 쥐고 빌어야 한다고 한다. 이 열매는 나쿠하 마을에서 흔하게 열리는 나무 열매다. 온화한 얼굴의 좌불상 옆에 흰색의 불탑이 서 있고 그 옆에 법당이 있다. 법당의 벽은 흰색인데 창문과 박공벽은 금색이고 지붕은 붉은색 기와를 얹었다. 작지만 아담한 법당 옆에 작은 좌불상과 서 있는 관음보살상이 보인다. 안에는 백색의 좌불상이 모셔져 있다. 란나의 불교 예술로 만들어진 이 불상은 주로 건강을 지켜주는데 영험이 있다고 한다.

프라짜오똔루앙 불상

법당의 모습

사원이 위치한 마을에는 산도 있고 물도 있고 논밭도 있다. 따로 휴양지가 필요 없을 정도로 산들바람이 불어오고 한낮인데도 별로 더위를 느끼지 못한다. 아침 저녁으로 가끔 산등성이로 엷은 구름이나 안개가 끼기도 한다. 산과 들 그리고 대나무 다리와 불상이 어우러진 풍경이 있어 사진 찍기 좋아하는 사람들에게 더없이 좋은 출사지이기도 하다. 나쿠하 마을은 산 좋고 물 맑은 청정 지역이다. 이 마을에는 산 위에서 흐르는 수조水藻 샘물이 있다. 대나무 다리가 시작되는 곳에 기념품을 파는 가게가 있는데 태국에서 유일한 민물 수초를 판매하는 곳이다. "따우" 또는 "타우"라고 부르는 수초는 김이나 미역 비슷하게 생겼는데 건강식품이라고 한다. 이 수초를 다시 가공하여 과자 형태로 만들어 팔기도 한다. 희소하고 귀한 것이니 한 번쯤 먹어 볼 만하다. 좀 더 쉬었다 가고 싶은 사람은 민박을 할 수도 있다.

사원을 둘러보고 있는데 마당을 쓸고 있던 젊은 승려가 태국인이 아니냐고 물어왔다. 한국에서 왔다고 하니까 "와우! 코리아!" 하고 반가운 표정을 짓는다. 유학 시절 낯선 곳에 가면 대부분 나에게 중국인이냐 혹은 일본인이냐 하고 물어 왔다. 한국에서 왔다고 하면 다시 북한에서 왔느냐 아니면 남한에서 왔느냐고 재차 물었다. 한국의 위상이나 이미지가 지금과는 비교도 되지 않던 시절이다. 이제는 어디가도 한국에서 왔다고 하면 반겨주는 세상이 왔다.

마을의 전경

왓프라탓쩜쨍 사원

วัดพระธาตุจอมแจ้ง

왓프라탓쩜쨍 사원은 역사가 오래된 천년 고찰이다. 붓다의 왼손과 머리카락 사리가 안치되어 있고 쩜쨍 불상이 본존불로 모셔져 있다. 이 불상은 600년 전에 제작된 것으로 추정한다. 사원을 찾아 가는 길에 도로 양쪽으로 한가하게 풀을 뜯어 먹는 소 떼의 모습이 보인다. 전통적인 농경국가였던 태국도 과거에는 논농사와 밭농사에 소를 많이 부렸다. 그래서 태국어에도 '소 잃고 외양간 고친다'는 속담이 있다. 그런데 태국인 지인 한 사람이 재미있는 이야기를 들려주었다. 요즘에 농사를 기계로 많이 짓다 보니까 소들이 모두 실업자 신세가 되고 말았다고 한다. 수백 년 걸쳐 이룩해온 소의 지위와 역할이 바뀌고 있는 것이다.

시 외곽 쪽으로 얼마를 더 가서 사원에 도착했다. 이 사원은 788년에 세워진 것이다. 사리탑은 황금색으로 높이가 29m 기단부의 폭은 10m다. 왓프탓처해 사원의 사리탑과 유사한 모양을 하고 있다. 쑤코타이와 위앙꼬사이 양식이 혼합되어 있는데 상태가 매우 양호하다. 위앙꼬싸이는 프래의 옛날 이름이다. 불탑은 누가 세웠는지는 정확히 나타나 있지 않다. 본래 이 사리탑의 이름은 "쭈안쨍 사리탑"이었다. 이는 '날이 거의 밝아오는 사리탑'이란 뜻인데 처음 붓다가 이곳에 도착했을 때 거의 날이 밝을 무렵이었기 때문에 붙여진 이름이라고 한다. 시간이 지나면서 사람들이 "쭈안쨍"을 "쩜쨍"으로 잘못 발음한 것이 굳어져 오늘날의 이름을 갖게 되었다.

불당에는 좌불상이 모셔져 있고 벽 쪽에는 도사상이 자리하고 있다. 불당 뒤쪽에 복원되지 않은 채로 서 있는 탑이 있는데 벽돌로 쌓은 흔적이 보인다. 사원 안에 유물을 보관해 놓은 박물관이 있다. 이곳에 극락과 지옥을 묘사한 조각상들이 있었다는데 지금은 보이지 않는다. 그러나 군데군데 나무 그늘 아래 둘러 앉아 스승의 법문을 듣는 승려들의 조형물들이 눈에 띈다. 경내에는 무찰린다가 머리를 보호하고 있는 모습을 한 좌불상이 있고 입구에서 왼쪽에 있는 조그만 마당에는 큰 와불상이 있다.

이 사원과 관련하여 분탄 승려에 대한 이야기가 전해 내려오고 있다. 분탄 승려는 청년 시절에 출가하여 3년이 되자 불법에 대한 해박한 지식을 얻게 되었다. 그는 숲속으로 들어가 두타행을 하는 것이 번뇌를 끊고 깨달음을 얻을 수 있는 참된 구도의 길이라는 생각을 갖고 있었다. 하루는 빠댕이라고 부르는 지역의 숲속에 들어갔는데 폐허가 된 사찰을 하나

들판의 소들

발견하였다. 그는 이곳이 바로 동네 어르신들로부터 전해 들은 왓프라탓쩜쨍 사원이라는 것을 알아차렸다. 전설에 따르면 왓프라탓쩜쨍 사원은 붓다의 생존 시절부터 있었던 오래된 사원으로 붓다의 사리를 모셔 놓은 곳이라고 하였다. 분탄 승려는 왠지 이 사원이 익숙하게 느껴지고 마치 오랫동안 만나지 못했던 친척을 우연히 만난 것 같은 기분이 들었다.

그래서 분탄 승려는 두타행을 중단하고 여기에서 사원을 복원하고 수행에 정진하리라 마음먹었다. 그리고 큰 나무 아래 앉아 가부좌를 틀고 앉아서는 이 사원의 복원작업이 꼭 성공하기를 기원했다. 그러자 숲에 한동안 고요함과 적막함이 감돌더니 얼마 지나지 않아 여러 가지 소리와 함께 새 울음소리가 들리면서 눈에 보이지 않는 어떤 존재가 묵직하게 다가오는 것을 느꼈다. 그 존재가 가까이 다가오자 갑자기 한기가 느껴지고 온 몸이 얼음 속에 있는 듯한 추위를 느꼈다. 그러나 잠시 후에 다시 온기가 돌고 꽃향기가 밀려왔다. 분탄 승려는 이는 형체가 없는 것으로 보아 사람은 아니고 귀신이 아니면 이곳을 지키는 지신地神일 것으로 생각했다.

잠시 후에 숲속이 다시 고요해지고 어둠이 찾아왔다. 사실 깊은 숲속에서 이런 상황이 되면 누구나 공포를 느끼고 무서움에 떨었을 것이다. 그러나 오랜 두타행에 익숙해 있던 분탄 승려는 조금도 두렵지가 않았다. 분탄 승려는 자신이 붓다의 제자이면서 수행자임을 다시 한번 자

사원 입구의 아치형 문

각하고 가지고 있던 천을 깔고 앉아 참선에 들어갔다. 이미 집도 없고 가족을 떠나 구도의 길을 가겠다고 두타행에 나선 지 오래된 몸인지라 바라는 것은 오직 번뇌를 끊고 깨달음을 얻는 것이었다. 그의 마음이 서서히 안정되고 주변은 고요해졌다.

그러나 참선에 들어간 지 한참이 지나자 다시 위기가 찾아왔다. 이상한 소리가 나고 악취가 나더니 커다란 네발 달린 짐승이 눈앞에 나타나 이리저리 왔다 갔다 하는 것이었다. 자세히 보니 크기가 엄청난 검은색의 늑대였다. 잠깐 상황을 살펴보니 자신을 해칠 의사는 없어 보였다. 그런데 무언가 위협하는 듯했다. 분탄 승려는 아마도 전생에 죄를 많이 지은 사람이 늑대로 태어나 자신 앞에 나타난 것일 거라고 생각했다. 분탄 승려는 다시 한번 마음을 가다듬고 참선에 들어갔다. 승려인 자신을 악령이 어찌하지 못할 것이라고 스스로를 위안하자 자신감이 들었다. 삼보에 의지하고 수행자로서 불력佛力과 자비로 악령들을 제압할 수 있다는 확신이 들었다. 그러자 악령이 물러가고 숲속은 다시 평온함을 되찾았다.

쩜쨍 불탑

본연의 모습으로 돌아온 분탄 승려는 무너져 가는 사리탑 하나만 남아 있는 사원에서 수행을 계속하면서 주민들과 함께 사원 복원 작업에 나섰다. 한편으로는 주민들에게 설법을 통해 붓다의 가르침을 전하고 다른 한편으로는 수행에 정진하면서 참된 불제자의 모습을 보여 주었다. 이런 분탄 승려의 노력과 헌신에 힘입어 숲속에 방치되어 무너져 가던 사원이 복원되고 분탄 승려는 인근 주민은 물론 다른 지역의 주민들로부터도 존경받는 란나의 고승이 되었다. 사람들은 그 후 분탄 승려를 쩜쨍 승려라고 불렀다. 이 사원에서는 매년 4월경에 붓다와 사리탑에게 경배하는 축제가 열린다.

사원 안의 조형물

태국에서 남자들은 대개 출가수행의 경험을 갖는다. 태국인들에게 옳고 그름에 대한 가치 판단의 기준이 붓다의 가르침에 있기 때문이다. 붓다의 가르침을 "탐마"라고 하고 계율을 "씬"이라고 하는데 두 단어를 합성한 "씬라탐"은 '도덕' 또는 '윤리'를 뜻한다. 그래서 선악을 판단하고 사리 분별을 할 줄 아는 사람이 되기 위해 일정 기간 출가하여 붓다의 가르침을 배우는 출가수행의 풍습이 생겨났다. 출가수행 과정을 거쳐야 성인으로 인정받아 결혼도 할 수 있었다. 또한 출가수행을 통해 공덕을 쌓고 그 공덕으로 부모가 극락에 간다는 믿음이 생겨났다. 그래서 태국인들에게 출가수행은 곧 효의 실천이기도 했다. 이러한 출가수행을 "부엇"이라고 한다.

태국에서 출가수행을 한다는 것은 일시적으로 머리를 깎고 절에 들어가 수도 생활을 하는 단기 출가수행도 있고 평생을 승려의 신분으로 있으면서 수도 생활을 하는 종신 출가수행도 있다. 평생을 출가수행 하는 승려들 중에서는 크게 깨달음을 얻어 덕망 높은 고승으로 추앙받는 승려도 있고 불사佛事를 일으켜 사원을 새로 짓거나 황폐한 사원을 복원

출가수행 의식

하는 승려들도 있었다. 분탄 승려는 두 가지를 모두 이룬 이 지역 고승이었던 것 같다.

왓프라탓처해 사원

วัดพระธาตุช่อแฮ

왓프라탓처해 사원은 프래의 대표적 사원이다. 사원 이름에 "처해"는 본래 "처프래"였다 이는 '파프래'를 의미한다. "파프래"는 '비단천'이란 뜻인데 이 사원이 위치하고 있는 곳의 지명이 '아름다운 비단천의 언덕'이라는 의미를 지니고 있기 때문에 붙여진 것으로 추정한다. 호랑이의 해에 태어난 사람에게 복을 많이 준다고 하는 사원이다. 불탑을 시계 방향으로 세 바퀴 돌면 붓다를 만난 것과 같은 축복을 받는다고 한다.

옛날부터 란나 사람들은 사리탑과 관련된 믿음이 있었다. 그에 따르면 사람이 태어날 때 영혼이 어머니 배 속에 들어오기 전에 먼저 사리탑에 와서 머문다. 이때 십이간지 가운데 하나를 선택하여 아버지가 될 사람의 정수리에 칠일간을 더 있는다. 그리고 나중에 죽게 되면 영혼은 다시 본래 있던 사리탑으로 되돌아간다. 그래서 사람은 누구나 최소한 평생에 한 번은

사원의 입구 모습

자신의 영혼이 머물러 있었던 사리탑에 가서 경배해야 한다. 그렇게 하면 많은 복을 받고 삶이 발전한다는 믿음을 갖게 되었다. 이러한 믿음은 오늘날까지 이어져 국내 관광 산업에 이바지하는 면도 없지 않다. 불교 국가인 태국에서 사람들이 자신의 태어난 해에 맞추어 많은 사원을 돌아보게 만들기 때문이다.

탑돌이 하는 불자의 모습

처해불상

왓프라탓처해 사원은 프래로 여행 온 사람이면 누구나 한번은 들러 예불도 드리고 사원도 구경하는 대표적 관광지다. 그래서 프래에 와서도 이 사원을 들르지 않으면 프래에 오지 않은 것이나 다름없다고 한다. 프래주州를 상징하는 로고를 보면 코끼리 위에 이 사원의 사리탑을 얹은 모습을 하고 있다.

사원은 평지에서 28m 높이의 언덕 위에 있어 계단으로 조금 걸어 올라가거나 불당으로 연결되는 엘리베이터를 타야 한다. 이 사원에 있는 사리탑은 치앙쌘 양식으로 세워졌다. 팔각형의 탑은 금박을 입혀 매우 화려하게 보인다. 높이는 33m이고 한 변의 길이가 11m인 사각형의 기단부 위에 세워져 있다. 팔각형이 위로 가면서 층층이 좁아지고 가늘어지는데 첨탑 아래 부분에 붓다의 사리가 안치되어 있다. 불탑의 사면으로 울타리가 있고 안으로 드나드는 아치형의 문이 사방으로 나 있다. 마침 불탑이 보수공사 중이어서 천에 가려 있었다. 아름다운 탑의 모습을 사진으로 담지 못해 아쉬움이 컸다. 쟁반에 꽃을 담고 보수 중인 탑 주위를 도는 불자의 모습이 눈에 들어왔다. 그가 붓다의 가피를 입기를 바라며 불당으로 들어갔다.

불당 안에는 처해불상이 본존불로 안치되어 있다. 수백 년 전에 제작된 것인데 란나 형식과 쑤코타이 형식이 어우러져 아름다운 모습을 자랑하고 있다. 양 무릎 간 거리가 3.8m이고 높이가 4.5m다. 벽돌로 쌓고 석고 반죽을 칠한 후에 금박을 입혔다.

프라짜오탄짜이 불당

불당 뒤에 회색 탑 모양의 조그만 불당이 하나 더 있고 그 안에 프라짜오탄짜이 불상이 있다. 양 무릎 간 거리가 80cm에 높이가 120cm로 그다지 크지는 않다. 1992년에 새로 제작한 것이라고 한다. 이 불상은 매우 영험하기로 소문이 나 있다. 많은 사람들이 불공을 드리고 간절히 바라던 소원을 이루었다고 한다. 전해져 내려오는 이야기에 의하면 예전에 젊어서 사랑을 하고 결혼한 한 부부가 있었는데 5년이 지나도 아이가 없었다. 두 사람의 결혼 생활은 원만했으나 노부모는 손자를 간절히 원해서 젊은 부부에게 아이를 가질 것을 재촉했

프라짜오탄짜이불상

다. 아이는 생기지 않고 부모님의 독촉이 심해지자 원만했던 부부 사이에도 금이 가기 시작했다. 매번 말다툼이 생길 때마다 남편은 아내가 아이를 갖지 못하는 것을 탓했다.

급기야는 남편에게 새 여자가 생기고 집안에서는 새 여자를 통해 아이를 갖고 싶어 했다. 그러자 아내는 앞으로 6개월 이내에 자신이 아이를 잉태하지 못하게 되면 새 여자를 들이는 것에 반대하지 않겠다고 약속했다. 그 대신 자신에게 아이가 생기게 되면 남편은 새 여자와 결별해야 한다는 조건을 달았다. 약속이 성립되자 아내는 프라짜오탄짜이 앞에 무릎 꿇고 아이를 갖게 해달라고 빌었다. 그 후 며칠 안 되어 아내는 꿈을 꾸었다. 꿈에서 어떤 승려가 동자승을 하나 데리고 와서 자신에게 맡아 달라고 부탁을 하는 것이었다. 잠에서 깬 아내는 태몽임을 직감하고 남편에게 말했으나 남편은 믿지 않는 눈치였다. 시간이 지나자 아내의 배가 불러오고 아홉 달을 채워 아들을 낳았다. 그래서 남편은 새 여자와 결별하고 가

행복을 기원하는 뚱 깃발

정은 다시 평화를 되찾게 되었다. 이런저런 소문으로 오늘도 프라짜오탄짜이 앞에 향을 피워 놓고 소원을 비는 사람들이 줄을 잇고 있다고 한다.

불탑 주변에 란나의 깃발인 뚱이 걸려 있다. 행복을 기원하는 깃발 아래로 많은 사람들이 오간다. 한쪽 옆에는 길이가 2m 정도 되어 보이는 막대기들이 몇 개 놓여 있다. 산통처럼 운수를 점치는 데 사용하는 것이라고 한다. 소망하고 있는 일이 이루어질 수 있을지를 알아보려면 막대기를 들고 양팔을 벌려 손끝 지점을 표시한 다음에 프라짜오탄짜이 앞에 가서 소원을 빈다. 그리고 다시 막대기를 들고 양팔 거리를 재는 것이다. 그래서 처음보다 양팔의 길이가 늘어나면 소망이 이루어진다고 한다. 사원 안에 란나 형식을 응용하여 지은 불당이 하나 있는데 그 안에 머리를 무찰린다가 보호하고 있는 불상이 안치되어 있다. 1991년에 제작된 것으로 양 무릎 간 거리가 3.6m이고 높이가 7m다. 불당 내부에는 양쪽 벽에 매우 아름다운 그림들이 그려져 있다.

역사적 기록에 따르면 1336~1338년에 쑤코타이 리타이왕이 이 사원을 복원한 후에 칠일 밤 칠일 낮 동안 경축 행사를 벌였다고 한다. 근대에 들어와 1924년 크루바씨위차이가 사원을 보수하여 오늘날 모습을 갖게 되었다. 아주 오래전부터 매년 이곳 사리탑에 경배드리는 축제가 있다. 본래는 오일 밤 오일 낮으로 진행되던 것이 나중에는 칠일 밤 칠일 낮으로 행사 기간이 늘어났다. 축제가 열릴 때가 되면 각지에서 불자들이 찾아와 불공을 드린다. 그리고 춤과 노래를 즐기고 가장 행렬에도 참가한다.

불당의 옆쪽에 둥근 돌에 금박을 입혀 놓은 것을 여럿 볼 수 있다. 법당을 지을 때 미리 땅속에 묻는 "룩니밋"이다. 태국의 사원 안에 불상이 모셔져 있는 건물 중에는 불당과 법당이 있다. 불당과 법당은 형태와 기능이 유사하지만 다른 점은 불당에서는 불교 의식을 치르지 못한다는 것이다. 수계식 같은 불교 의식은 반드시 법당에서 치러야 한다. 그래야 불교적 효력이 발생한다. 법당에는 주변에 비계석이 설치되어 있다. 편평한 돌을 법당 주변에 세워 놓고 이를 통해 일반 불자들에게 이곳이 법당임을 알려주는 것이다. 그런데 눈에는 보이지 않지만 법당을 세운 지점의 땅 아래에는 둥근 돌이 묻혀 있다. 이 돌이 바로 룩니밋이다. 룩니밋은 둥근 돌에 금박을 입힌 것인데 법당 아래 묻는 것으로 여덟 개를 팔방으로 묻고 중앙에 하나를 더 묻는다. 룩니밋을 묻지 않고 세운 건물에서는 불교 의식을 거행할 수 없다. 룩미닛을 묻는다는 것은 곧 새 법당을 짓는다는 의미여서 보통은 마을 사람들이 모여 성대한 잔치를 벌인다.

룩니밋

왓프라탓더이렝 사원

วัดพระธาตุดอยเล็ง

왓프라탓더이렝 사원은 프래에서 가장 높은 곳에 위치해 있다. 사원으로 가는 길은 좁고 가파른 꼬부랑길이다. 비까지 부슬부슬 내려 운전하면서 내내 긴장해야 했다. 그나마 좁은 찻길이라도 나 있으니 갈 수 있지 걸어서는 올라가기는 무척 어려울 것 같다. 태국 북부와 북동부에서는 이렇게 산꼭대기에 지은 사원들이 종종 있다. 이는 산꼭대기가 신령한 장소라 믿었기 때문이다. 높은 곳에 있으면 사방 어디에서나 보이니까 좋은 점도 있겠지만 더운 나라에서 불자들이 어떻게 오르내렸을까 하는 궁금증이 생겨난다.

사원 바로 앞에까지 도로가 연결되어 있어 주차하고 보니 바로 앞에 불탑과 불당이 보인다. 사원의 한가운데 그리 크지 않은 순백색의 불탑이 붓다의 사리가 안치되어 있는 사리탑이다. 기단부 폭이 5m 높이가 11m다. 앞쪽으로 머리가 일곱 개인 나가상이 보호하고 있는 황금색 좌불상이 있다. 한쪽에서는 불경을 암송하는 독경 소리가 오디오를 통해서 들려온다. 사원이 언제 지어졌는지 명확한 나타난 사료는 없지만 왓프라탓처해 사원과 왓프라탓쩜쨍 사원 등과 같은 시기에 건립되었을 것으로 추정한다.

전설에 의하면 붓다가 중생을 제도하기 위해 이곳에 왔는데 먼저 남

불탑과 불당의 모습

법당 내부의 본존불

쪽에 있는 산에 머물렀다. 오늘날 왓더이쩜쨍이 있는 곳이다. 그러고 나서 다른 산으로 갔다가 마지막으로 다시 이곳에 와서 주위를 둘러보고는 앞으로 여기가 나라를 세우기에 좋은 곳이라고 말씀하셨다. 당시 토박이말로 이곳을 "렝"이라고 불렀는데 '산'을 뜻하는 "더이"와 결합하여 오늘날 "더이렝"이라고 불리게 된 것이라고 한다.

왓프라탓처해 사원에서 축제가 열릴 때 행렬이 이곳까지 올라온다. 이는 붓다가 이곳에 다녀간 것을 기리는 것이다. 이를 '더이렝에 오르는 축제'라고 부른다. 이 사원에는 사리탑뿐만 아니라 법당 내부의 본존불과 양쪽 벽에 그려져 있는 그림을 감상할 수 있다. 또한 사원이 산꼭대기에 위치해 있어 사방으로 펼쳐져 있는 경관을 구경할 수 있는데 이따금 햇빛과 구름 그리고 안개 등이 어우러져 장관을 연출하기도 한다. 그래도 이따금 높은 곳에 와서 붓다의 가르침도 되새기고 중생이 살아가는 사바세계의 아름다운 모습을 한 번쯤 내려다보는 것도 그리 나쁘지 않은 것 같다.

부슬부슬 내리던 비도 멈추고 구름 사이로 다시 햇빛이 쏟아져 내린다. 태국의 날씨는 종잡을 수 없는 경우가 많다. 국지성 소나기인 경우가 많다. 우기에 일기예보를 보면 하루 종일 비가 오는 것으로 나타나는 경우가 많지만 실제로는 우리나라 장마철처럼 하루 종일 비가 내리는 경우는 많지 않다. 대개 소나기처럼 잠깐 내리다 그치고 다시 내리는 것이 반복되는 경우가 많다. 그래서 태국에는 호랑이가 장가가는 날이 많다.

왓쩜싸완 사원

วัดจอมสวรรค์

왓쩜싸완 사원은 프래 시내에 자리 잡고 있다. 주청사에서 지근거리에 있는데 버마의 바간 양식으로 지은 것이라서 금방 눈에 띈다. 사원에는 값어치 있는 예술품과 유물들이 많이 있다. 이 사원의 특징은 목재 건물로 지은 한 채의 건물 안에 법당과 승려 숙소가 함께 있다는 점이다. 사원 건물은 티크 목재로 지었는데 겹층을 이루고 있는 지붕은 위로 가면서 점차로 크기가 줄어든다. 1984년에 예술청에서는 이 사원을 국가 보물로 지정해 놓았다.

사원 안에서 가장 눈에 띄는 것은 법당의 벽에 나무로 새긴 무늬와 천정의 색유리 장식이다. 장인의 정교한 솜씨를 유감없이 발휘한 것 같다. 오르내리는 계단이 양쪽으로 나 있는데 황동을 금박처럼 만들어 버마 양식의 무늬로 장식했다. 법당의 기둥에는 금박을 입히고 버마어로 글귀를 새겨 넣었다. 이런 기둥이 모두 서른다섯 개가 있다. 그 외에도 열네 개의 기둥이 더 있다. 법당 안에는 버마 양식으로 제작한 좌불상이 안치되어 있다. 그리고 대나무로 엮어 만든 후에 금박을 입힌 불상이 있는데 이 역시 버마 양식이다. 이 불상은 프래 사람들이 매우 귀하게 여기는 불상 중의 하나라고 한다. 불당 앞쪽 베란다처럼 나 있는 공간에서

사원의 전경

화려한 법당 내부의 모습

베를 짜고 바느질을 하고 있는 여인의 모습이 눈에 들어온다. 그러고 보니 사원 곳곳에 천으로 만든 뚱 깃발이 형형색색 아름답게 걸려 있다.

법당 가까이 버마 양식으로 세워진 흰색의 불탑이 있다. 중앙에 주탑이 있고 사면에 이를 둘러싸고 보조탑이 있는데 전후좌우로 세 기씩 모두 열두 기가 있다. 프래에 있는 예술품들은 대부분 란나 예술과 타이 야이 예술 또는 버마 예술과 혼합된 형태로 많이 나타난다. 역사적으로 란나는 버마와 인접해 있어서 버마 예술의 영향을 많이 받았는데 이런 버마 예술을 한눈에 볼 수 있는 곳이 바로 왓쩜싸완 사원이다.

예로부터 국경을 접하고 있는 이웃 나라 간에는 이해관계가 엇갈리는 일이 많아 사이가 좋지 않았다. 그래서 대부분 견원지간인 경우가 많다. 태국과 버마도 마찬가지여서 두 나라는 서로 치고받고 싸우는 전쟁을 많이 했다. 버마가 태국의 란나 왕국을 지배하면서 북부 지방의 많은 도시들이 폐허가 되고 죄 없는 백성들은 삶의 터전을 버리고 피란을 가거나 이리저리 떠도는 생활을 하는 경우도 많았다. 그렇게 되면 버마에 대해 앙심을 품거나 원한을 가질 만한데 실상은 그렇지 않은 것 같다. 북부 지방의 여러 곳에 잘 보존되어 있는 버마 양식의 사원들이 이런 사실을 뒷받침해 주고 있다.

우리는 일본의 지배를 받은 뼈아픈 역사를 가지고 있다. 그래서 오늘날 일제의 잔재를 청산하는 데 많은 시간과 노력을 들인다. 과거 일제 총독부의 건물을 부수고 생활 속에 자주 사용하는 일본어 사용을 억제한다. 한일 간에 외교적 마찰로 갈등이 고조되면 일본 상품 불매 운동이 일어나 전 국민적 호응을 얻는다. 심지어 스포츠 경기에서도

바느질하는 여인

일본에게는 절대 져서 안 된다는 국민적 공감대가 수시로 형성된다. 반일을 넘어 극일로 가야 한다는 국민감정이 일본에 대한 경쟁심으로 작용하여 압축 성장의 정신적 밑거름이 되었다고 평가하는 사람들도 있다. 과거를 대하는 한국인의 모습과 태국인의 모습은 많이 다른 것 같다.

흰색의 주탑

제5장

사랑을 속삭이는 남녀의 도시

난

น่าน-เมืองแห่งชายหญิงกระซิบรัก

Nan

Nan

แข่งเรือลือเลื่อง เมืองงาช้างดำ จิตรกรรมวัดภูมินทร์ แดนดินส้ม สีทอง เรืองรองพระธาตุแช่แห้ง

배 경주 대회가 유명한 곳, 흑상아의 도시, 왓푸민 사원의 벽화,
황금색의 땅, 채행 사리탑이 빛나는 곳

난을 소개하는 캐치프레이즈다. 난은 오래된 고도다 보니 태국 북부의 여느 도시처럼 사원이 많다. 조용하고 한적한 소도시로 힐링할 곳을 찾는 여행객에는 더 없이 좋은 곳이다. 그러나 치앙마이나 치앙라이에 비해 상대적으로 접근성이 떨어져 여행객이 그리 많지는 않다. 그렇지만 산으로 둘러 싸인 지형과 고유의 전통문화가 어우러져 있는 숨겨진 진주같은 도시다. 인정 많고 이방인에게 호의적인 지역 주민들의 심성으로 안전하고 편안하게 여행할 수 있는 곳이 바로 난이다.

난주州는 우따라딧, 프래, 그리고 파야오와 인접해 있다. 북쪽과 동쪽은 라오스와 경계를 이루고 있다. 방콕에서 667km 떨어져 있으며 인구는 48만 명이다. 이중의 10.5%가 소수민족이다. 일찍이 사랑을 속삭이는 남녀를 그린 왓푸민 사원의 벽화로 유명한 곳이다. 역사적으로 란나 왕국과 란쌍 왕국을 연결해주던 길목에 위치하고 있었다. 치앙마이와 루앙프라방의 중간이 있어 치앙끌랑이라고 불리기도 했다. "치앙끌랑"은 '가운데 있는 도시'라는 뜻이다. 난에서 치앙마이까지 거리는 323km이고 루앙프라방까지는 399km다.

고대 도시 난은 난강 상류의 평야 지대에 일찍이 발달한 란나 왕국의 오래 된 고을이었다. 그러나 비교적 도읍으로부터 멀리 떨어져 초기

에 란나 왕국으로 편입되지 못했다. 그래서 오랜 기간 독립된 소왕국으로 존재하면서 루앙프라방이나 위앙짠 등과 같은 메콩강 유역의 도시들과 남쪽의 찰리앙과 쑤코타이 같은 도시들과 교류했다. 난의 초기 역사에 대한 정확한 기록은 찾아보기 어렵다. 땀난에 보면 치앙쌘의 은양 왕국을 다스리던 왕의 첫째 아들이 므앙난을 다스렸다고 한다. 좀 더 정확한 기록인 퐁싸와단을 보면 푸카 왕국의 왕이 갓난아이 둘을 얻어 양자로 삼았는데 이들이 장성하자 메콩강에서 10,000km 떨어진 곳에 워라나컨을 건설하고 작은아들 쿤퐁에게 다스리게 했다고 한다. 워라나컨은 "므앙뿌아"라고 불렸는데 오늘날 난강 상류에 위치하고 있는 뿌아군 지역에 위치했던 것으로 보인다. 므앙뿌와는 람캄행대왕 비문에 "므앙플루아"라고 표기되어 나온다. 이러한 기록을 바탕으로 난의 초기 역사를 보면 12세기 중반에 건설되어 라오스의 메콩강 유역 도시들과 교류했던 것으로 추정된다. 지리적으로 보아도 당시에 이곳을 지나 난강에서 메콩강으로 가기 편리했기 때문이다.

초기의 역사를 보면 워라나컨은 쿤퐁의 사후에 아들 까우끄안이 일정 기간 다스렸다. 푸카 왕국의 군주가 늙고 노쇠해지자 까우끄안은 임신하고 있던 왕비에게 워라나컨을 맡기고 부왕父王을 대신하여 푸카 왕국을 통치했다. 그 당시의 역사적 사건을 보면 파야오 왕국을 다스리고 있던 응암므앙왕 시대와 일치한다. 응암므앙왕이 군대를 이끌고 워라나컨을 점령하자 까우끄안왕의 왕비는 함락된 성을 빠져나와 외딴 마을에 숨어 지내며 아이를 출산했다. 왕비는 옛 신하의 도움을 받아 목숨을 연명하고 아이를 키웠다. 아이가 성장하자 주민들이 응암므앙왕에게 보냈는데 응암므앙왕은 흡족하게 여겨 양자로 삼았다. 그리고 쿤싸이욧이라고 이름을 지어주고 므앙쁘랏을 다스리게 했다. 후에 쿤싸이욧은 이복형제인 암뻼과 힘을 합쳐 파야오 왕국을 공격했다. 두 사람은 이 싸움에서 승리를 거두고 워라나컨의 독립을 되찾았다. 그러자 워라나컨 백성들은 쿤싸이욧을 왕으로 옹립하고 파넝왕으로 추대했다.

파넝왕가는 1353년까지 워라나컨을 통치했다. 파넝왕의 손자 깐므앙왕은 쑤코타이 왕국과 우호적 관계를 수립했다. 사실 이 두 왕가는 서로 친인척 관계였다. 비문에 보면 1392년에 파넝왕과 쑤코타이의 르타이왕이 전쟁이 나면 서로 돕기로 동맹을 맺었다는 기록이 있다. 깐므앙왕은 쑤코타이에서 붓다의 사리 일곱 개와 작은 금불상 스무 기 그리고 은불상 스무 기를 받아와 워라나컨의 남쪽에 있는 더이푸피앙채행에 안치시켰다. 그리고 1359년에 깐므앙왕은 이곳에 새 도시를 건설하고 "위앙채행"이라 명명했다. 그리고 거처를 위앙채행으로 옮기고 여생을 그곳에서 보냈다. 파넝왕 사후에 아들인 파껑왕이 6년을 다스리던 중에 가뭄에 시달려 물 부족 사태를 겪어야 했다. 그러자 파껑왕는 1932년에 난강 서쪽 편에 새 도시를 건설했는데 이곳이 므앙난의 구시가지이면서 오늘날의 난시市가 자리 잡고 있는 곳이다.

1452년까지 므앙난은 독립국으로 있으면서 쑤코타이와 긴밀한 관계를 유지해 왔다. 그러나 치앙마이의 띠록까랏왕이 군대를 일으켜 므앙난을 정벌하면서 란나 왕국으로 합병되었다. 란나에 복속되고나서 초기에는 속국의 형태로 있었다. 그러다가 마지막 왕인 파쌩왕의 사후에는 위성 도시로 전락하여 란나의 왕이 파견하는 관료가 통치하게 되었다. 1558년에 란나가 버마의 지배를 받게 되자 므앙난도 버마가 임명하는 관료가 다스리게 되었다. 이때 관료는 란나 사람도 있었지만 버마 사람 혹은 타이야이족 사람이 오기도 했다. 어쨌든 치앙마이를 통치하고 있던 버마의 지배를 받아야 했다. 이 시기에 므앙난은 여러 차례 독립을 되찾으려 버마에 저항한 적이 있다. 1573년 므앙난의 일곱 왕자가 반란을 일으켰으나 실패하여 사로잡힌 후에 처형되었다. 이후 1623년에 운므앙왕은 버마에 대항하다가 쫓겨 결국 아유타야로 피신하게 되었다.

1627년 버마의 왕은 군대를 이끌고 므앙난을 공격한 후 주민들을 홍싸와디로 몰아냈다. 그리고 치앙컹 군주가 와서 통치했는데 이번에는 아유타야가 쳐들어왔다. 그러나 얼마 지나지 않아 버마가 다시 탈환하였다. 이런 과정에서 므앙난은 극심한 피해를 입었다. 백성들은 집을 버리고 산으로 들어갔고 버마 관료가 다시 이들을 끌어내어 도시를 재건했다. 재건 후에는 치앙마이 군주인 루앙띤마하웡이 므앙난으로 부임하여 통치하게 되었다. 이때부터 므앙난은 루앙띤마하웡가의 지배를 받게 되는데 이들의 후손이 오늘날 성씨에 "난"을 본으로 함께 표기하고 있다.

딱씬이 버마 세력을 몰아내고 아유타야를 되찾았을 때 북부 지방에 있는 란나의 위성도시 다섯 곳은 아직 버마의 지배하에 있었다. 톤부리의 딱씬왕은 짝끄리 장군을 시켜 란나의 위성도시들을 점령하도록 했다. 딱씬왕은 므앙난을 달래서 톤부리 왕조에게 충성하도록 회유하고 사로잡고 있던 므앙난의 위툰을 돌려보냈다. 그러나 위툰을 신뢰하지 못한 람빵의 까윌라왕이 1773년에 위툰과 그의 가족을 잡아들여 톤부리로 압송했다. 이 사건 이후 므앙난은 통치자 부재의 상황이 되고 치앙쌘에 있던 버마군이 이 지역 주민을 치앙쌘으로 이주시켰다. 그래서 므앙난은 이후 23년간 '버려진 도시'로 황폐해졌다.

짝끄리 왕조의 라마 1세 때 버마에서 므앙난에 파견된 앗타원빤뇨는 1787년 므앙난의 가족과 므앙텅의 주민들을 이끌고 반틋으로 옮겨갔다. 그는 1788년에 방콕으로 올라가 라마 1세를 알현하고 나서 므앙난의 군주로 임명되었다. 앗타원빤뇨는 1800년에 므앙난을 재건하면서 해자를 파고 성벽을 복구했다. 성문도 벽돌로 다시 쌓고 여러 곳에 불교사원을 새로 지었다. 앗타원빤뇨 시대부터 므앙난은 랏따나꼬신 왕조에 복속된 위성도시의 지위를 갖게 되었다. 1892년 라마 5세가 행정개혁을 하면서 위성도시들을 몬톤테싸피반에 예속시켰다. 이후 라마 7세 때에 옛날 관습과 격식을 폐지하고 여러 도시의 군주제도 없앴다. 1932년 입헌 혁명이 일어나고 몬톤테사피반 제도도 폐지되었다. 이때부터 므앙난은 태국의 하나의 주州로 존속되어 오늘날에 이르고 있다.

왓푸민 사원

วัดภูมินทร์

왓푸민 사원은 난에서 가장 대표적인 사원으로 역사적으로 매우 가치 높은 사원이다. 특히 사랑을 속삭이는 남녀의 모습을 그린 법당의 벽화는 난주州를 상징하는 그림이 되었다. 이 사원의 법당의 건축 양식은 특유의 독창성을 지니고 있는 것으로 평가받고 있다. 정사각형 모습의 법당은 사면으로 오르내리는 계단이 나 있는데 그중 어느 쪽의 계단으로 오르더라도 본존불로 안치되어 있는 좌불상의 정면을 마주하게 된다. 법당 안의 본존불은 똑같은 모습을 하고 있는 네 기의 불상이 제각기 사방을 보고 앉아 있기 때문이다. 네 기의 불상은 구루손불, 구나함모니불, 가섭불, 그리고 석가모니불이다.

법당 안의 주불

구루손불은 과거칠불過去七佛의 하나로 현겁賢劫 중에 출현하여 시리사수尸利沙樹 아래에서 성불하였다고 하는 부처이고, 구나함모니불은 과거칠불 중 다섯 번째 부처이며 현겁 천불 중 두 번째 부처다. 오잠바라 烏暫婆羅 나무 아래에서 깨달음을 얻고 한 차례 설법하여 3만 명의 제자를 제도하였다고 한다. 가섭불은 현재 현겁의 세 번째 부처이고 석가모니불은 현겁의 네 번째 부처이다. 이들 다음에 나타날 부처가 미륵불이다.

왓푸민 사원은 1596년 쩻따붓왕 때 세워진 것으로 알려졌다. 1704년 버마군의 공격으로 사원과 불상이 상당 부분 훼손되었다. 1857년 아난따와왕이 즉위하고 나서 보수 작업에 들어가 1875년까지 7년 만에 마무리되었다. 이때 그려진 것으로 보이는 벽화는 붓다의 생애를 그린 본생담과 당시의 시대 상황을 짐작케 해주는 여러 가지 그림이 있다. 그중에서 "뿌만야만"이라고 부르는 그림은 옛날 타이르족의 남녀가 사랑을 속삭이는 모습을 하고 있다. 남자는 문신을 하고 있고 여자는 제대로 장신구를 갖추어 입었다. 이 그림은 난주를 홍보하는 포스터나 기념품에 빠짐없이 등장하여 사람들의 눈에 익숙해져 있다.

법당의 앞모습

법당의 옆모습

옛날 타이르족은 독특한 결혼 풍습이 있었다. 결혼을 앞둔 처자들은 자신의 집 주변에 앉아 베를

뿌만야만 벽화

뿌만야만 조형물

낭씨와이 벽화

스투파 안의 조형물

짜거나 바느질을 했는데 이를 "유쿠앙"이라고 한다. '집안 일을 하는 장소에 있다'는 뜻이다. 그러면 총각들이 오가면서 이름을 묻고 이런 저런 이야기를 나누면서 다가간다. 이른바 선을 보는 것인데 이를 통해 여자의 솜씨와 재주 또는 인성과 지혜 등을 파악한다. 그러고 나서 마음에 들면 청혼하여 결혼했다. 과거 전통 사회에서 젊은 남녀가 서로 만나 구애할 기회를 제공하는 사회적 장치라고 볼 수 있다.

뿌만야만 그림과 더불어 또 하나의 걸작으로 꼽히는 그림이 바로 "낭씨와이" 그림이다. 난 지역의 불교 설화인 칸타꾸만Khattana Kumara Jataka 이야기에 나오는 낭씨와이가 꽃으로 단장하고 머리를 묶어 올린 채 미소를 띠고 있는 모습이다. 단지 천 하나를 목에 두르고 뒤쪽으로 늘어뜨려 앞가슴을 노출시키고 있는 모습에서 당시 여성들의 의복 문화를 짐작하게 한다. 이 그림이 지닌 섬세한 아름다움으로 '난주의 모나리자'라는 별명을 얻고 있다. 그림에서 보면 당시 서양 문화의 영향을 받은 흔적을 나타내 주는 것들도 있다. 남자의 헤어스타일이 "마핫타이"라고 부르는 모습을 하고 있고 여인들의 의복이 당시 유럽에서 유행하던 스타일과 유사하다. 근대화 시기였던 라마 4~5세 때의 풍경임을 짐작할 수 있다. 이 사원이 복원되고 나서 벽화를 그렸을 것이라고 추정되는 시기와 일치한다. 그림에는 실제 사람의 크기와 같게 그린 그림이 여섯 점 있다. 이 그림들은 남녀의 감정과 생동감을 아주 섬세하고 정교하게 표현하고 있는 것으로 평가받는다.

그림에 보면 집 앞에 자그마한 물 항아리가 놓여 있는 것을 볼 수 있다. "란남"이라고 부르는 것인데 글자 그대로 번역하면 '물을 파는 가게'라는 뜻이지만 실제로는 물을 파는 상점이 아니다. 더운 나라인 태국에서 옛날에는 집집마다 대문 앞이나 높은 마루집의 계단 앞에 물 항아리와 바가지를 놓아 두었다. 이는 지나가는 사람들에게 잠시 목을 축이고 가라고 베풀어 주는 호의였다. 인정이 많던 그 시절에는 지인이나 혹은 이름 모를 과객들이 지나가다 물 한 잔 얻어먹고 인사를 건네면서 태국식 전통껌인 "막"을 얻어 씹기도 하고 마침 끼니때가 되면 밥도 한 그릇 얻어먹을 수 있었다. 지금 생각하면 무슨 요순시절 이야기 같지만 옛날에는 태국 사람들도 이렇게 정을 나누고 살았다.

사원 안에 자그마하고 아담한 모습의 둥근 스투파를 만들어 놓았다. 내부에는 지옥에서 벌받고 있는 사람들의 모습을 여러 가지 조형물로 만들어 놓았다. 가마솥에 들어가 있는 사람도 있고 형벌로 피가 낭자하게 묻어 있는 사람도 있다. 돼지나 닭의 머리를 하고 있는 사람도 있다. 위쪽으로는 지옥의 축생들에게 자비를 베푼다는 프라말라이가 부채를 들고 있는 모습이 보인다. 선하게 살지 않고 악업을 쌓게 되면 사후에 어떤 벌을 받는가를 보여줌으로써 인과응보의 불교 가르침을 중생들이 쉽게 이해하기 위해 만들어 놓은 것이다.

고등학교 재학 시절 창원 지역에 있는 군부대에서 2주간 학군단 훈련을 받은 적이 있다. 하루는 훈련이 저녁 늦게까지 이어지면서 병사들의 수통에 물이 다 떨어졌다. 그때 훈련장으로 이동하는 길가에 민가가 하나 보였다. 저녁 어둠이 내리고 그 민가에 불이 켜졌는데 부엌 앞에 큰 물 항아리가 보였다. 주인집 딸인 듯한 젊은 처자가 인근에 있는 샘에서 양동이로 길어 온 물을 그 항아리에 붓고 있었다. 갈증에 시달리던 훈련병들이 몰려가 물을 청했다. 한두 명도 아닌 군인들이 우르르 달려가 수통에 물을 채우자 항아리의 물은 금세 바닥이 보였다. 이때 안방문이 열리면서 가장으로 보이는 노인이 모습을 내보였다. 육순은 되어 보이는 노인은 나라를 위해 훈련받느라 고생한다면서 처자에게 어서 가서 물을 더 길어 오라고 일렀다. 처자는 싫은 내색 하나 하지 않고 다시 양동이를 들고 어디론가 사라졌다. 이역만리 태국 북부의 한 사원에 그려진 물 항아리를 보고 40년도 훨씬 더 지난 일이 다시 떠올랐다. 나그네에게 아낌없이 베풀던 물 인심에 대한 갈증이 생겨난다. 물질적 풍요가 때로는 사람들에게서 인정이란 것을 빼앗아 가는 것 같기도 하다.

왓씨판똔 사원

วัดศรีพันต้น

왓씨판똔 사원은 무엇보다도 불당이 아름답기로 소문난 사원이다. 사원 입구에 들어서면 건물 전체가 온통 황금색인 불당이 한눈에 들어온다. 불당 입구에 다가가면 양쪽에 자리 잡고 있는 나가상이 눈에 들어오는데 머리가 일곱 개이다. 무척 생동감이 있어 보이지만 무섭다기보다는 아름답다는 느낌이 먼저 든다. 이 불당은 아누락 쏨싹이라는 건축가가 지었는데 그는 쌀라롱이라는 예명으로 널리 알려져 있는 이 지역의 토박이 예술인이다. 불당 내부의 벽화에는 붓다의 본생담과 난주의 역사가 담겨 있는 그림들이 그려져 있다.

불당의 모습

본래 이 불당은 처음에 난주를 통치하고 있던 파야판똔 군주가 세웠다. 사원 이름을 당시 통치자이면서 건립자의 이름에서 따온 것이다. 어느 시기에는 사원 이름을 왓쌀리판똔 사원으로 부르기도 했는데 "쌀리"는 '보리수'를 뜻하고 "판똔"은 '천 그루'라는 뜻이다. 그래서 '천 그루의 보리수 사원'이라고 부른 것인데 옛날에 이 사원이 위치하고 있는 장소의 남쪽과 북쪽으로 큰 보리수 나무들이 많이 있어서 붙여진 이름이라고 한다. 현재 이 지역에 도로가 뚫리면서 모두 베어내고 없지만 사원의 이름에는 남아 있는 셈이다.

이 사원은 옛날에 주지로 있던 크루찬타 승려가 거처하고 있던 곳이다. 그는 붓다의 가르침을 전하고 올바르게 수행하는 승려로 존경받았다. 그는 아픈 사람을 주문과 법수法水 그리고 약재로 치료하는 뛰어난 의술을 겸비하고 있었다. 그의 의술은 특히 골절과 종기로 인한 염증 치료에 탁월한 효과를 보였다. 그는 나중에는 병원에서 환자를 돌보면서 평생을 보냈다. 이로 인해 이 사원은 더욱더 유명해졌다고 한다.

태국 전역에는 3만 5천여 개의 불교 사원이 있다. 수백 년간 불교를 신봉하여 살아온 태국인들에게 사원은 생활의 중심지였다. 사원은 마을에서 의료 기관 역할도 했다. 글자를 아는 사람들이 대부분 승려들이다 보니 의학 지식을 쌓을 수 있는 사람들도 승려들이었다. 평소에는 경전을 익히고 수행에 전념하다가 여가 시간에 틈틈이 의학 서적도 읽었다. 그렇게 해서 쌓은 의학 지식으로 마을에 누가 병이 들거나 아프면 이른바 대체 의학으로 병을 치료해 주었다. 오늘날 유명한 태국의 전통 마사지도 이런 대체 의학의 하나로 시작된 것이다.

박공벽의 정교함

승려가 거처하는 꾸띠

왓밍므앙 사원

วัดมิ่งเมือง

왓밍므앙 사원은 고대도시 난의 락므앙이 세워진 곳에 위치하고 있다. 일반인에게는 법당 외벽에 새겨진 무늬와 내부의 벽화가 아름다운 곳으로 알려져 있다. 특이하게도 일단 사원 입구에 들어서면 보이는 건물들이 온통 흰색이다. 겉으로 드러난 조형미만 봐도 예사롭지 않다. 마치 밤새 내린 눈을 맞은 백색 궁전을 보는 느낌이다. 치앙라이의 백색 사원을 떠올리게 하기도 한다. 그도 그럴 것이 치앙라이에 있는 백색 사원의 건립 초기에 이 사원을 본떠서 지었다고 한다. 화려한 사원을 향한 시선을 잠시 거두고 입구 쪽에 있는 조그만 사당으로 발길을 옮겼다.

태국인들은 도시를 건설하면서 우선 가장 중심이 되는 곳에 락므앙을 세웠다. 새로 건설하는 도시가 복을 받고 번영을 누릴 수 있기를 기원하는 의미로 나무로 깎아 "싸오락"이라 부르는 기둥을 만든다. 기둥의 끝머리는 보통 연꽃 봉오리 모양으로 조각하거나 신의 얼굴 모양으로 만든 다음에 사각형으로 지은 신전에 안치해 놓는다. 이런 믿음은 불교와 브라만교 그리고 중국에서 유래된 토속 신앙 등에서 복합적으로 생겨난 것이다.

이 사원 안에 있는 락므앙은 지름이 1m 가까이 되고 높이가 3m되

사원의 전경

락므앙 사당

는 나무 기둥 모습을 하고 있다. 이를 받치고 있는 아래쪽 단에는 무늬를 새겨 넣고 금박을 입혔다. 기둥 꼭대기 부분에는 사면에 범천의 얼굴이 조각되어 있다. 이는 불교에서 가르치는 네 가지 거룩한 마음가짐으로 자애慈心, 연민悲心, 희열喜心 그리고 평온捨心을 나타내는 것이다. 본래의 나무 기둥은 1857년에 절터에서 발견한 것으로 당시 난을 통치하고 있던 아난따왕이 세운 것으로 추정된다. 이 나무 기둥을 "밍므앙" 기둥이라고 불렀는데 "밍므앙"은 '도시에 복이 되다'라는 뜻이다. 이곳에 사원을 건립하면서 사원 이름도 왓밍므앙 사원이라고 지었다. 그 후 1984년에 사원을 헐어내고 같은 자리에 오늘날의 법당을 다시 지었다.

보통 이 사원을 찾는 사람들은 우선 락므앙을 한 바퀴 도는데 북쪽에서 시작하여 동쪽과 남쪽 그리고 서쪽 순으로 돌게 된다. 각 방향에 따라 여러 가지 복을 받을 수 있다고 한다. 그러고 난 다음에 법당 쪽으로 발길을 옮긴다. 오늘날 백색으로 세워져 있는 법당을 보면 건축 형태는 이 지역 토박이 장인의 솜씨인데 외벽의 조각들은 치앙쌘 장인의 솜씨라고 한다. 법당에서 풍기는 섬세하고 정교한 아름다움이 그야말로 걸작이라 하지 않을 수 없다. 내부 벽화는 복고풍의 색감을 살리면서 난의 역사를 그리고 있다. 자연미 그대로를 나타내고 있어 생동감이 넘쳐난다.

사원 한쪽 편에 긴 배가 걸려 있다. 북부 지방 사원을 둘러보다 보면 종종 사원 안에 배를 거치해 놓은 것을 볼 수 있다. 물과 함께 살아가는 태국인들의 축제 중에 하나는 배 경주 대회다. 타이족들이 윈난성에서 남쪽으로 이동해 올 때 배를 타고 메콩강을 따라 남하했다는 설이 있다. 배는 물가에 사는 태국인들에게 매우 중요한 교통수단이었다. 근세기 들어 유럽인들이 태국에 처음 왔을 때 기록을 보면 태국인들은 걸음마보다 헤엄치는 것을 먼저 배웠다고 한다. 배 경주 대회는 보통 불교 행사와 함께 치러진다. 그래서 이때 보시를 하고 불상에 금박을 입히기도 한

싸오락므앙

다. 경기를 시작하기 앞서서 탈것에서 발생하는 모든 위험에서 보호해 준다고 믿는 "매야낭" 신을 모시는 의식이 먼저 거행된다. 놀이와 신앙이 결합하며 생긴 문화다. 배 경주 대회는 전통 태국력으로 우안거가 끝나는 11월이나 12월에 열린다. 이때가 추수가 끝나고 농한기로 접어들면서 먹을거리가 풍족할 뿐만 아니라 우기에 내린 비로 강물의 수위도 높아지기 때문이다.

배 경주 대회가 열리면 노를 젓는 청년들이 서로 노래를 주고받으면서 힘을 돋군다. 여럿이 함께 하기 때문에 노 젓는 힘도 중요하지만 호흡을 맞추는 것도 중요하다. 배 경주 대회가 끝나면 젊은 청춘남녀들이 노래를 부르면서 흥겹게 춤을 추는 축제가 이어진다. 이 기회를 통해 남녀가 서로 이야기도 나누면서 구애하고 짝을 찾는다. 동서고금을 막론하고 축제는 젊은이들에게 언제나 즐거운 놀이문화다.

옛날에는 주로 마을 단위로 동네 사원 마당에서 통나무를 깎고 파내어 긴 배를 만들었다. 나무를 다듬고 이어 붙이기를 잘해야 배 모양도 아름다워지고 빠른 속도를 낼 수도 있다. 이렇게 마을 사람들이 기술과 정성을 다해 만든 배를 사원에 거치해 놓고 그 마을 주민들의 화합과 결속력을 과시하기도 했다. 그러나 현대 사회에서 여러 가지 삶의 형태가 바뀌면서 배 경주 대회도 점차로 사라지고 있다. 한편으로 보면 매우 아쉬

주탑과 법당

경주용 배 보관소

운 일이 아닐 수 없다. 시대적 변화는 어찌할 수 없는 일이다. 불교에서는 이미 예로부터 "아닛짱" 즉, '변하지 않는 것은 없다'고 가르쳐 왔다.

왓프라탓카오너이 사원

วัดพระธาตุเขาน้อย

왓프라탓카오너이 사원은 난의 도심에서 서쪽으로 자리 잡고 있는 카오너이산 정상에 있다. 산꼭대기까지 걸어 올라가는 계단이 있지만 차를 운전하여 갈 수 있는 우회 도로가 있다. 해발 240m 산 정상에 사리탑이 세워져 있는데 벽돌로 쌓고 석고를 발랐다. 불탑의 양식은 버마와 란나 형식이 혼합되어 있다. 왓프라탓채행 사원의 불탑과 같은 시기에 세워졌을 것으로 추정된다. 그래서인지 입불상을 조금 상세히 관찰해 보면 왓프라탓채행 사원 쪽을 바라보고 있다. 아마도 우연의 일치일 것이다. 사리탑 안에는 붓다의 머리카락이 안치되어 있어 오늘날까지 불공을 드리

산 정상의 사리탑

불당의 전경

러 오는 사람들의 발길이 끊이지 않는다.

전설에 의하면 옛날에 붓다가 이곳에 와서 주변을 살펴본 후 장차 불교의 중심지가 될 것을 예언했다고 한다. 그래서 머리카락 두 올을 뽑은 후에 동쪽을 향해 "장차 이곳에 난타부리라고 하는 도시가 들어서고 향후 5천 년간 불교가 융성하게 될 것이다"라고 말했다는 것이다. 그래서인지 현재 난시市에는 102개의 사원이 있다. 실제로 붓다가 이곳까지 왔는지 그리고 그런 예언을 했는지는 확인할 방법이 없다. 다만 역사적으로 보면 이곳에 역사와 문화가 발달하기 시작한 시기를 보면 13세기 초쯤 된다. 쑤코타이와 란나 왕국이 역사에 등장하고 위앙꿈깜이 건설된 것도 이때쯤이다. 붓다가 살아 있을 때 이 지역은 조그만 규모의 부족 국가들이 있었을 뿐이다.

이 사원은 짜오뿌캥 군주가 난을 다스리던 14세기 후반경에 건립된 것으로 보인다. 태국 중부 지방의 역사로 보면 아유타야 초기다. 이후 근대에 들어 1906~1911년에 버마의 장인匠人에 의해 대대적인 복원 작업이 이루어지고 난 후 오늘날의 모습을 하고 있다. 그래서 오늘날 사원의 불탑과 불당의 건축 양식이 버마와 란나 양식이 혼합되어 나타나게 된 것이다. 이 사원은 사리탑 외에도 산꼭대기 조그만 광장에 세워진 입불상으로 유명하다. 이 불상은 높이 9m의 연꽃 모양으로 만든 기단부 위에 세워져 있는데 머리 꼭대기 부분은 400그램이 넘는 순금으로 만들어졌다. 이 불상은 1999년 12월 5일에 라마 9세인 푸미폰 국왕의 72세 생일을 기념하기 위해 제작한 것이라고 한다.

이 사원으로 오르는 계단은 모두 303개의 층으로 이루어져 있다. 더운 날씨에 걸어 올라가는 사람은 찾아보기 어렵고 대부분 자동차를 이용하여 올라간다. 산 정상에는 주차장이 넉넉하게 마련되어 있다. 매번 산 위에 있는 몇몇 사원을 찾아가 보면 처음엔 계단으로 올라가야 하는 것 아닌가 하는 걱정이 들지만 거의 대부분은 찻길을 닦아 놓았다. 그래서 계단을 오르는 사람들이 없어 오랜 시간 방치되어 있다 보니까 오히려 더 빨리 낡아버리는 것 같다.

카오너이는 해발 240m로 수치상으로 보면 그리 높아 보이지 않는다. 그러나 난의 도심보다는 90m가 더 높다. 그래서 여기에 올라와서 보면 난이라는 도시가 난강 유역의 산기슭에 어떻게 자리 잡고 있는지를 한눈에 볼 수 있다. 입불상이 세워진 곳이 바로 난 시가지를 한눈에 내려다볼 수 있는 전망대다. 이곳에서 난을 내려다보면 산을 병풍처럼 두르고 자리잡고 있는 도심지 풍경이 아름답게 펼쳐져 있다. 아침 시간에는 산봉우리를 감싸고 있는 운무를 볼 수 있다. 날씨가 맑아 시야가 좋은 날은 난주에서 가장 높다는 더이푸카도 육안으로 확인할 수 있다. 사원이 위치한 산 이름이 "카오너이"인데 이는 '작은 산'이란 뜻이다. 산은 작지만 여기서 볼 수 있는 세상은 결코 작지 않은 것 같다.

입불상의 모습

입불상은 붓다가 서 있는 모습의 불상이다. 태국의 곳곳에서 볼 수 있는 불상인데 참으로 아름답다고 느껴지는 불상이 몇 있다. 방콕의 풋타몬톤에는 넓게 조성된 공간 한가운데 서 있는 입불상도 그중의 하나다. 이 입불상은 붓다가 걸치고 있는 가사가 바람에 휘날리는 모습을 실감 나게 담아 제작했는데 사면의 어디에서 보아도 그 모습이 무척 아름답다. 그런데 이곳 왓프라탓 카오너이의 입불상은 크기는 그보다 훨씬 작지만 산 아래를 내려다보고 서 있는 뒷모습이 그렇게 아름다울 수가 없다. 물론 금색을 입혀 화려한 것도 있지만 불상 자체의 곡선미와 전체적인 균형미 그리고 그 아래로 내려다보이는 시내의 풍경과 잘 어우러져 그런 것 같다. 가히 난시市의 랜드마크로 불릴 만하다.

풋타몬톤의 입불상

입불상이 있는 전망대

왓프라탓채행 사원

วัดพระธาตุแช่แห้ง

왓프라탓채행 사원은 600년 역사를 간직한 고찰이다. 난 지역 장인들의 건축 기술이 돋보이는 사원으로 1348년에 깐므앙왕 시대에 세웠다고 한다. 당시 쑤코타이에서 모셔 온 붓다의 사리가 있어 이를 안치시키기 위해 불탑을 세우고 금박을 입혔는데 오늘날 란나의 뛰어난 불탑 중의 하나로 꼽힌다. 사각형과 팔각형의 기단부가 종 모양의 불탑을 떠받치고 있다. 매년 2월 말 또는 3월 초에 이 탑에 경배하기 위한 행사가 열린다.

사원 입구에서 보면 양쪽으로 몸뚱어리를 길게 늘어뜨린 나가상이 불자들을 맞이하고 있다. 그 길이가 무척 길어 약간은 섬뜩하기도 하다. 그러나 그것도 잠시 그 뒤로 보이는 불탑과 불당의 모습들이 매우 밝고 아름답게 느껴진다. 경내 한쪽에 버마 양식으로 세운 하얀색의 작은 불탑이 보이고 그 옆에 풋타싸이얏 불당이 있다. 안으로 들어가 보면 누워 있는 황금색의 와불상이 있다. 와불상은 붓다가 열반에 드실 때 모습을 형상화한 것인데 태국에서는 열반에 들 때의 모습뿐만 아니라 누워서 쉬거나 마지막 설법하는 모습 등을 나타내기도 한다.

불당은 사리탑의 남쪽에 위치하고 있는데 규모가 매우 크다. 중앙에 황금색의 좌불상이 안치되어 있다. 이 불상은 매우 아름답고 수려해서

난 지역의 대표적 불상으로 꼽힌다. 아래쪽에 입불상이 두 기 있는데 진품을 본떠 만든 모조품으로 2007년에 주물로 제작한 것이다. 본래 있던 진품 중 하나는 국립난 박물관에 기증하고 나머지 하나는 도둑을 맞았는데 아직 찾지 못했다고 한다. 불당의 문 위에 있는 박공벽에는 여덟 마리의 뱀이 엉켜 있는 모습을 하고 있는데 난 지역 예술의 독특함을 잘 나타내 주고 있다.

사원의 현판

사리를 안치한 이 사원의 불탑 높이는 55.5m이고 기단부의 폭은 22.5m이다. 태국 북부에서도 뛰어난 건축미를 자랑하는 유명한 탑으로 하리푼차이의 건축 기술에서 영향을 받았다. 입구 출입문의 박공벽에는 뱀의 무늬가 들어가 있는데 이는 난 지역 장인들의 독창적인 예술이다. 이 지역 주민들은 이 사리탑에 와서 경배하는 것을 "깐추탓"이라고 하는데 이를 통해 삶이 행복하고 번영하는 한편 질병으로부터도 보호받아 건강을 유지할 수 있다는 믿음을 가지고 있다. 불탑은 보수 공사 중이어서 볼 수 없었다. 사원 곳곳에 액운을 막아주고 복을 가져다준다는 하얀 실을 팔고 있었다.

입구의 나가상

이 사원의 불탑에 안치되어 있는 "프라탓채행"에 관한 전설이 있다.

옛날에 붓다가 중생을 제도하면서 이곳까지 왔다. 붓다가 목욕을 하고 있을 때 아말라왕과 왕비가 붓다에게 수건으로 사용할 흰색 천을 바쳤는데 붓다에게 건네진 천이 황금으로 변하는 것이었다. 그러자 아난타가 제석천을 불러 붓다의 머리카락과 함께 황금색 천을 잘 보관하라고 일렀다. 제석천은 높이 14m의 탑을 세우고 그 위에 이 성물들을 안치시켜 두었다고 한다. 사원의 한쪽에 보면 천을 짜는 실을 보시하여 액운을 막으라고 홍보하는 가판대가 있다. 불심이 깊으면 이 실로 짠 소박한 천이 황금색 천으로 변할지도 모를 일이다.

흰색실 가판대

불당의 본존불

프라탓채행 앞에서 기도하는 불자의 모습

왓파야왓 사원

วัดพญาวัด

왓파야왓 사원은 여러 시대를 거쳐 오면서 현재까지 남아 있는 유서 깊은 사원이다. 이 사원이 위치하고 있는 곳은 "위앙파야왓"으로 난강 유역의 오래된 지역이다. "위앙" 또는 "치앙"은 '도시'라는 뜻이다. 이 사원은 난을 건설하기 이전부터 존재했을 것으로 추정한다. 새로 건설된 난은 아유타야의 우텅왕 치세 시기의 마지막 해인 1368년에 건설했는데 현재 왓프라탓채행 사원이 위치하고 있는 "위앙채행"에서 옮겨왔다. 이 사원은 위앙파야왓을 건설하면서 세워졌을 것으로 보이는데 그렇다면 적어도 600년 역사를 지닌 고찰이다.

사원의 전경

사원 안에는 짬마테위여왕의 사리가 안치되어 있는 탑이 있다. 람푼의 왓짬마테위 사원의 불탑과 유사한 형태로 벽돌로 쌓은 오층탑이다. 위로 갈수록 크기가 작아지면서 각층의 벽면마다 세 개의 아치형 베란다를 내고 그 안에 입불상을 모셔 놓았다. 첨탑 부분은 란나 형식으로 되어 있어 북부 지방의 예술과 건축의 역사를 연구하는 데 귀중한 자료로 평가받는다. 탑에는 최근에 법사 의식을 치렀는지 하얀색 실이 사방으로 쳐져 있다. 그런데 카메라 뷰파인더 안으로 들어오는 탑이 약간 기울어져 보였다. 설마 하고 카메라에서 눈을 떼고 봐도 조금 기울어져 있다. 문득 피사의 사탑이 떠오른다.

법당 안에 본존불로 모셔져 있는 좌불상의 이름은 "프라짜오콩"이다. 오래전부터 이곳에 안치되어 있었는데 훼손된 부분을 석고로 메꾸었다. "콩"은 '구부리다'는 뜻으로 아치형 문을 의미하는데 이 좌불상이 안치되어 있는 곳이 아치형 베란다 모양을 하고 있어서 붙여진 이름이다. 또 하나의 불상이 있는데 "프라짜오퐈"란 이름을 가지고 있다. '하늘 불상'이란 뜻이다. 또 다른 이름은 "프라짜오싸이폰"인데 이는 '빗줄기 불상'이란 뜻이다. 티크 목재로 제작된 것인데 이 사원 초기부터 늘 함께 있어 왔다. 비가 제때 내리지 않을 때 지역 주민들이 이 불상을 난강으로 모셔가 강물로 불상을 씻겼다고 한다. 이러한 관불의식을 하면 제때 비가 온다고 믿었기 때문이 붙여진 이름이다. 나름 이 지역의 특유의 기우제였던 셈이다.

기울어져 보이는 짬마테위 사리탑

법당은 밖에서 보면 전체적으로 매우 정교하고 아름답게 꾸며진 건물이다. 사람에 비유한다면 정성껏 화장하고 온갖 장신구를 갖추어 입은 우아한 중년의 귀족 여인 같다. 앞쪽의 나가상과 박공벽 그리고 처마 등이 모두 금색으로 되어 있어 화려함을 더해주고 정교한 무늬와 조각으로 장인의 솜씨를 한껏 뽐냈다. 법당의 앞쪽으로 좌우 양쪽에 베란다처럼 만들어 놓고 그 안에 부조로 사람의 모습을 만들어 넣었는데 중국인 모습도 보이고 서양인처럼 보이는 사람도 있다.

이 밖에도 경내에 짬마테위 여왕을 모시는 사당이 있다. 이 지역의 주민들이 굳이 람푼까지 가지 않고 이곳에서 짬마테위 여왕에게 경배드릴 수 있도록 지어 놓은 것이다. 사원의 한쪽 편에 마을 사람들이 무슨 행사 준비를 하는 듯 삼삼오오 모여 있다. 우리 보고 어디서 왔느냐고 묻는다. 내 행색이 태국 사람들과 좀 달리 보이는 모양이다. 한국에서 왔다고 하니까 다시 이 도시가 어떻냐고 묻는다. 잘 꾸며진 정원처럼 아름답고 질서가 있는 것 같아 좋다고 하니까 환한 미소를 지으며 엄지척을 한다. 누구나 자기 사는 곳을 좋다고 말해주면 마음이 흐뭇해지는 것이 인지상정이다.

화려한 법당의 모습

법당 앞쪽의 부조물

숙소로 돌아오는 길에 길가에서 파는 대나무밥을 샀다. 간단하게 시장기를 속여 두거나 군것질할 때 대나무밥이 적격이다. 태국어로는 "카우람"이라고 하는데 대나무 통에 찹쌀을 넣

대나무밥 카우람

어 짓는다. 찹쌀을 물에 씻어내고 네다섯 시간 담갔다가 코코넛 밀크와 소금을 넣은 후에 한쪽이 마디로 막힌 대나무 통에 넣는다. 다른 한쪽은 바나나 나무 잎새로 막고 불에 천천히 굽는다. 다 익은 후에 식을 때까지 기다렸다가 대나무를 쪼개어 안에 있는 밥을 먹는데 고소하고 약간 단맛이 난다. 소금으로 이미 간을 맞춘 상태라서 별도의 반찬 없이도 먹을 수 있다. 태국에 오면 좋은 것 중의 하나가 군것질을 즐길 수 있는 음식 문화다. 언제 어디에 가더라도 항상 먹을 것이 지천에 널려 있다. 그래서 자칫 방심하다가 한순간에 몸무게가 늘어나는 것은 일도 아니다.

왓쑤안딴 사원

วัดสวนตาล

왓쑤안딴 사원은 파야푸켕이 난을 다스리던 시절인 1412년 세워졌다. 난의 북쪽 성 외곽 지역에 위치하고 있는데 당시 이곳에 야자나무 숲이 있었던 모양이다. 그래서 사원 이름이 '야자 농장 사원'으로 지어졌다. "딴"은 야자나무의 일종으로 열매에서 갈색 설탕을 만들어 낸다.

이 사원의 불탑은 본래는 쑤코타이 양식으로 연꽃 봉오리 모양을 하고 있었던 것이 나중에 옥수수 모양으로 바뀌어 현재의 모습을 하고 있다. 불당에는 청동으로 만든 좌불상이 안치되어 있는데 양 무릎 간 너비가 약 3m 높이가 약 4.4m 정도 된다. 1450년에 치앙마이의 띠록까랏왕이 난을 정벌하고 그때 승리를 거둔 것을 기리기 위해 제작한 것이다. 매년 쏭끄란 축제 때 이 지역 주민들은 이 불상에 관불의식을 거행하고 경배를 드린다.

이 좌불상의 이름은 "프라풋타롭텅팁"이다. '황금색 신의 불상'이란 뜻이다. 치앙마이를 다스리고 있던 띠록까랏왕은 세력을 확장하여 태국 북부의 여러 도시들을 점령해 나가기 시작했다. 대부분의 도시들을 손에 넣고 나서 나중에 난을 공격했다. 띠록까랏왕은 현재 왓쑤안딴 사원이 있던 야자 농장에서 이레 동안 난을 포위하였다. 당시 난을 통치하고 있

사원의 전경

옥수수 모양의 불탑

사원 안쪽의 모습

던 군주는 치앙마이의 병사의 숫자가 많은 것을 보고 놀랐다. 게다가 이미 띠록까랏왕이 여러 도시들을 차례로 점령했다는 소식을 들었던 터라 그 위세에 지레 겁을 먹게 되었다. 이대로는 더 이상 난을 지키기 어렵다는 사실을 깨달은 난의 군주는 가족을 데리고 도망가 버렸다. 그래서 띠록까랏왕의 군대는 손쉽게 난에 입성할 수 있었다.

띠록까랏왕은 이렇게 피 한 방울 흘리지 않고 무혈입성하게 된 것은 신의 도움 없이는 불가능한 일이라 생각하고 이를 기리기 위한 상징물을 만들고 싶었다. 그래서 1444년에 커다란 청동 좌불상을 만들어 왓쑤안딴 사원 불당에 모시기로 했다. 이때 주물공들을 버마와 잉아우 그리고 치앙쌘 등지에서 선발하여 왔다. 그런데 정해진 의식을 거행하고 쇳물을 붓기만 하면 거푸집이 망가져 실패를 거듭하는 것이었다. 반복되는 실패로 낙담을 하고 있을 때 아래위로 흰옷을 차려입은 낯선 노인이 나타나 일을 도왔다. 노인의 도움으로 마침내 성공을 거두게 되자 띠록까랏왕은 성대한 잔치를 베풀었다. 그런데 흰색 옷을 입은 노인은 어디론가 자취를 감추고 사려져 버렸다. 그러자 사람들은 그 노인이 바로 하늘에서 내려온 신이라고 믿고 좌불상 이름을 "프라짜오텅팁"이라고 짓게 되었다.

프라풋타룹텅팁-황금색 신의 불상

이 사원의 불당 앞쪽에는 오래된 우물이 하나 있다. 앞에 있는 표지판에 그 유래가 적혀 있다. 치앙마이를 다스리던 띠록까랏왕이 군대를 이끌고 난을 정복하러 왔을 때 병이 들었다. 그런데 이 우물의 물을 마시고 목욕을 했더니 병이 다 나았다고 한다. 그래서 띠록까랏왕은 우물 주변을 벽돌로 쌓고 우물의 물을 퍼서 본존불을 씻기는 관불의식을 거행했다. 불당의 본존불이 바라보고 있는 방향이 바로 우물 쪽이어서 더욱 신성시되었다. 오늘날까지도 중요한 불교 행사가 있을 때 이 우물의 물을 길어가 사용한다. 이 지역 주민들에게는 오백 년 넘게 복을 내려 주는 우물이다.

태국의 물은 강물이든 우물물이든 우리나라처럼 맑고 깨끗하지 못하다. 우리나라는 산에 가면 계곡마다 약수터가 있고 그 물을 떠서 바로 마실 수 있다. 심지어 골짜기에 흐르는 물을 그냥 마셔도 아무런 탈이 나지 않는다. 그러나 태국의 강물은 대부분 황톳빛을 띠고 있고 우물을 파도 약간은 뿌연 물이 나온다. 태국만 가봐도 우리나라의 "산 좋고 물 맑은 아름다운 금수강산"이란 표현이 금방 와 닿는다.

난에서 일정을 마치고 파야오를 향해서 출발했다. 시가지를 빠져나와 얼마 지나지 않자 오르막과 내리막이 교차되면서 꼬불꼬불한 길이 이어진다. 치앙마이에서 빠이를 거쳐 매헝썬까지 간 적이 있는데 이런 산길이 오래 계속되었다. 그런데 그때는 하늘이 보이지 않고 숲속 길을 달리다가 정상 부분에 가서야 하늘이 보였었다. 그런데 파야오 가는 길은 처음부터 하늘이 보이는 가운데 산속 도로가 이어졌다. 어떤 구간은 차가 밀리기도 했다. 나중에 보니 중간에 도로 보수 공사하는 곳이 있었다. 산을 넘어 평지에 거의 다 와 갈 무렵에 두타행을 하는 승려들의 행렬이 보였다.

복을 주는 우물

두타행은 모든 집착과 번뇌를 없애기 위해 세속을 등지고 숲속으로 들어가 수행하는 것을 말한다. 먹는 것과 입는 것 그리고 잠자는 것을 최소화하고 오로지 수행에 전념한다. 먹는 것은 탁발을 해서 한 자리에서 먹어야 하고 두 번 먹어서도 안 된다. 입는 것은 정해진 승복 한 가지만을 빨아 입고 해진 옷은 기워 가며 입어야 한다. 태국의 많은 고승들이 두타행을 통해 깨달음을 얻었다. 그래서 사원에 두타행을 하는 모습의 승려상을 흔히 볼 수 있다. 불교의 가르침에서는 비움을 강조한다. 많이 버리고 덜어내야 깨달음에 가까이 다가갈 수 있기 때문이다. 그런데 적지 않은 사람들이 붓다 앞에 엎드려 자신이 버려야 할 것을 버리지 못하고 오히려 더 많이 채워 달라고 간구하는 것 같다. 그러니 깨달음이 들어설 자리가 그만큼 좁아질 수밖에 없다.

두타행 중인 승려들

제6장

호반의 도시

파야오

พะเยา-เมืองแห่งทะเลสาบ

Phayao

Phayao

กว๊านพะเยาแหล่งชีวิต ศักดิ์สิทธิ์พระเจ้าตนหลวง บวงสรวง
พ่อขุนงำเมือง งามลือเลื่องดอยบุษราคัม

삶의 터전 파야오 호수, 뜬루앙 불상의 영험함,
응암므앙왕에 대한 경배, 유명한 더이붓싸라캄의 아름다움.

파야오를 소개하는 캐치프레이즈다. 파야오는 13세기 응암므앙왕이 다스리던 시기에 크게 번영했다. 오래된 역사를 간직한 도시로 호반의 아름다운 풍경과 오래된 유적지들이 많다. "꽌파야오"라고 부르는 커다란 호수는 도시의 낭만과 아름다움을 더해준다. 이 호수 속에 잠겨 있다가 다시 떠오른 불상과 사원도 있다. 왓프라탓쩜텅 사원에서는 호수와 도시 전체의 풍경을 감상할 수 있다.

파야오주州는 난, 프래, 람빵 그리고 치앙라이와 인접해 있으며 북동쪽으로는 라오스와 경계를 이루고 있다. 1977년 8월 28일에 다시 치앙라이로부터 분리되어 주로 승격했다. 방콕에서 722km 떨어져 있으며 인구는 49만 명이다.

파야오에 대한 이야기는 여러 땀난이나 퐁싸와단에 나온다. 그 기록들에 따르면 1096년에 치앙쌘 은양 왕국의 쿤쩜탐 왕자가 독립해 나와 잉강 하류의 더이두안 지역에 새 도시를 건설했다고 한다. 그리고 "므앙푸깜야우"라고 명명했다고 하는데 람캄행대왕 비문에는 "므앙파야우"라고 나온다. 이것이 오늘날 "므앙파야오"로 변한 것으로 추정한다. 므앙푸깜야우는 파야오 호수를 따라 건설했는데 폭이 2km이고 길이가 2.2km였다. 그리고 해자는 폭이 14m에 성문이 여덟 개였다고 한다. 더

이두안 끝머리와 파야오 호수 지역에는 서로 인접해 있었던 흔적이 다섯 군데나 있어서 이 중에서 정확히 어디에 도시가 위치해 있었는지는 알 수 없다.

파야오의 땀난에는 이 지역의 한 영웅에 대한 이야기를 기록하고 있다. 바로 쿤쩜탐의 아들 쿤쯔앙에 대한 이야기이다. 기록에 따르면 쿤쯔앙은 매우 용감한 왕이었다. 전쟁을 통해 인근 지역의 도시들을 정벌하고 멀리는 인도차이나반도까지 진출했다. 그래서 그는 이 지역 여러 도시에서 영웅으로 칭송받고 있다. 나중에 쿤쯔앙은 은양국으로 옮겨가고 파야오는 동생인 쿤청이 대신 통치했다. 쿤청 이후로 응암므앙왕에 이르기까지 모두 일곱 명의 군주가 파야오를 다스렸다.

응암므앙왕 시대에 파야오는 전성기를 이루었다. 나라는 발전하고 국력은 강대했다. 이때 파야오는 아직 독립 국가였다. 그 당시 인근에 독립국이면서 강한 국력을 가지고 있던 나라는 요녹 왕국과 쑤코타이 왕국 그리고 파야오 왕국이었다. 이 중에서 쑤코타이의 람캄행대왕과는 친분이 두터운 사이였다. 그래서 란나 왕국 초기에 파야오는 주변국과 갈등 없이 한동안 평화를 누리며 독립 국가로 존재할 수 있었다. 14세기 중반에 란나 왕국의 캄푸왕이 난 왕국과 연합하여 파야오 왕국을 점령하였다. 이로써 파야오는 란나 왕국에 합병되었다. 파야오가 란나와 합병되고 나서 15세기에 란나는 쑤코타이를 차지하기 위해 아유타야와 전쟁을 벌였다. 이때 피싸눌록의 군주는 아유타와의 왕과 갈등이 있었다. 그래서 치앙마이의 띠록까랏왕에게 의탁하면서 란나를 도왔다. 그러자 띠록까랏왕은 피싸눌록 군주에게 파야오를 다스리게 했다. 이때 쑤코타이의 예술과 건축 등이 파야오로 유입되었다. 파야오와 인근 지역에서 발견되는 사암으로 조각한 불상이 이 시기에 제작된 것으로 추정된다.

이후 파야오는 지위가 격하되고 버마가 란나를 침략하면서 많은 고

초를 겪어야 했다. 다른 한편으로 란나 왕국 내부의 세력 다툼에도 휘말렸다. 1787년 버마의 앙와왕이 파야오를 비롯한 태국 북부의 위성도시들을 공격해오자 파야오는 쇠락의 길을 걷게 되었다. 전쟁통에 놀란 주민들은 대거 람빵으로 피란을 갔다. 이때부터 56년간 파야오는 황폐해져 갔다.

1843년 치앙마이와 람빵의 관료가 라마 3세에게 파야오를 재건할 것을 건의하자 라마 3세는 이를 수락하고 쁘라텟웃다라팃으로 하여금 파야오를 다스리게 했다. 파야오의 새 군주가 된 쁘라텟웃다라팃은 람빵 주민의 일부와 람빵으로 피신했던 파야오 주민의 자손들을 다시 파야오로 이주시켜 복구 작업을 벌였다. 이때 재건된 파야오가 오늘날의 파야오주州로 발전한 것이다.

왓씨콤캄 사원

วัดศรีโคมคำ

왓씨콤캄은 1524년 프라므앙뚜가 파야오를 통치하던 시기에 세워졌다. 그러나 본존불인 프라짜오똔루앙 불상은 이보다 앞서 프라므앙이가 통치하던 1491년에 먼저 제작되었다. 1524년에 사원이 완공되고 나서 세월이 흐름에 따라 점차로 폐허로 변했다가 나중에 복원되었다. 1922년 크루바씨위차이가 주도하여 재건과 복원 작업이 이루어졌다. 따라서 현재 사원의 모습은 크루바씨위차이의 작품이라 해도 무방하다.

이 사원의 두드러진 특징은 불당의 박공벽에서 나타난다. 박공벽에 보면 나무에 새겨진 여러 종류의 무늬가 있다. 다른 지역의 건축 예술을 접목한 전형적인 크루바씨위차이의 스타일이다. 박공벽에는 여러 신의 모습이 나타나는데 중부 지방의 건축물에서 흔히 볼 수 있는 가루다도 있다. 그런데 조금 더 상세히 들여다보면 가루다 양옆으로 뒤를 돌아보는 호랑이가 한 마리씩 있다. 크루바씨위차이는 호랑이해에 태어나서 사원을 재건하거나 복원하면서 호랑이 그림을 그려 넣곤 했다. 라마끼안에 나오는 원숭이 하누만의 모습도 보이고 가루다 위에 심장을 그린 듯한 붉은색의 둥근 유리도 보인다.

불당 안에는 란나 형식으로 제작한 불상이 안치되어 있다. 프라짜오

사원의 전경

박공벽의 무늬

똔루앙이라는 이름을 가진 이 불상은 태국의 북부 지방에서 가장 큰 불상이라고 한다. 이 불상과 관련된 전설이 있다. 옛날에 붓다가 아라한과 제자들을 대동하고 파야오에 온 적이 있다. 그때 한 금 세공사가 소식을 듣고 음식을 장만하여 붓다와 그 일행에게 시주했다. 붓다는 주위를 둘러보고 장차 이곳이 불교가 융성하게 될 곳임을 예언했다. 그리고 자신의 머리카락을 금세공사에게 주었다. 금세공사는 이를 금으로 만든 성물함에 넣어 아쇼카왕에게 바쳤다. 성물함은 다시 제석천의 손에 들어가게 되고 나중에는 장인의 신인 비수갈마가 쩜더이 아래에 있는 동굴 속에 모셔 놓았다. 그래서 그 산을 현재 "더이쩜텅"이라고 부르게 되었다.

이야기는 좀 더 이어지는데 붓다는 뱀의 왕에게 명하여 장차 이곳에 향후 오천 년 동안 불교가 발전할 터전을 닦고 구류손불拘留孙佛 크기만한 불상을 만들도록 했다. 붓다가 열반에 들고 난 후에 뱀의 왕은 금을 호수 근처에 가져다 놓고 흰옷을 입은 사람으로 변신하였다. 그리고 거위를 기르는 노인부부를 찾아가 금을 주고 붓다가 지시한 불상을 제작하라고 일렀다. 노부부는 금으로 사람을 사서 호수를 메웠다. 그리고 벽돌로 불상을 만들었다. 그러고 나서 치앙마이 군주인 므앙깨우왕에게 이 사실을 고했다. 불심이 깊었던 므앙깨우왕은 금과 은을 상으로 내려 불당을 짓도록 하고 새로 만든 불상을 "프라짜오똔루앙"이라고 명명하였다. 프라짜오똔루앙 불상은 좌불상인데 크기가 무척 커서 다른 불상처럼 단을 만든 후에 그 위에 안치시키지 못하고 바로 땅 위에 안치시켜 놓았다.

이 사원은 나중에 보수 작업을 거쳤다 하더라도 파야오 계통의 불교예술의 특징이 남아 있다. 태국 북부는 산악 지형이 많아 왕래가 쉽지 않다 보니 같은 란나 예술이라 하더라도 불상을 제작할 때 지역마다 약간씩 다른 특징들이 생겨났다. 파야오와 람빵 간에도 약간의 차이가 있다. 파야오는 불상을 사암으로 많이 만드는데 이는 주변에서 사암을 구

프라짜오똔루앙 불상

하기 쉽기 때문이다. 이에 비해 다른 지역에서는 청동 불상을 많이 만든다. 불상의 얼굴을 보면 눈썹과 코, 그리고 입가가 살짝 올라간 모습 등에서 파야오 불교 예술의 특징을 발견할 수 있다. 어쨌든 이 사원의 본존불인 프라짜오똔루앙 불상은 사암으로 만든 것이 아니라 벽돌로 쌓고 석고를 바른 후에 금박을 입힌 것이다. 아무래도 사암으로 만들기에는 크기가 너무 크고 벽돌로 만들었다고 하는 것이 전설 내용과도 부합되는 면이 있다.

이 사원에서는 매년 유월에 본존불에 경배드리는 뺏뼁축제가 열린다. "뺏뼁"은 란나어로 유월 보름을 뜻하는 말이다. 북부 지방의 전통 달력으로는 두 달 늦은 팔월에 닿는다. 이날은 전설 속의 노부부가 호수를 메우기 위해 돌을 던지기 시작한 날이다. 또한 벽돌을 구워 프라짜오똔루앙 불상을 만들기 시작한 날이면서 33년 후 불상을 완성한 날이기도 하다. 아울러 부처님 오신 날이기도 하다. 태국의 전통 달력에 따르면 싯다르타가 태어난 날과 깨달음을 얻어 붓다가 된 날, 그리고 이승에서의 생을 마감하고 입적한 날이 모두 같은 날이다. 이를 태국어로는 완위싸카부차라고 한다. 이날이 되면 람빵, 치앙마이, 치앙라이와 같은 도시에서뿐만 아니라 짜잉똥, 미얀마, 씸썽빤나 등지에서 불심이 깊은 사람들이 몰려든다.

불당 앞쪽에 작은 불당이 하나 더 있는데 그 안에 오래된 붓다의 족적이 있다. 왓쑤안짠나이 사원의 불탑에서 발견된 것을 이곳에 옮겨 놓은 것이라고 한다. 이 붓다의 족적은 현재는 부식을 방지하기 위해 플라스틱 유리로 막아 놓아 안쪽을 들여다보기가 쉽지는 않다. 족적의 한쪽에는 무늬가 있는데 다른 한쪽에는 무늬가 없다. 붓다의 발바닥에 있는 무늬는 사람에게 행복과 번영을 가져다주는 108가지 길운을 나타낸다. 13세기 쑤코타이 시대부터 현재까지 붓다의 족적이나 와불상의 발바닥에 그려 넣는 무늬는 신, 브라흐마, 동물, 산, 바다, 등 여러 가지가 있는데 그중에서 중요한 것이 신의 그림이다. 그런데 이곳 신의 그림에서 보면 의상이나 복장이 쑤코타이의 왓뜨라팡텅 사원의 족적 그림과 비슷하

크루바씨위차이 사당

다. 따라서 이곳의 족적은 쑤코타이 시대의 예술로 추정할 수 있다.

이 사원 안에 그냥 지나칠 수 없는 불당이 하나 더 있다. 크루바씨위차이 사당인데 1948년에 건립된 것이다. 크루바씨위차이 시대 이후에 세워졌지만 박공벽에는 여전히 호랑이 그림이 그려져 있다. 이 불당 안에는 크루바씨위차이의 유골과 그의 모습을 그대로 빚어 만든 승려상이 있다. 승려상은 가운데 몬돕 안에 있고 앞쪽으로 다른 고승들의 승려상들이 있다. 그리고 그의 왼쪽 손의 지문과 양쪽 발의 지문이 있는 사암도 있다. 이는 그의 사후에 제자들과 파야오 지역 주민에게 기념이 되도록 생전에 손수 찍어 남겨 놓은 것이라고 한다.

크루바씨위차이는 태국 북부에서 여러 가지 불교 관련 건축물의 복원과 보수 사업에 헌신한 승려다. 그는 승려이면서 건축가였다. 그는 1878년 출생하였는데 태어난 날 천둥과 번개가 많이 쳐서 이름을 "아이파렁" 이라고 지었다. '천둥 치는 녀석'이란 뜻이다. 그의 부친은 적까리앙족 사람이고 어머니는 백까리앙족 사람이다. 그가 태어난 고향은 람푼

크루바씨위차이와 고승들의 승려상

이다. 그는 나이 18세 되던 해에 사미승으로 출가했다. 자신이 가난한 것은 전생에 공덕을 많이 쌓지 못한 탓이라고 생각했다. 그래서 부모님의 은혜에 보답하고 내세에 좀 더 행복한 삶을 살기 위해 머리를 깎고 절에 들어갔다.

그의 나이 21세 되던 해에 승려로 출가하여 “프라씨위차이”로 불리게 되었다. ‘씨위차이 스님’이란 뜻이다. 출가 후 처음엔 무속과 미신에 대해 공부했다. 그러다가 나중에는 진정한 깨달음을 얻을 수 있을 뿐만 아니라 중생을 구제할 수 있다는 지관止觀에 대해 관심을 갖게 되었다. 그는 주로 숲에 들어가 채식으로 하루에 한 끼를 먹으면서 기도와 수행에 전념하였다. 시간이 지나면서 그는 지역 주민들로부터 존경과 신망을 얻게 되었다. 불사佛事에 관한 일이라면 어디든 발 벗고 나섰다. 그는 태국 북부의 수많은 사원과 불탑을 복원하고 보수했다. 그의 업적 중에 가장 유명한 것은 치앙마이에 있는 왓프라탓더이쑤텝 사원으로 오르는 길을 닦은 것이다. 11.53km의 도로를 채 6개월이 안 되는 기간에 닦아 놓았다. 태국 북부의 대다수 사원이 복원과 보수 작업을 하면서 그의 손을 거치지 않은 것이 없다고 해도 과언이 아니다. 그는 1939년 60세의 나이로 입적했다. 시신은 람푼에 있는 왓짬마테위 사원에서 화장했는데 그의 몸에서 나온 사리는 태국 북부의 일곱 개 사원에 나누어 안치시켰다.

앞쪽에 있는 화려한 불당에 가려져 있지만 이 사원의 법당은 매우 특이하다. 태국식 건축 양식을 응용하여 지은 건물인데 연못 한가운데 세워져 있어 다리를 건너가야 들어갈 수 있다. 불심이 깊은 주민들이 서로 뜻을 모아 지은 것이라고 한다. 물 위의 법당이라서 나름대로 독특한 정취가 있다. 내부 벽에는 붓다의 본생담과 사람들의 생활상을 그린 벽화가 있다고 하는데 문이 잠겨 있어 보지는 못했다. 사원 안에는 곳곳에 여러 가지 조형물을 만들어 놓았다. 대개는 불상과 나가상 그리고 지옥

연못 한가운데 있는 법당

사원 안의 조형물

의 모습을 형상화하여 만들어 놓은 것들이다.

사원 가까이 파야오 호수가 있다. 이 호숫가에 마치 조그만 연안부두를 연상시킬 만큼 생선 요리를 파는 식당들이 줄지어 있다. 한 음식점에 들어가 자리를 잡고 호수를 바라보니 사공이 노를 저어가는 배 한 척이 보인다. 그동안 주로 산길만 다니다가 오랜만에 보는 물 풍경이다. 마음이 평온해지고 음식에서 풍기는 향이 시장기를 자극한다. 마침 오전 일정을 마친 뒤여서 모처럼 여유를 가지고 푸짐한 점심을 먹었다. 파야오는 고찰과 유적 그리고 맛있는 음식이 있어 오감을 만족시킬 수 있는 더없이 좋은 여행지다.

왓프라탓쩜텅 사원

วัดพระธาตุจอมทอง

왓프라탓쩜텅 사원은 붓다의 머리카락과 오른팔 사리를 모셔 둔 곳이다. 쥐의 해에 태어난 사람들에게 복을 준다고 한다. 언제 세워졌는지를 말해주는 정확한 사료는 없고 여러 차례 보수 작업을 거쳐 오늘날의 모습을 하고 있다. 란나 형식의 사리탑은 높이가 30m인데 한 변의 길이가 9m인 정사각형 기단부 위에 세워져 있다. 전체적으로 보면 기단부가 사각형으로 3층인데 그 위에 엎어진 종 모양의 탑 몸체가 또 3층으로 되어

사원의 전경

있다. 사면에는 금박을 입히고 무늬를 새겨 넣어 매우 아름답게 보이는 황금탑이다.

사원이 조그만 야산 위에 있어 위로 올라가는 계단이 있다. 계단 입구에는 양쪽으로 나가상이 지키고 있고 계단이 끝나고 사원으로 진입하는 입구에는 몽둥이를 들고 있는 두 마리의 도깨비가 있다. 정상에 오르면 불당과 불탑의 모습이 한눈에 들어온다. 불당은 벽이 없이 기둥과 지붕만 있어 사방으로 트여 있고 본존불 앞에는 카펫이 깔려 있다. 본존불 뒤쪽 벽에는 벽화가 그려져 있는 것 같은데 오랜 세월에 모두 칠이 벗겨져 무엇을 그린 그림인지 짐작하기조차 어렵다. 불당이나 불탑이 크기가 그다지 큰 편은 아니지만 경내의 건축물들이 서로 어우러져 아담하면서도 단출하고 빼어난 아름다움을 자랑하고 있다.

전설에 의하면 붓다가 가르침을 널리 전하기 위해 바간에 왔다가 이곳에 들러 호수의 북쪽에 있는 산 위에 머문 적이 있다. 그때 붓다가 아쇼카왕에게 머리카락을 뽑아 준 적이 있는데 이를 땅속 70m 깊이에 묻고 그 위에 불탑을 세웠다고 한다. 그 뒤에 크루바씨위차이와 다른 두

사원으로 오르내리는 계단

쌀국수 가게의 입간판

명의 고승들에 의해 복원되어 오늘날의 모습을 하고 있다.

사원 입구 쪽에 조그만 쌀국수 가게가 보인다. 앞에 입간판이 있어 읽어 보니 한 달에 네 번 있는 예불일에 쌀국수를 판매한다는 내용이다. 한 그릇에 20밧이라고 하는데 시중 가격의 절반밖에 되지 않는다. 게다가 어린이와 노약자 그리고 빈곤층에게는 무료란다. 커피와 차도 판매하는데 승려들에게는 그냥 제공한다는 내용도 있다. 가던 날이 예불일이 아니어서 가게는 문이 닫혀 있었다. 태국 불교에서 음력으로 초하루와 여드레 그리고 보름날과 스무사흗날은 예불일이다. 불자들이 절에 가서 법문을 듣고 보시하고 예불을 드리는 날이다. 이날 승려들은 시주가 들어와서 좋고 불자들은 붓다의 가르침을 통해 마음을 정화하고 공덕을 쌓을 수 있으니 모두에게 좋은 날이다. 그래서 태국어에 '예불일은 하루만 있는 것이 아니다'라는 속담이 있다. 좋은 날이나 좋은 기회는 앞으로 여러 번 더 있다는 말이다.

사원이 높은 곳에 위치하고 있어 파야오 호수와 시내가 한눈에 들어온다. 사원이 전망대 구실을 하고 있는 셈이다. 일찍이 공자는 "지혜로운 자는 물을 좋아하고, 어진 자는 산을 좋아한다. 지혜로운 자는 동적動的이며, 어진 자는 정적靜的이다. 지혜로운 자는 즐겁고, 어진 자는 장수한다"라고 했다. 산도 있고 물도 있어 지혜로운 자나 어진 자 모두가 와서 즐길 수 있는 곳이 파야오다. 파야오에 여행 온 사람이면 누구나 한 번쯤 와서 둘러볼 만한 곳이 바로 이곳 왓프라탓쩜텅 사원이다. 사람이 북적이는 도심의 사원들과 달리 한적한 분위기 속에서 잠시 자신의 삶을 돌아보고 붓다의 가르침을 되새겨 볼 수 있다면 불자들에겐 이것 또한 값어치 있는 일일 것이다.

불당 내부의 모습

불탑의 모습

왓리 사원

วัดลี

왓리 사원은 란나 왕국의 엿치앙라이왕 시절인 1495년에 세워진 파야오의 중요한 고찰 중의 하나다. 당시 치앙마이 군주가 임명하여 파야오를 다스리던 짜오씨믄파야오가 치앙마이 군주에게 헌정하기 위해 세운 것이라고 한다. 사원 한편에 짜오씨믄파야오의 동상이 있고 간단한 약사를 기록한 석판이 세워져 있다. 사원 이름에 나타나는 "리"는 태국 북부 지방의 고어로 '시장'이라는 뜻이다. 그래서 왓리 사원은 '시장에 있는 사원'이라는 뜻이다. 이 사원은 500년이 넘는 역사를 가지고 있다. 사암으로 만든 붓다의 족적 모형도 있다.

사원 안에는 사리탑이 있는데 팔각형의 기단부 위에 란나 형식으로 세워진 하얀색의 탑이다. 높이가 37m이고 기단부의 한 변의 길이는 16.5m이다. 파야오에서 가장 높은 불탑이라고 한다. 옛날에 이 사원의 불탑은 금박을 입혀 놓은 황금탑이었다. 그런데 주민들이 이를 벗겨다가 팔아 버리는 바람에 탑의 몸체만 남게 되었다. 현재 주민들이 합심하여 다시 금박을 입히고 있는데 아직 진행 중이다. 금박은 탑의 위쪽부터 입히며 내려온다. 아직도 남아 있는 부분이 절반이 넘는다. 경내에는 순백색의 입불상이 서 있다. 왼쪽 어깨에서 오른쪽으로 내려뜨린 가사는 황색이고 머리는 검은색인데 손톱과 발톱 그리고 입술은 붉은색으로 칠해져 있다. 북부의 불상에서는 이처럼 여성성이 느껴지는 불상들이 종종 눈에 띈다.

이 사원에서 크고 작은 많은 유물이 발견되었다. 사원에 박물관을 만들어 이 유물들을 전시하고 있다. 그중에서 매우 흥미로운 것은 옛날에 고승들이 사용하던 석제 변기들이다. 사암을 조각하여 만든 것인데 두께는 10~12cm에 폭은 50~150cm, 그리고 길이가 100~200cm 되는 석판에 홈을 파고 구멍을 뚫었다. 600~700년 전의 것이라는데 상태가 거의 완벽하다. 하기사 돌로 만든 변기가 내구성은 으뜸 아니겠나 싶은 생각도 든다. 이 변기는 지체가 높은 승려들이 사용할 수 있도록 당시의 장인들이 제작하여 보시한 것이다. 옛날에 일반인들이 이런 변기를 사용할 여지는 없어 보인다. 옛 재래식 화장실이란 것이 땅 위에 원형 또는 사각형의 구덩이를 파고 그 위에 사람이 쪼그리고 앉아 일을 볼 수 있는 구조였는데 구덩이 위에 이렇게 돌로 만든 변기를 놓았던 것이다. 사람이 앉았을 때 뒤쪽으로 대변이 빠져나갈 수 있는 구멍이 있고 앞쪽으로는 소변이 흘러내려갈 수 있도록 아래로 경사진 홈을 팠다. 아마도 당시에는 최고급 화장실이었을 것이다. 이 사원의 박물관에는 석제 변기 말고도 많은 유물이 전시되어 있다.

별로 오가는 사람 없는 조용한 사원을 돌아보는 데 시간이 그리 많이 걸리지는 않았다. 우기라서 비는 자주 오는데 날씨가 그리 덥지는 않다. 얼핏 보면 모두가 똑같은 사원으로 보이지만 들여다보면 제각기 조금씩 다른 모습을 하고 있고 저마다의 역사는 물론 소소한 사연과 전설이 담겨 있다. 그런 것에 적지 않은 호기심을 갖고 있어 사원을 찾아 다니는 발길은 항상 즐겁기만 하다.

짜오씨믄파야오의 동상

사원 입구쪽의 백색 입불상

사원이 소장하고 있는 석제 변기

응암므앙왕 기념탑

อนุเสาวรีย์พ่อขุนงำเมือง

응암므앙왕 기념탑은 파야오 호숫가에 세워져 있다. 응암므앙왕은 파야오의 9대 왕이다. 1238년에 밍므앙왕의 아들로 태어나 14세 되던 해부터 부왕의 명에 따라 학문을 닦았다. 16세 되던 해에는 라워국의 쑤깐따르씨 문하에서 수학했는데 그곳에서 쑤코타이의 람캄행 대왕을 만났다. 두 사람은 이때부터 깊은 우정을 나누고 두터운 친분을 맺었다. 1258년 부왕이 죽자 왕위에 올라 파야오를 통치하게 되었다.

전해 내려오는 이야기에 의하면 응암므앙왕은 불심이 깊어 전쟁을 싫어하고 나라를 공정하고 정의롭게 다스리려 노력했다. 주변의 이웃나라나 속국들과도 좋은 관계를 유지했다. 한 번은 망라이왕이 군대를 이끌고 파야오를 압박해왔는데 응암므앙왕은 군사력으로 대항하기보다는 백성들을 다독거려 안정시키고 사신을 보내 망라이왕을 정중하게 맞이하였다. 망라이왕과 그의 군사들에게 푸짐한 음식을 대접한 다음 접경지대의 몇 개 고을을 넘겨주고 평화협정을 맺었다. 그러자 망라이왕은 이에 만족하고 철군하기에 이르렀다.

쑤코타이의 람캄행대왕은 응암므앙왕과 교분이 두터워 매년 한 번씩 파야오를 방문했는데 주로 쏭끄란 기간에 왔다. 그래서 망라이왕과도 알게 되어 세 사람은 우의를 다져나갔다. 급기야는 쿤푸강변에서 서로 배신하지 않고 영원히 우의를 지킬 것을 맹세하고 피를 나누어 마셨다. 세 사람의 우호적 관계는 그대로 지속되어 평화가 유지되었다. 망라이왕은 예전에 파야오를 공격하여 얻은 접경 지역의 고을들을 응암므앙왕에게 되돌려주었다. 덕치德治로 파야오를 다스렸던 응암므앙왕은 1273년에 아들 쿤캄댕에게 왕위를 물려주고 여생을 보내다가 60세의 나이로 세상을 하직했다. 응앙므앙오왕은 40년간 나라를 통치하면서 파야오를 쑤코타이와 란나와 더불어 태국 북부의 3대 강국으로 만들었다.

응암므앙왕 기념탑

파야오 호수

파야오는 1997년에 태국의 72번째 주로 승격되었다. 이를 기념하고 응앙므앙왕의 역사적 업적을 기리기 위해 파야오 시민들은 뜻을 모아 응암므앙왕 기념탑과 동상을 건립했다. 파야오 호수 주변의 공터를 광장으로 조성하고 기념탑과 동상을 세웠다. 동상은 실물 크기의 1.5배로 만들었는데 2.5m의 단 위에 우뚝 선 모습으로 파야오 호수를 바라보고 있다. 머리에는 왕관을 쓰고 손에는 사령검을 들고 있는 모습에서 왕의 위엄이 잘 드러나 있다. 응암므앙왕 동상은 파야오 주민들의 정신적 구심점이면서 경배의 대상이다. 평소에도 이곳을 찾는 사람들의 발길이 끊이지 않지만 특히 러이끄라통 축제 기간에 많은 사람들이 찾는다고 한다. 호수 한쪽에 젊은 부부가 아이를 데리고 쉬고 있다. 아이는 엄마 품에 잠들어 있고 아빠는 호수 쪽을 바라보고 있는데 그 옆으로 두 사람의 강태공이 낚시를 즐기고 있다. 평화롭기 그지없는 풍경이다.

응암므앙왕 기념탑 앞쪽에 조그만 돌비석이 하나 세워져 있다. 내용을 읽어보니 파야오 호수에 잠긴 "렁하이 마을" 이야기다. 파야오 호수의 수위가 높아지면서 호수 주변에 있던 마을이 물에 잠기게 되었다. 그 마을 중에 렁하이란 마을이 있었다. 렁하이라는 마을의 지명은 '보리수 개울 마을'이라는 뜻이다. 과거 이곳에 보리수나무를 따라 두 줄기의 개울물이 호수로 흘러드는 지점 양쪽으로 마을이 위치해 있던 것으로 추정된다. 2002년에 예술청과 지역 자치기관에서 합동으로 이 지역 발굴을 위한 탐사 작업을 했다. 많은 유물들이 수초와 나무에 뒤덮여 있었는데 발굴 작업 결과 연꽃무늬가 새겨진 건축물의 기둥과 불상 안치대, 코끼리상, 스투파, 토기, 돌비석 조각들이 쏟아져 나왔다. 500년 전에 사암으로 제작된 불상도 발견되었다. 수백 년 전 유물을 간직하고 있던 마을이 물속에 잠겼다는 것은 안타깝지만 그래도 그 마을의 유물들이 다시 세상에 나와 빛을 보게 된 것은 참으로 다행스러운 일이다.

호숫가의 주민들

렁하이미 마을 역사 기록비

왓띠록아람 사원

วัดติโลกอาราม

왓띠록아람 사원은 매우 특이한 사원이다. 호수 가운데 있는 조그만 섬에 불당이나 법당도 없이 불상만 하나 달랑 세워져 있는 모습을 하고 있기 때문이다. 섬으로 가는 배는 삯을 받는다. 일 인당 100밧을 내고 가야 하는데 보통 여섯 명이 정원이다. 그래서 여섯 명이 차기를 기다려야 하지만 600밧을 내면 바로 출발한다고 한다. 조금 망설이다가 더 올 사람도 없을 것 같아 아내와 둘이 600밧을 지불하고 탔다. 사공은 삿대를 저으며 섬과 사원의 유래를 길게 설명했다. 중간에 우리가 외국인임을 알아차리고는 설명을 그만둘까 망설이는 듯하더니 내가 웃으며 고개를 끄덕이자 그대로 이어갔다.

"꽌파야오"라고 부르는 호수는 이 지역의 중요한 관광지이면서 주민들의 휴식처다. 몇몇 어부들에게는 삶의 터전이기도 하다. 1939년에 어업진흥청에서 좀 더 많은 물을 저장하기 위해 수문을 만들자 물의 수위가 올라가고 일부 주거지와 사원들이 물속으로 사라져버렸다. 물속에 잠겨 있던 이 사원이 세상에 모습을 드러낸 것은 그리 오래된 일이 아니다. 시간이 지나면서 잊혔던 것이 우연히 발견되었다. 1983년에 일부 어부들이 배를 타고 조업을 하다가 비가 오자 잠시 쉬고 있었다. 그러던 중에 물 위에 떠 있는 바위와 수초 같은 것들을 발견하였다. 노를 이용하여 수초를 걷어내자 조그만 호신불이 모습을 드러냈다. 이를 집에 가져와 보니 실제로 옛날에 제작된 바 있는 호신불이었다.

소문이 삽시간에 온 동네로 퍼지고 주민들이 제각기 노를 저어 물속에 있는 호신불을 건져 냈다. 그리고 더욱 놀라운 것은 물속에서 사암으로 제작된 좌불상을 발견한 것이었다. 2006년과 2007년에 주지사와 지역 유지들을 중심으로 이곳에 대한 탐사 작업이 이루어지고 관광지로

사원의 전경

사원으로 가는 배

개발하는 사업이 추진되었다. 불탑을 중심으로 불자와 여행객들이 와서 불공을 드릴 수 있도록 사원을 복원하기로 했다. 그 과정에서 석판을 하나 발견하였다. 석판에 쾀캄 문자가 새겨져 있어 이를 전문가들에게 해석을 의뢰했다. 내용을 판독한 결과 이 사원이 1476~1486년에 띠록까랏왕의 영광을 기리기 위해 세운 사원이라는 사실이 밝혀졌다.

주민들이 좌불상을 끌어 올리고 칠 일 밤낮으로 경축하는 잔치를 벌였다. 그러고 나서 이 좌불상을 일단 왓씨우몽 사원으로 옮겼다. 그 후 2007년에 현재 사원이 위치한 곳에 장소가 마련됨에 따라 다시 이곳으로 옮겨왔다. 태국에서는 촛불을 들고 법당 주위를 세 바퀴 도는 행사가 있다. 보통 사원에서는 걸어서 법당 주위을 돌지만 이 사원에서는 배를 타고 벽돌이 쌓여 있는 공터와 그곳에 안치되어 있는 불상과 불탑 주위를 돈다. 이 사원의 법당은 아직 물속에 가라앉아 있기 때문이다. 이 행사는 매년 만불절과 석가탄신일 그리고 초전법륜일 이렇게 세 번 열린다. 이런 촛불 행사는 인도에서 불교가 전파되면서 생겨난 풍습이다. 먼저 몸과 마음을 정결히 한 다음에 본존불에 절을 하고 꽃 두 송이와 향 세 개, 그리고 촛불 한 개를 들고 법당이나 불탑 주위를 세 바퀴 돈다. 첫 번째 바퀴는 붓다를, 두 번째 바퀴는 붓다의 가르침을, 그리고 세 번째 바퀴는 붓다를 따르는 제자들을 기리는 것이다. 보통 출가 의식과 같은 경사에서는 오른쪽으로 돌고 장례식과 같은 애사哀史에서는 왼쪽으로 돈다.

호수의 선착장

사원행사 안내 입간판

왓씨쩜르앙 사원

วัดศรีจอมเรือง

파야오는 역사 깊은 고대도시다. 한때 태국 북부 지방 여러 곳의 주민들이 파야오로 유입해 들어왔다. 다양한 지역의 주민들이 유입되면서 생겨난 당연한 결과 중의 하나가 예술과 문화가 서로 섞이고 어울리는 현상이다. 이때 타이야이와 란나의 불교 예술이 혼합되어 나타난 산물 중의 하나가 바로 왓씨쩜르앙 사원이다.

사원의 전경

1899년에 파야오에서 소요 사태가 발생했다. 라마 5세 때 몬톤테싸피반 제도가 시행되자 파야오를 비롯한 북부의 주요 도시에 통치 제도의 변화가 불가피해졌다. 그러자 잉아우족을 중심으로 이에 반발하는 움직임이 일어났다. 이때 혼란을 피해 파야오 주민들이 대거 람빵으로 피신했다. 그 후 1904년 다시 파야오로 환향한 주민들이 도시를 복구하고 재건에 나섰다. 그 당시 함께 파야오로 들어온 타이야이족들이 왓씨쩜르앙 사원을 복원했다. 그리고 람빵에 있던 버마 승려들을 모셔 와 기거하게 했다. 그때부터 대승불교의 승려들이 이 사원에 상주하게 되었다. 이런 과정을 거쳐 이 지역의 불교 예술에 타이야이와 버마 그리고 란나 문화가 뒤섞이는 결과를 가져왔다.

이 사원은 산꼭대기에 타이야이 형식으로 세워져 있다. 이 지역 주민들은 보통 "왓쩡캄"이라고 부른다. 사원은 주로 타이야이족이 거주하고 있는 주거 지역의 한가운데 위치하고 있어 그들의 삶과 생활의 일면을 드러내 준다. 불당과 승려들이 기거하는 숙소 등이 타이야이 양식으로 지어졌다. 특히 사원 입구의 아치형 문은 타이야이의 독특한 건축 양식이 돋보이는 건축물이다. 불당과 법당이 한 건물로 되어 있는데 안에는 란나 형식으로 제작된 금박 입힌 불상이 안치되어 있다. 법당 뒤쪽에 타이야이 양식으로 세워진 불탑이 있는데 사면에 아치형으로 된 베란다가 나 있다.

이 사원에는 버마의 쉐다곤 파고다를 본떠서 만든 탑이 있다. 가로세로 24m의 사각형 기단 위에 36m의 탑이 우뚝 서 있다. 최근에 세워진 것으로 2014년 4월 8일에 착공하여 2019년 1월 31일에 완공했다. 이 불탑은 파야오에 거주하고 있는 타이야이족과 버마족 사람들의 구심점 역할을 하고 있다.

종교의 기본 가르침 중의 하나는 이웃사랑이다. 과거에도 그랬고 오늘날에도 종교는 헐벗고 굶주린 이웃에게 온정의 손길을 내민다. 그러나 다른 한편으로는 종교의 이름으로 헐뜯고 싸우며 심지어는 전쟁까지 한다. 태국도 역사적으로 버마와 전쟁을 하면서 많은 사원들이 불에 타고 불상과 불탑이 노략질의 대상이 되었다. 어찌 보면 견원지간의 사이다. 그런데 왓씨쩜르앙 사원이 파야오에서 태국인과 버마인이 함께 어울려 살 수 있는 중심 역할을 하고 있는 것은 종교에서 추구하고 있는 선을 올바로 행하고 있는 좋은 본보기를 보여주는 것 같다.

법당과 불상이 있는 흰색 건물

불당 안의 불상들

왓아난라요팁파야람 사원

วัดอนาลโยทิพยาราม

흔히 파야오에 오면 꼭 둘러보아야 하는 곳이 세 군데가 있는데 왓씨콤캄 사원과 응암므앙왕 기념탑 그리고 남은 한군데가 바로 왓아난라요팁파야람 사원이다. 왓아난라요팁파야람 사원은 파야오 시내에서 20km쯤 떨어진 붓싸라캄산 위에 있다. 이 사원으로 올라가는 길은 계단으로 가는 길도 있고 자동차로 올라가는 찻길도 있다.

이 사원의 유래에 대해 전해 내려오는 이야기가 있다. 이 지역에 파이분 쑤망칼로라는 승려가 있었다. 그는 정자 하나만 남아 있던 황폐한 왓랏따나와람 사원을 복원하고 그 절의 주지로 있었다. 어느 날 그는 파야오 호수 맞은편 산 위에 황금빛 모래가 마치 폭포수처럼 쏟아져 내려오는 것을 보았다. 인근의 주민들도 둥글고 밝은 빛이 산 위에 나타나는 것을 여러 번 목격했는데 산꼭대기를 황금빛으로 물들이는 것 같았다고 했다. 이런 현상은 대개 여드렛날이나 보름날의 예불일에 나타났다. 그저 신기한 일이라 여기고 있었는데 마을 주민 한 사람 와서 그곳에 가보자고 간청하는 것이었다. 그 주민과 함께 날을 잡아 현장에 가보니 사원을 짓기에 딱 좋은 곳이라는 생각이 들었다.

1982년에 파이분 쑤망칼로 승려는 그곳으로 거처를 옮기고 사원

사원 입구쪽의 전경

을 짓기 시작했다. 그런데 어느 날 체구가 건장하고 피부가 검은 사람이 나타나 여기에 짓게 될 사원을 "왓루앙뿌카우"로 불러달라는 것이었다. 별로 어려운 일이 아니라서 기꺼이 그러마 하고 답했다. 그리고는 사원을 세운 뒤에 이름을 "왓아난료"라고 지었다. 당시 우던타니의 왓끌렁펜 사원의 대표 승려가 "루앙뿌카우 아난료"였기 때문이다.

사원에는 쑤코타이 예술로 제작된 아름다운 불상을 비롯하여 여러 가지 형식의 불상들이 많다. 와불상과 좌불상 그리고 여러 마리의 나가상이 보호하고 있는 불상도 있다. 모두 타이 예술로 매우 아름답고 정교하게 만들어졌다. 인도의 부다가야 형식으로 세워진 랏따나 불탑과 중국식 지붕을 한 관음보살상 사당도 있다. 그리고 에메랄드 불상 모형을 전시해 놓은 홀도 있다. 그 외에도 걷는 모습의 유행불遊行佛을 세워 놓았는데 높이가 25m이고 폭이 6m 그리고 무게가 254톤이라고 한다. 사원이 산 정상에 있는 완만한 경사면에 세워져 있는데 이곳저곳에 꽤 규모 있는 건축물과 조형물들이 있다. 얼핏 보면 보이지 않던 것들이 걸어 올라가다 보면 숨바꼭질하다 술래에게 들킨 아이들처럼 여기저기서 나타난다.

사원이 도심 외곽이 있어 차로 20분 안팎을 이동하는데 너른 논과 벌판이 나오고 그 사이로 난 도로들은 이리저리 굽어진 곡선도로다. 좌우로 보이는 경관이 옛날에 나고 자란 고향의 시골 풍경 같아 보인다.

군데군데 인가들이 보이는데 작지만 아담하고 예쁘게 지어졌다. 태국의 시골을 여행하다 보면 이렇게 눈에 보이는 것들이 옛날 어릴 적 추억을 떠올리게 만든다. 순식간에 50여 년의 세월이 뒤로 갔다 다시 돌아오기도 하고 까맣게 잊고 살았던 어린 시절의 소소한 일들이 뜬금없이 되살아나기도 한다. 젊은이들은 꿈을 좇아 살고 늙은이들은 추억에 젖어 산다고들 하는데 꿈보다는 추억을 더듬으며 산 지 오래된 것 같다. 나이가 들수록 인생이란 추억의 집합체 같은 것이라는 생각이 든다.

사원 안의 불탑

사원 안의 조형물

숲속의 불당

숲속의 좌불상

왓프라탓푸쾅 사원

วัดพระธาตุภูขวาง

왓프라탓푸쾅 사원은 천년 고찰로 파야오를 건설한 프라씨쩜텅 시대부터 있었던 것으로 추정한다. 이 사원의 가장 두드러진 특징은 각기 다른 색깔의 나가상이 수호하고 있다는 것이다. 계단의 사방에 자리 잡고 있는 나가상은 모두 색깔이 다르다. 각각 흑색과 금색 그리고 녹색과 무지개 색을 한 네 쌍의 나가상이 푸쾅 사리탑의 네 귀퉁이를 지키고 있다.

이 사리탑은 붓다가 아직 입적하기 전부터 있었던 것으로 알려져 있다. 붓다가 머리카락 세 올을 아난타에게 주었는데 이를 이곳 사리탑에 안치시켜 놓은 것이라고 한다. 그때부터 이 사리탑은 파야오와 인근 지역 주민들의 경배지가 되었다. 그러나 세월이 흐름에 따라 불탑이 파손되고 무너져 내린 것을 1926년 크루바씨위차이가 복원하였다. 1973년에 다시 보수 작업을 거쳤는데 2007년에 벼락를 맞아 또 훼손되었다. 그 후 주지승과 지역 주민들이 다시 뜻을 모아 복원하면서 둘레 25m의 기단부 위에 29m 높이로 다시 쌓았다.

산에서 내려와 숙소로 이동하는 길은 일정 구간이 시골길이다. 가끔 마을이 나오고 읍내 풍경도 눈에 들어온다. 북부 지방은 산이 많고 위도상으로도 북쪽에 있어 다른 지역에 비해 상대적으로 날씨가 선선한 편이다. 고산 지대에서는 집을 밀폐형으로 짓고 창문을 작게 만든다. 열을 효율적으로 사용하기 위하여 거실과 부엌 사이에 칸막이가 없는 집도 있다. 우리나라 북부 지방의 정주간과 유사하다. 앞쪽 처마 밑에 뜨언이라고 부르는 공간이 있다. 주로 휴식을 취하거나 이웃에서 마실 오는 손님을 맞이하는 공간으로 사용한다.

북부 지방은 과거 란나 문화가 꽃피던 곳으로 주거 문화도 란나 문화의 영향을 받았다. 집 앞쪽의 박공벽에는 불상을 모셔 놓고 침실 입구 문 위에 "함욘"을 모셔 놓는다. 함욘은 '신성한 불알'이라는 뜻이다. 이 함욘은 집안으로 위험이 들어오는 것을 막아 준다고 한다. 침실 안쪽에는 조상의 혼을 모셔 두는 선반이 있다. 어떤 집에서는 조그만 신전을 따로 지어 놓기도 한다. 마루 밑과 지면 사이의 따이튠 공간은 농기구나 베틀을 보관해 놓을 수 있을 정도의 높이가 된다. 때로는 집주인의 휴게 공간으로 사용되기도 하고 손님을 맞이하는 사랑방 기능을 하기도 한다. 마을을 지나면서 보니까 아담하고 예쁘게 지은 나무 가옥이 눈에 들어온다. 잠깐 차를 세우고 카메라를 들고 집 앞으로 가는데 마침 주인으로 보이는 사람이 나온다. 집이 좋아 보여 사진 좀 찍고 싶다고 하니까 웃으면서 얼마든지 찍으라고 한다. 그리고 시간이 되면 안으로 들어와 차 한잔하고 가란다. 공연히 폐를 끼치는 것 같아 사진만 찍고 나왔다. 역시 도시보다는 시골이 인심이 좋다.

사원의 전경

나가상의 모습

북부 지방의 가옥

푸광 사리탑

제7장

영락한 도시

치앙샌

เชียงแสน-ร่องรอยของความรุ่งโรจน์ในอดีต

Chiangsaen

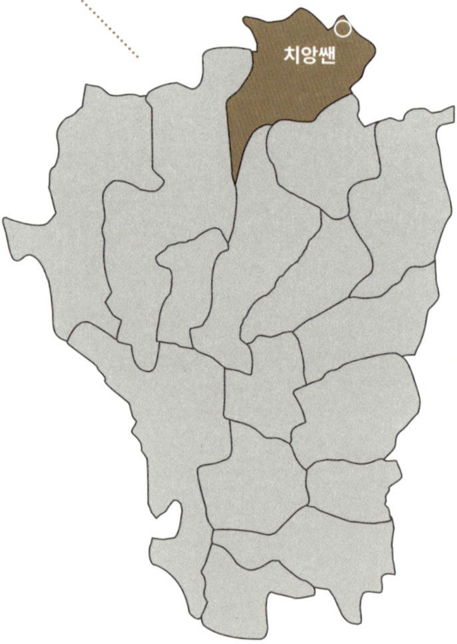

Chiangsaen

ถิ่นอมตะ พระเชียงแสน แดนสามเหลี่ยม เยี่ยมน้ำโขง จรรโลงศิลปะ

**불멸의 땅, 치앙쌘의 불상, 삼각 지대,
최고의 메콩강, 예술을 보존하는 고장**

치앙쌘을 소개하는 캐치프레이즈다. 지금은 치앙라이주의 한 군郡에 지나지 않지만 과거에는 란나 왕국의 수도였다. 한때는 버마의 지배를 받으면서 영욕을 세월을 견디어 낸 도시다. 근대 시기에 이곳은 황금의 삼각 지대로 불리며 다시 유명해졌다. 아편 재배와 마약 밀거래의 온상지라는 오명도 얻었다. 그러나 현재는 태국 정부와 왕실의 노력으로 아편 재배는 근절되고 품질 높은 커피와 차를 생산하고 있다. 그래서 여행객들이 와서 오래된 유적지와 자연 경관을 둘러보며 느림의 미학을 체험할 수 있는 관광명소를 자리잡고 있다. 방콕에서 869km 떨어져 있고 치앙라이 시에서는 77km 떨어져 있다. 인구는 5만 6천 명이다. 사람으로 치면 산전수전을 다 겪어 얼굴에 주름이 깊게 패인, 그래서 삶의 연륜이 묻어나는 노인과 같은 도시다.

치앙쌘에 대해서는 여러 역사 기록에 비교적 명확하게 나와 있다. 치앙쌘은 망라이왕의 손자인 쌘푸왕이 1328년에 메콩강 유역에 건설했다. 쌘푸왕은 치앙마이를 다스리다가 나중에는 치앙쌘으로 거처를 옮기고 그곳에서 평생을 지냈다. 그리고 뒤를 이은 캄푸왕도 치앙쌘에 머물렀다. 쌘푸왕이 치앙쌘에 머물렀던 것은 전략적 선택이었다. 북쪽으로부터 내려오는 적을 차단하고 위성 도시들을 통제하여 자신의 권력 아래

두기 위한 묘책이었다. 그래서 당시에 정치와 종교의 중심지는 치앙쌘이었다. 란나 시대 초기의 유적과 유물이 치앙쌘과 인근 도시에 널리 분포되어 있는 것도 바로 이 때문이다. 14세기 중반에 파유왕이 치앙마이로 옮겨가고 나서도 치앙쌘은 란나 왕국 북쪽의 중심 도시로 줄곧 중요한 역할을 담당했다.

1701년에 치앙쌘이 버마의 지배하에 있을 때 버마는 란나를 두 지역으로 나누어 통치하고자 했다. 그중의 하나로 치앙쌘을 치앙마이의 통제에서 벗어나 앙와의 몬톤으로 편입시켜 직접 지배를 받게 했다. 그래서 초기에 여러 도시들을 버마의 관료가 직접 통치했다. 이후에 므앙프래, 므앙난, 므앙나컨람빵, 므앙팡, 므앙쌋, 미앙치앙컹, 그리고 므앙텅등도 치앙쌘 통치 아래 두었다.

이 시기에 치앙쌘의 중요성은 더 커졌다. 버마에게 치앙쌘은 여러 도시를 다스리는 중심 기지였다. 당시에 란창 왕국과 여러 도시들이 서로 군대를 일으켜 각축전을 벌였다. 버마는 1804년 치앙마이의 까윌라왕이 공격해올 때까지 치앙쌘을 통치했다. 나중에 치앙쌘을 정벌한 까윌라왕은 버마의 영향력을 완전히 제거하기 위해 도시를 파괴하고 주민 2만 2천 가구를 강제 이주시켰다. 일부는 란나의 여러 도시로 분산시키고 또 다른 일부는 방콕으로 이주시켰다. 방콕으로 이주한 주민들은 라마 1세의 명에 따라 싸라부리의 싸오하이와 랏부리의 쿠부아에 정착했다.

이후 치앙쌘이 황폐해지자 라마 4세는 람빵 군주의 아들인 인타위차이에게 람푼과 치앙마이 주민 1,500명을 데리고 치앙쌘으로 올라가 도시를 복구하라는 명을 내렸다. 치앙쌘에 새로 군주가 임명되면서 복구작업이 시작되었다. 그러나 1899년에 통치의 중심지가 치앙라이주 매짠으로 바뀌자 치앙쌘의 지위는 더 격하되었다. 이후 치앙쌘은 치앙라이의 지배를 받으면서 치앙라이주에 복속되었다.

왓빠싹 사원

วัดปาสัก

왓빠싹 사원은 성 외곽 지역에 위치하고 있다. 오래전부터 익히 그 이름을 들었던 터라 남다른 기대를 가지고 갔다. 목적지에 도착해보니 사원 입구에서 입장료를 받는다. 그런데 말이 사원이지 매우 정교하고 아름다운 불탑 하나만 눈에 들어온다. 본래 주탑과 불당이 남북으로 있었는데 불당은 무너져 흔적만 남고 불탑만 외로이 서 있었다. 그런데 불탑의 자태가 주변을 압도하고 있다.

사원의 전경

왓빠싹 사원은 700년 넘는 역사를 가지고 있다. 전설에 의하면 치앙마이를 다스리고 있던 차이쏭크람왕의 아들인 쌘푸왕이 1340년에 치앙쌘을 건설하고 나서 이 사원을 지었다고 한다. 퐁싸와단의 기록에 의하면 쌘

불탑의 앞모습

푸왕이 치앙쌘을 건설하기 전에 요녹낙카부리 왕국이 있었는데 멸망 후에 라우짝까랏왕이 메콩강 동쪽 편에 히란나컨 은양왕국을 건설했다. 이후 은양왕국이 번영했는데 그로 인해 오늘날 이 지역에서 당시의 예술과 문화를 반영하는 유물들이 많이 발견되고 있다.

매표소 앞에서 바로 보이는 란나 형식의 주탑은 언뜻 보면 우리나라 불국사의 석가탑과 다보탑을 연상시킬 만큼 매우 정교하고 아름다운 불탑이다. 명실공히 란나 시대의 걸작품으로 꼽힌다. 란나 시대 불탑의 특징은 불당 뒤에 불탑을 건립한다는 것이다. 불당이 있던 자리에 지붕과 벽은 사라지고 바닥과 둥근 원형 기둥 몇 개만 덩그러니 남아 있다. 붉은 벽돌이 여기저기 쌓아 있는 것으로 보아 옛날에는 부속 건축물이 몇 개 더 있었던 것 같다.

왓빠싹 불탑은 아래 기단부에 사방으로 아치형의 베란다를 내고 그 안에 불상과 신상을 번갈아 안치시켜 놓았다. 불상은 서 있는 모습의 입불상과 걷는 모습의 유행불遊行佛이 모두 다 있다. 이런 아치형 베란다는 쑤코타이 예술의 영향을 받은 란나 장인의 솜씨로 보인다. 기단부 위쪽의 몸통 부분에는 사면으로 베란다가 있고 여러 가지 무늬가 새겨진 기둥이 있다. 베란다 위로 용의 형상을 새겨 놓았다. 기둥의 아랫부분은 나깐이라고 하는 동물이 떠받치고 있다. 기둥의 윗부분에는 여러 가지 나무 무늬를 넣었다. 이는 중국의 영향을 받은 것으로 추정된다. 그 위로 사각진 곳에 작은 탑 모습이 보이는데 이는 란나 형식이라고 한다. 그 위로 엎어진 종 모양이 있고 연꽃 모양의 장식물들이 있다.

왓빠싹 불탑은 란나 시대 가장 아름다운 불탑으로 오늘날 이 지역 주민들이 가장 자랑스럽게 생각하는 문화 유산 중의 하나다. 치앙쌘은 한때 란나 왕국의 도읍으로 부침과 영욕의 세월을 견뎌냈다. 오늘날은 치앙라이주에 속하는 하나의 군郡에 지나지 않지만 과거 번영했던 유적과 유물을 품고 있다. 과거에 가장 화려했을 법한 사원이 이제 그 영광은 역사 속으로 사라지고 그래도 추억은 남기고 싶었는지 아름다운 불탑 하나가 고독하게 서 있다. 홀로 서 있는 왓빠싹 사원의 불탑을 바라보고 있노라니 안도현 시인의 시구詩句가 하나 떠오른다.

"연탄재 함부로 차지마라 너는 누구에게 한 번이라도 뜨거운 사람이었느냐"

기단부의 불상과 신상

불탑 부조의 정교함

왓프라탓쩨디루앙 사원

วัดพระธาตุเจดีย์หลวง

왓프라탓쩨디루앙 사원은 란나 왕국의 3대 왕인 쌘푸왕이 건립했다. 그는 망라이왕의 손자이면서 차이쏭크람왕의 맏아들이다. 1227년에 태어나 1344년에 이 사원을 건립했다. 치앙쌘에 성곽을 쌓고 난 뒤 3년 후의 일이었다. 사원 안에 치앙쌘에서 가장 높은 불탑이 세워져 있다. 불탑은 란나 형식으로 종을 엎어 놓은 모양을 하고 있는데 붓다의 가슴뼈 사리가 안치되어 있다고 한다. 1515년에 므앙깨우왕의 복원과 보수 작업을 거친 이후 오늘날의 모습을 하고 있다.

사원 입구

불탑 이름에 들어간 "루앙"이라고 하는 말은 '크다'는 뜻이다. 실제로 이 탑은 사각형 기단부의 한 변의 길이가 24m이고 그 위에 세워진 탑의 높이가 88m다. 과연 이름에 "루앙"을 붙일 만큼의 크기를 가지고 있다. 예전에 버마에서 지진이 일어났을 때 그 여파로 첨탑 부분이 일부 망가졌다고 하는데 그 뒤에 손을 보았는지 지금은 매우 온전한 상태로 남아 있다. 이 불탑을 중심으로 주변에 보조탑이 네 기가 더 있다.

불탑 앞쪽에 불당이 있는데 거의 다 무너진 모습을 하고 있다. 지면보다 높이 만든 단위에 치앙쌘 양식의 불상이 하나 안치되어 있는데 그 자태가 매우 아름답다. 양쪽으로 오르내리는 계단이 있다. 본래는 불당이 있었는데 허물어지자 불상 있는 자리의 윗부분에만 지붕을 다시 만들고 나머지 부분은 기둥만 세워 놓았다. 기둥 색상이 진한 붉은색 계열인데 햇볕에 그을린 누런 황토색 빛깔과 대비되어 잘 어울린다. 불당 앞쪽에서는 황금색의 본존불이 바로 보이지만 옆쪽에서는 붉은색 기둥을 지나 불당 앞쪽으로 가야 비로소 그 모습이 제대로 보인다.

쩨디루앙

사원 앞쪽에 앉아 있는 모습의 쌘푸왕 동상이 있다. 갑옷을 입고 칼을 양 무릎 위에 올려 놓은 자세로 앞쪽의 도로를 오가는 차량과 사람들을 응시하고 있다. 동상 옆으로 사원의 간판이 있는데 타이문자와 란나문자가 병기되어 있다. 황토색 흙벽돌로 세운 간판에 새겨진 글자와 사원의 예스러운 분위기가 잘 어우러져 있다.

나는 예전부터 태국은 황톳빛이 잘 어울리는 나라라고 생각해 왔다. 승려들이 입는 승복이나 사원을 지을 때 건축 자재로 많이 쓰는 홍토 등을 보면 불교국가인 태국과 잘 어울려 보인다. 그런데 북부 지방을 돌아보면 건물이나 입간판의 기둥 또는 표지판의 테두리 등에 황토색을 많이 사용한다. 한 번은 치앙라이의 쏨뎃야 공원에서 나무줄기에 황토색이 들어가 녹색과 어우러지는 팜나무를 보았다. 이를 발견한 순간 나는 곧바로 치앙쌘의 왓쩨디루앙 사원에 있는 붉은색의 불당 기둥이 떠올랐다. 태국 여행이 즐거운 이유 중의 하나는 이런 퍼즐들마저 잘 맞아떨어지기 때문이다.

쌘푸왕의 동상

불당의 모습

불당 안의 본존불

녹색과 황토색의 어울림

왓프라탓쩜낏띠 사원

วัดพระธาตุจอมกิตติ

왓프라탓쩜낏띠 사원은 팡크랏왕 시대에 세워진 것을 1487년 믄치앙쏭왕 시대에 보수한 것이다. 땀난이나 퐁싸와단에 의하면 스리랑카에서 고승이 붓다의 사리를 가져와 팡크랏왕에게 바쳤다고 한다. 이에 팡크랏왕은 아들에게 명하여 사원을 건립하게 하고 사리를 그 사원의 불탑에 안치시켰다. 그러고 나서 불탑의 이름을 "프라탓쩜끼띠"라고 지었다. 이때가 940년경인데 수백 년이 지나 1487년에 복원 및 보수 작업을 거쳤다. 이후 1694년 당시 왕족과 지역 주민들이 뜻을 모아 훼손된 사원을 복원하여 오늘날의 모습을 하게 되었다. 그래서 현재 남아 있는 이 사원의 건축물에는 란나 예술과 아유타야 말기 예술이 혼합되어 있다.

사원의 전경

사원은 치앙쌘 시

내에서 2km 북쪽에 있는 조그만 산 위에 세워져 있다. 옛날에는 이 사원에 오르려면 남쪽으로 나 있는 계단을 올라와야 했는데 오늘날은 도로를 닦아 놓아 자동차로 바로 사원 옆에까지 갈 수 있다. 사원 입구의 나무 그늘 아래에는 복권을 파는 아낙네들이 앉아 있다. 내세의 복을 구하기 위해 사원을 찾는 불자들에게 현세의 행운을 파는 것이다. 사원이 마을 사람들의 생활 중심지이며 구심점이기도 하다 보니 여느 사원 앞에서 흔히 볼 수 있는 모습이다. 사원이 높은 지대에 있어 치앙쌘 시내가 남북으로 길게 늘어선 모습을 볼 수 있다. 시선을 좀 멀리 두면 시내 건너편의 메콩강까지 보인다. 치앙쌘에서 아주 전망이 좋은 사원 중의 하나다.

사원 입구의 복권 장수

불탑과 불당

사원 바로 아래쪽으로 프라탓쩜쨍이라는 불탑이 있는데 한눈에 보아도 수백 년 된 오래된 불탑이다. 그런데 그 앞에 있는 불당은 사원을 복원하면서 새로 지은 것이다. 당시 전문가의 참여 없이 불당을 짓는 바람에 입구의 아치형 문이 불탑과 조화를 이루지 못하고 있다는 비판을 받았다. 유적지와 유물을 복원하거나 보수하면서 부딪치는 문제가 바로 옛것을 얼마만큼 보존하고 되살리느냐 하는 것이다.

태국의 오래된 도시에는 고찰들이 많다. 그중에는 복원되어 옛 모습을 간직하고 있는 사원들도 있지만 전쟁으로 소실된 불당이나 홍수로 무너져 내린 불탑, 그리고 전쟁통에 파괴된 불상 등이 방치되어 있는 것을 흔히 볼 수 있다. 이들은 하나 같이 태국의 역사를 그대로 보여주는 태국판 "역사 실록"이다. 이들을 잘못 복원하면 자칫 역사의 기록이 왜곡되거나 사라져 버리게 된다. 우리는 붓으로 역사를 기록해 왔지만 태국인들은 건축물로 역사를 있는 그대로 남겨 놓았다.

치앙쌘 시내를 빠져나오는데 로터리에 커다란 코끼리상이 서 있다. 아래는 나가상이 똬리를 틀고 있는 형상을 하고 있고 그 위에 연꽃 봉오리 모양과 흡사한 탑을 세웠다. 탑의 맨 윗부분에는 사방으로 코끼리 머리가 돌출되어 나왔다. 조형물 전체가 순백색으로 되어 있어 연꽃의 이미지가 떠오르기도 한다. 태국 어디를 가도 볼 수 있는 것이 코끼리다 보니까 친숙하면서도 반갑게 느껴진다.

코끼리는 태국 사람들의 삶과 매우 밀접한 관계를 맺고 있는 동물이다. 불교에서 싯다르타의 어머니인 마야부인은 흰 코끼리가 품 안으로 들어오는 태몽을 꾸었다고 한다. 그래서 불교에서 가장 신성시하는 동물이 바로 코끼리다. 불교 국가인 태국에서 코끼리는 매우 중요한 동물이다. 태국 역사에서 코끼리는 새 도읍지의 터를 정해 왕을 그리로 안내하거나 붓다의 사리를 모실 절터를 점지해 주기도 한다. 그래서 불교 사원 안에는 코끼리상이 들어가 있는 건축물들이 많다. 어떤 사람들은 태국을 "코끼리의 나라"라고도 한다. 특히 흰색의 코끼리인 백상은 특별한 대접을 받는다. 백상이 나타나면 그 시대 군주가 덕망이 높다는 믿음이 있기 때문이다. 한때 태국을 상징하는 동물로 태국 국기에 백상을 사용하던 시절이 있었다.

코끼리는 평상시에는 사람을 도와 여러 가지 힘든 일을 한다. 코끼리는 덩치가 크고 행동이 느려 보이지만 매우 영리하고 기억력이 좋은 동물로 알려졌다. 그래서 길들이기가 쉽다. 잘 훈련된 코끼리는 사람이 들어가기 어려운 밀림 지대로 들어가 벌목을 돕고 통나무를 들어 올려 물가로 옮겨주기도 한다. 통나무들이 물가에 다다르면 뗏목에 실어 강을 따라 운반한다. 오늘날의 불도저 같은 역할을 했던 것이다.

로타리의 코끼리상

기상전의 재연 모습

옛날에 전쟁이 일어나면 왕이 코끼리를 타고 앞장서 싸웠다. 이런 싸움을 기상전이라고 한다. 코끼리 부대는 오늘날의 전차 부대와 유사하다. 2005년에 제작된 태국 영화 〈옹박-두 번째 미션〉에 보면 기상전의 형태에 대한 설명이 자세히 나온다. 왕이 코끼리를 타고 싸우게 되면 코끼리의 네발 근처에는 용감한 병사가 같이 따라다닌다. 코끼리를 보호하기 위해서다. 왕이 탄 코끼리에는 몇 명의 병사가 같이 탄다. 우선 왕은 코끼리의 목 위에 앉아서 적장과 싸운다. 이때 왕 뒤에는 왕과 손발이 잘 맞는 병사가 앉아 상황에 따라 왕에게 필요한 무기를 골라 건네 준다. 골프에서 캐디가 하는 일을 하는 것이다. 그리고 코끼리 엉덩이 부분에도 병사가 한 명 앉아서 코끼리를 모는 임무를 수행한다. 전차의 운전병과 같은 역할을 하는 것이다.

쑤코타이 시대 람캄행왕은 코끼리를 타고 적국의 왕을 물리쳤다. 우리나라에서 임진왜란이 일어난 시기와 비슷한 시기에 태국은 버마와 전쟁을 치렀다. 버마가 아유타야에게 코끼리를 요구했는데 이를 거절하자 군대를 이끌고 쳐들어왔다. 아유타야가 수세에 몰리자 쑤리요타이 왕비는 남장을 한 후에 코끼리를 타고 전장으로 나갔다. 쑤리요타이 왕비는 용감히 싸웠으나 적장의 낫에 맞아 장렬히 전사했다. 결국 아유타야는 버마에게 패하고 나레쑤안 왕자가 볼모로 끌려갔다. 나중에 아유타야로 돌아와 왕이 된 나레쑤안왕은 버마군을 몰아내면서 기상전으로 버마의 왕세자를 물리쳐 이겼다. 이처럼 코끼리는 전쟁을 수행하는데 강력한 무기로 오늘날의 탱크와 같은 아주 중요한 역할을 했다.

태국의 코끼리는 관광산업에도 적지 않은 기여를 한다. 유명 관광지에 가면 코끼리 쇼를 볼 수 있다. 코끼리를 타고 강을 건너거나 밀림 지대를 돌아보는 트레킹 코스도 있다. 공연장에서는 사람에게 인사도 하고 춤을 추기도 한다. 체조를 하는 코끼리도 있는가 하면 축구를 하기도 하고 그림을 그리는 코끼리도 있다. 쑤린주州에서는 여러 가지 코끼리의 묘기를 관람할 수 있는 상설 공연장이 있다. 이런 코끼리들은 별도의 조련장에서 조련사들에게 훈련을 받는다. 그 과정에서 동물 학대 논란이 일기도 한다.

태국 전역에 약 6천 마리의 코끼리가 있는 것으로 알려져 있다. 이 중에는 사람이 사육하는 코끼리도 있고 숲에서 살아가는 야생 코끼리도 일부 있다. 태국 정부는 1998년에 3월 13일을 코끼리의 날로 정하여 코끼리 보호에 힘쓰고 있다. 태국에는 늙고 병든 코끼리를 치료해주고 돌보아 주는 "빵창" 또는 "반창"이라고 부르는 코끼리 보호소가 여러 곳에 있다.

쑤리요타이 왕비 기념탑

쑤린 주의 코끼리 공연

왓프라탓파응아오 사원

วัดพระธาตุผาเงา

왓프라탓응아오 사원은 메콩강 서쪽 산기슭에 위치한 세 개의 마을에 걸쳐 있다. 이 사원은 본래 자리 잡고 있던 마을 이름을 따서 왓반쏩캄 사원이라고 불렀다. 나중에 이름을 왓프라탓파응아오 사원으로 바꾸었는데 "파응아오"는 '바위의 그림자'라는 뜻이다. 크고 높다란 바위가 불탑의 형상을 하고 있는 그림자를 만든다고 해서 주민들이 그렇게 붙여준 것이라고 한다.

파응아오 불상은 이 사원의 불당에 안치되어 있는 중요한 불상이다. 1974년에 사원을 짓기 위해 땅을 다지고 있었는데 커다란 그루터기를 들어 올리고 나니 그 밑에서 오래된 벽돌이 쌓여 있는 것이 보였다. 그 벽돌 무더기를 들어 올리자 가면이 나왔는데 표면이 불투명했다. 그 가면을 벗겨내자 안에서 아름답고 정교하게 만들어진 불상이 나왔다. 전문가들에게 감정을 의뢰하니 최소 700~1,300년 전 것이라는 결과가 나왔다. 마을 주민들 모두가 기뻐하면서 이 불상을 "파응아오" 불상으로 이름 지었다. 이때 사원 이름도 왓프라탓파응아오 사원으로 바꾸었다.

"피응아오" 불상이 안치되어 있는 불당은 앞쪽에 각각 세 마리의 나가상이 양쪽으로 지키고 있다. 나가상은 매우 정교한 솜씨로 제작되어

사원의 전경

보기에도 아름답다. 불당의 벽과 처마 아래쪽은 흰색으로 되어 있고 건물 전체는 회색으로 되어 있다. 수수하면서도 기품이 있어 보인다. 안으로 들어가면 앞쪽에 파응아오 불상이 보인다. 발굴 당시의 모습을 재현하듯이 뒷쪽 벽면과 옆쪽 벽면의 앞부분은 벽돌을 쌓았다. 나머지 양쪽 벽면은 나무판에 붓다와 승려들의 모습이 부조로 새겨져 있다. 바닥은 대리석으로 만들고 앞쪽에 카펫을 깔았다. 마침 흰 소복을 입은 여성 수도자가 무릎을 꿇고 앉아 예불을 드리고 있었다.

불당을 나와 왼쪽으로 가면 옆에 큰 바위가 있고 그 바위 위에 불탑을 세워 놓았다. 아래 팻말이 "프라탓파응아오"라고 씌어 있다. 뒤쪽으로 올라가는 계단이 있고 앞쪽에는 베란다처럼 만든 곳에 입불상이 있다. 그 앞에 다시 바위가 있는데 앞쪽에 좌불상이 있다. 큰 바위에 세워져 있는 불탑의 전체 모습이 프래주州의 왓프라탓인퀜 사원의 것과 닮았다.

땀난이나 퐁싸와단에 보면 나컨 나욕의 23대 왕이 기원전 49~31년에 더이짠 기슭 위에 있는 큰 바위 위에 불탑을 세웠다는 기록이 있는데 그 탑이 바로 오늘날의 프라탓응아오 탑일 것으로 추정된다. 이 불탑은 오랜 세월이 지남에 따라 훼손된 것을 다시 보수하는 과정이 여러 차례 반복되었다. 그나마 산기슭 아래 평지에 위치하고 있어서 보수하고 유지하기에 편리했을 것이다. 덕분에 오늘날의 모습을 간직할 수 있었던 것 같다.

또 다른 기록을 보면 오늘날 치앙쌘인 위앙뻑사의 군주와 백성들이 더이캄 정상에 두 기의 불탑을 세웠다고 한다. 나중에 주민들은 이곳을 더이짠이라고 불렀는데 이 더이짠에 세운 탑이 프라탓쩜짠 불탑과 프라탓쩻엿 불탑이었다. 이 두 기의 불탑은 오랜 세월이 지나면서 비바람에 깎여 나갔는데 이를 복원할 여력이 없어

파응아오 불상

프라탓파응아오

프라탓쩜짠 불탑

연못 가운데 있는 서고

그대로 방치하였다. 그나마 5m 정도 흔적만 남아 있는데 유물을 수집하는 사람들이 여기저기 떼어가고 남은 자국이 보인다. 현재는 달리 방법이 없는지 현 상태 그대로 보존하고 있다. 불탑들도 보면 타고난 운명이 있는 것 같다. 사람이야 전생의 과업에 따라 운명적 삶을 살아간다고 하지만 사원이나 불탑들의 업보는 무엇인가를 생각해본다.

불당의 반대쪽으로 연못이 있고 한가운데 아름다운 건물이 있다. 이 사원의 서고다. 정면에 있는 다리를 건너 건물 쪽으로 가까이 가 보니 사방으로 통풍이 잘되게 창문이 열려 있다. 안쪽에 일정 간격을 두고 세워져 있는 책장이 보인다. 스리랑카와 버마 그리고 중국을 통해 들어온 불경들을 구분하여 보관하고 있다.

산 위쪽으로 조금 더 올라가면 아름다운 법당이 나온다. 벽은 흰색으로 되어 있는데 앞부분은 금색으로 칠하고 나머지 기둥은 붉은색 계통의 나무로 되어 있다. 지붕은 붉은색의 기와를 얹은 겹층 지붕이다. 법당의 한 가운데 아름다운 황금 불상이 안치되어 있다. 양쪽 벽면에 커다란 나무판자 위에 조각하여 넣은 그림이 걸려 있다. 이 그림들이 법당의 품격을 높여 주고 있다. 밖에서 보는 법당의 모습은 화려하면서도 아름답고 격조가 있어 보인다. 비계석마저 예사롭지 않다. 붉은색 단을 만들고 금색의 무늬로 사면을 둘렀다. 그 위로 회색의 단이 또 있는데 사면에 현란하게 조각하여 세운 용이 보이고 앞쪽에는 나깐이 떠받치고 있는 모습을 새겨 넣었다. 그리고 맨 위쪽으로 다시 금색으로 만든 비계석을 세워 놓았다. 법당 앞쪽 한편에 프라탓쩜짠 불탑이 있다. 무너져 내린 채 복원되지 못한 불탑의 모습이 화려하고 아름다운 법당과 대비되어 무척 초라해 보인다.

법당을 나와 산 위로 더 올라가면 정상이 나오고 그 위에 하얀색의 불탑이 세워져 있다. 사각형의 단 위에 종을 엎어 놓은 모양을 하고 있는데 기단부 위에 사방으로 드나들 수 있는 아치형 문이 있다. 안으로 들어가 보면 중앙부에 무너져 내린 벽돌 더미가 보인다. 이 무너진 탑이 바로 프라버롬탓풋타니밋 불탑이다. 단순한 벽돌 더미가 아니라는 표시라도 하듯 사면에 누런 황금색 천으로 둘러 놓았다. 불탑 주변으로 하얀색의 기둥이 여럿 지붕을 받치고 있고 그 사이로 크고 작은 불상들이 안치되어 있다. 한쪽 옆에 한 승려가 앉아 주위에 둘러 앉은 불자들에게 법문을 들려주고 있는 모습이 보인다. 벽에는 여러 가지 그림이 그려져 있는데 최근에 그린 듯 색상이 매우 선명하다. 다시 밖으로 나와보면 한쪽에 전망대를 만들어 놓고 여러 가지 조형물을 세워 놓았다. 앞쪽으로 메콩강이 흐르고 미얀마와 라오스가 보인다. 주차장 옆으로 관광객을 싣고 온 뚝뚝이 보인다.

산을 내려와 다시 한번 사원을 돌아보는데 여기저기 사람들이 보인다. 더러는 향을 피우고 절을 하기도 하고 더러는 사진을 찍기도 한다. 이 사원의 불상이 영험하여 '차를 갖게 해달라고 빌면 차를 갖게 해주고 말을 갖게 해달라고 빌면 말을 갖게 해준다'고 한다. 또 일설에는 병든 사람들이 불공을 드리면 치유를 받는다고 하는데 특히 고질병에 걸린 사람들이 효과를 많이 본다고 한다. 사람들의 입에 오르내리는 이야기를 모두 다 믿을 바는 못 된다 하더라도 살아가면서 궁지에 몰린 사람들에게 마지막 희망을 주는 것은 역시 종교라는 생각도 든다.

불당의 모습

불당 안의 본존불

프라버롬탓풋타니밋탑

법문을 들려주는 승려

왓프라탓썽피넝 사원

วัดพระธาตุสองพี่น้อง

왓프라탓썽피넝 사원은 고대도시 치앙쌘의 성 외곽 쪽에 위치하고 있다. 치앙쌘 시내에서 7km 정도 떨어진 곳에 있는데 주변에 유적지와 유물이 많이 남아 있다. 보통은 이 지역을 "치앙쌘너이" 즉 '작은 치앙쌘'이라고 부른다. 이곳 왓프라탓썽피넝 사원에 오래된 신전 모양의 탑 두 기가 있다. 마치 형제처럼 혹은 자매처럼 나란히 있어서 "프라탓썽피넝"이라고 부른다. '형제 불탑'이라는 뜻이다.

쌘푸왕이 치앙마이에서 군대를 이끌고 이 지역에 와서 주둔했는데 앞으로 새로운 도시 치앙쌘을 어떻게 건설할 것인가에 대해 대신들과 의논했다고 한다. 그래서 이곳을 "위앙쁘르싸" 또는 "위앙쁙사"라고 하는데 이는 '(치앙쌘 건설을) 의논한 도시'라는 뜻이다. 치앙쌘 초기부터 나중에 황폐해질 때까지 내내 주민들의 주거 지역으로 중요한 역할을 하였다.

이곳에 있는 형제 불탑에 대해 문서로 된 자료가 남아있지 않다. 두 기의 불탑 중에 남쪽에 있는 탑은 왓빠싹 사원의 불탑과 같은 신전 모양으로 13세기 중반에 세워졌을 것으로 추정한다. 캄푸왕의 유골이 이곳에 안치되어 있을 것으로 보고 있다. 북쪽에 있는 또 하나의 불탑은 종

법당의 모습

형님 불탑

아우 불탑

모양으로 된 것인데 쌘푸왕의 유골이 안치되어 있을 것으로 추정한다.

그러나 두 기의 형제 불탑은 상태가 그다지 양호하지 못하다. 본래의 형체를 온전히 간직하지 못하고 첨탑 부분은 아예 남아 있지도 않다. 주변에 무너지고 남은 벽돌 무더기가 많이 보인다. 그래도 그 앞에 안치되어 있는 불상은 온전한 모습을 하고 있는데 아마도 나중에 제작하여 안치시켜 놓은 것 같다. 형 불탑 앞에는 청동불로 입불상과 좌불상이 있고 동생 불탑 앞에는 황금색 좌불상이 인치되어 있다. 기나긴 세월 속에 지나간 과거는 말이 없고 단지 유물로 남아 있다. 뜨거운 햇볕과 비바람에 본래의 모습을 많이 잃기는 했어도 그래도 사람으로 치면 이 형제 불탑은 형제가 마주 보며 함께 늙어가는 것이라서 덜 외로울 것 같기도 하다.

골든 트라이앵글

สามเหลี่ยมทองคำ

골든 트라이앵글은 태국의 치앙라이와 라오스의 버깨우 그리고 미얀마의 랏찬이 국경을 접하고 있는 지역을 말한다. 이 지역의 지형이 삼각형의 형태를 이루어 붙여진 이름이다. 메콩강을 가운데 두고 태국과 라오스가 마주 보고 있고 메콩강의 지류인 루악강이 태국과 미얀마 사이를 흐른다. 메콩강의 본류와 지류가 합쳐지는 이곳은 태국판 두물머리인 셈이다. 이곳은 상품이 운송되는 경로로 경제적으로 중요할 뿐만 아니라 경관이 뛰어나 관광 명소로도 널리 알려지게 되었다. 특히 아침 해가 뜰 무렵에 안개가 끼면 장관을 이룬다고 한다.

현재의 이 지역은 매우 평화롭게 보이지만 과거에는 아편을 재배하여 마약을 생산하는 곳이었다. 한때 전 세계 마약의 70%를 이곳에서 생산해냈다. 태국 왕실의 쌍완 왕태후는 산악지역 주민들에게 마약의 위험을 알리고 아편 재배를 근절시키는 한편 더이뚱 개발계획을 통해 삶의 질을 높여주었다. 이 지역을 골든 트라이앵글로 부르게 된 것은 두 가지 이유에서다. 첫 번째 이유는 과거 이 지역에서 생산되던 마약을 사고팔 때에 황금을 사용했기 때문이다. 마약의 가격이 무척 비싸게 거래되어 이를 블랙 골드라고 불렀다. 또 다른 이유는 국경 지대 상거래에서 상품을 매매할 때 금으로 결제했기 때문이다.

옛날에 버마가 영국의 식민지가 되고 라오스가 프랑스의 지배하에 있을 때 이곳에서 교역이 이루어졌다. 버마 쪽에서는 견직과 비단, 중국산 제품, 놋쇠로 만든 프라이팬 그리고 아편 등이 라오스 쪽의 비단과 금괴 또는 금박과 거래되었다. 주로 라오스 쪽 상인들이 물건을 배에 싣고 버마의 빠싹마을에 와서 거래했다. 빠싹마을은 태국 쏩루악 위쪽에 있는 마을이다. 이런 거래가 일 년에 네다섯 번 있었는데 대개는 상품을 금으로 바꾸어 갔다. 이로 인해 당시 이 지역이 번영했다.

태국 쪽의 골든 트라이앵글은 치앙쌘의 쏩루악 지역이다. 배를 탈 수 있는 선착장과 부두가 있어 이곳에서 중국과 라오스로 가는 상품들이 배편으로 운송된다. 이 부두에서 북동쪽으로 바라보면 라오스 마을이 뚜렷하게 시야에 들어온다. 서쪽으로는 미얀마가 있는데

골든 트라이앵글 안내판

라오스와 미얀마가 내려다 보이는 지형

뱃나루의 모습

가까이 있는 조그만 마을이 하나 보인다. 여기서 배를 타고 두 나라를 돌아볼 수 있다. 여행객들은 대부분 메콩강변에 세워진 골든 트라이앵글 표지판 앞에서 사진을 찍은 다음에 배를 타고 미얀마와 라오스 땅을 밟아 보러 간다. 6인용의 작은 배를 타고 가면 한 척당 300~400밧인데 치앙쌘과 치앙컹까지 가려면 따로 배를 빌려서 가야 한다. 좀더 멀리 가고자 한다면 중국 남부의 씹썽빤나 또는 쿤밍 쪽으로 여행도 가능하다. 태국 쪽 인근 관광지를 더 돌아보고 싶으면 마약 박물관이나 더이쌍오 등지를 갈 수 있다.

이 지역에는 어디서나 보이는 커다란 황금불상이 하나 있다. 이 불상은 2004년 8월 12일 씨리킷 왕비 72세 생일을 기념하여 제작한 것이다. 앞쪽 무릎 간 거리가 9.99m이고 높이가 15m이다. 이 불상은 메콩강에 가라앉았다고 믿는 프라짜오란뜨 불상 대신 만들어 놓은 것이다. 전해져 내려오는 이야기에 의하면 옛날 치앙쌘의 메콩강 가운데 오래된 섬이 있었고 거기에 프라짜오텅팁이라고 하는 거대한 청동불상이 있었다고 한다. 주민들은 이 불상을 프라짜오란뜨라고 불렀는데 이는 '무척 크고 무거운 불상'이라는 뜻이다. 이 불상은 안치대와 함께 강물에 가라앉은 것으로 추정된다. 그 후 1936년에 현재 치앙쌘 지역의 메콩강에서 이 불상의 일부가 물 위로 떠올랐는데 이것이 계기가 되어 이 지역의 불교 유적을 발굴하게 되었다. 그러나 이 지역 메콩강의 강물이 거세고 굽이쳐 흐르는 곳이라서 여러 차례의 노력에도 불구하고 성과를 보지는 못했다. 결국 이 불상에 관한 이야기는 지역 주민들에게 회자되고 구전되면서 전설처럼 남게 되었다. 하지만 만약에 물속의 불상을 실제로 건져 올린다고 하면 또 다른 문제가 야기될 수 있다. 이 지역 주민들의 불심이 깊어 불상의 소유권에 대해 미얀마나 라오스와 분쟁이 일어날 수 있고 주민들 간의 갈등이 생겨날 수도 있다. 그래서 태국에서는 씨리낏

마약을 재배해던 고산족들

프라짜오란뜨 모형 불상

왕비의 72세 생일을 맞이하여 현재의 불상을 제작해 놓은 것이다. 불상은 폭 22m 길이 89m의 배 위에 안치시켜 놓았다.

앞서 이야기한 바와 같이 과거 이곳은 마약의 온상지였다. 이 지역에 사는 루와족 사회에는 연초와 양귀비와 관련된 재미있는 전설이 있다. 그 전설에 따르면 본래 양귀비는 여인들의 죽은 시신에서 자라난다고 한다. 아주 오랜 옛날에 한 노파가 살았는데 나이가 들어 아무런 병도 없이 그냥 죽었다. 노파는 죽기 전에 자신의 시신을 사람들이 많이 오가는 사거리에 묻어달라는 유언을 남겼다. 유언에 따라 노파의 시신을 매장했는데 무덤 위로 연초 두 그루와 양귀비 한 그루가 자라났다. 연초는 시신의 젖무덤 쪽에서 나오고 양귀비는 음부 쪽에서 나왔다. 주민들이 신기하게 여겨 이를 가져다 흡입해 보니 양귀비보다 연초가 더 좋았다. 그 이유에 대한 설명이 그럴듯하다. 사람은 어릴 적에 젖을 떼고 나서 어른이 되면 젖 대신에 담배를 입에 물게 된다고 한다. 그래서 젖무덤 쪽에서 자라난 연초를 더 좋아하는 것이 당연하다는 것이다.

한때 엄청난 양의 아편을 재배하고 마약을 거래하던 쿤사의 세력은 미국과 태국의 노력으로 토벌되었다. 그러고 나서 쌍완 왕태후의 보살핌으로 아편을 재배하던 고산족들이 커피를 재배하고 수공예품을 생산하여 판매하면서 관광지로 탈바꿈했다. 왕태후가 설립한 매퐈루앙 재단에서는 이 지역 주민과 관광객들에게 아편의 무서움과 마약의 폐해를 알리기 위해 1999년에 마약 박물관을 건립했다. 이 마약 박물관에는 아편이 법적으로 허용되었을 때부터 마약의 유래와 역사에 관한 자료를 전시하고 있다.

박물관 입구에 들어서게 되면 아편 중독을 표현한 137m의 긴 동굴을 지나게 된다. 첫 시작 부분에 아편의 종류와 양귀비의 재배 및 성장 과정 등을 보여준다. 음향과 비디오를 통해 이 지역에 아편 박물관을 설립하게 된 역사와 배경을 설명하고 아편 재배가 어떻게 시작되었는지를 알려 준다. 동굴 안의 양쪽에 아편의 유익함과 해로움에 대한 설명이 있다. 진통제로 사용할 경우 유익한 면이 있지만 마약으로 사용되는 경우의 폐해가 크다는 내용이다.

그다음에는 아편이 아시아로 유입되는 과정을 보여준다. 아편이 중요한 상품으로 취급되어 널리 퍼지게 되면서 영국 상선과 유럽의 무역선이 아편 공장이 있는 인도로 왔다. 이때 크고 작은 상선들이 태국의 쏭클라와 짠타부리 등의 항구 도시에 짐을 부렸다. 싱가폴은 기회를 틈타 인도와 중국 간의 중요한 무역 중심지로 발돋움했다. 아편 전쟁에 대한 설명도 있다. 아편 전쟁과 직접 관련된 중국과 영국의 중요한 인물 세 사람씩 모형을 만들어 놓았다. 그리고 이 시기에 일어났던 중요한 사건 세 가지를 소개하고 있다. 임칙서가 호문에서 아편을 불태운 사건, 원명원 방화 사건, 그리고 아편 전쟁 이후 중국인들의 삶의 변화에 대한 설명이 있다.

좀더 안으로 들어가면 태국에 마약이 유입되어 피해를 입히는 과정을 소개한다. 방콕의 차이나타운에 있는 중국 차茶공장에서 옆으로 누워 아편을 흡입하는 사람의 모습이 보인다. 그리고 희귀한 아편 도구 등을 전시해 놓았다. 그다음에는 아편에서 모르핀을 추출하고 헤로인과 마약

등을 개발하는 서양 과학을 소개하고 있다. 이어서 20세기 아편과 마약을 범죄로 규정하고 단속하는 내용이 있고 몰래 들여오는 마약을 단속하는 상황을 보여 준다. 그리고 마약이 경제와 사회 그리고 중독자들에게 어떤 폐해를 주는지를 알려준다. 끝으로 마약 중독자 가족이 겪어야 하는 고통과 죽음으로 끝나는 중독자의 말로를 소개한다. 박물관의 전시된 내용들은 아편을 비롯한 여러 가지 마약이 사람들에게 얼마나 해로운지 알려주고 태국 왕실이 어떻게 아편을 퇴치해왔는지를 상세하게 소개하고 있다.

마약처럼 위험한 양날의 칼도 없을 것이다. 의료적으로는 급성이나 만성의 통증을 조절해 주는 기능이 있어 필요할 때 고통을 덜어주고 기침을 억제해주는 효과도 있다. 그리고 위장관의 연동 운동을 감소시켜주는 기능이 있어 진해제와 지사제로도 사용되는 고마운 약이기도 하다. 그러나 잘못 사용하게 되면 특이한 성격의 변화가 오고 몸과 마음을 심하게 황폐화시킨다. 마약에 중독될 경우에는 아편류의 의존으로 인해 수단과 방법을 가리지 않고 약을 얻으려 하는 과정에서 도덕적 문제와 더불어 사회적 문제를 야기시키기도 한다. 중국은 영국과의 아편 전쟁에서 패함으로써 이후 백년국치를 겪어야 했다. 최근 태국은 대마초 재배와 소비를 합법화했다. 의료용이라는 단서를 달기는 했지만 마약과의 전쟁을 선포하면서까지 강경하게 단속했던 과거에 비하면 매우 과감한 정책의 변화로 볼 수 있다. 정부에서는 의료용 대마 시장을 공략하여 새로운 성장 산업으로 키우겠다는 나름대로의 이유를 제시하고 있지만 이에 대해 적지 않은 사람들이 우려의 시선으로 지켜보고 있는 것도 사실이다.

마약 박물관을 나와 메콩강변의 한 음식점에서 식사를 주문하고 기다리고 있을 때였다. 잠깐 시선을 밖으로 돌렸는데 길가에 놓여 있는 쓰레기통이 눈에 들어왔다. 폐타이어와 고무판을 사용하여 만든 까만색의 쓰레기통이었는데 만듦새가 예사롭지가 않다. 단순하게 그냥 원통이나 사각형으로 만들어 쓰면 될 것 같은데 무슨 왕실이나 귀족들이 사용할 법한 향로 모양으로 만들고 옆에는 손잡이까지 붙였다. 흙으로 빚어 만들었다면 엄청난 값어치가 나갈 만한 예술 작품이었다. 심지어는 흔한 바나나 나무 잎새를 엮어 훌륭한 나가상을 만들어 놓은 것도 심심찮게 볼 수 있다. 아무래도 이들에게는 조상으로부터 물려받은 타고난 예술가의 혼이 있는 것 같다.

마약 박물관 입구

마약을 재배하는 과정

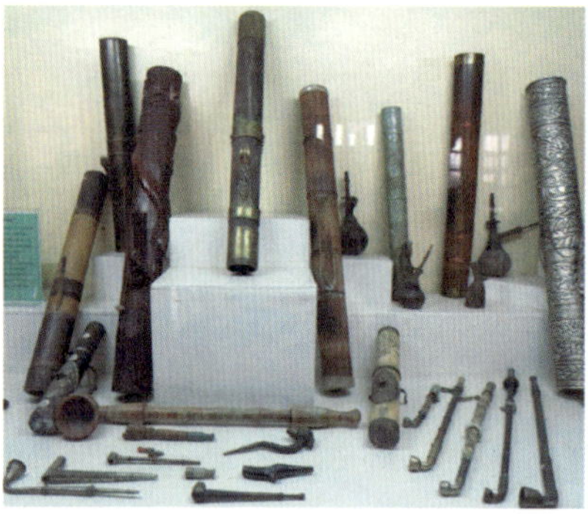
아편 도구들

마약을 흡입하는 모습

폐타이어와 고무판으로 만든 쓰레기통

바나나 나무 잎새로 만든 나가상

제8장

싸얌의 최북단

치앙라이

เชียงราย-เหนือสุดแดนสยาม

Chiang Rai

Chiang Rai

เหนือสุดในสยาม ชายแดนสามแผ่นดิน ถิ่นวัฒนธรรมล้านนา ล้ำค่าพระธาตุดอยตุง

싸얌의 최북단, 삼국의 접경 지대, 란나 문화의 고장,
가치가 넘쳐나는 더이뚱 사리탑

치앙라이를 소개하는 캐치프레이즈다. 치앙라이는 꼭강과 라오강 그리고 싸이강과 캄강이 메콩강으로 흘러 들어가면서 만들어진 태국 최북단의 커다란 평지에 자리 잡고 있다. 동쪽에서부터 시계 방향으로 파야오, 람빵 그리고 치앙마이와 인접해 있다. 그리고 북쪽으로는 미얀마와 라오스를 접하고 있다.

치앙라이 주변 소도시들 중에 아름다운 자연 경관을 보고 즐길 수 있는 곳이 많다. 이러한 도시들은 대개 한 시간 남짓 거리에 있어 아침 일찍 출발한다면 저녁에 돌아올 수 있다. 치앙마이에 비해 상대적으로 발전이 더디다는 느낌을 받지만 역사와 문화적으로 비슷하면서도 다른 면이 있다. 주민들도 순박하고 아직까지는 태국인 특유의 여유와 낭만을 가지고 있는 곳이 바로 치앙라이이다. 방콕에서 789km 떨어져 있으며 인구는 129만 명이다. 치앙라이는 치앙마이와 더불어 태국 북부의 대표적인 도시로 과거 란나 왕국의 수도였다. 그래서 시내 곳곳에 유서 깊은 유적지가 많다.

땀난이나 퐁사와단에 보면 여러 곳에 치앙라이에 대한 기록들이 보이지만 상세한 내용들은 조금씩 다르게 나타난다. 그래도 1262년에 망라이왕이 건설했다는 "위앙차이나라이"가 고대 도시 치앙라이인 것은

분명한 사실로 보인다. 망라이왕은 은양 왕국을 통치하다가 치앙라이로 이주해왔다. 그 후 오늘날의 람푼 지역에 있던 하리푼차이를 정벌하고는 치앙마이를 건설했다. 망라이왕은 1296년에 치앙마이로 천도하고 치앙라이는 부왕副王이 다스리게 했다.

란나 시대 망라이왕은 평생을 치앙마이에 있었지만 그의 사후에 왕으로 등극한 아들 차이쏭크람왕은 넉 달 후에 치앙마이를 떠나 치앙라이로 갔다. 그리고 치앙마이는 아들 쌘푸 왕자가 통치하도록 했다. 차이쏭크람왕 사후에 뒤를 이은 쌘푸왕은 치앙라이에 잠시 머문 후에 치앙쌘을 건설하고 그리로 옮겨갔다. 이후에도 치앙라이는 왕의 측근이나 관료들이 통치하면서 태국 북부의 중요한 전방위 도시 역할을 했다.

란나가 버마의 지배를 받게 되자 치앙라이도 버마의 영향력 아래 놓이게 되었다. 치앙라이에서는 여러 차례 독립을 위한 반란이 일어났지만 성공을 거두지는 못했다. 치앙라이에 잦은 반란이 일어나자 버마는 치앙쌘을 치앙마이와 분리시켰다. 그리고 버마가 치앙쌘을 직접 지배하면서 주변의 여러 도시를 치앙쌘이 지배하는 구조로 전환하였다. 이렇게 되자 치앙쌘의 위상은 높아지고 버마의 중요한 전초 기지 역할을 수행하게 되었다.

치앙마이의 관료인 짜반분마가 람빵의 까윌라왕자와 결탁하여 버마에 대한 반란을 일으키고 톤부리의 딱씬왕에게 군사적 지원을 요청했다. 딱씬왕이 이를 수용하여 지원병을 보내자 람빵, 람푼, 프래, 난 등의 도시들이 독립해 나갔다. 그러나 북쪽의 치앙라이와 치앙쌘은 여전히 버마의 지배에서 벗어나지 못했다. 특히 치앙쌘은 버마의 전방위 기지로서의 역할이 강화되었다. 이후에도 치앙쌘은 여러 차례 공격을 당했지만 함락되지 않았다. 그러다가 1884년 치앙마이 군대가 치앙쌘을 공격하여 함락시키고 치앙쌘이 더 이상 버마군의 은거지가 되지 못하도록 도시 곳곳을 불태워 버렸다. 치앙쌘의 백성과 인근 지역의 주민들을 치앙마이와 람빵 그리고 프래와 난으로 이주시키고 일부는 방콕으로 데려갔다. 이로 인해 치앙라이를 비롯한 북부의 여러 도시가 황폐화되었다.

40년 동안 폐허된 채 방치되었던 치앙라이는 1843년 복구되기 시작했다. 치앙마이와 람빵의 군주가 라마 4세에게 치앙라이를 복구하여 치앙마이의 속국으로 삼는 것이 좋겠다고 건의를 하자 라마 4세는 이를 흔쾌히 수락했다. 이때 북쪽의 여러 도시에서 방콕으로 이주시켰던 타이야이와 타이크언족 1,000여 가구를 데려가 치앙라이의 복구를 돕도록 했다. 1857년부터 처음 치앙라이를 건설했던 지역에 남아 있던 성곽을 기반으로 동쪽으로 성을 쌓아 도시를 확장하기 시작했다. 복구 작업은 17년간 지속되어 1874년에 완료되었다. 그 당시 쌓았던 성곽과 성문은 이후 도로가 건설되고 건물이 들어서면서 모두 사라지고 현재는 지명에만 남아 있다.

더이뚱 왕실별장-쌍완 왕태후의 삶

พระตำหนักดอยตุง-ชีวิตของสมเด็จย่า

더이뚱 왕실별장은 푸미폰 국왕의 어머니인 쌍완 왕태후의 별장이다. 이 별장 건립 공사는 1987년 말에 시작했는데 당시 왕태후의 나이 88세였다. 평소에 휴양을 위해서 스위스에서 많은 시간을 보내던 왕태후가 연로해짐에 따라 왕실에서는 경관이 뛰어난 더이뚱을 새로운 휴양지로 개발하기로 했다. 왕태후는 1987년 초에 이 지역을 둘러보고 만족해했다. 더이뚱 개발 계획이 시작되면서 산에 나무를 심어 숲을 조성하고 산 위에 별장을 지었다. 구릉 위에 대규모의 화원을 조성하고 여러 가지 꽃들을 심었다. 별장으로 들어오는 입구 쪽에 "허랭반단짜이"라고 부르는 마히돈 왕가의 생애가 담긴 전시관을 세웠다. 이곳은 단순한 별장이 아니라 주변의 아카족, 라후족, 타이야이족, 그리고 찐허족 등 고산족들의 삶의 질을 향상시키기 위한 직업 교육이 이루어진 곳이기도 하다. 이런 교육을 통해 고산족들이 자신의 문화와 관습을 유지하면서 좀더 나은 삶을 살 수 있었다.

시내에서 별장까지는 한 시간 정도 걸린다. 별장에 도착하면 주차장이 나오고 입구 쪽 길 양옆으로 기념품을 파는 가게들이 늘어서 있다. 우선 매표소에 가서 표를 끊었다. 별장과 화원 그리고 허랭반단짜이 전

관람 안내도

입구의 매표소

시관의 입장료가 각각 90밧씩 따로 계산된다. 매표소에 있는 안내문을 보니 학생과 승려 그리고 60세 이상의 노인들에게는 입장료의 50%를 할인해 준다는 문구가 적혀 있다. 혹시나 해서 한국인인데 할인 받을 수 있느냐고 물어봤다. 매표원은 나이를 증명할 수 있으면 할인해 준다고 한다. 여권을 꺼내 생년월일을 짚어주니까 정말로 절반 할인된 가격으로 입장권을 바꾸어 준다. 나이 드는 것이 좋을 때도 있구나 하는 생각이 들었다. 산업화되면서 노인들이 과거 농경 사회처럼 대접을 받지 못하자 태국에서도 노인들을 배려해 주는 문화가 생겨났다. '노인'을 뜻하는 "콘깨" 대신에 '어르신'을 의미하는 "푸쑹아유"로 바꾸어 쓰고 병원에서도 상대적으로 연로한 노인들이 보다 빨리 접수하고 진료받을 수 있는 패스트 트랙을 마련했다.

산 위에 지어진 별장의 건축 양식은 란나 형식과 스위스 형식이 혼합된 것이라고 한다. 이 층짜리 건물로 납작하게 엎드려 있는 듯한 건물 구조가 능선을 해치지 않고 산의 구릉과 잘 어우러져 있다. 복층 구조인데 위층은 산 위의 정원과 높이가 같다. 여기서 화원이 한눈에 내려다보여서 아름다운 전경이 발아래 펼쳐진다. 별장 안쪽은 안내판을 따라 둘러볼 수 있는데 생각했던 것만큼 화려하지는 않다. 그래도 소박하면서도 잘 지은 집이라는 느낌이 든다. 별장을 지을 당시 왕태후가 거처하는 곳이었는데 지금은 일반인들에게 개방되어 누구나 안에 들어가 관람할 수 있다. 그래도 별장을 둘러보기 위해서는 약간의 제약이 있다. 민소매 옷이나 반바지 착용은 입장이 불허되고 내부의 사진 촬영도 금지되어 있다. 가이드가 순서에 따라 이곳저곳을 안내하며 설명을 해 준다. 별장을 둘러보면서 일찍이 왕족과 결혼하여 젊은 나이에 남편과 큰아들을 잃었지만 아들 둘을 왕으로 키운 한 여인의 삶을 생각하게 된다.

별장 건물

별장 안의 정원

쌍완 왕태후는 라마 8세와 라마 9세의 어머니다. 그녀는 1900년에 아버지 "추"와 어머니 "캄" 사이에 태어났다. 처음에는 어머니에게서 글을 배우고 취학 연령이 되자 집 주변에 있는 사원 학교에 입학했다. 그러고 나서 다시 일반 여학교에 진학하여 1913년 13세의 나이로 3학년을 마쳤다. 그 후 씨리랏 산부인과 간호학교를 다녔는데 당시에는 이 학교가 태국에서 유일한 간호학교였다. 쌍완은 14명밖에 안 되는 여학생 중 최연소자였다. 3년 과정을 마친 쌍완은 왕실 장학금을 받기 위해 씨리랏 병원에서 3년을 근무했다. 쌍완이 간호학을 공부하고 수습 과정을 밟고 있던 시기에 태국은 의료와 보건 분야에 대한 근대화와 효율성 증가를 위한 의료 개혁 작업을 서두르고 있었다. 그중의 하나가 바로 의료진과 간호 인력 확충을 위한 해당 분야의 교수 요원을 양성하는 것이었다.

1917년에 쌍완은 장학금을 받고 간호학을 공부하기 위해 미국으로 갔다. 당시 우본이라는 여학생과 같이 갔는데 둘이 함께 홈스테이를 하면서 미국의 관습과 사고방식 그리고 생활 양식 등을 익혔다. 그리고 대학에 입학하기 위해 우선 노스웨스턴 학교에서 영어를 배웠다. 그때 미국에 있던 마히돈 왕자가 일요일에 이 두 여학생을 찾아가곤 했는데 시간이 지나면서 쌍완을 좋아하게 되었다. 마히돈 왕자는 쌍완의 외모는 물론 성격과 능력 그리고 총명함에 반했다. 그래서 태국에 있는 모친에게 서신을 보내 약혼하고 싶은 의사를 내비치고 허락을 구했다. 모친이 허락하자 마히돈 왕자는 1919년에 조용히 약혼식을 치르고 이듬해 태국에 들어와 결혼식을 올렸다.

결혼을 하고 나서 두 사람은 다시 미국으로 건너갔다. 마히돈은 하버드와 MIT에서 전공을 보건학으로 바꾸어 공부했다. 마히돈이 보건학을 공부하는 동안에 쌍완은 Simmons College에서 간호학 준비 과정을 수강했다. 1921년 여름 방학에 마히돈이 보건학 공부를 마치고 수료증을 받자 유럽 순방에 나섰다. 그곳에서 록펠러 재단 대표를 만나 태국의 의료 분야 고등 교육 개발에 지원을 요청하였다.

1922년 쌍완 부부가 프랑스에 있을 때 마히돈이 병이 들었다. 쌍완은 옆에서 남편을 극진히 간호했다. 마히돈은 쾌차한 후에 의학을 공부하기 위해 스코틀랜드의 에든버러로 갔다. 그러나 극심한 추위로 마히돈이 자주 병에 걸리자 공부를 중단할 수밖에 없었다. 이때 쌍완은 런던에서 첫딸을 낳고 왕실로부터 "깐라야니왓타나"라는 이름을 하사받았다. 이때가 1923년이었다.

세 식구가 된 쌍완 가족은 태국으로 돌아왔다. 이때 마히돈이 교육부의 대학국장으로 근무하게 되었는데 격무에 시달리면서 날로 초췌해 갔다. 담당 의사가 마히돈에게 외국에 나가 치료할 것을 권하자 세 식구는 다시 독일의 하이델베르크로 갔다. 1925년 쌍완은 아들을 낳아 왕실로부터 "아난타마히돈"이라는 이름을 하사받았다. 이 큰아들이 나중에 라마 8세로 등극하게 된다. 1926년 네 식구는 미국으로 갔다. 마히돈이 하버드에서 의학 공부를 하고 있을 때 쌍완은 메사추세츠주의 케임브리지에서 둘째 아들을 낳고 왕실로부터 "푸미폰아둔야뎃"이라는 이름을

왕태후의 동상

마히돈대학교 캠퍼스 안에 있는 마히돈의 동상

하사받았다. 이 작은아들이 후에 라마 9세로 등극한 푸미폰 국왕이다.

마히돈이 미국에서 공부하고 있던 마지막 해에 신장병 재발과 감기로 고생을 많이 했다. 그러나 우수한 성적으로 의학박사 과정 종합 시험을 통과했다. 시험이 끝나고 마히돈은 맹장염으로 병원에 입원해서 수술을 받았다. 회복 후에 쌍완 부부는 세 아이를 데리고 귀국했다. 귀국 후에 마히돈은 치앙마이에 있는 맥코믹 병원에 초빙되어 그곳에서 의사로 근무했다. 1929년 왕실의 장례식에 참석하기 위해 방콕으로 온 마히돈은 병이 들어 몸져 눕게 되었다. 마히돈은 병세를 회복하지 못하고 4개월의 투병 끝에 끝내 세상을 하직하고 말았다. 이때가 1929년이었다.

마히돈이 운명하던 해 쌍완의 나이는 불과 29세에 지나지 않았다. 그녀는 혼자서 슬하의 자녀를 양육해야 했다. 그때 딸의 나이 여섯 살이었고 큰아들은 네 살, 그리고 작은아들은 두 살이 채 되지 않은 어린아이였다. 남편과 사별 후 쌍완은 자녀를 돌보고 교육하는 데 온 정성을 기울였다. 아이들이 밥 먹고 잠자는 것은 물론 공부하고 노는 것까지 일일이 다 보살폈다. 자녀들의 나이가 많아지자 가정 교육을 끝내고 학교로 보냈다. 쌍완은 1933년까지 태국에 머무르다가 자녀들에게 유학의 길을 열어주고자 스위스로 갔다. 입헌 혁명 이후 1934년에 라마 7세가 왕위를 내려놓자 쌍완의 큰아들인 아난타가 라마 8세로 왕위에 오르게 되었

마히돈 일가의 모습

다. 이때 아난타 나이 불과 아홉 살이었다. 그러나 아난타는 학업을 계속하기 위해 스위스에 체류했다.

1938년 아난타왕은 가족을 데리고 태국으로 귀국했다. 귀국한 다음 날 쌍완은 왕태후의 칭호를 받았다. 잠시 태국에 머무르던 아난타왕의 일가는 다시 스위스로 갔다. 아난타왕이 끝마치지 못한 학업을 계속하기 위해서였다. 그 후 20세가 된 아난타왕은 학업을 마치고 어머니 쌍완과 함께 두 번째로 태국에 돌아왔다. 그러나 이듬해인 1946년 아난타왕은 의문의 총기 사고로 운명을 달리하게 되었다. 이때 쌍완은 슬픔을 이기지 못해 얼굴이 수척해지고 몸이 많이 야위었다. 아난타왕의 죽음으로 왕위는 작은아들인 푸미폰에게 돌아가 라마 9세로 등극하게 되었다. 이때 푸미폰왕의 나이 19세였다. 푸미폰왕은 1947년 다시 스위스로 출국했다. 푸미폰왕이 로잔 대학에서 정치학, 법학, 그리고 경제학을 공부하는 동안 쌍완은 같은 대학에서 프랑스 문학과 팔리어 그리고 산스크리트어 등을 수강했다.

이후 푸미폰왕은 1951년 태국으로 돌아왔지만 쌍완은 1963년까지 스위스 로잔에 체류했다. 1964년 태국으로 돌아온 쌍완은 지방 순시와 대국민 접촉을 시작했다. 가난하고 소외된 국민들을 돌보기 위한 여러 가지 사업을 계획한 것도 이때부터였다. 농촌의 가난한 사람들의 삶을 보듬어주는 쌍완의 왕실 사업은 그녀가 생을 마감하던 1995년 7월 18일까지 계속되었다. 쌍완은 평생을 외부에 드러내지 않으면서 조용하고 소박한 삶을 살아왔다. 검소한 생활을 하고 시간을 알차게 쓰면서 왕실의 재산을 주로 자선행사에 사용했다. 시간이 날 때마다 숲속을 거닐고 산에 올라 꽃과 경관을 즐겼다. 스스로에게 의지하면서 자신의 몸과 마음을 굳건하게 하고 공익을 위해 헌신했다. 민주주의 원칙을 신봉하면서 평생 여러 분야의 학문에 정진하기도 했다. 불심 또한 깊어서 참선과 수

9월 24일 마히돈의 날 포스터

10월 21일 왕태후 탄신일 포스터

양을 통해 욕망과 명예 그리고 타인의 찬사에 현혹되지 않았다. 그리고 늘 "사람은 자신을 잊지 말고 남에게 자랑하지 아니하며 스스로 뛰어난 사람이라 여기지 말아야 한다"고 겸양을 가르치면서 스스로 이를 지켰다. 태국에서 왕은 종종 하늘에 비유된다. 쌍완은 두 명의 아들을 왕으로 키워냈으니 천상모후인 셈이다. 태국인들이 오늘날까지 그녀를 '하늘의 어머니'라고 부르면서 존경하는 이유다.

매퐈루앙 화원

สวนแม่ฟ้าหลวง

더이뚱에 자리 잡고 있는 왕태후의 별장에서 내려다보이는 화려한 꽃밭은 아마도 태국에서 가장 아름다운 화원이라고 해도 틀린 말은 아닐 것이다. 산 능선에 걸쳐 있는 이 거대한 화원의 이름은 쑤안매퐈루앙이다. "쑤안"은 '정원'이라는 뜻이고 "매퐈루앙"은 '하늘의 어머니'라는 뜻이다. 매퐈루앙은 태국인들이 왕태후 쌍완을 지칭하는 또 다른 이름이다. 태국인들에게 왕은 하늘에서 내려온 나라이신의 현신이다. 국왕을 낳은 어머니라는 이미지와 더불어 헬리콥터를 타고 하늘에서 내려와 이 지역 소수민족과 오지의 가난하고 소외된 사람들의 삶을 보듬어 주는 왕태후는 태국인들에게는 그야말로 "천상의 모후"와 다름없었다.

본래 더이뚱은 1980년 때까지 마약 거래가 성행하고 산적까지 출몰하던 지역이었다. 인근에 분포하여 살고 있던 소수민족들은 아편 재배로 소득을 올리며 살고 있었다. 이들은 주로 고산 지대에 살면서 마약과 화전으로 여러 가지 문제를 야기시키곤 했다. 이러한 소수민족들에게 왕태후는 왕실 개발 사업으로 아편 재배를 근절시키는 한편 과일과 채소, 커피와 차를 재배하고 화훼 산업으로 살아가도록 유도했다. 이 사업의 일환으로 재배하는 커피와 차가 오늘날에는 이 지역의 특산품으로 발전했

화원 입구쪽 모습

북부 지방의 촌락

아름다운 화원의 풍경

나무에 걸려 있는 뚱 깃발

다. 왕태후 쌍완은 나이 예순을 넘기면서 오랜 외국 생활을 청산하고 태국에 정착했다. 그녀는 북부 지역의 열악한 환경에 살고 있던 지역 주민들을 위해 발 벗고 나섰다. 오지에 살고 있는 소수민족들을 위해 학교를 짓고 학용품을 나누어 주었다. 의료진을 꾸려 언어와 문화가 다른 이들에게 진료와 치료를 해주었다. 주로 국경수비대 복장인 카키색 군복을 입고 베레모를 쓰고 땀 흘리며 일하는 그녀의 모습은 태국인들의 가슴 속에 깊이 각인되기 시작했다. 1960년대 말에 국왕이 주도하는 왕실 개발 사업이 시작되면서 그녀의 활동은 더욱 활기를 띠게 되었다. 그녀는 헬리콥터를 타고 이곳저곳을 돌면서 세상 밖의 문명과 문화를 소수 민족들에게 나누어 주었다. 그녀가 매퐈루앙으로 불리기 시작한 것도 이때쯤이다.

태국은 기후적인 조건 때문인지 우리나라만큼 꽃의 종류가 다양하지 못하다. 봄, 여름, 가을에 산과 들에 피어나는 꽃이 우리에게는 매우 당연한 것처럼 익숙해져 있지만 태국은 그나마 날씨가 상대적으로 서늘한 치앙마이와 치앙라이와 같은 북부 지역에서 다채로운 꽃을 볼 수 있다. 왕태후가 조성한 화원은 태국인들에게 매우 이국적인 풍경이었다. 그래서 각지에서 모여든 사람들이 꽃을 즐기고 사진을 찍는 관광 명소로 발전했다.

화원으로 내려가는 입구에서 별장 쪽을 바라보면 노란색 뚱 깃발이 걸린 커다란 나무 기둥들이 서 있다. 태국 북부에 오면 유난히 눈에 많이 들어오는 것 중의 하나가 바로 깃발이다. 이를 "뚱"이라고 하는데 태국어로는 "통"이라고 한다. '깃발'이라는 뜻이다. 뚱은 여러 가지 재료를 가지고 만들 수 있다. 천이나 종이 또는 나무나 금속 등으로 만드는데 형태는 폭이 좁고 길이가 긴 직사각형 형태가 대부분이다. 길이는 짧은 것은 30cm에서 긴 것은 6m에 이르는 것도 있다.

란나 문화에서 뚱은 다양한 의미와 역할을 가지고 있다. 뚱은 자신이 소속된 집단이나 살고 있는 고장에 따라 다르다. 따라서 뚱이 지닌 색상이나 무늬 그리고 만든 재료를 통해 그 사람의 정체성을 드러낸다. 종교 의식에서도 중요한 도구다. 특히 불교 의식에서는 뚱을 통해 내세의 복을 기원한다. 란나인들에게는 죽어서 뚱의 끝자락을 잡고 극락에 오를 수 있다는 믿음을 가지고 있다. 태국 북부 지방에 있는 대부분의 사원에서 쉽게 뚱을 접할 수 있는 것은 바로 이 때문이다.

뚱은 란나인들이 살아가면서 겪는 생사고락에 늘 함께한다. 결혼식과 같이 서로 축하하고 기쁨을 함께 나누는 좋은 날에는 보통 "뚱차이"를 사용한다. 뚱차이는 '승리의 깃발'이란 뜻이다. 그래서 뚱차이는 승리, 성공, 기쁨, 영광 등을 상징한다. 보통 흰색 바탕에 꽃이나 사람, 동물, 신의 모습을 그려 넣기도 하고 사원이나 신화 속의 인물을 그려 넣기도 한다. 대개는 일곱 개의 조각을 잇대어 만든다. 뚱차이는 축제나 결혼식에서 행렬 선봉에 서서 길을 인도하기도 하고 축원의 의미를 담아 행사장과 그 주변에 꽂아 놓기도 한다. 한편 장례식과 같이 슬프거나 좋지 않은 일에서는 뚱댕을 사용한다. "뚱댕"은 '빨간 깃발'이란 뜻이다. 외지에 나가 뜻밖의 죽음을 당한 사람들의 넋을 달래주는 데 사용한다. 고인이 죽은 장소에 뚱댕을 꽂은 다음에 명복을 빌어주면 그 깃발을 따라 고인의 영혼이 극락으로 간다는 믿음이 있다.

인간은 누구나 크고 작은 소망을 안고 살아간다. 그리고 자신의 노

소망과 축복의 깃발 뚱

력과 더불어 무언가에 의지하고 기대면서 그 소망이 이루어지기를 염원한다. 뚱은 이런 란나인의 소망을 절대자에게 알려주는 깃발로 인간과 신의 소통 수단이다. 그래서 태국 북부 지방을 돌아보면 여기저기 휘날리는 뚱 속에서 란나의 후손들이 간구하는 소망들을 본다. 의미는 조금 다를지라도 유치환의 시구 중에 한 구절이 떠오른다.

“아아! 누구던가 이렇게 슬프고도 애달픈 마음을 맨 처음 공중에 달 줄을 안 그는”

바람에 나부끼는 뚱은 화려하고 아름답다. 과거에는 그냥 보잘것없는 민둥산에 지나지 않았던 이곳이 왕태후의 더이뚱 개발사업으로 태국에서 가장 아름다운 화원으로 변화된 것을 보면 이 뚱이라고 부르는 깃발에 담긴 염원은 이제 이루어진 것 같다.

화원은 면적이 4만 평방미터에 달한다. 이 중에 절반 정도는 꽃밭이고 나머지 절반 정도는 야산이다. 꽃밭으로 조성된 곳에서는 일 년 내내 돌아가면서 여러 가지 꽃이 피어난다. 꽃밭에는 동선이 있어 순서에 따라 돌아보면 되는데 중간에 앉아서 쉴 수 있는 자리도 마련해 놓았다. 여러 가지 나무를 심고 연못을 파고 조형물을 만들어 놓아 운치를 더했다. 조형물에 아이들이 덤블링하는 모습의 동상이 있는데 옛날 초등학교 다니던 시절의 운동회 하던 추억을 떠올리게 한다. 한쪽에는 비닐하우스를 만들어 놓고 그 안에 여러 가지 난을 재배하고 있다. 그중에서 가장 이름난 것이 '여인의 신발'이라는 난이다. 형상이 우리나라 여인들이 신던 버선이나 고무신처럼 생겼다. 화원이 능선을 따라 넓게 펼쳐서 있어 내려다보는 장소에 따라 각기 다른 모습으로 보인다. 그래서 중간에 쉬면서 자꾸 사방을 돌아보게 만든다.

태국 사람들이 승려나 영험한 물건 또는 부모님이나 친인척 어른들께 바치는 화환이 있다. "푸앙말라이"라고 부르는 이 화환을 태국인들은 명절이나 특별한 의미가 있는 날에 많이 사용한다. 차가 밀리는 도심 한가운데서 신호등을 기다리는 운전자들에게도 이 화환을 파는 어린 소녀들도 있다. 대개는 신앙적으로 복을 구하거나 소원을 빌 때 또는 존경과 감사의 뜻으로 이 화환을 사용한다. 화원을 돌아보고 다시 별장 쪽으로 올라가다 뒤를 돌아보니 한눈에 내려다보이는 화원이 마치 커다란 화환처럼 보였다. 하늘에서 내려와 가난하고 소외되어 살아가는 이 지역 소수 민족들에게 복을 주던 왕태후에게 바치는 푸앙말라이 같다는 생각이 든다.

여인의 신발 모습을 한 꽃

푸앙말라이

허랭반단짜이-마히돈 일가의 삶

หอแรงบันดาลใจ-ชีวิตของครอบครัวมหิดล

왕실 별장과 화원 입구 쪽에 있는 허랭반단짜이는 마히돈 일가의 생애를 보여주는 전시관이다. 푸미폰 국왕의 부모인 마히돈과 쌍완 부처, 딸 깐라야니왓타나, 큰아들 아난타마히돈, 그리고 작은아들 푸미폰아둔야뎃 등 다섯 명의 삶의 행적이 사진과 함께 설명을 곁들여 전시하고 있다. 가난하고 소외된 국민들을 삶을 보살펴 주고 국가의 발전을 위해 노력한 왕실의 면모를 보여준다. 이를 통해 태국의 청소년들에게 삶의 열정과 의욕 그리고 영감을 심어주기 위한 것으로 안에는 모두 일곱 개의 방으로 나뉘어져 있다.

첫 번째 방은 마히돈 가족의 이야기를 소개한다. 마히돈 일가는 단란한 5인 가족이 따뜻한 가정을 이루고 살아오면서 태국 국민들의 고통을 덜어주고 행복을 더해주는 삶을 살아왔다.

두 번째 방은 '쌍완 왕태후의 삶을 통해 본 왕실 가족 이야기'라는 주제로 쌍완의 삶을 중심으로 왕실 가족의 역사를 조명한다. 쌍완 왕태후의 어린 시절과 성장한 후에 마히돈 왕자와 결혼하여 왕자비가 되는 과정을 엿볼 수 있다. 아울러 공주와 왕자를 출산하여 양육하던 시절을 모습도 그려져 있다. 쌍완은 세 아이를 낳아 기르는 어머니로서의 역할을 훌륭하게 해내고 나중에는 왕태후로서 태국인의 삶의 질을 향상시키기 위해 헌신했다.

세 번째 방은 '마히돈 가족 귀국'이라는 주제로 꾸며진 방이다. 이 방에는 '땅에서 하늘로 비상하고 하늘에서 땅으로 되돌아오다'라고 적혀 있는 문구가 있다. 1932년 입헌 혁명이 이후 마히돈 가족의 일원이었던 두 왕자는 외국에서 행복하고 자유로운 삶을 살다가 태국으로 돌아와 국민들을 삶을 돌보고 국가를 책임져야 하는 가장 무겁고 어려운 짐을 지게 된다.

네 번째 방은 '국민들의 삶의 애환과 고통'이란 주제로 국민들의 삶을 위협하는 문제를 여러 가지 차원에서 조명한다. 미로를 통하여 국민들의 애환과 삶의 고통을 보여주고 있다.

다섯 번째 방은 국민들의 삶의 애환과 고통을 해결할 수 있는 방안을 보여준다. 이 방에는 푸미폰 국왕이 지방 순시나 대국민 접촉 시 사용하던 일상적인 생활 도구들이 전시되어 있다. 지도, 무전기, 연필 그리고 카메라 등 태국인들에게는 모두 언론을 통해서 본 익숙한 것들이다. '이해하고 다가가 개발한다'는 기치 아래 태국인들의 문제를 해결하는 푸미폰 국왕의 방식을 잘 나타내 주고 있다.

여섯 번째 방은 '더이뚱 지역 주민들의 삶과 고통 해결'이라는 주제로 쌍완 왕태후의 더이뚱 지역에 대한 비전과 개발 계획을 소개하고 있다. 왕태후는 87세 되던 해부터 이 지역의 아편 재배와 환경 파괴 문제를 해결하고 더이뚱 지역의 사회와 경제 문제를 총체적으로 해결하기 위해 '숲을 가꾸고 사람을 키우는' 정책을 병행했다.

일곱 번째 방에는 마히돈 일가 다섯 명이 국가 발전과 개발을 위해 제각기 가지고 있던 열정과 희망을 서로 공유하며 나누는 과정을 보여준다. 이런 과정을 통해 국민의 삶이 향상되고 나아가 국가는 발전을 가져왔다.

마히돈 일가를 소개하는 방

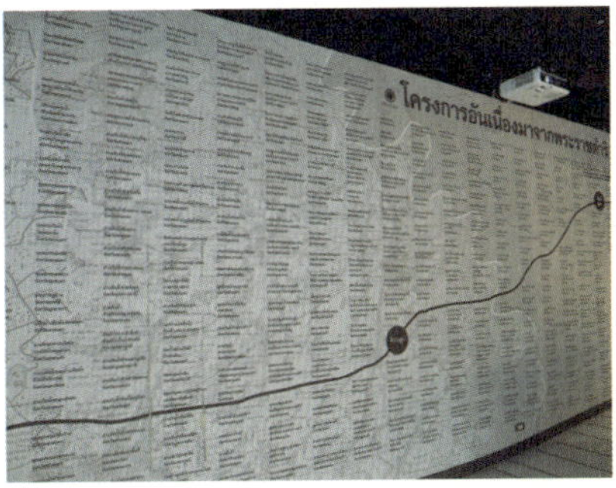

국왕이 주도하는 왕실사업 내용

국민의 삶과 애환

더이뚱 개발 사업

푸미폰 국왕의 생애

ชีวิตของภูมิพลอดุลยเดช

출생과 성장

푸미폰 국왕은 1927년 미국 케임브리지에서 태어났다. 갓 태어나서 출생 신고서에 기록된 이름은 "베이비 쏭클라"였다. 이후 라마 7세로부터 "푸미폰아둔야뎃"이라는 이름을 하사 받았다. 푸미폰 국왕은 2남 1녀 중에 막내아들로 태어났다. 초기에 모친인 쌍완은 막내 아들을 "렉"이라고 불렀다. "렉"은 '작다'라는 뜻이니까 '작은아이'라고 부른 셈이다. 정식 이름인 "푸미폰"에서 "푸미"는 '땅'이라는 뜻이며 "폰"은 '힘'이라는 의미이다. 그래서 "푸미폰"은 '땅의 힘'이라는 의미가 된다. 한편, "아둔야뎃"에서 "아둔야"는 '견줄 수 없는'의 의미이고 "뎃"은 '권력'이라는 뜻이다. 그래서 "아둔야뎃"은 '견줄 수 없는 절대적 권력'을 의미한다.

왕태후와 두 아들

1928년 부친인 마히돈이 하버드 대학에서 의학 공부를 마치고 온 가족이 태국으로 돌아왔다. 그리고 그 이듬해인 1929년 9월에 부친이 세상을 떠났다. 이때 푸미폰의 나이는 채 두 살도 되지 않았다. 1932년 푸미폰의 나이 네 살이 되었을 때 학업을 위해 스위스의 로잔으로 갔다. 이때 모친과 누나 그리고 형이 모두 함께 갔다. 모친인 쌍완은 건강관리학을 공부했다. 푸미폰은 로잔에서 초등학교 시절 불어와 독일어 그리고 영어를 배웠다. 그리고 중등학교 과정을 스위스의 수도인 취리히에서 마쳤다. 형인 아난타마히돈이 라마 8세로 등극했을 때 태국에 돌아와 두 달간 머물렀다. 그리고 다시 스위스로 출국하여 문과를 수료한 후 로잔 대학교에 입학하여 과학을 공부했다.

형의 죽음과 왕위 등극

1946년 6월 9일 라마 8세가 갑작스럽게 서거하자 같은 날 의회에서는 만장일치로 푸미폰을 새로운 왕으로 추대했다. 라마 9세로 등극한 푸미폰 국왕은 다시 스위스로 돌아가 학업을 계속했다. 기존의 과학에서 사회학, 법학, 그리고 정치학으로 분야를 바꾸었다. 라마 9세로 등극할 당시 푸미폰 국왕의 나이는 불과 19세였다. 따라서 국정은 국가 원로들이 섭정을 맡았다. 푸미폰 국왕이 학업을 계속하기 위해 스위스로 출국하던 날 던므엉 공항으로 가는 길에 배웅나온 한 시민이 '폐하 이 땅의 국민을 버리지 마소서'하고 외치는 소리를 들었다. 그때 푸미폰 국왕은 '국민이 나를 저버리지 않는데 내가 어찌 국민을 저버린단 말인가'하고 스스로에게 국왕의 책무를 다할

푸미폰 국왕의 생전 모습

것을 다짐했다고 회고한 바 있다. 이 조그만 사건으로 청년 푸미폰은 국왕의 역할이 무엇인지를 더욱더 절실하게 깨닫게 되었던 것 같다.

결혼과 출가수행

학업을 마친 푸미폰 국왕은 프랑스의 파리로 갔다. 당시 파리 주재 태국 대사의 딸이었던 씨리킷을 만나기 위해서였다. 그때 푸미폰 국왕의 나이 21세였고 씨리킷의 나이 15세였다. 스위스에 있으면서 푸미폰 국왕은 1947년에 왕실 옹호자들이 일으켰던 쿠데타에 대해 호의를 표하는 친서를 보냈다. 1948년 푸미폰 국왕이 손수 차를 운전하며 제네바에서 로잔으로 가던 중에 트럭과 부딪히는 사고가 났다. 이때 유리 파편이 튀어 오른쪽 눈에 박혔는데 여러 차례 치료를 했지만 호전되지 않아 결국 의안을 넣었다. 이런 치료 과정에서 씨리킷은 헌신적으로 돌보며 간병을 했다. 이 과정에서 두 사람은 서로 가까워져서 1949년에 약혼을 하게 되고 이듬해 태국으로 돌아와 결혼식을 올렸다. 이로써 씨리킷은 라마 9세 푸미폰 국왕의 왕비가 되었다.

젊은 시절의 푸미폰 국왕부처

출가수행하던 당시의 푸미폰 국왕

푸미폰 국왕은 1956년 보름간 머리를 깎고 절에 들어가 출가수행을 했다. 당시 승왕을 계사戒師로 삼고 "푸미플로픽쿠"라는 법명을 얻었다. 이 기간 동안 씨리킷 왕비가 섭정을 맡았다. 수행 기간 동안 푸미폰 국왕은 모든 일과를 승려들과 함께했다. 아침과 저녁에 예불을 드리고 법문을 들었다. 왕실 전용 사원인 에메랄드 사원에서 왕족의 출가수행 의식을 주관하고 탁발에 나서기도 했다.

군부와의 갈등

푸미폰 국왕은 초기에 종종 군부와 갈등이 있었다. 1951년 11월에 피분쏭크람이 쿠데타를 일으켰다. 그는 1949년 제정된 헌법을 폐기하고 1932년에 처음 제정한 헌법으로 되돌리고자 했다. 이는 국왕의 권한을 축소하기 위한 것이어서 푸미폰 국왕은 크게 노여워했다. 당시 푸미폰 국왕은 피분쏭크람에 대해 비판하면서 강도 높은 불만을 표시했다. 왕실은 피분쏭크람과 협상을 통해 국왕이 상원의원을 임명할 수 있는 권한을 부여하는 등 일부 권한을 추가하고 싶어 했다. 1953년 푸미폰 국왕은 국왕의 토지 보유를 제한하는 법 제정 과정에서도 군부와 갈등을 일으켰다. 국왕은 서명을 늦추었지만 결국 법으로 제정되고 말았다. 또, 1955년 국왕 부처가 기차편으로 북동부 지역을 방문할 때 지역 주민들이 환호하고 반기는 것을 보고 피분쏭크람은 이후 국왕의 지방 시찰 예산을 삭감해버렸다.

1953년 4월부터 군주 옹호론자들은 또 다른 쿠데타를 계획하고 있었다. 당시 국회의 대정부 질의에서 국왕이 민주당에게 70만 밧을 지원해 주었고 심야 시간대에 비밀리에 쎄니쁘라못 집을 드나들었다고 보고되었다. 1957년 정부는 어떤 행사를 개최하면서 개회식을 국왕이 주관해 줄 것을 요청한 일이 있었다. 국왕은 이를 수락했으나 당일 갑자기 몸이 아파 참석이 어려움을 통보했다. 그래서 총리가 개회식을 주관했다. 이러한 과정을 통해 국왕과 피분쏭크람 간의 갈등이 드러나자 같은 해 8월에 육군 사령관이었던 싸릿 타나랏 원수가 피분쏭크람 정부는 국왕에 대한 존경심이 없고 왕권을 존중하지 않는다고 비난했다. 국왕과 정부의 불미

피분쏭크람

싸릿 타나랏

스러운 갈등 관계가 일반 국민들에게 조금씩 노출되자 정부에 대한 국민들의 불신이 싹트기 시작했다. 1957년 9월에 피분쏭크람은 국왕에게 정부를 지지해줄 것을 요청했다. 그러자 국왕은 피분쏭크람에게 쿠데타가 일어나지 않게 스스로 총리직에서 사임하라고 충고했다. 피분쏭크람이 이를 거절하자 당일 저녁에 싸릿은 쿠데타를 일으켜 정권을 장악했다. 쿠데타 발발 두 시간 후에 전국에 계엄령이 선포되고 국왕은 싸릿을 수도방위사령관으로 임명했다.

왕권의 회복

싸릿 정권이 들어서면서 그동안 폐지되거나 중단되었던 여러 가지 왕권을 회복시켰다. 그에 따라 국왕은 지방 순시를 통해 국민들과 접촉이 활발해졌고 시골 벽지와 오지로 행차가 잦아졌다. 싸릿은 정부의 예산을 마련하여 국왕이 주도하는 소외 계층을 위한 지역 개발 사업을 지원했다. 라마 5세인 쭐라롱껀대왕이 폐지했던 부복제를 다시 시행했다. 국왕이 용선龍船을 타고 행차하는 행사도 부활시켰다. 짝끄리 왕조에서 국왕이 주관하던 권농일 행사도 다시 재개하고 푸미폰 국왕 탄생일인 12월 5일을 국경일로 제정했다. 1963년 싸릿이 사망하자 국왕은 11일 동안 애도 기간을 선포하고 왕궁 안에 빈소를 마련했다. 이때 5층의 파라솔을 하사하여 애도 기간 내내 펼쳐 놓도록 했는데 이는 이는 왕자나 공주에 준하는 예우였다. 당시 추밀원의 한 고문관은 싸릿 총리처럼 푸미폰 국왕과 밀접한 관계를 유지한 총리는 없었다고 말했다.

싸릿의 후임으로 타넘 낏띠카쩐이 새 총리로 임명되었다. 타넘 정부는 싸릿 정부의 군주 옹호 정책을 이어갔다. 10년 뒤인 1973년 민주화를 요구하는 시위가 일어나고 이를 강경 진압하는 과정에서 수많은 사상자가 발생했다. 국왕은 왕궁의 문을 열어 피신하는 시민들을 안으로 들이고 시위자들이 국왕을 알현할 수 있도록 했다. 10월 14일 항쟁으로 불리는 이 사건은 학생들의 요구와 왕실의 이해관계가 맞아떨어지는 상징적 사건이었다. 그러나 이때 국왕은 학생들의 시위는 공권력의 통제하에 있어야 하고 공개적 시위는 잘못이라는 인식을 하고 있었다.

정권이 무너지고 타넘이 싱가포르로 망명하자 탐마쌋대학교의 싼야 탐마싹 총장이 총리로 지명되었다. 싼야는 처음으로 민주정권을 수립하였으나 나라 안팎으로 작용하는 여러 변수를 극복하지 못하고 1976년 10월에 다시 쿠데타를 맞게 되었다. 당시 상황을 보면 이미 1976년 2월 쌍앗 찰러유 육군대장이 국왕을 알현하면서 곧 쿠데타가 발생할 것 같은 상황이라고 보고했다고 한다. 분차나 앗타껀 교수의 기록에 따르면 다음과 같은 대화가 오갔다.

쌍앗: 군부가 생각한 바대로 진행해도 좋다는 폐하의 언질을 듣고 싶습니다.

국왕: 어떻게 할 것인지는 스스로 생각해서 행하라.

쌍앗: 만약 군부가 정권을 잡고 통치한다면 누구를 총리로 앉히면 되겠습니까?

국왕: 무엇을 어떻게 할 것인지는 법률가와 의논해야 할텐데 아무래도 타닌 대법관과 이야기해 봐야 할 것 같다.

1976년 9월에 싱가포르에 망명해 있던 타넘이 태국으로 돌아와 머리를 깎고 출가수행을 하자 다시 대대적인 시위가 벌어졌다. 당시 쎄니 쁘라못 총리는 사태를 수습하지 못하고 사임하고 말았다. 국왕 부처가 사원에서 수행 중이던 타넘을 방문했다. 그리고 얼마되지 않은 10월 6일에 무장한 군인들이 탐마쌋대학교에서 시위하던 군중에게 발포하여 사상자가 발생하는 사건이 일어났다. 당시 태국 공산당은 왕실을 범죄의 배후세력으로 지목했다. 왕실에서 민병대를 지원하고 출가수행 중이던 타넘을 찾아갔던 일을 근거로 인용했다. 그해 연말에 국왕은 대국민 연설을 통해 "태국 국민은 우리가 무엇을 원하는지 분명히 알고 있다. 그렇다면 서로 도와가며 우리가 원하는 것을 이루어 나가야 한다. 어떤 장애나 어려움이 있어도 함께 노력한다면 우리는 그것을 이루어 낼 수 있다"라는 말을 남겼다.

10월 민주항쟁 당시의 모습

10월 민주항쟁 기념우표

잦은 쿠데타와 국왕의 위상

정국이 혼란한 틈을 타서 군부는 다시 쿠데타를 일으켰다. 군부는 당시 쁘라껍 대법원장과 탐마눈 방콕 시장 그리고 타닌 대법관 등 3인의 명단을 국왕에게 가져가 그중에서 한 명을 총리로 임명해줄 것을 간청했다. 그 결과 타닌 대법관이 14대 총리가 되었다. 국왕은 1976년 12월에 장군 임관식에서 다음과 같이 말했다.

"외국의 신문들은 태국 장성들

이 정권을 장악하고 독재정치를 한다고 한다. 만약 그게 사실이라면 태국 장성들의 임무와 책임이 적지 않다. 왜냐하면 독재를 하고자 한다면 좋은 독재를 해야 할 것이기 때문이다. 태국의 장성과 군인들은 서양식 독재를 한 적이 없다. 국가를 위한 독재를 하려고 노력해왔다. 군인은 국가를 최상위에 놓기 때문이다. 그러므로 태국 장성들이 독재자라면 좋은 독재를 하려고 노력해야 할 것이다. 진정한 태국 군인으로서 남아다운 독재를 해야 할 것이다."

1977년 9월 22일 국왕 부처와 두 공주는 남부의 야외에 머물고 있었다. 이때 3만여 명의 주민들이 국왕 부처를 환영하기 위해 모여들었다. 군중 속의 한 사람이 라이터를 집어 들자 폭탄이 터졌다. 사람들이 놀라 흩어지면서 땅에 있는 폭탄을 밟았다. 그래서 또 한 번의 폭발이 일어났다. 첫 번째 폭탄은 국왕이 있던 곳에서 60m 그리고 두 번째 폭탄은 105m쯤 떨어진 곳에서 터졌다. 이 사건으로 55명이 다쳤는데 11명은 중상을 입었다. 폭발로 인해 혼란스러울 때 경호원들과 민병대 지휘관들이 군중들을 통제하고 신속히 부상자들을 병원으로 옮겼다. 이 사고로 국왕 부처와 가족들은 어떤 부상도 입지 않았다. 국왕은 경호 인력에 둘러싸여 이 사건을 지켜보았다. 이로 인해 진행 중이던 행사는 잠시 중단되었다. 사고 현장이 정리되자 국왕은 다른 일정을 이어갔다. 국왕은 폭발 사고에 어떤 두려움이나 공포를 느끼지 않았다. 오히려 군중들에게 마음을 굳게 먹고 동요하지 말 것을 호소하였다. 국왕과 함께 있던 씨린턴 공주와 쭐라펀 공주는 '우리는 싸운다'라는 노래를 선창하여 군중이

남부지방을 순시하던 모습

다 함께 불렀다. 행사를 마치고 국왕은 얄라주州의 병원에 입원하고 있던 부상자들을 방문하고 위로하였다.

국왕 부처가 남부에 내려와 있을 때 방콕에서는 반정부 세력이 쿠데타를 일으켜 방콕을 점령하였다. 이에 쁘렘 띤쑬라논이 국왕 부처에게 가족을 데리고 나컨랏차씨마에 있는 쑤라나리 군부대로 피신할 것을 권유하였다. 국왕은 군병력을 정비하여 진압하도록 하고 쿠데타 주동자를 직위해제하였다. 4월 1일에 발생한 쿠데타는 이틀 뒤인 3일에 완전히 진압되어 상황이 종료되었다. 3일천하로 끝난 쿠데타는 나중에 "4월의 하와이 반란" 또는 "난폭한 젊은 군인의 반란"이라는 별명을 얻게 되었다. "4월의 하와이 반란"은 당시 매년 4월 초에 하와이 스타일의 옷을 입고 열리던 미인대회에 비유한 말이고 "난폭한 젊은 군인들의 반란"은 당시 급진적인 젊은 사관생도들이 다수 가담한 것을 빗대어 한 말이다.

태국의 잔인한 5월

1991년 2월 23일 군부가 쿠데타를 일으켜 태국은 다시 군부 독재를 맞이하게 되었다. 당시 태국 정부는 찻차이 춘하완이 이끄는 연립 내각이었다. 그러나 찻차이 정권의 지나친 부정부패로 태국 사회가 그다지 평온하지 못했다. 국민들의 불만이 고조되자 쑤찐다 크라쁘라윤 대장이 주축이 되어 군부가 쿠데타를 일으켰다. 쿠데타에 성공한 군부는 헌법을 개정하고 국가가 평온을 회복하는대로 병영으로 돌아가겠다고 약속했다. 그러나 이듬해 총선이 치러지고 쑤찐다는 약속을 어기고 자신이 총리로 취임했다.

그러자 민주세력이 거세게 반발했다. 태국의 청백리로 알려진 짬렁 씨므앙이 무기한 단식에 들어가면서 연일 랏차담넌 거리에서는 쑤찐다 퇴진을 외치는 시위가 잇따랐다. 나중에는 군과 경찰이 동원되고 시위대를 향해 발포 명령이 떨어졌다. 시위가 장기화되고 군인의 발포로 사람이 죽고 다쳤다는 소문이 퍼져 나갔다. 시위가 계속되던 중 짬렁이 계엄군에게 체포되었다. 출구가 보이지 않는 상황에서 국왕은 쑤찐다와 짬렁을 불러 양측 모두 폭력을 중단하고 국가의 안녕을 생각하라는 훈시를 했다. 이는 전국에 생중계되고 쑤찐다와 짬렁은 곧바로 대국민 성명을 발표했다. 그러고 나서 짬렁은 즉시 석방되고 쑤찐다는 총리직에서 물러났다. 태국은 5월 민주화 운동으로 인해 군의 개혁 작업이 이루어지고 군부의 정치 개입 가능성을 많이 약화시키는 계기가 되었다.

탁씬의 등장과 군부 정권으로의 회귀

1998년 탁씬이 타이락타이당을 창당하고 총선에서 승리하여 집권하게 되었다. 탁씬은 북부 및 북동부 지역 주민과 가난한 도시 근로자들의 지지를 받으며 태국 정치의 흐름을 바꾸어 놓았다. 그러나 탁씬의 독주는 국왕에게 존경심이 부족하다는 비판을 받게 되고 친인척과 측근들의 부정축재가 드러났다. 반정부 시위가 격화되고 총리 사임 요구가 거세지자 탁씬은 2006년 2월에 의회를 해산하고 4월 2일에 조기 총선을 실시했다. 다시 치러진 총선에서 탁씬의 타이락타이당이 승리했으나 헌법재판소는 4·2 총선에 무효 판결을 내리고 타이락타이당에 대한 해산 명령을 내렸다. 정국이 혼란에 빠지자 군부는 손티 분야랏끌린 대장의

5월 민주항쟁 당시 주간지 싸얌랏의 표지

주도로 9월 19일에 쿠데타를 일으켰다.

쏜티 대장은 국왕을 알현하고 탁씬 총리가 이끄는 정국이 태국 역사상 유례없이 국민 간 갈등을 부추기고 국민 화합을 저해한다고 말했다. 또한 부정부패가 만연하여 태국 사회의 발전은 물론 국가의 안녕과 질서를 유지해 나가기 어렵다고 토로했다. 다음날 국왕은 9월 20일 자로 쏜티 대장을 민주주의통치개혁단장으로 임명했다. 쿠데타가 발발하고 불과 사흘 만에 국왕이 군부의 쿠데타를 신속하게 승인한 것이다. 10월 1일 새 헌법이 제정되고 쑤라윳 쭐라논을 새 총리로 하는 과도내각을 수립하였다.

정치적 시위가 때로는 과격해져서 폭력과 방화가 난무하기도 하고 오랜 정국 불안을 가져오는 경우도 있었다. 쭐라펀 공주는 한 인터뷰에서 당시의 국왕의 심정을 전한 바 있다.

"나는 정치에 관여하는 사람이 아니다. 평소 정치인과 접촉이 없어 누가 좋고 나쁘다고 판단하지 않는다. 그러나 지난해 정치 집회에서 방화 사건이 있었다. 이는 국왕 폐하에게 큰 고통을 안겨주었다. 그래서 급기야는 극도로 상심한 나머지 건강까지 악화되었다. 결국 몸져누워 링거를 맞아야 했다. "나라가 불탔던 것은 아유타야가 버마의 침략을 받았을 때 일어났던 일인데 작금의 사건은 그보다 더 충격적이다. 이번 사건은 태국인이 태국을 불태우는 소행이 아닌가"하고 탄식하셨다."

2014년에 다시 군부 쿠데타가 일어났을 때 국왕은 다시 쁘라윳 짠오차를 중심으로 하는 국가평화유지위원회를 승인하였다. 이로써 또다시 국왕은 쿠데타의 정당성을 인정해주는 것으로 비쳐졌다. 그리고 작금에 이르러 반정부 시위에서 군주제 개혁을 주장하는 빌미가 되었다.

21세기의 온정주의적 국왕

태국의 국왕은 헌법과 법률로 그 지위가 보장되어 있다. 그러나 굳이 헌법이나 법으로 규정하지 않는다 할지라도 태국 국민들의 푸미폰 국왕에 대한 사랑과 존경은 절대적이었다. 푸미폰 국왕은 1986년에 국민들로부터 대왕의 호칭을 부여받았다. 역사적으로 업적이 많은 왕에게 태국인들은 '대왕'을 뜻하는 "마하랏"이란 호칭을 헌정한다. 푸미폰 국왕은 재위 기간 동안 끊임없이 지방 순시를 통해 국민과 접촉했다. 해마다 가뭄으로 인해 고통받는 농민을 위해 인공강우를 연구하고 수자원 및 관개수로 개선 사업과 토지 및 농업 개발 사업에도 힘썼다. 나아가 보건 위생과 교육 개발 사업도 벌였다. 씨리킷 왕비는 푸미폰 국왕의 개발 사업을 내조하면서 농촌의 여성들이 가내 수공업을 통해 부업을 할 수 있도록 도와주고 위생 교육과 육아 및 어린이 돌보기 등과 관련된 사업을 독자적으로 추진하였다.

21세기 온정주의국왕 푸미폰

푸미폰 국왕의 오랜 선정으로 푸미폰 국왕 부처는 태국인에게 어버이와 같은 존재로 자리 잡았다. 국왕 부처는 국민들의 정신적 지주이며 절대적 존경을 받는 또 다른 부모였다. 그래서 씨리킷 왕비 생일인 8월 12일이 어머니의 날이고 푸미폰 국왕의 생일인 12월 5일이 아버지의 날이기도 하다. 태국의 대학 졸업식에서 학위는 전통적으로 국왕이나 공주가 수여한다. 일반 가정집에 들어서면 가장 잘 보이는 곳에 그 집안 자녀들이 학위 받는 사진이 걸려 있다. 이는 자녀가 대학을 나왔다는 것과 더불어 왕실로부터 학위를 받았다는 자부심의 상징이다. 푸미폰 국왕은 1946년 6월에 왕위에 올라 2016년 10월에 숙환으로 서거하기까지 70년 4개월 동안 태국을 다스렸다. 그는 선정을 베풀어 태국인들은 자신들이 푸미폰 국왕의 치세 속에 살아온 것에 대해 자부심을 느끼는 사람들이 많다.

매파루앙 식물원

สวนรุขชาติแม่ฟ้าหลวง

매파루앙 식물원은 미얀마와 국경을 접하고 있는 해발 1,500m의 고지대에 자리 잡고 있다. 지리적으로나 기후적으로 희귀한 식물 품종을 보존하고 개발하기에 적합하다. 토종 식물은 물론이고 아시아의 다른 국가나 유럽, 북아메리카, 호주 등에서 가져온 식물을 재배하고 꽃을 피운다.

과거 이 지역은 소수민족들의 아편 재배와 화전 농업 등으로 황폐해진 산악 지대였다. 왕태후는 이 지역의 산림을 복원하기 위한 방법을 찾았다. 그래서 40만 평방미터의 더이창문 산기슭에 여러 가지 꽃과 식물의 품종을 개발하고 나아가 숲을 돌보기 위한 식물원을 만들었다. 그런데 경치가 좋은 곳에 자리 잡고 있다 보니까 사람들이 찾아와 식물원도 구경하고 아름다운 풍경을 감상하면서 새로운 관광 명소로 자리 잡았다. 이 식물원에서 가장 유명한 꽃은 천년장미다. 해마다 겨울인 12월부터 다음 해 2월까지 식물원 곳곳에서 꽃

식물원 입구

을 피운다. 그래서 식물원을 이 세상에서 가장 아름다운 화원으로 탈바꿈시켰다. 식물원 안에는 여기저기 둘러보기 좋게 사람이 걸을 수 있는 길을 만들어 놓았다. 이 길을 따라 식물원을 구경하고 전망대에 올라 주변 경관을 감상할 수도 있다.

태국은 중국의 13세기부터 중국과 교류하면서 중국문화의 영향을 점진적으로 받아왔다. 입헌혁명이 일어나던 1932년에 중국인은 태국 전체 인구의 12.2%를 차지하게 되었다. 그래서 중국의 음식 문화나 의복 문화가 유입되고 언어적으로도 일부 어휘의 차용 현상이 생겨났다. 그러나 의학 부분에서 보면 한의학의 영향은 거의 찾아보기 어렵다. 그래서 몸이 아프거나 병이 나면 양약과 양의학으로 치료를 한다. 그런데 의학 분야에서 태국 내 최고의 수준을 자랑하는 마히돈 대학교에서 한의학과 유사한 연구가 일부 이루어지고 있는 것을 본 적이 있다. 2019년에 방문교수로 한국어를 가르치며 6개월 체류한 적이 있는데 캠퍼스 안에 규모가 꽤 넓은 식물원이 있었다.

식물원을 어찌나 잘 가꾸어 놓았는지 이른 아침에 산책 삼아 들어가면 마치 도원경에 들어온 것 같았다. 처음에는 그냥 잘 가꾸어 놓은 식물원이려니 했는데 자세히 살펴보니 안에 심어 놓은 온갖 풀이나 나무 옆에 조그만 팻말이 보였다. 거기에는 그 풀이나 나무의 학명과 이를 약재로 섭취하는 방법 그리고 그 치료 효과에 대한 설명이 적혀 있었다. 그러고 나서 나중에 방콕에 있는 왓포 사원에서도 규모가 작기는 하지만 석산 정원에 이와 유사한 형태로 된 약초와 그 약초의 효능에 대한 설명을 보게 되었다. 어쨌든 태국의 한의학은 극히 미미한 것은 분명하다. 한류열풍 속에서 한국 드라마가 태국 내에서 인기를 끌던 시절에도 드라마 허준은 다른 드라마에 비해 인기가 덜했다는 이야기도 들은 적이 있다.

쌍완 왕태후는 태국 북부 지역에 많은 관심과 사랑을 베풀었다. 그

식물원 전경

쏨뎃야 공원 입구

녀를 기리기 위해 치앙라이에는 매파루앙대학교가 있고 랏차팟치앙라이 대학교 바로 옆에 쏨뎃야공원이 있다. "쏨뎃야"는 '왕실의 할머니'라는 뜻이다. 호수를 끼고 있는 조그만 야산을 공원으로 만들어 시민들의 휴식처로 조성했다. 푸미폰 국왕 부처를 어버이로 여기는 것처럼 왕태후는 태국인들에게 늘 너그럽고 자애로운 마음을 가지고 손주를 돌보는 인자한 할머니로 마음 속에 자리잡고 있는 것 같다.

왓프라탓더이뚱 사원

วัดมหาธาตุ ดอยตุง

왓프라탓더이뚱 사원은 경사가 좀 심한 산기슭 언덕 위에 세워져 있다. 산 이름이 "더이낭넌"인데 '여인이 누워 있는 언덕'이란 뜻이다. 형상이 여인이 누워 있는 것처럼 되어 있어 붙인 이름인데 사원이 위치한 곳이 가슴 부위에 해당한다. 행정 구역상으로는 치앙라이주 매싸이군郡인데 고산족들의 거주지이다. 치앙라이 시내에서 거리가 46km이다. 사원이 세워져 있는 지점은 해발 고도가 2천 미터가 넘어서 이곳에서 가시거리가 매우 길다. 사원 한쪽에 전망대를 만들어 놓아 풍경을 감상할 수 있다.

사원 입구의 현판

땀난에 기록된 전설에 의하면 현재의 매짠 지역에 있던 요녹나컨 왕국을 다스리던 왕이 마하가섭으로부터 붓다의 왼쪽 쇄골 부분의 사리를 받아 이곳에 안치시키기로 했다. 왕은 2천 미터의 길이가 되는 깃발을 만들었다. 그리고 산꼭대기에 말뚝을 박아 천의 한쪽 끝을 묶어 놓은 다음에 깃발을 휘날려 다른 쪽 끝이 닿는 지점에 불탑을 세웠다. 왕은 라우족에게 땅값으로 금을 하사하고 미락쿠족 500가구로 하여금 불탑을 돌보도록 했다. 이후 망라이왕 시대에 이곳에 붓다의 사리를 추가로 안치시키기 위해 불탑을 하나 더 세우게 됐다. 그래서 현재 이 사원에는 두 기의 불탑이 나란히 서 있다.

이 사원에 처음 세워진 불탑은 귀퉁이를 다시 주름지게 만든 치앙쌘 양식으로 지어졌다. 치앙마이의 더이수텝 사원의 불탑과 유사한 양식이다. 그 후 세월이 흐르면서 이 사원은 날로 초라해지고 황폐해져 갔다. 1927년에 당대의 고승이면서 건축가였던 크루바씨위차이와 치앙라이 주민들이 불탑을 복원했다. 이때 불탑의 팔각 기단부에 란나 형식으로 작은 종탑을 새로 세웠다. 1973년에 태국의 내무부가 다시 한번 본래의 원형을 되살려 복원한 후에 오늘에 이르고 있다.

태국의 사원과 관련하여 전해 내려오는 이야기들을 보면 붓다가 생전에 태국에 다녀갔던 것처럼 되어 있는 내용들이 많다. 이러한 이야기는 북부의 치앙마이, 람빵, 프래, 난과 북동부의 나컨파놈과 싸꼰나컨 등에 있는 사원들의 전설에 나타난다. 단순히 다녀간 것에 그치지 않고 이런저런 예언을 하기도 했다. 어떤 전설에서는 300년 가까운 시차를 두고 아쇼카왕이 함께 등장하기도 한다. 정확한 사실 여부는 확인하기 어렵지만 아마도 불심 깊은 주민들 사이에서 생겨난 그야말로 전설 같은 이야기가 아닌가 싶다. 오늘날 태국의 북부와 북동부 여기저기에 붓다의 족적을 만들어 놓고 경배지로 삼기도 한다. 종교에서 사실 여부보다 중요한 것은 그것을 어떻게 해석하고 받아들이느냐 하는 문제일 것이다. 색즉시공色卽是空이고 공즉시색空卽是色이다. 불자들이 가서 절하고 경배하며 삶에서 선을 지향하고 자비를 베푼다면 사실 여부를 떠나 나름대로 의미가 있는 것 같다.

법당과 불탑

전망대 입구

왓프라깨우 사원

วัดพระแก้ว เชียงราย

왓프라깨우 사원하면 우선 떠오르는 것이 방콕에 있는 왓프라깨우라고 부르는 에메랄드 사원이다. 그 사원에 안치되어 있는 에메랄드 불상은 태국인에게 있어서 매우 고귀하고 영험한 불상이다. 이 불상은 본래 치앙라이의 왓프라깨우 사원에 있던 것으로 알려졌다. 그러나 더 거슬러 올라가면 고대 인도에서 제작되어 스리랑카를 거쳐 바다에 빠진 것을 캄보디아 연해 안다만에서 건져 올려 이곳 치앙라이로 오게 된 것이다.

사원의 전경

치앙라이의 왓프라깨우 사원의 본래 이름은 왓빠야 사원이다. 순수 란나 양식으로 지어진 매우 아름다운 사원이다. 1434년에 이 사원의 불탑 하나가 벼락을 맞아 무너져 내렸는데 그 안에서 석고 불상이 있었다. 그런데 불상의 코 부분이 깨져 나가 초록색으로 된 부분이 노출되었다. 깨진 부분을 벗겨보니 안에 있는 것은 옥으로 만들어진 불상이었다. 치앙마이의 쌈퐝깬왕이 이 사실을 전해 듣고 불상을 치앙마이로 옮기고자 했다. 그러나 이 불상은 우여곡절 끝에 람빵과 치앙마이 그리고 루앙프라방과 위앙짠을 거쳐 방콕의 왓프라깨우 사원에 안치되었다.

사원 입구의 모습

옥으로 만든 불상

치앙라이의 왓프라깨우 사원은 입구에서 법당까지 조금 걸어 들어가야 한다. 양옆으로 나무가 우거지고 화초들이 가꾸어져 있어 마치 정원이나 조그만 공원에 들어서는 느낌이 든다. 1890년에 국왕으로부터 사원 부지를 하사 받아 법당 건물을 짓고 1952년에 "프라짜오란텅"이라고 명명한 청동 좌불상을 안치시켰다. 이 불상은 양 무릎 사이 거리가 2m이고 높이가 2.8m다. 팔라 제국 양식으로 만들어졌는데 같은 양식으로 만들어진 불상 중에서 가장 아름다운 것이라고 한다.

이 사원에는 옥으로 만든 불상이 안치되어 있는 불당이 있다. 1991년에 왕태후의 90세 생일을 기념하기 위해 지은 것이다. 이 사원은 에메랄드 불상이 발견된 곳이기도 해서 당시 찻차이 춘하완 총리 부부의 지원을 받아 승려와 주민들이 건립하였다. 옥으로 만든 불상은 좌불상인데 캐나다에서 제작하여 들여왔다고 한다. 양 무릎 사이 거리가 47.9cm이고 높이가 65.9cm

다. 실제의 에메랄드 불상은 크기가 무릎 사이 폭이 48.3cm이고 높이가 66cm이니까 크기가 거의 비슷한 셈이다. 벽은 옥빛으로 만든 색유리가 있어 밖에서 빛이 투영되어 들어온다.

불당 안쪽 벽에는 모두 아홉 장의 그림이 그려져 있다. 란나의 장인이 그린 그림에 주지승의 설명이 곁들여져 있다. 첫 번째와 두 번째 그림은 보리수나무 그림이다. 첫 번째 그림은 금색 보리수를 그리고 두 번째 그림은 은색 보리수 나무를 그렸다. 보리수나무는 북부 지방 방언으로 "씨" 또는 "쌀리"라고 한다. 붓다가 보리수나무 아래서 깨달음을 얻었다고 해서 불교의 상징물이 되었다. 오늘날 사원이나 경배지에 많이 심어져 있는 나무다. 세 번째 그림은 불당의 건립 의미와 과정을 그렸다. 네 번째 그림은 불당에 불상을 안치할 때 참석했던 푸미폰 국왕과 이를 반기고 환영하는 주민들이 도시의 번영을 기원하기 위한 시가행진을 하는 모습을 그렸다.

다섯 번째 그림부터 아홉 번째 그림까지는 에메랄드 불상의 역사와 행적을 그렸다. 랏따나핌웡 전설에 따라 그렸다는데 이에 따르면 이 불상은 기원전 57년에 인도의 빳따나에서 제작되어 457년에 스리랑카로 건너갔다. 후에 고대 버마의 바간 왕국의 왕이 불상과 삼매경을 보내달라고 사절단을 보냈다. 이 요청에 따라 불상과 불경을 실은 배가 출항을 했는

불당의 벽화

데 중간에 폭풍을 만나 크메르로 떠밀려 갔다. 크메르왕이 이를 차지하고 돌려주지 않자 고대 아요타야의 아팃따야랏왕이 군대를 이끌고 가서 이를 빼앗아 왔다. 나중에 치앙라이의 마하프롬왕이 요청하여 이곳 왓프라깨우 사원의 불탑에 안치하게 되었다. 이후 불상의 존재가 잊혔다가 1434년에 천둥과 번개로 불탑이 무너지면서 에메랄드 불상을 발견하게 되었다.

이 사원의 남쪽 담벼락 쪽에 1995년에 세워진 홍루앙쌩깨우 박물관이 있다. 치앙라이의 한 독지가가 건립한 이 박물관은 시멘트에 철근을 넣어 지은 다음에 내부와 외부를 모두 티크목으로 장식했다. 인근에서 발견된 불교 유물을 보관하고 전시하기 위해 설립했는데 2007년 개관식에 씨린턴 공주가 참석했다.

태국에서 가장 이름난 불상을 꼽으라면 아마도 방콕의 왓프라깨우 사원에 있는 에메랄드 불상일 것이다. 그런데 이 불상은 사실 에메랄드로 만든 것이 아니라 옥으로 만든 것이라고 한다. 그러나 세상에는 이미 에메랄드로 만든 것이라고 알려져 세인에게는 이름과 함께 사실로 굳어버렸다. 사실 불상이 옥이나 에메랄드냐가 중요한 것은 아닐 것이다. '지옥도 마음에 있고 극락도 가슴에 있다'라고 하는 태국 속담이 있다. 모든 것이 마음먹기에 달려 있다고 하는 일체유심조가 불교의 중요한 가르침 중의 하나인데 옥이면 어떻고 에메랄드면 어떤가? 불심을 가지고 보면 하찮은 돌멩이라도 부처님이 될 수 있다고 하신 어느 스님의 법어가 생각난다.

박물관 내부의 모습

왓프라씽 사원

วัดพระสิงห์ เชียงราย

왓프라씽 사원은 오래전부터 치앙라이를 대표하는 가장 중요한 사원이라고 할 수 있다. 이곳에는 태국 불교에서 매우 중요한 "프라풋타씨힝" 또는 "프라씽"이라고 부르는 불상을 20년 넘게 안치시켜 놓은 적이 있다. 그런 사유로 이 사원이 왓프라씽 사원으로 불리게 된 것이다. 현재는 치앙쌘 양식으로 만들어진 모조품 불상이 대신 안치되어 있다. 이 불상은 청동 좌불상으로 금박을 입혔다. 크기는 양 무릎 사이 거리가 37cm이고 높이는 66cm이다. 치앙라이 시내에 위치한 왓프라씽 사원은 1385년에 당시 치앙마이를 다스리고 있던 끄나왕의 동생이 세운 것으로 알려졌다.

프라씽 불상은 사람으로 치면 역마살이 낀 사람 같다. 이 세상에 모습을 드러내고 나서 긴 여정을 거쳐 오늘날 국립박물관에 안치되어 있다. 이 불상은 본래 서기 150년경에 스리랑카에서 만들어졌다. 그 후 1150년간 스리랑카에 있다가 태국으로 왔는데 태국 내 여러 곳을 옮겨 다녔다. 1307년에 쑤코타이에 있다가 70년 후인 1377년에 핏싸눌록으로 옮겨졌다. 그리고 1382년에 아유타야로 가서 5년 있다가 깜팽펫으로 가게 되었다. 이후 1388년에 치앙라이로 옮겨져 20년간 왓프라씽 사원

불당과 불탑

프라씽 모조 불상

에 안치되어 있었다. 1407년에 치앙마이로 가서 255년을 있다가 1662년에 다시 아유타야로 옮겨갔다. 그리고 105년 후인 1767년에 다시 치앙마이로 갔다가 1795년 방콕으로 옮겨진 후 현재까지 방콕의 국립박물관에 소장되어 있다. 프라씽 불상은 이처럼 태국 여러 곳을 떠돌아다녔다.

프라씽 불상을 안치시켰던 까닭에 왓프라씽 사원이라는 이름을 갖게 된 사원은 현재 치앙마이와 나컨씨탐마랏에 각각 하나씩 더 있어 모두 세 개의 왓프라씽 사원이 있다.

법당의 본존불

법당의 문짝

치앙라이 왓프라씽 사원의 법당에 있는 본존불은 치앙쌘 양식으로 만들어진 좌불상이다. 청동으로 주조하고 나서 금박을 입혔다. 언제 만들어진 것인지는 정확히 알 수 없다. 양 무릎 사이 거리가 2.04m이고 높이가 2.84m다. 법당은 단단한 목재를 사용하여 치앙쌘 시대 란나 양식으로 지어졌다. 대략 1889~1890년경에 세워졌을 것으로 추정한다. 이후 1961년과 1990년에 보수작업이 이루어졌다. 출입문의 문짝은 나무로 만들고 그림이 조각되어 있다. 그림은 태국의 유명한 일류 작가로 꼽히는 타완 닷차니의 작품인데 사람의 몸을 구성하고 있는 토土, 수水, 풍風, 화火를 의미하는 것이라고 한다. 토土는 살과 가죽 그리고 뼈를 의미하고 수水는 몸 안에 있는 수분과 피 그리고 소변과 같은 액체를 뜻한다. 그리고 풍風은 숨을 쉬는 공기와 생명을 유지시키는 바람을 의미하고 화火는 음식이 연소되어 열이 나고 힘을 내게 하는 에너지를 뜻한다. 이러한 네 가지 물질을 태국 전통 무늬와 어우러진 네 가지의 동물로 상징화하여 나타내고 있다. 코끼리는 토土의 상징으로 뱀은 수水의 상징으로 가루다는 풍風의 상징으로 그리고 사자는 화火의 상징으로 나타난다. 당시 주지 스님은 이러한 작가의 작품 세계를 믿을 만한 조각가를 물색하여 문짝에 새겨 넣었는데 거의 일 년에 가까운 시간이 걸렸다고 한다. 문짝은 가로 2.4m 세로 3.5m 그리고 두께 20cm로 여기에 새겨진 아름다운 무늬는 사원의 진가를 높여 주고 있다는 평을 듣는다.

오른쪽 옆에 작고 아름답게 지어진 작은 건축물이 하나 더 있다. 꽃가마를 연상시킬 만큼 화려하고 정교한 불당이다. 불당 안에 프라씽 불상의 모조 불상이 화려하게 꾸며진 좌대 위에 앉아 있다. 아래쪽에 가로 60cm 세로 150cm의 사암으로 만든 석판이 있다. 석판 위에 고대 크메르 문자로 '불법佛法의 모든 것이 선善이요, 또한 불법의 모든 것이 선이 아니다' 라는 뜻이 담긴 경구가 새겨져 있다. 법당 내부는 나무로 만든 기둥과 천장 그리고 창문 등이 있는데 화려하게 금박을 입히고 무늬를 조각해 넣었다. 벽면에는 붓다의 본생담을 그린 벽화가 있다. 지금까지 본 법당 중에 가장 아담하고 화려한 건축물인 것 같다. 일부 학자는 이 불상이 란나 왕국을 창건한 망라이왕 시대부터 있었던 것으로 추정한다.

사원 안에 커다란 보리수나무 아래 작은 입불상과 좌불상 등이 있고 신상이 여럿 줄지어 있다. 다른 한쪽에 란나 양식을 변형하여 지은 종탑이 있다. 종은 황동으로 주조한 것인데 태국 내에서 찾아보기 힘든 것이라고 한다. 종탑의 아래층에는 북이 걸려 있다. 태국의 사원에는 종이나 북이 걸려 있다. 대개는 시간을 알리는 목적으로 종이나 북을 쳤는데 승려는 물론 마을 사람들도 이 종소리나 북소리에 맞추어 일상생활의 루틴을 만들었다. 사원에서 종이나 북을 치는 것은 붓다의 가르침이 종소리나 북소리처럼 사방으로 널리 퍼져 나가기를 바라는 염원이 담겨 있기도 하다.

화려하게 지어진 불당

사원 안의 보리수

왓프라탓더이텅

วัดพระธาตุ ดอยทอง

왓프라탓더이텅 사원은 치앙라이주에 있는 아홉 곳의 중요한 성지 중 하나다. 이 사원은 1262년 망라이왕이 이 지역을 살펴보고 치앙라이를 건설하기 이전에 건립된 것으로 추정한다. 역사적으로 보면 현재의 위앙차이에 있던 차이나라이 왕국을 다스리고 있던 르안깨우왕 시절에 세웠다고 기록되어 있다. 940년 이 사원이 건립될 때에 스리랑카의 고승이 붓다의 사리를 가져와 요녹 왕국의 왕에게 바쳤는데 왕은 이를 오늘날 치앙라이의 중요한 불탑에 안치시켰다. 왓프라탓더이텅 사원의 불탑에 하나 모시고 나머지 둘은 왓프라탓더이뚱 사원과 왓프라탓쩜낏띠 사원에 모셨다.

이 사원의 주탑은 란나와 바간 형식으로 지어졌다. 기단부는 육각형이며 몸통 부분은 연꽃 모양 위에 엎어진 종 모양을 하고 있다. 꼭대기 부분에는 보좌가 있고 맨 위쪽에 찻이라고 부르는 파라솔이 있다. 탑의 외부는 모두 금을 입혀 황금탑의 모습을 하고 있다. 이는 태국 북부의 불탑에서 흔히 볼 수 있는데 이끼를 방지하고 불탑에 잡초가 자라나는 것을 막을 수 있다.

사원의 옆으로 좀 더 높은 곳에 치앙라이의 락므앙이 있다. 옛날부터 공동체를 건설하거나 도시를 세울 때 안녕과 번영을 기원하며 세우는 것이 락므앙이다. 보통 신전 형태로 만든 것도 있고 기둥 모양으로 만들어진 것

사원의 전경

사원의 주탑

도 있다. 치앙라이의 락므앙은 남근 모양의 기둥 형태로 만들어졌다. 이 락므앙을 만들어 세울 때 "싸오싸드므앙" 이라고 불렀는데 이는 '도시의 배꼽 기둥'이라는 뜻이다. 그래서 아직까지 싸오싸드므앙이라고 부른다.

이 치앙라이의 락므앙은 1987년에 세워졌다. 푸미폰 국왕의 60주년

생일을 맞아 국왕의 안녕을 기원하고 또한 치앙라이 창건 725년 되던 해라서 망라이왕의 은덕을 기리기 위한 것이기도 했다. 기둥의 모양은 타이르족의 락므앙 형태를 본따서 만들었다. 본래 타이르족의 락므앙은 나무로 만드는데 치앙라이의 락므앙은 딱주州에서 가져온 질이 좋은 돌을 다듬어 만들었다. 락므앙이 세워져 있는 이 지역이 더이쩜텅이다. 옛날에 망라이왕이 코끼리를 따라 이곳에 이르렀는데 주변을 살펴보니 왕국을 건설하기 좋은 곳이었다. 그래서 이곳을 중심으로 치앙라이를 건설했다고 한다.

락므앙

더이텅 표지판

치앙라이 락므앙은 우주의 삼차원 형태를 본뜬 크메르의 프놈바켕 양식으로 만들었다. 동쪽을 바라보고 있는데 바깥쪽 끝은 도랑으로 되어 있고 그 안쪽은 땅이다. 바다에 둘러싸여 있는 대륙을 형상화한 것이다. 안쪽 평지는 욕계6천을 상징하는데 모두 여섯 층을 이루고 있다. 이는 각각 사천왕천四天王天, 도리천忉利天, 야마천夜摩天, 도솔천兜率天, 화락천化樂天, 타화자재천他化自在天을 의미한다. 각 층에는 수로가 있는데 이는 땅으로 흘러내리는 인도의 5대강을 상징한다. 가장 중심부는 3층으로 되어 있는데 이는 색계와 무색계 그리고 해탈을 뜻한다. 남근석의 모양을 한 락므앙은 삼각형으로 된 기단 위에 우뚝 솟아나 있는데 이는 수미산을 상징하는 것이다. 삼각형의 기단은 수미산을 둘러싸고 있는 세 개의 봉우리를 뜻한다. 108개의 보조 기둥이 다시 락므앙을 둘러싸고 있다. 이 락므앙 기둥과 보조 기둥은 씽캄 쏨크르아라고 하는 파야오의 조각가가 제작한 것이다. 락므앙 기둥은 푸미폰 국왕의 다섯 주먹 크기로 만들어졌다. 고대 란나의 믿음에 따르면 락므앙 기둥의 크기는 군주의 다섯 주먹 크기여야 하고 높이는 군주의 키 높이와 같아야 한다고 한다.

락므앙의 구도

끄루왓타나탐 치앙라이

락므앙은 치앙라이의 창건을 기리는 장소이면서 아울러 치앙라이의 관광명소로 자리 잡았다. 바로 옆에 프라탓더이텅 사원이 있고 락므앙으로 가는 계단 오른쪽에 "끄루왓타나탐치앙라이"라고 부르는 자그마한 돌비석이 있다. 이는 2001년에 만들어진 것으로 치앙라이 문화의 유물과 유적들을 묻어 놓은 장소를 나타내는 표지석이다. 땅속의 유물들은 100년 후인 2101년에 다시 발굴하여 꺼내게 된다.

망라이왕 동상

อนุสาวรีย์พ่อขุนมังรายมหาราช

치앙라이 시내에 우뚝 서 있는 동상이 하나 있는데 바로 망라이왕을 기리는 동상이다. 망라이왕은 1238년에 태어났다. 쑤코타이 왕조가 창건되던 해였다. 망라이왕은 라워 왕국의 25대 왕이며 아울러 은양 왕국의 17대 왕이었다. 파야오 왕국의 응암므앙왕과는 교분이 두터워 동맹을 맺었다. 그 후 군대를 이끌고 라우꾸따오에 주둔하고 있을 때 왕이 타던 코끼리가 치앙라이로 길을 인도하여 꼭강 유역의 더이쩜텅 지역으로 갔다. 망라이왕은 그곳을 둘러본 뒤에 치앙라이를 건설하고 치앙쌘의 은양에 있던 도읍을 치앙라이로 옮겼다. 치앙라이로 천도한 후에 세력을 키워나가며 하리푼차이 왕국을 복속시켰다.

망라이왕은 치앙라이를 건설하고 평생 동안 영민함과 자애로움으로 치앙라이 백성들을 잘 다스려 대왕이란 칭호를 얻었다. 망라이왕은 1317년에 80세를 일기로 치앙마이에서 생을 마감했다. 아들인 차이쏭크람왕은 부왕의 시신을 화장한 후에 왓응암므앙 사원에 안치시켰다. 유골을 안치시킨 불탑을 "꾸 파야망라이 마하랏"이라고 부른다.

수백 년이 흘렀어도 태국인들이 가지고 있는 망라이왕에 대한 존경심과 흠모하는 마음은 변하지 않는 것 같다. 동상 앞에는 항상 향과 초

그리고 꽃이 놓여 있고 무릎 꿇고 절하며 엎드려 비는 사람들의 모습을 볼 수 있다. 중부 지방을 비롯한 다른 지역에 가면 주로 랏따나꼬신 왕조의 왕들이 동상으로 제작되어 있는 것을 많이 볼 수 있는데 북부 지방은 망라이왕 동상이 많다. 자신들의 뿌리에 대한 인식은 태국도 크게 다르지 않다. 그들도 조상들의 삶을 보듬어 주었던 국왕의 성덕이 자신들에게까지 이어져 복된 삶을 살고 싶어 하는 마음인 것 같다.

망라이왕 동상

꾸 파야망라이 마하랏

치앙라이 시계탑

หอนาฬิกา เชียงราย

치앙라이 시내 로터리에 보면 매우 정교하게 조각해 세워놓은 시계탑이 있다. 씨리킷 왕비를 기리기 위해 세워 놓은 것이다. 이 지역이 배출한 미술가인 찰름차이 꼬싯피팟의 디자인으로 5년이란 시간을 들여 제작한 것인데 황금색으로 타이 무늬를 수놓아 매우 아름답다. 밤중에는 7시부터 9시까지 매시간 정각이 되면 시간대별로 음악이 흘러나오면서 색깔이 변한다. 이 시계탑은 불교 예술을 접목시켜 만들었기 때문에 '불교 예술 시계탑'이라고도 부른다.

사거리의 황금 시계탑

지방 도시에 가보면 시계탑이 있는 곳이 많다. 대개 도시로 들어오는 초입이나 시내 한가운데에 시계탑을 세워놓고 그 도시의 시민이나 타지에서 들어오는 방문객에게 시각을 알려준다. 시계가 흔하지 않았던 시절에 인근 지역에 사는 사람들에게 생활 리듬을 조절해주고 어떤 도시에서는 랜드마크 역할도 했다. 그런데 치앙라이의 이 시계탑은 그 자체로 하나의 예술품이고 세월이 흘러가면서 중요한 문화유산으로 자리매김할 수 있을 것 같다. 젊은 연인들에게는 이 아름다운 시계탑을 바라보면서 현재의 시각을 확인하고 미래의 시간을 꿈꿀지도 모를 일이다.

시계탑 앞뒤의 조형물

태국은 시계의 역사가 매우 짧다. 태국에서 처음으로 시계가 사용되기 시작한 것은 쭐라롱껀 대왕(1868~1910) 시절이다. 당시 서구열강에 태국인의 우수성을 알리기 위해 해시계를 만들어 아유타야주의 방빠인에 있는 니웻탐쁘라왓 사원 앞의 광장에 설치했다. 태국어에서 시각을 나타내는 말은 좀 복잡하다. 자정과 새벽, 정오와 오후, 그리고 저녁을 기준으로 해서 하루를 다섯 시간대로 나눈다. 새벽 한 시부터는 다섯 시까지는 숫자 앞에 "띠"를 붙여 말하고 아침 일곱 시부터 열한 시까지는 숫자 뒤에 "차우"를 붙여 말한다. 오후 한 시부터는 세 시까지는 숫자 앞에 "바이"를 붙여 말하고 오후 네 시부터 여섯 시까지는 숫자 뒤에 "옌"을 붙여 말한다. 저녁 일곱 시부터는 숫자 뒤에 "툼"을 붙인다. 외국인이 보기에 좀 복잡하기는 하지만 이렇게 하루를 다섯 구간으로 나누어 썼던 셈이다.

시각을 나타내는 단위는 "몽"을 쓴다. 옛날에 시계가 흔하지 않던 시절 시각을 알리기 위해 징을 쳤는데 이때 징 소리를 나타내는 의성어가 시각을 나타내는 단위로 사용된 것이다. 태국은 불교 국가다. 사원에서 징 또는 북을 통해 시각을 알려 주었다. 아침에는 징을 쳤는데 7시에 한 번 치고 그다음부터는 매시간마다 한 번씩 횟수를 늘려 11시에는 다섯 번을 쳤다. 오후 네 시쯤 되면 더위가 가시고 날씨가 상대적으로 선선하게 느껴진다. 그래서 '시원하다'의 의미를 지닌 "옌"을 숫자 뒤에 써서 오후 늦은 시각을 나타냈다. 그래서 "씨몽옌" 하면 '시원한 네 시'라는 뜻이 된다. 저녁에는 북을 쳤다. 저녁 일곱 시에 한 번으로 시작해서 밤 11시에 다섯 번을 쳤다. 저녁때 시각을 나타내는 단위는 "툼"인데 마찬가지로 북소리를 나타내는 의성어가 저녁 시간대의 시각을 나타내는 단위로 사용된 것이다.

옛날 사람들은 자연과 더불어 살면서 그다지 많이 시간에 얽매이지 않았다. 농경 사회일수록 넉넉한 시간관념을 가지고 살아왔다. 그러나 문명이 발전하고 생활이 복잡해지면서 시간을 효율적으로 사용하기 위해 사람들은 시계를 만들었다. 그런데 역설적이게도 시계가 발달하고 달력이 만들어지면서 현대인은 오히려 시간에 얽매여 바쁘게 살아가고 있는 것 같다. 그래서 종종 시계에게 빼앗긴 시간을 되찾아 오고 싶은 생각도 든다. "느림의 미학"이란 말이 그냥 생겨난 것이 아니다.

왓렁쿤 사원

วัดร่องขุนเชียงราย

치앙라이를 대표하는 유명한 사원 중의 하나가 바로 왓렁쿤 사원이다. 태국인들은 '왓렁쿤 사원'이라고 부르지만 사원 안에 건물이나 조각품 모두가 온통 눈처럼 하얀색이라서 외국인들은 "화이트 템플"이라고 한다. 이 사원은 1997년부터 찰름차이 코싯피팟이라는 유명한 예술가가 짓기 시작했는데 여러 가지로 매우 특별한 사원이다. 처음에 난주州에 있는 왓밍므앙 사원을 본떠서 짓기 시작해서 현재까지 계속 진행 중이다.

사원의 전경

찰름차이는 앞으로도 죽을 때까지 계속 사원을 짓겠다고 한다. 사원의 역사를 거슬러 올라가 보면 시작은 미미했다. 혼탁한 물이 흐르던 렁쿤 지역에 사람들이 모여 살면서 짓기 시작한 사원이 규모가 커지고 유명해져서 수많은 사람들이 찾는 관광 명소가 되었다. 한 예술가가 자신의 예술혼을 쏟아부어 세운 이 백색사원은 흙탕물 위에 피어난 하나의 거대한 연꽃처럼 보인다.

왓렁쿤 사원이 위치하고 있는 이 지역은 본래 조그만 개천이 흐르는 작은 마을이었다. 그 개천물이 맑지 못하고 혼탁해서 '렁쿤마을'이라고 불렀는데 이는 '혼탁한 (물이 흐르는) 도랑 마을'이란 뜻이다. 몇 가구 안 되는 사람들이 모여 살던 이 지역에 가구 수가 늘어나면서 공동체의 중심 역할을 하게 될 사원을 세우게 되었다. 이후 가구 수가 더 늘어나고 사람들이 많아지면서 사원의 규모도 커져갔다. 그래서 1996년 낡은 사원을 철거하고 새로 사원을 짓기 시작했다. 그러나 법당을 겨우 지었을 때 이듬해에 금융 위기를 맞아 재정난에 부딪혔다. 그때 이곳 출신의 미술가인 찰름차이가 사재를 들여 사원 건립에 뛰어들었다. 그는 사원 건립을 국가적 차원의 예술 사업으로 규정하고 추진해 나갔다. 사원이 모습을 드러내면서 점차로 많은 사람들이 이를 관람하기 위해 모여들었다.

찰름차이 코싯피팟의 모습

오늘날 왓렁쿤 사원은 치앙라이는 물론 태국 내에서 아주 유명한 사원이 되었다. 사원 건립이 완성 단계에 이르자 법당을 비롯하여 사리탑,

법당 뒤쪽의 건축물

사원 뒤쪽편의 황금색 건축물

박물관, 정자, 화장터, 승려 숙소, 경전을 교육하는 강당講堂, 그리고 방문객을 맞이하는 정자까지 일련의 모습을 갖추게 되었다. 사원을 지으면서 찰름차이는 인근 지역의 땅을 구입하여 부지를 늘리기도 하고 독지가로부터 땅을 기부받기도 하였다. 이렇게 마련된 땅 위에 찰름차이는 자신의 예술적 세계를 구현하여 지금은 태국에서는 물론 세계적으로 이름난 사원을 짓게 되었다.

찰름차이는 42세 되던 해부터 자신의 재능을 불교 예술에 바치기로 마음먹었다. 그래서 그는 이곳에 사원을 건립하고 이곳에서 생을 마감하기로 결심했다. 그는 돈독하고 깊은 불심을 가지고 있었다. 그는 자신의 예술적 재능을 불교와 국가 그리고 국왕을 위해 쓰고 싶었다. 그가 왓렁쿤 사원을 건립하는 데는 이런 불심과 더불어 나라에 대한 애국심과 국왕에 대한 충성심이 밑바탕이 되었다. 그는 자신의 위대한 예술적 창작물이 이 나라의 값진 재산이 되기를 염원했다. 사원을 건립하는 내내 붓다의 가르침은 그의 삶을 혼란함 속에서 평온함으로 이끌었다. 그는 푸미폰 국왕을 여러 차례 알현하면서 국왕에 대한 애정과 존경심을 갖게 되었다. 그래서 그는 그의 예술 작품이 푸미폰 국왕 시대의 업적이기를 바랐다.

이 사원의 별명이 "화이트 템플"인 만큼 사원의 모든 건축물이 하얀색이다. 마치 눈 덮인 설상 사원처럼 보인다. 이 사원에 여러 가지 상징물이 있다. 흰색은 붓다의 거룩함을 의미하며 악마의 모습을 하고 있는 조형물의 입 또는 송곳니는 인간이 마음 속에 가지고 있는 욕망과 번뇌를 뜻한다. 법당으로 건너가는 다리가 있는데 이는 사바세계에서 불국정토로 건너가는 다리이다. 다리의 양쪽 난간에 아수라가 여덟 마리씩 양쪽으로 모두 열여섯 마리가 있는데 이는 빈욕貪欲, 해심害心, 분노, 원한, 악구惡口, 대항對抗, 질투, 인색, 기만, 위선, 완미頑迷, 경쟁, 만심滿心, 과만過慢, 교만, 태만 등 열여섯 가지의 오점을 뜻한다. 다리의 한 가운데 지점은 수미산을 상징하고 법당 쪽의 네 송이의 연꽃은 네 가지 성인 즉, 예류과, 일래과, 불환과, 아라한과를 뜻한다. 그리고 오르막길의 세 칸의 계단은 무상, 고통, 무아를 의미한다.

이곳은 사원 전체가 예술품이다. 화장실은 황금색으로 지었는데 이마저도 무슨 법당이나 귀족의 저택처럼 보인다. 지붕과 처마만 봐도 고풍스러운 란나 시대 어느 고관대작의 거처가 아닐까 싶은 느낌이 난다.

법당으로 건너가는 다리 앞쪽의 조형물들

사원 내 푸미폰국왕의 벽화

화장실 건물

사실 태국의 화장실은 매우 실용적으로 짓는다. 옛날부터 태국인들은 화장실에서 배변 후에 물로 뒤처리를 했다. 그래서 화장실에 가면 물을 받아 놓은 양동이에 바가지 하나를 띄워 놓은 것을 쉽게 발견할 수 있었다. 바가지로 물을 떠서 왼손으로 뒤처리를 하도록 한 것이다. 그래서 태국인들은 물건을 주고받을 때 왼손을 사용하지 않는다. 그러나 요즈음에 대부분이 조그만 샤워기 같은 것이 호스에 물려 있는 것을 사용한다. 수동식 비데인 셈이다. 화장실은 배변의 장소로서뿐만 아니라 근심을 덜어 내고 생각을 정리하는 "해우소" 역할도 한다. 그런데 왓렁쿤 사원의 화장실은 해우소보다는 잠시 내가 귀족이라는 꿈을 꾸게 해주는 환상의 장소가 아닐까 싶다.

남푸런탐마찻

น่าพุร้อนธรรมชาติ

온천욕은 추운 나라에서 발달한 목욕 문화다. 어렸을 적 동네 아낙네들이 날을 잡아서 가까운 온천이 있는 곳으로 당일 여행을 다녔었다. 온천욕도 하고 주변 관광지를 돌아보고 오는 이른바 일일 투어였다. 날씨가 춥다 보니 뜨거운 물에 몸을 담그고 추위를 이겨내는 한편, 생각을 정리하고 몸의 때도 벗겨냈다. 목욕을 통해 몸과 마음을 정결히 하곤 했던 것이다. 그래서 뜨거운 물에 몸을 담그면서도 "시원하다"라고 했고 중요한 행사를 앞두고는 목욕재계를 하기도 했다.

그러나 태국과 같이 더운 나라에서는 온천에 대한 관심이 상대적으로 적다. 그저 땅에서 뜨거운 물이 솟아나는 것에 대한 신기함을 느끼는 정도에서 머물러 있는 것 같다. 유학 시절 남부의 베똥이라는 도시에 있는 온천을 간 적이 있었다. 노천에 있는 온천이었는데 목욕을 하는 사람은 없고 대개가 신발을 벗고 한 바퀴 돌아보거나 한쪽 구석에서 발을 담그고 있는 것이 전부였다. 옆쪽에 작은 건물에 방을 만들고 방마다 욕조가 있어 목욕을 할 수 있게 시설은 되어 있었지만 실제로 이용하는 사람은 우리 가족밖에 없었다.

치앙마이에서 국도를 따라 치앙라이로 가다 보면 노천 온천이 하나 있다. “남푸런탐마찻 타위씬”이라고 부르는데 ‘타위씬 자연온천’이라는 뜻이다. 온천물이 나오는 땅의 주인 이름을 따서 그렇게 부르는 것이라고 한다. 마을 주민들의 말에 따르면 본래 이 지역은 그냥 수풀이 우거진 산림 지대였다. 그런데 땅에 소금기가 있어 크고 작은 동물들이 내려와 염분을 섭취하던 이른바 함염지含鹽地였다. 마침 이곳에 온천을 중심으로 넓은 공간이 있어 말이나 소를 이용하여 치앙마이와 치앙라이를 오가며 장사하던 상인들이 하룻밤 쉬어 가는 곳이기도 했다.

노천 온천

온천 입구의 간판

현재는 온천이 있는 곳에 휴게소를 차려 놓고 주변에 화장실과 음식점 그리고 커피숍과 기념품 가게 등이 들어서 있다. 그리 비싸지 않은 금속 세공품과 보석이 들어간 액세서리를 파는 가게도 있다. 한쪽 옆에 간판을 세워 놓았는데 '태국에서 가장 높은 곳에 있으면서 가장 아름다운 온천'이라고 소개하고 있다. 길을 가던 여행객들이 잠시 들러 뜨거운 물에 발을 담그며 쉬다가 식사를 하거나 음료수를 마시고 기념품을 사기도 한다.

휴게소는 온천을 중심으로 마치 규모가 있는 정원처럼 오밀조밀하게 꾸며 놓았다. 중간중간에 발을 담그고 앉아 있을 수 있도록 자리를 마련하고 한쪽에서는 계란과 새알을 담은 바구니를 온천 물속에 담가 놓고 이를 판매하기도 한다. 온천물의 온도가 90도 안팎이어서 3분 만에 익는다고 한다. 길을 가다가 지친 사람들이 이곳에서 식사도 하고 휴식을 취한 다음에 차에 기름을 넣고 가던 길을 다시 가는 간이 주막 같은 곳이다.

온천의 휴게소

고산족 박물관

พิพิธภัณฑ์ชาวเขา เชียงราย

태국에 살면서 이상하게 느낀 점 중에 하나가 태국 사람들은 아이들을 키우면서 업고 다니는 일이 거의 없다는 것이다. 물론 더운 나라라서 아이를 업을 경우에 엄마와 아기의 피부가 접촉되는 면이 넓고 그만큼 더위를 많이 느끼게 되기 때문일 것으로 짐작이 된다. 그런데 처음 고산족 마을에 갔을 때 아이를 업고 다니는 모습을 보게 되었다. 맏이로 보이는 큰 계집아이가 막냇동생으로 보이는 작은 아이를 등에 업고 포대기를 두른 모습을 본 것이다. 무척이나 반가웠다. 한국 아낙네들이 즐겨 사용하던 포대기는 외국인들이 보면 아주 탁월한 발명품이라는 이야기를 들은 적이 있다. 어린 아기를 등에 업고 나서 포대기를 두르면 두 손이 자유로워 간단한 가사일은 물론 밭에 나가 들일까지 할 수 있으니 그런 소리를 들을 만도 하다. 그런데 그 포대기가 한국인의 전유물이 아니었던 것이다.

태국의 고산족들은 치앙마이와 치앙라이를 비롯한 북부 지방에 널리 분포되어 있다. 최근 통계에 따르면 고산족 인구는 약 14만 가구에 77만 명이 넘는다. 이들은 주로 해발 800m 이상의 고지대에 거주하며 주로 화전을 일구거나 아편을 재배하며 살아왔다. 이로 인해 산림이 파

고산족 포스터

고산족 엄마와 아이

까리앙족의 목이 긴 여인

리써족 여인

아카족 여인

괴되고 국제적 문제를 야기시키기도 했다. 여러 고산족들 중에는 까리앙, 매우, 야오, 무써, 리써 그리고 아카족 등이 있다.

까리앙족은 고산족 중에서 규모가 가장 큰 종족이다. 본래 티벳 국경 지대에 거주하고 있다가 고비사막을 거쳐 중국으로 들어온 후 서서히 미안마와 태국으로 이주해왔다. 현재 태국에는 북부의 매형썬, 치앙마이, 치앙라이 그리고 남쪽으로 춤펀, 동쪽으로 람빵까지 걸쳐 거주하고 있다. 매우족은 몽족으로 불리기도 하는데 원래 중국의 황하 유역에 거주하다가 1850년경에 라오스를 거쳐서 태국 북부 지방으로 들어왔다. 현재 치앙라이, 난, 러이 등에 거주하고 있다. 야오족은 미안족이라고도 불리며 중국 남부의 광둥과 광시 지방에 거주하다가 15~16세기경에 베트남과 라오스 지역으로 이주해 왔다. 현재 태국에 거주하고 있는 대부분의 야오족은 100여 년 전에 태국으로 건너온 사람들이다. 무써속은 라후족이라고 불린다. 주로 쌀라윈강과 메콩강 사이 남서쪽에 거주하며 미얀마, 라오스, 태국 북부 지방에도 살고 있다. 태국에 거주하는 무써족은 주로 치앙마이의 삥강 유역의 산악 지대와 매형썬에 집중적으로 분포되어 있다. 리써족은 태국 북부의 산악 지대와 중국과 미얀마가 인접한 쌀라윈강 유역의 산악 지대에 거주하고 있다. 현재 이 종족이 가장 많이 거주하고 있는 곳은 중국 쌀라윈강의 원류 부근과 티베트 북쪽의 메콩강 유역이다. 리써족은 이곳에서 남하하여 쌀라윈 계곡을 따라 미얀마와 태국으로 이주해 왔다. 태국에 이주해온 리써족은 자주 옮겨가며 살기 때문에 거주지는 유동적이다. 최근에는 치앙라이, 치앙마이, 매형썬, 람빵 그리고 딱 등에 흩어져 살고 있다. 아카족은 비교적 최근에 태국으로 이주해 들어왔다. 대부분은 미얀마에 거주하고 있으나 그들 중 소수는 중국 남부와 라오스 북부 지방의 산악 지대에 살고 있다. 태국에서 아카족이 가장 많이 거주하고 있는 곳은 치앙라이, 매싸이 그리고 매찬 지방이다.

점차로 나아지고 있기는 하지만 고산족들은 아직까지도 여러 가지 어려움을 겪고 있다. 고산족들 중에는 무국적자가 많다. 최근 통계를 보면 태국 내 무국적자 수는 55만 명이 넘는다. 그중의 상당수가 고산족들

고산 지대 학교 어린이들

고산족 소개 자료

박물관 내부의 전시품

이다. 국적이 없다 보니 토지를 소유하지 못하고 직업을 구하는 데도 차별을 겪어야 한다. 교육도 제대로 받기 어렵고 공중위생이나 보건에 대한 정부의 관리나 돌봄 서비스를 받지도 못한다.

교육 문제에 있어서 고산족들을 위한 학교를 짓고 교사를 양성하는 것도 쉽지 않다. 대부분 교통시설이 미비한 오지에 살고 있는 데다 잦은 이주 생활로 특정 지역에 학교를 설립하기도 어렵다. 또한 어린이들이 노동력으로 간주되어 지속적인 등교를 하지 못하는 경우도 있다. 고산족 아이들에게 특화된 교재와 교과 과정을 마련하기도 쉽지 않다. 보건과 위생 문제에 있어서는 유행병에 대한 대처가 아주 소홀하다. 그래서 피부병이나 말라리아, 결핵과 같은 유행성 질병의 위험에 노출되어 있다. 거주 시설이 비위생적인 곳이 많고 영양실조에 걸리는 어린이들도 많다. 또한 정부의 보건과 위생 서비스가 이들이 사는 지역에까지 미치지 못하는 경우가 많다. 생활 환경이 열악하다 보니 젊은 여성들이 성매매 사업에 종사하는 사례가 많다. 유엔아동기금UNICEF의 보고에 따르면 태국의 매춘부 10% 정도가 고산족 출신이며 그들 중 80%가 에이즈에 감염되었을 것으로 추정하고 있다.

고산족 문제를 해결하기 위한 노력은 왕실과 정부 그리고 민간 차원에서 오래전부터 있었다. 치앙라이 고산족 박물관은 지방 정부와 민간 차원에서 설립한 것으로 박물관 겸 고산족 언어 학습센터다. 이곳에 고산족들의 생활상과 문화와 풍습 등에 대한 자료가 전시되어 있는데 주로 외국인 관광객들이 많이 찾는다. 그다지 규모는 크지 않지만 공익을 우선하는 지역주민발전협회에서 운영하고 있다. 치앙라이에 거주하고 있는 소수민족들에 대한 이해를 도모하기 위해 여섯 종족의 생활 실태를 다양하게 소개하고 있다. 한쪽에서는 비디오를 상영하고 다른 한쪽에서는 기념품을 판매하고 있다. 규모는 작지만 고산족들에 대한 자료가

구비되어 있어 고산족과 관련된 필요한 학습과 연구를 할 수 있다. 이곳에서는 지역 주민들이 집에서 사용하지 않는 의류나 장난감 등을 기부하여 오지에 있는 고산족들에게 나누어 주기도 한다.

왓렁쓰아뗀 사원

วัดร่องเสือเต้น

왓렁쓰아뗀 사원은 치앙라이의 시내 쓰아뗀에 위치하고 있는 사원이다. 풋타 깝깨우라는 이름을 가진 이 지역의 토박이 건축가가 지었다. 그는 건축 공부를 마치고 치앙라이의 왓렁쿤 사원을 지은 건축가 찰름차이 밑에 가서 수학하면서 조수로 일했다. 그 후 이 사원의 법당을 지었는데 보는 사람마다 찬사를 아끼지 않았다.

사원 입구에 들어서면 가장 먼저 눈에 들어오는 것이 바로 법당 앞 풍경이다. 청색과 금색이 어우러진 건물들이 드러내는 괴이한 아름다움에 잠시 숨을 멈추게 된다. 법당 앞에 자리잡고 있는 두 마리의 나가상은 마치 앞을 보고 포효하는 용을 연상케 한다. 나가라기보다는 청룡 같다는 생각도

사원의 입구

얼핏 든다. 가까이 다가가서 보면 부릅뜬 눈에 하얀 이빨을 드러내고 있는데 금방이라도 달려들어 물어뜯을 것만 같다. 아마도 죄를 많이 지은 사람들은 법당 안에 들어가지 못하고 스스로 놀라서 발길을 돌릴 것만 같다.

법당 안으로 들어서면 앞에 펼쳐지는 풍경도 청색 바탕에 일부 무늬나 그림만이 금빛을 띠고 있다. 우선 느껴지는 감각은 청량함과 시원함이다. 란나 문화 속에서 법당은 대개가 붉은색 기둥에 금색 무늬나 그림이 있었는데 청색톤이 차지하는 비중이 큰 이 사원의 법당은 먼 길을 찾아온 손님에게 내어주는 한 사발의 찬물을 연상케 한다. 법당의 창문을 통해 들어오는 바람이 청색톤의 시원함을 더해 주는 것 같다. 법당의 벽에 그려진 그림은 붓다의 본생담 이야기를 담고 있는데 청색과 은색의 섬세하고 정교한 어우러짐이 눈을 편안하게 해주고 다른 그 어느 곳에서도 볼 수 없는 독창적인 아름다움을 보여 준다.

법당 안에 안치된 본존불은 진줏빛을 띤 흰색이다. 무릎 간의 폭이 5m이고 높이는 6.05m이다. 청색 톤이 대부분인 법당 안에서 하얀색이 대조되어 고고함을 느끼게 한다. 청색은 맑은 하늘을 나타내고 불상의 흰색은 붓다의 청정무구함을 상징한다. 이 본존불의 안치대 아래에는 8만 4천 개의 "옹프라럿람픈"이라고 부르는 수호불상과 많은 유리 반지와 금은 등으로 채워져 있다. 그리고 불상의 머리 부분에는 붓다의 사리가 담겨 있다. 그래서 많은 사람들이 몰려와 법당 안에서 불공을 드리고 사원의 아름다움을 감상하고 간다.

법당 뒤쪽으로 돌아가 보면 하얀색의 입불상이 서 있다. 이 입불상은 왼손을 들어 무엇인가 막아서는 듯한 자세를 취하고 있는 "빵함얏" 불상이다. '친척을 만류하는 자세'라는 뜻이다. 전해져 내려오는 이야기에 따르면 옛날 붓다의 친가 쪽과 외가 쪽 사람들이 오랜 가뭄에 물을

법당 안의 벽화

본존불

가지고 서로 싸우게 되었다. 이에 붓다가 나서서 서로 싸우지 못하게 만류했다는 데서 유래한 불상이다. 막아서는 자세에 의미가 더해져 어떤 바닷가 마을에서는 바다 쪽을 향해 서 있는 경우도 있다. 극심한 파도나 태풍을 막아준다고 한다. 불상은 청색을 배경으로 한 금색 무늬에 둘러 싸여 있다.

색에는 서로 어울림이 있다. 하나의 색이 다른 색과 함께 사용될 때 보면 조화를 잘 이루는 경우가 있는가 하면 눈에 거슬리는 경우도 있다. 태국에서 사원을 돌아다니다 보면 가장 친숙한 색이 황토색이다. 많은 사원이 홍토를 구워 만든 건축물로 세워졌고 그것이 승려들의 황색 승복과도 잘 어울리는 것 같다. 그 황톳빛과 다시 잘 어울리는 색깔이 황금색일 것이다. 곳곳에 금박을 입힌 탑들이 사원 하나 가운데 서 있는 것은 매우 흔하고 익숙한 풍경이다. 그런데 치앙라이에 와서 보면 이런 조화와 어울림의 틀을 깨고 온통 하얀색의 백색 사원과 온통 파란색의 청색 사원이 있다. 이런 틀을 벗어난 색의 사용에 익숙해지기까지는 시간이 좀 걸리는 것 같다.

흰색의 빵함얏 불상

백색과 청색 그리고 금색이 어우러진 사원의 모습

왓끌랑위앙 사원

วัดกลางเวียง

왓위앙끌랑 사원은 1637년에 치앙라이 군주가 세웠다. 당시는 치앙라이가 버마의 지배를 받던 시기였다. 왓짠탈록 사원이라고도 부르는데 그러한 별칭을 갖게 된 것은 이 사원에 "짠댕"이라고 부르는 커다란 자단향 나무가 있었기 때문이다. 버마와 전쟁을 하면서 이 사원은 황폐해졌다. 1865년에 이르러 치앙라이 군주는 1,000가구 남짓의 주민들을 모아 치앙라이 재건에 나섰다. 이때 타이크언족 주민들이 이 사원 근처 파약 마을에 주거지를 형성하고 살았는데 이들이 사원의 복원에 나섰다. 이때 도시 주변에 방책을 세우고 성벽을 쌓았다. 성곽의 길이는 1,952m 그리고 폭이 730m였다. 1874년에 도시의 한가운데에 "싸드므앙" 기둥을 다시 묻었다. 당시 이 사원이 도시의 중심에 위치하고 있어 "왓짠탈록끌랑위앙" 이라고 부르게 되었다. "끌랑위앙"은 '도시의 한가운데'라는 뜻이다. 1895년 사원에 불당을 세우고 이를 경축하는 행사를 개최했다는 기록이 있다.

1903년에 태풍이 불어 자단향 나무와 주변의 여러 나무들이 쓰러지면서 불당을 덮쳐 심하게 파손되었다. 이때 쓰러진 자단향 나무는 반을 잘라 아래쪽 뿌리 부분은 치앙라이에 두고 위쪽 나무 부분은 치앙마이에 우정의 상징으로 보냈다고 한다. 치앙라이에 남겨진 자단향 목재

사원의 전경

사원 내부의 모습

불당의 모습

는 이 사원의 본존불 안치대를 만드는 데 사용되었다. 그러나 치앙마이로 보낸 자단향은 어디로 갔는지 아무도 아는 사람이 없다.

불당은 1991년에 란나 형식을 응용하여 세웠다. 입구 쪽에 양쪽으로 나가상과 사자상이 지키고 있고 불당의 양옆으로 긴 뚱 깃발이 세워져 있다. 나가상의 몸뚱어리 앞쪽으로 흰색이 조금 비치고 나머지는 대부분 금색 바탕에 붉은색의 기둥과 처마가 조화를 이루고 있다. 입구 쪽에 걷는 모습의 유행불遊行佛이 있고 옆에 법륜을 조각해 놓은 조형물이 보인다. 옛날에 제왕들이 수레를 타고 세상을 정벌했던 것처럼 붓다의 가르침이 수레바퀴처럼 굴러가 온 세상 중생의 번뇌를 제압하기를 기원하는 의미를 담고 있다고 한다. 불당 안에는 황금색의 본존불이 모셔져 있는데 유달리 앞가슴 부분이 발달되어 있다. 본래는 타이크언족의 장인이 만든 것을 나중에 본래의 불상 위에 덧발라 새로 만들면서 크기도 커지고 형식도 란나 형식의 불상

흰색의 주탑

싸오싸드므앙 사당

으로 바뀌었다고 한다.

불당 뒤쪽에는 흰색의 주탑이 세워져 있다. 한눈에 보아도 고고하고 단아해보이는 아름다운 탑이다. 1996년에 세웠다는데 기단부 위에 세 개 층이 있다. 각층마다 팔방으로 아치형의 베란다가 있고 그 안에 불상이 모셔져 있다. 그 위에 엎어진 종 모양의 팔각형 몸체가 올려져 있다. 사원의 건물 대부분이 금색과 붉은색인데 유독 주탑만이 흰색이어서 마치 한 송이 연꽃처럼 보인다.

뒤쪽으로 도시의 중심을 나타내는 "싸오싸드므앙"을 모셔 놓은 사당이 있다. "싸오싸드므앙"은 '도시의 배꼽 기둥' 이란 뜻이다. 이 기둥은 본래 사원의 동남쪽에 있었다. 호박 형태의 스투파 모습을 하고 있는 직경 3m 높이 4m의 기둥이 몬돕 형식의 건물 안에 안치되어 있다. 이 사당은 2차세계대전 때 고초를 겪었다. 사원의 승려들이 모두 피신하자 군인들이 주둔해 있으면서 값이 나가는 것들을 모두 가져가 버렸다. 그리고 다시 복원 작업이 이루어지지 않자 그대로 허물어버렸다. 이후 1991년에 당시 주지승과 주민들이 뜻을 모아 다시 몬돕을 세우고 이 기둥을 안치시켜 오늘날의 모습을 하게 되었다.

사원 안에는 넓지 않은 공간에 예쁜 건물들이 규모 있게 배치되어 있다. 마침 조그만 보수 공사가 있는지 여러 승려들이 한쪽에서는 모래에 시멘트를 붓고 일부는 빗자루로 바닥을 쓸고 있었다. 다음 목적지로 가기 위해 정문 쪽으로 걸어가는데 한 스님이 다가와 어디서 왔느냐고 말을 건넨다. 한국에서 왔다고 하니까 반색을 하면서 엄지손가락을 치켜세웠다. 더 이상 이야기를 나누지 못하고 사원을 나서면서 이렇게 짧은 말 한마디 주고받고 헤어지는 인연은 어디서 비롯된 것일까를 생각해 봤다.

왓밍므앙 사원

วัดมิ่งเมือง

왓밍므앙 사원은 치앙라이 시내 한 가운데 위치해 있다. "짱뭅"이라고 부르는 오래된 우물이 있어 "왓짱뭅 사원"이라고도 불린다. 우물에 타이야이 형식의 아치형 지붕을 올려놓았다. 그 모양이 동쪽을 향해 엎드려 있는 코끼리 형상을 하고 있어 붙여진 이름이다. "짱뭅"은 표준어 발음은 "창멉"으로 이는 '코끼리가 엎드리다'라는 뜻이다. 이 우물은 옛날에 치앙라이를 드나드는 사람들이 성문 부근에서 잠시 쉬면서 목을 축이고 세수를 하던 곳이다. 장소가 성곽 안쪽과 바깥쪽의 중간쯤 위치하고 있었기 때문이다. 이 물에는 영험한 기운이 있어 복을 가져다준다고 믿었다. 과거 이 지역은 타이야이족의 주거 지역이어서 타이야이 형식으로 지어졌다. 그러나 정작 사원이 언제 누가 세웠는지에 대한 정확한 기록은 없다.

사원 안으로 들어서면 바로 앞에 금관을 쓴 입불상이 서 있다. 금관은 물론 몸에 두른 가사 위에 보석들이 박혀 매우 화려해 보인다. 불당은 타이야이 형식에 란나 형식을 더해서 지어졌다. 박공벽에 무늬를 조각하고 그 위에 금박을 입혔다. 매우 아름답고 화려한 느낌을 준다. 입구의 나가상도 몸뚱어리에 금색 무늬를 입히고 하얀 이빨 속에 혀와 여의주인 듯한 구슬이 보여 용이 아닌가 하는 의구심이 살짝 든다. 양쪽의

짱뭅 우물

금관을 쓴 입불상

외벽에는 등불을 들고 있는 입불상이 도열해 있고 지붕의 처마 끝에는 서른네 마리의 봉황이 줄지어 있다.

옆에 불당이 하나 더 있는데 지붕은 초록색 기와를 얹고 양쪽 벽과 앞쪽은 모두 은색이다. 박공벽에는 코끼리가 여러 마리 새겨져 있다. 군데군데 구슬을 박고 무늬를 넣었는데 은색 바탕에 녹색과 청색 그리고 붉은색들이 잘 어우러져 화려함을 더해준다. 이 불당은 입구 쪽에 일반 나가상과 달리 머리 부분은 코끼리 머리를 하고 몸체는 뱀의 모습을 하고 있는 특이한 코끼리 나가상이 있다.

본존불은 치앙쌘 양식으로 만들어졌는데 석고를 바르고 금박을 입혔다. 400여 년의 세월을 거치면서 네 차례의 보수 작업을 거쳤다. 마지막 보수 작업을 하면서 불상의 크기가 좀 커졌다고 한다. 현재 불상의 무릎 앞쪽의 폭은 2m 조금 넘는다. 불상의 상투 부분은 연꽃 봉오리 모양으로 되어 있는데 치앙쌘 초기 불교 양식이다. 이 상투 부분은 란나 지역에서 나는 수정으로 만들어 신비로움을 더하고 있다. 사원과 역사를 같이해 온 불탑은 란나 형식으로 세워졌다. 처음에는 탑 전체가 버마 양식이었으나 보수 작업을 거치면서 란나 양식으로 바뀌고 사방에 보조탑을 세웠다. 보조탑은 버마 양식의 파라솔로 꾸몄다.

초록색 지붕의 불당

태국의 사원에서 불당이나 법당 입구에는 나가상이 있다. 나가는 물을 상징하는 인도의 뱀신으로서 일반적으로 코브라를 가리킨다. 뱀을 태국어로는 "파야낙" 또는 "낙"이라고 부른다. 불교에서는 용龍으로 수용되어 불법佛法의 수호신이 되었다. 보통 완전한 뱀의 형태로 나타나지만 때로는 상반신은 사람, 하반신은 뱀의 모습으로 나타나기도 한다. 2~9개의 머리를 가진 코브라가 머리를 부채꼴로 펼쳐 붓다를 보호하는 무찰린다도 있다. 나가는 사원 입구에 수호자처럼 놓여 있다. 대지를 지키는 정령으로 받들기도 하는데 비를 내리게 하고 토지를 비옥하게 만드는 힘이 있다. 그래서 샘과 우물, 강과 같은 물의 수호신 역할을 하기도 한다.

코끼리 머리 모양의 나가상

태국에서 국왕이 비슈누 신과 동일시되는 면이 있는 반면에 평민은 뱀에 비유되는 경우가 많다. 옛날 라오스와 베트남 북부 그리고 중국 남

치앙쌘 형식의 본존불

부에 살고 있던 타이족들은 몸에 뱀의 문신을 즐겨 하고 본래 자신들이 뱀의 종족이라는 믿음을 가지고 있었다. 그래서 중국인들은 이들을 "킨만"이라고 불렀는데 이는 곧 '큰 뱀'이라는 뜻이다. 태국인들이 강우량을 말할 때 "낙하이남"으로 나타내는 방법이 있다. 이는 '뱀이 물을 주다'라는 뜻인데 어떤 해에 비가 충분히 내리면 그 해는 '뱀이 한 마리밖에 없다'라고 말하고 어떤 해에 비가 적게 내려 가뭄이 들면 '뱀이 일곱 마리 있다' 고 말한다. 비가 적게 내리는 것은 그만큼 여러 마리의 뱀이 물을 마셔버렸기 때문에 강우량이 줄어든 것으로 보는 것이다. 기독교에서는 푸대접받는 뱀이 태국을 비롯한 동남아에서는 숭배의 대상이 되고 있다.

왓후아이쁠라깡 사원

วัดห้วยปลากั้ง

왓후아이쁠라깡 사원을 찾아가면 바로 눈에 띄는 것이 거대한 관음보살상과 다각형의 불탑 그리고 백색의 법당이다. 여느 사원과는 분위기가 사뭇 다르다. 이 사원은 본래 사원의 흔적만 남아 있던 것을 치앙라이의 한 승려가 이곳으로 옮겨와 주민들과 함께 뜻을 모아 복원한 것이라고 한다.

사원 앞에서 바로 보이는 9층탑이 있는데 "폽촉탐마쩨디"라고 부른다. 주지승의 이름을 따서 지은 것이라고 한다. 멀리서 보면 원추형이지만 가까이 다가가서 보면 다각형의 몸체에 붉은색의 기와를 얹었다. 그리고 주변을 12개의 보조탑이 둘러싸고 있다. 입구에는 용의 모습에 가까운 나가상이 지키고 있다. 주지승이 꿈속에서 이 언덕 위에 세

사원의 외부 전경

폽촉탐마쩨디 불탑

자단향목으로 만든 관음보살상

워진 탑을 보고 그대로 짓고자 했는데 방콕에서 건축가가 자원해서 오고 대만의 한 불자가 건축비를 보시했다고 한다.

9층탑의 내부에는 각 층마다 여러 가지 영험한 물건들을 진열해 놓았다. 맨 아래층에는 중생을 위험에서 보호해주고 축원해주는 관음보살상이 있다. 중국과 미얀마 그리고 인도에서 들여온 자단향목을 108일 동안 조각하여 제작했다고 하는데 높이가 7m에 이른다. 2층에는 서 있는 모습의 관음보살상이 있고 3층에는 앉아 있는 모습의 관음보살상이 있다. 4층에는 풋타쏘턴 승려의 상像이 있고 5층에는 천수관음보살상이 있다. 6층에는 일명 "뿌또"라고 부르는 프롬랑씨 승려상과 뿌투앗 승려상이 있고 7층에는 무찰린다가 붓다를 보호하고 있는 모습의 불상이 있다. 8층에는 성공과 부를 축원해주는 불상이 있고 9층에는 시바신상이 있다.

불탑 옆에 법당이 세워져 있다. 법당으로 오르는 계단 양쪽에 섬세하고 아름답게 만들어진 나가상이 지키고 있다. 나가상은 물론 법당의 건물 전체가 온통 하얀색 무늬로 장식되어 있다. 법당의 내부에도 흰색의 본존불이 모셔져 있고 벽과 천장까지 모두 흰색에 섬세하고 아름다운 무늬가 새겨져 있다. 법당 밖으로 나오면 연꽃 위에 앉아 있는 관음

법당

보살상이 있는데 높이가 79m로 주변을 압도하고 있다. 언덕 위에 앉아 있는 관음보살상은 중국의 건축 예술로 제작되었는데 태국에서 가장 큰 규모라고 한다. 관음보살상 가까이 가려면 계단으로 올라가거나 아니면 경내를 오가는 전차를 이용하면 된다.

관음보살상의 아래쪽에 엘리베이터가 설치되어 있다. 엘리베이터를 타고 관음보살상 내부에서 위쪽으로 올라가면 바로 관음보살상의 눈에 도달한다. 이곳에서 사방의 전경을 감상할 수 있다. 높이가 25층인데 위쪽으로 올라가는 벽과 천장에는 흰색 바탕에 여러 가지 무늬가 새겨져 있다. 여러 자세의 관음보살상과 중국의 전설 속에 나오는 신과 동물들이 조각되어 있다. 걸으면서 감상하는 것만으로도 기분이 좋아진다. 늙은 아비를 모시고 온 처자가 조심스레 다가오더니 핸드폰을 내밀며 사

흰색의 본존불

진 좀 찍어 달라고 한다. 아내가 나에게 가방을 맡기고 흔쾌히 사진을 찍어주었다. 처자는 만족한 듯한 미소를 띠며 고맙다고 인사하고 간다. 이 세상 어디에서나 효는 인간이 지니고 있는 고귀한 덕목 중의 하나다.

왓후아이쁠라깡 사원은 높은 언덕 위에 세워져 있어 경치가 좋을 뿐만 아니라 오르내리면서 운동도 하고 불공을 드리면서 공덕도 쌓을 수 있어 많은 사람들이 찾는다. 몸과 마음을 건강하고 편안하게 할 수 있으니 일거양득이라 할 수 있다.

관음보살상 눈에서 본 바깥 풍경

반담 박물관

พิพิธภัณฑ์บ้านดำ

반담 박물관은 태국이 배출한 위대한 예술가 타완 닷차니의 생활 공간이며 작업실이었다. 그는 그림과 조각 그리고 건축 분야에서 탁월한 재능을 지녔다. 그래서 이런 재능을 란나 예술로 표현해 냈다. 특유의 무늬를 나무에 조각해서 작품으로 남겼다. 그는 물소뿔, 사슴뿔 그리고 비단뱀이나 코끼리와 같은 동물 뼈 등을 수집했다. 박물관에는 유난히 물소 머리뼈가 많이 눈에 띄었다. 그는 생전에 방콕과 치앙라이를 오가며 생활했다. 그 시절 그는 작업실에서 그림을 그리며 먹고 잤다. 그림 옆에 침대가 하나 있고 바닥과 벽 주변에는 책과 뱀 가죽 그리고 티베트에서 가져온 야크의 꼬리가 걸려 있다. 그의 마지막 유작은 방콕의 싸얌 파라곤에서 서너 달간 전시되었다. 큰 정자 옆에 있는 이 집은 바닥을 지면에서 높여 지은 나무 집이다. 안에는 3~4m 정도 크기의 큰 유화가 하나 놓여 있는데 그가 생전에 완성하지 못하고 떠난 마지막 그림이라고 한다.

타완 닷차니의 사후에 그가 살던 곳을 새로이 박물관으로 조성해 놓은 것이 반담 박물관이다. 비교적 넓은 공간에 여러 채의 집을 짓고 하나같이 모두 검은색으로 칠했다. 그래서 이름도 "반담"이라고 지었는데 이는 '검은색의 집'이란 뜻이다. 박물관이 세워진 구역에는 나무를 심어 주변에 그늘을 만들었다. 집들은 모두 검은색이지만 문에 새겨진 무늬나 창문 등은 조금씩 다르다. 모두 43채의 집이 있는데 타완 닷차니는 주거 목적이 아닌 자신의 수집품을 전시할 목적으로 지었다. 그래서 오늘도 많은 사람들이 이곳을 찾아와 그의 예술 세계를 들여다보고 그의 작품을 감상하고 간다.

타완 닷차니의 모습

내부의 전시실

왓쌩깨우포티안 사원

วัดแสงแก้วโพธิญาณ

왓쌩깨우포티안 사원은 빼어난 건축물이 많은 사원으로 유명하다. 치앙라이 시내에서 치앙마이 쪽으로 60km 정도 떨어진 곳에 위치하고 있다. 사원 안에 있는 건축물은 란나 형식과 타이야이 형식 그리고 버마 형식이 어우러져 이 지역 주민들의 불심과 불교문화의 일면을 잘 반영하고 있다는 평가를 받는다. 이 사원은 "크루바이리야찻"이라는 이름을 가진 한 승려가 지었다.

사원의 설립자 크루바이리야찻

크루바이리야찻 승려는 사원을 지을 때 손수 모든 것을 계획하고 설계했다. 그리고 이름도 직접 지었다. 그는 어느 날 꿈을 꾸었다. 꿈속에서 세찬 폭우가 쏟아져 앞이 안 보이는데 산길을 오르내리다가 산 위에 있는 숲을 발견하였다. 그 숲속은 온통 연꽃으로 이루어져 아름다운 빛깔을 자아내고 있었다. 그 빛은 마치 투명한 유리에서 나와 연꽃으로 변하는 것 같았다. 그래서 '유리빛'을 뜻하는 "쌩깨우"와 '깨달음'을 의미하는 "포티안"을 합성하여 사원의 이름을 "쌩깨우포티안"이라고 지었다.

크루바이리야찻 승려는 어릴 적부터 사미승으로 출가하여 승려의 삶을 살았다. 처음에는 토착신앙과 주술에 관심을 가지고 있었는데 불법을 깊이 공부하면서 생각이 바뀌었다. 21세가 되면서 그는 붓다의 가르침이 참된 진리라는 사실을 깨닫고 수행에 전념하였다. 25세 되던 해에 인간의 삶과 세상을 바라보는 자신만의 시각을 갖게 되었다. 그리고 불교의 가르침에 대한 생각도 명확해졌다. 이때가 그의 생애에서 매우 중요한 시기였다. 그는 붓다의 가르침인 법法이야말로 사람을 행복하게 해줄 수 있는 것이라고 확신하였다. 그는 그동안의 깨달음과 통찰력을 이 사원 설계와 구조를 결정하는 데 투영시켰다.

사원 앞의 전경

이 사원은 그다지 높지 않은 산언덕 위에 세워졌다. 사원이 세워진 곳에서 아래쪽을 내려다보면 사람들이 모여 사는 주거 지역이 보인다. 그리고 다른 쪽으로는 숲과 주민들의 농장이 보인다. 이런 지형을 반영하여 사원의 경내를 세 부분으로 나누었다. 맨 아래쪽을 인간계, 그 위쪽 중간 지대를 천상계, 그리고 맨 위쪽 부분을 열반계로

천상계로 오르는 계단

천상계의 조형물

천상계 안의 정원

나누었다.

인간계는 산언덕에서 시작하여 사원 입구까지를 포함하고 있다. 사원에서 내려다 보이는 주민들의 주거 지역과는 좀더 높은 언덕 부분에서 시작된다. 산 위에서 보면 인간계는 사원 앞쪽의 가장 낮은 지역으로 넓은 광장이다. 여기에는 이곳을 찾는 불자들의 주차장이 있고 나무가 만들어 주는 그늘이 있다. 그리고 정자를 세워 놓아 쉼터로 이용할 수 있도록 조성해 놓았다. 이곳에서 사원으로 들어가는 입구에 들어서면 안쪽의 건물들이 지니고 있는 웅장함과 건축미를 한눈에 볼 수 있다. 입구의 계단 양쪽에 높이 9m에 이르는 한 쌍의 사자장이 제일 먼저 분위기를 압도한다.

천상계는 사원 입구 계단부터 불당의 뒤쪽까지다. 이 구역은 불교의 의식을 치르거나 승려들이 수행하는 곳이다. 이 구역에는 법당과 불당, 종탑, 서고 등이 있다. 지형적인 높이로 따지면 중간 지대인데 이곳에 천상계에 존재하는 여러 가지의 상징물이 들어서 있다. 천상계로 들어서는 계단을 올라가면 열여섯 채의 신전이 있는데 이는 16명의 바라문을 의미한다. 여기에 있는 건축물에는 모두 16이라는 숫자가 들어가 있다. 정자의 위쪽으로 16개의 방이 있고 아래쪽으로 16개의 방이 있다. 불당 아래쪽으로 9개의 방이 있고 위쪽으로 7개의 방이 있어 모두 16개의 방이 된다.

천상계의 건축물에는 이곳을 찾는 불자들이 삶의 진리를 깨닫고 몸과 마음 그리고 언행을 조심하도록 일깨워주는 여러 가지 조형물이 있다. 사원 입구의 머리가 셋 달린 나가상은 무상과 고통 그리고 무아를 의미한다. 나가상을 받치고 있는 아랫부분의 "헤라"는 신화에 나오는 동물로 반은 뱀이고 반은 용인 동물이다. 혹자는 반은 뱀이고 반은 악어라고도 한다. 이는 사람이 살면서 피하지 못하고 반드시 겪어야만 하는 노

열반계의 조형물

老, 병病, 사死 이 세 가지를 의미한다. 계단을 오르면서 그 숫자를 세어 보면 모두 32계단이다. 이는 우리가 유아기와 청년기 그리고 노년기를 지나면서 영원하지 않은 32가지를 뜻한다. 무상, 고통, 무아의 의미를 다시 한번 되새기게 한다.

불교의 가르침에 따르면 모든 것은 시시각각으로 변화하는 무상한 것인데 그것을 유상한 것으로 여기면서 고통이 생겨난다. 그래서 결국 무상하기 때문에 괴로워하고 괴롭기 때문에 '나'도 없고, '내 것'도 없다. 무상한 것에서 유상한 것을 좇으니 고통이 발생한다. '나'랄 것이 없으면 고통이 무상한 것이 된다. 무상하기 때문에 괴롭고, 괴롭기 때문에 '나'가 아니고 따라서 무아이다. 이러한 깨달음을 얻지 못하고 어리석음에서 비롯된 고통에서 벗어나지 못하는 것이 중생들의 삶이다. 맨 위쪽은 열반계이다. 이 사원의 가장 높은 지대에 위치하고 있다. 승려들이 거주하고 있는 지역이며 불교 의식을 거행하는 곳이다. 이곳에는 붓다의 사리가 봉헌되어 있고 란나의 고승으로 추앙받고 있는 크루바씨위차이 상이 세워져 있다.

태국의 사원을 돌아보다 보면 시내에 작고 아담하면서도 예쁘게 꾸며진 사원이 있는가 하면 어떤 사원은 도시 외곽에 거대한 규모로 세워진 사원도 있다. 엄청난 규모의 사원은 주지승이 어떤 깨달음이나 계시를 받고 그에 따라 설계하고 지은 것이라고 한다. 어떻게 보면 기적과 같은 불사佛事라고 볼 수도 있을 것이다. 이런 사원을 보면 놀라움과 경이로움을 느끼지 않을 수 없다. 그러나 또 한편으로는 무엇인가 조금은 마음에 걸리는 부분이 있다. 교회가 커지면 오히려 창조주는 작아진다. 마찬가지로 사원이 커지면 그에 반비례하여 붓다의 가르침 소리는 작아지는 것 같다. 종교에서 사제에게 허락되는 카리스마가 어디까지일까를 생각해보지 않을 수 없다. 기복 신앙에 젖어 드는 세상에서 신은 우리 현세에 얼마만큼의 복을 주고 내세에 또 얼마큼의 상을 줄 것인지 궁금하다.

태국의 북부 지방을 여행하다 보면 가끔 반가운 간판을 발견할 때가 있다. 바로 남부 음식을 파는 식당의 간판이다. 내가 처음 태국 생활을 시작한 곳이 태국 남부의 빳따니주였다. 쏭클라학교에서 유학하면서 처음 몇 년간은 대부분 대학의 구내식당 밥을 먹었다. 그때부터 남부 음식에 길들여졌다. 남부 음식은 매운맛이나 짠맛이 좀 강해서 다른 지역에서 같은 메뉴의 음식을 먹으면 무언가 조금 부족해 보였다. 그래서 이따금 남부에 내려가 그곳 음식을 먹게 되면 고향 음식을 먹는 것 같아 식사 시간이 즐거웠다. 치앙라이에서 치앙마이로 가다가 길가에 있는 남부 음식점을 발견하고 차를 급하게 세웠다. 가게 안으로 들어가 보니 정말 남부 음식을 파는 식당이었다. 아내와 둘이 서둘러 메뉴를 정하고 한 끼를 맛있게 먹었다. 오랜만에 느껴보는 고향의 맛이었다.

남부 음식점 간판

남부 음식 깽르앙

손잡이 끝을 구부려 만든 숟가락

식사를 하다 보면 작은 식문화 차이 하나가 재미를 선사하는 경우가 있다. 예전에 교환교수로 와 있던 태국인 교수 한 분이 갈비탕 집에서 한국의 숟가락 길이를 보고 감탄하는 것을 본 적이 있다. 갈비탕 그릇에 숟가락을 아무렇게나 놓아두어도 숟가락이 국물에 잠기지 않는다면서 한국인의 삶의 지혜라고 결론짓는 것이었다. 그런데 가만히 생각해보니 태국의 숟가락은 길이가 짧다. 그래서 쌀국수를 먹다 보면 잠시 방심하는 순간에 숟가락을 놓쳐 국물 속으로 가라앉히는 실수를 하곤 한다. 그런데 몇 년 지나 태국에 와보니 이런 실수를 방지하는 장치가 만들어진 것을 보았다. 숟가락 손잡이 부분의 끝을 구부려서 그릇 가장자리에 걸치게 만든 것이다. 처음 이것을 발견한 순간 나는 무릎을 탁 쳤다. 역시 태국인다운 발상이 아닐 수 없다. 똑같이 손잡이 길이를 늘인 것이 아니라 살짝 구부려 문제를 해결한 것이다. 이렇게 구부릴 줄 아는 것이 태국인들의 문화 수용 자세다. 예전에 쁘라윳 짠오차 총리는 한류에 너무 빠져드는 태국인들에게 우려를 표명한 바 있다. 그러나 태국은 외국 문화의 영향을 받는다고 해서 전통문화가 그 자리를 쉽게 내주지는 않는다. 일정 기간 향유하고 즐기다가 유익하다 싶은 것이 있으면 일부를 받아들여 자국 문화와 융합시켜 나간다. 700년 역사를 자랑하는 "타이문화"는 그렇게 형성되고 발전해 왔다.

매싸이-하늘 아래 첫 동네

แม่สาย-หมู่บ้านแรกใต้ท้องฟ้า

치앙라이에는 고산 지대가 많다. 그곳에는 관광지로 개발하여 힐링을 하기 위해 찾아오는 관광객들을 유혹하는 곳이 몇 군데 있다. 그중에서 가장 대표적인 곳이 바로 파히마을과 파미마을이다. 이 지역에 가려면 첩첩 산중으로 들어가야 한다. 높은 고지대에 위치하고 있어 가는 길이 꼬부랑 길이다. 왕복 2차선의 포장 도로인데 좌우로 낭떠러지처럼 깎아지른 높은 산악 지대를 올라간다. 이따금 산 아래를 내려다보면 아찔하다. 하늘 아래 첫 동네다. 미얀마와 국경을 접하고 있어 가다 보면 군인들이 지키고 있는 검문소가 나온다. 젊은 장교가 차로 오더니 행선지를 묻는다. 파히마을 간다고 말해 주었더니 여권을 가지고 잠깐 차에서 내리라고 한다. 군인의 안내에 따라 여권을 들고 선 채로 사진을 찍었다. 그들의 통상적인 업무인 것 같다. 다시 차를 타고 출발하는데 길이 좁으니 운전 조심하라는 걱정까지 해준다. 내리막길이 시작되고 얼마를 더 가니 왼쪽 철조망 너머로 병사가 보초를 서고 있는 경계 초소가 보인다. 언뜻 봐도 태국군은 아닌 것 같다. 주변 경치도 좋고 해서 사진도 찍을 겸 잠깐 차에서 내렸다. 건너편 군인더러 그쪽이 어디냐고 물으니 "파마"라고 한다. 미얀마라는 뜻이다. 산 아래쪽 두 나라의 경치가 한눈에 들어온다. 다시 차를 타고 좁은 길을 따라 한참을 더 내려가니 마을 입구가 나타난다. 파히마을이라고 쓰인 간판이 보이고 아래쪽으로 마을의 전경이 눈에 들어온다. 일단 산악길 운전이 끝났다는 안도감과 더불어 목적지에 도착했다는 작은 성취감이 든다.

파히마을은 미얀마의 국경 지대에 있으면서 세계적인 수준의 맛 좋은 커피를 생산하는 곳으로 알려졌다. 더이뚱 개발 사업이 이곳을 커피 생산지로 만든 것은 비교적 최근의 일이다. 본래 이곳은 대량의 아편을 생산하던 지역이었다. 아카족과 무써족들이 100여 년 전에 유입해 들어와 아편의 원료인 양귀비를 재배했다. 1981년에 태국 정부가 개입하면서 '아편 재배보다는 커피 재배'라는 슬로건을 내걸고 커피 재배를 권장했다. 1988년부터 더이뚱 개발 사업이 시작되면서 마약의 온상지에서 세계적 수준의 커피 생산지로 탈바꿈했다.

마을 입구에서 바라보니 아래쪽 산기슭에 자리 잡고 있는 집들이 보이고 조금 더 내려가 가까이 가보면 과거와 현재가 뒤섞여 있다. 귀신이 드나드는 문이라고 세워 놓은 나무틀 옆에 나신裸身의 남녀 목각상이 있다.

파히마을로 가는 길 위에서 내려다 보이는 산 아래의 풍경

마을 주민들의 믿고 있는 토속 신앙의 일면을 보여준다. 아편 재배는 버려도 신앙은 그대로 남겨 둔 모양이다. 마을의 집들도 개보수를 하거나 다시 짓는 집이 여럿 보였다. 콘크리트로 벽과 기둥을 세우고 지붕은 기와나 슬레이트를 얹는다. 군데군데 커피 가게들이 있고 커피를 마시며 산 아래 풍경을 내려다볼 수 있는 전망대가 보인다. 마을 사람들의 표정은 다소 무뚝뚝해 보인다. 태국인 특유의 미소는 보이지 않는다. 코로나로 인해 관광객들의 발길이 뜸해져서 마을 분위기가 다소 침체되어 있는 것 같다.

마을을 한 바퀴 둘러본 다음에 커피를 한 잔 마시고 잠시 쉬다가 다음 행선지인 파미마을로 떠났다. 이어지는 꼬부랑길을 20여 분 가니까 마을 입구가 보인다. 이곳도 과거에는 아카족들이 살면서 아편 재배가

미얀마의 군초소

파히마을 입구 간판

마을 입구의 커피가게

귀신이 드나드는 문

성행하여 마약 단속국에서 적색으로 분류하던 지역이다. 이곳에서 마약 조직과 이를 소탕하려는 태국 국경수비대가 대치하여 잦은 전투가 일어났다. 그러나 1973년에 푸미폰 국왕이 이곳을 다녀가면서 변화의 바람이 일기 시작했다. 정부에서는 이들에게 자연과 환경 그리고 산림의 중요성을 일깨워 주었다. 화전 경작을 금지하고 양귀비 대신 차와 커피를 재배하도록 유도했다. 아울러 고산 지대의 경치 좋은 곳에 전망대를 만들고 관광지로 개발했다. 현재는 외부인들이 들어와 숙박도 할 수 있고 커피 재배와 오렌지 재배를 실제로 체험할 수도 있다. 그네를 타면서 맑은 공기와 푸른 숲 그리고 여유와 낭만 속에서 삶의 찌든 때를 벗겨 내고 힐링할 수 있는 유명 관광지가 되었다.

마을의 전경

파미마을로 가는 길에서 보이는 풍경

전망대 위의 커피가게

군것질하는 아이들

파미마을은 입구에 들어서면 산 아래로 마을이 보인다. 파히마을보다 개발이 잘 되어 있어 마을 규모도 크고 집들도 대부분 현대식이다. 여행객의 숙소로 보이는 깔끔한 건물도 몇 채 보인다. 마을 사람들 표정도 밝고 음식점과 커피 가게들이 여기저기 흩어져 있다. 마을을 내려다보며 경치를 감상할 수 있는 전망대도 여러 곳 있다. 사방으로 트인 마루에 앉아 옥수수나 야채를 다듬고 있는 동네 아낙네들 모습도 보이고 처마 밑에 달아 놓은 빨간 등이 이들의 조상이 중국의 윈난성 사람임을 말해주고 있는 듯하다. 조그만 학교가 있는데 마침 점심시간인지 교복을 입은 아이들이 담장 밖에 있는 리어카 행상 아주머니를 부르며 군것질을 하고 있는 모습도 보인다. 이들은 앞으로 태국인으로 성장해 가면서 자신들의 조상에 관한 이야기를 전설처럼 간직할 것이다.

매싸이에서 다시 치앙라이로 돌아오는 길 양옆으로 파인애플을 쌓아놓고 파는 상인들이 줄지어 있다. 엊그제 사원에서 만난 태국인 관광객 여인 하나가 요즘 파인애플이 제철이니까 꼭 사 먹고 가라고 한 말이 떠올랐다. 우리가 한국에서 온 걸 알고는 일부러 귀띔을 해 준 것이었다. 길가에 차를 세우고 보니 크기는 어른 주먹보다 조금 커 보이는 파인애플을 깎아 놓고 팔고 있었다. 한 봉지에 20밧인데 세 봉지를 사면 50밧에 준다고 한다. 맛있느냐고 물으니까 대답 대신 한쪽에 깎아 놓은 맛보기용 파인애플 조각을 건네준다. 그걸 받아 입에 넣고 한 번 깨물자 입 안에 퍼지는 과즙의 단맛이 가히 상상을 초월한다. 태어나서 처음 맛보는 황홀한 단맛이다. 파인애플이 이렇게 맛있을 수 있다는 것을 처음 알았다.

보통 파인애플보다 크기가 작은 이 파인애플은 본래 프래주에서 재배하던 품종이다. 크기는 작지만 단맛이 강하다. 일반 파인애플은 당도가 15~17브릭스 Brix)인데 이 프래 파인애플은 25브릭스다. 태국 정부에서 종자를 보호하기 위해 특별히 관리는 하는데 태국 치앙라이주의 고산 지대에서 많이 재배한다. 요즘에는 한국에서도 직수입하여 4~6과 정도를 한 상자로 담아 만 원 조금 넘게 판매하고 있다. "프래" 발음이 어려웠는지 아니면 영어 표기를 거쳐 알려졌기 때문이지 우리나라에서는 "푸레" 파인애플로 표기하고 있었다. 과일을 팔고 있는 아낙네에게 하루에 얼마나 버느냐고 물었더니 요즘이 제철이라 많이 팔리는 편이라고 한다. 아침에 나와 저녁까지 팔면 보통은 500밧 안팎의 돈을 벌 수 있다고 하니 그런대로 수입이 괜찮은 편이다. 파인애플 값을 건네받고 잔돈을 거슬러 주는 그녀의 얼굴에 환한 미소가 번졌다.

길가의 파인애플 가게

왓프라탓더이와오 사원

วัดพระธาตุดอยเวา

매싸이에 있는 왓프라탓더이와오 사원은 왓프라탓더이뚱 사원 다음으로 오래된 사원으로 꼽힌다. 오늘날 치앙쌘 지역에 있던 소왕국을 다스리던 와오왕이 기원전 179년에 세웠다고 한다. "와오"는 몸집이 큰 전갈의 일종이다. 글자 그대로 하면 와오왕은 '전갈왕'이란 뜻도 된다. 그래서 이 사원에는 커다란 전갈의 조형물이 있다. 처음에 세웠던 불탑은 천년 세월이 지나면서 낡아 사라지고 여러 차례 복원과 보수 작업을 거쳤다. 그러다가 1955년에 승려와 지역 주민 그리고 예술청에서 복원 사업을 진행했는데 붓다의 머리카락이 다섯 올이 들어 있는 사리함을 발견했다. 이를 다시 새로 복원하는 불탑의 기단부에 안치시키고 그 위에 탑을 쌓았다.

전갈 조형물

왓프라탓더이와오 사원으로 가려면 우선 매싸이 시장을 지나가야 한다. 시장을 관통하여 뒤쪽으로 난 좁은 골목길을 따라 올라가면 사원 입구가 나온다. 양쪽에 나가상이 있고 계단이 있는데 좌측으로 돌아 올라가는 차도가 있다. 주차를 하고 내리면 맨 먼저 눈에 들어오는 것이 아름다운 황금 불탑이다. 불탑을 중심으로 네 귀퉁이에 역시 황금색의 파라솔이 있다. 그리고 크고 작은 불상과 조형물들이 있다. 불탑을 지나 아래쪽으로 내려가니 불당이 나온다. 승려들이 연꽃을 다듬으며 무언가를 만들고 있는 모습이 보였다. 불당 앞쪽으로 이 사원을 상징하는 커다란 전갈 조형물이 있다. 한쪽 편에 조금 높게 세워진 곳에 가보면 나레쑤안왕 삼 남매 동상이 있다. 아유타야가 버마와의 전쟁에서 패한 뒤 나레쑤안은 누나와 함께 버마에 볼모로 잡혀 갔다. 나레쑤안은 나중에 아유타야로 돌아와 왕위에 오른 뒤 버마세력을 몰아내고 독립을 되찾았다. 남동생은 나레쑤안의 뒤를 이어 아유타야의 왕이 되었다. 격동의 시대를 살았던 역사 속의 삼 남매가 나란히 서서 후손들의 추앙을 받고 있다. 그 앞쪽으로 좀더 가면 전망대가 있는데 매싸이 시내와 미얀마 쪽까지 한눈에 내려다 보인다.

아름다운 황금색 불탑

나레쑤안왕 삼남매 동상

사원 안에 '열세 마리의 멧돼지 박물관'이 있다. 열세 마리의 멧돼지는 동굴 속에서 실종되었다 구조된 치앙라이의 유소년 축구팀을 일컫는 말이다. 2018년 6월에 한 유소년 축구팀이 훈련을 마치고 동굴로 관광을 갔다. 열두 명의 아이들과 한 명의 코치였다. 그런데 이들이 동굴 속으로 들어가고 나서 갑자기 폭우가 쏟아졌다. 물이 차오르면서 축구팀 전원이 동굴 속 깊은 곳에 고립되었다. 연락이 끊긴 가족들이 실종 신고를 하고 구조 작업이 시작되었다. 하루하루 시간이 지나면서 이들에게 세간의 이목이 집중되었다. 열흘이 지나서야 간신히 구조되었는데 코치를 포함한 열세 명 전원이 생존해 있었다. 전 국민의 환호 속에 이들이 다시 세상 밖으로 나왔다. 이때 구조된 열세 명의 축구팀 모두 나중에 이 사원에서 단기 출가수행을 한 모양이다. 박물관 안에는 이들이 구조되던 당시의 사진과 치료받는 과정, 그리고 승복을 입고 찍은 사진 등이 전시되어 있다.

태국인들은 여러 가지 계기로 출가수행을 한다. 과거 전통 사회에서는 만 20세가 되면 석 달 동안 출가수행을 했다. 이를 통해 쌓은 공덕이 부모에게 간다고 하는 믿음이 있어 출가수행은 가장 큰 효도이기도 했다. 평소 은혜를 많이 베푼 사람이 죽으면 장례가 끝난 후에 보은을 위한 출가수행을 한다. 그러면 그 공덕이 고인에게 간다고 믿었다. 그리고 간절한 소망이 이루어지면 그에 대한 감사한 마음으로 출가수행을 한다. 기적적으로 살아 돌아온 열세 명의 축구단원이 이 사원에서 출가수행을 했는데 사원에서는 이를 홍보하기 위해 따로 자그마한 박물관을 꾸며 놓은 것이다.

열세 마리의 멧돼지 박물관

열세 명의 축구팀 출가수행 당시의 사진

매쌀렁-영웅들의 후손이 사는 마을

แม่สลอง-หมู่บ้านแห่งลูกหลานของวีรบุรุษ

매쌀렁은 태국 최북단 지역의 고산 지대에 위치하고 있다. 행정상으로 태국과 라오스 그리고 미얀마가 국경을 접하고 있는 치앙라이주의 한 군郡이다. 매쌀렁으로 가기 위해서는 산악 지대의 꾸불꾸불한 길을 한 시간 넘게 가야 한다. 이따금 옆을 보면 까마득한 아래쪽에 차밭과 촌락이 보이기도 한다. 매싸이 가는 길과 지형이 매우 유사하다. 태국 내에서 가장 높은 지대에 모여 사는 사람들의 동네다.

매쌀렁은 슬프고 가슴 아픈 역사의 현장이기도 하다. 냉전 시대 공산 독재주의보다는 자유민주주의를 선택하여 끝까지 싸우다 죽은 영웅들의 박물관이 이곳에 있다. 영웅 박물관에 있는 석판에 그들의 역사가 간략하게 새겨져 있다. 1949년 12월 국공 분열 당시에 중국 공산당이 대륙을 점령하자 이에 불복한 중국인들이 외국으로 망명하기 시작했다. 공산당이 윈난성까지 밀고 내려오자 공산 치하에서 살기를 거부하는 국민당 군대 93연대와 가족들이 윈난성과 국경을 접하고 있는 버마 지역으로 피신했다. 자유민주주의라는 고귀한 이상을 꿈꾸고 있었으나 타국에서의 피난 생활은 무척이나 고되고 힘들었다. 그러나 그들은 그런 생활을 10년이나 버티어야 했다. 국제 사회는 중간에 두 차례에 걸쳐 이들에게 대만으로 이주할 것을 권고했다. 그러나 일부는 대만행을 거부하고 잔류했다.

잔류한 이들은 태국과 버마의 국경 지대로 옮겨왔다. 산림 속에서 이들은 고통스러운 삶을 이어갔다. 이때 태국 정부는 대만 정부와 이들 잔류 세력에 대한 협상을 진행했다. 여러 차례의 논의 끝에 양국 정부는 이들을 태국 정부가 돌보는 것에 합의했다. 1969년 11월의 일이다. 태국 정부는 이들에게 국적을 부여하고 직업 교육을 통해 태국 북부에 정착시키기로 했다. 이를 통해 태국 북부의 안정을 꾀하고 평화를 이룩하기로 한 것이다. 이 과정에서 태국 정부는 이들을 북부 지역의 공산당 소탕 작전에 투입했다. 1970년부터 5년간 공산당 토벌 작전을 펼쳤는데 1982년에서야 완전히 소탕하였다.

매쌀렁의 국도 풍경

자유를 선택한 국민당 잔당의 모습을 그린 포스터

당시 군대를 지휘했던 단희문 장군 동상

정착 과정을 소개하는 전시물

공산주의를 거부하고 본국을 떠나와 떠돌이 생활을 했던 이들은 비로소 평화롭고 자유로운 삶을 살 수 있게 되었다. 태국에 정착하고 삶이 안정되자 이들은 자신들의 역사를 기록하고 싶었다. 자유민주주의를 위해 싸우다 목숨을 잃은 자신들의 희생을 후손들이 기억해주기를 바랐다. 이러한 뜻을 실현시키기 위해 박물관 건립을 계획했다. 이에 공감한 당시의 태국군 최고 사령관이 매쌀렁에 부지를 제공하여 오늘날의 영웅 박물관을 세우게 되었다. 현재 이 박물관은 이 지역 관광 산업에도 일익을 담당하고 있다.

박물관 입구에 들어서면 연꽃을 한 송이 들고 있는 손 모양의 조형물이 있다. 당시 군대를 지휘했던 뚜안 씨 원 장군의 동상이 있고 중국식 기와 지붕을 한 건물 안으로 들어가면 병사들의 명패가 걸려 있다. 벽에는 이들 국민당 군대의 역사와 활약상을 소개하는 글과 그림 그리고 산악지도 등이 붙어 있다. 설명문은 태국어와 중국어로 병기되어 있다. 산기슭 평지에 세워진 박물관 주변에 몇 가지 조형물이 있다. 그중에 아이를 안고 있는 어머니 상이 눈에 들어왔다. 군인인 가장을 따라 버마를 거쳐 이곳까지 오게 된 그들이 꿈꾸었던 것은 자유민주주의였고 간절하게 바랐던 것은 귀향이었을 것이다. 그러나 그 꿈을 온전히 이루지 못하고 낯선 태국 땅에서 뿌리를 내리고 그 후손들은 태국인으로 살아가고 있다.

박물관에서 그리 멀지 않은 곳에 국민당 잔당을 지휘했던 뚜안 장군의 묘지가 있다. 한자로 표기된 이름을 보니 단희문段希文이다. 좁은 길을 따라 숲으로 좀 더 들어가니 기와지붕을 한 조그만 사당 같은 건물이 나왔다. 양쪽에 생전의 뚜안 장군 모습이 담긴 여러 장의 사진이 붙어 있고 한가운데 석재로 만든 묘소가 있었다. 앞쪽에 태국어와 영어 그리고 한자로 단장군희문묘段將軍希文墓 라고 적혀 있다. 군복을 입은 중년 남자가

영웅들의 명패

박물관 입구의 전경

아이를 안고 있는 어머니상

단장군의 묘지 입구

단장군희문묘

지키고 있다가 우리를 맞으며 거수 경례를 한다. 그는 단장군 휘하 병사의 후손으로 이곳에 정착해서 살고 있다고 자신을 간단히 소개했다. 당시 잔류한 병사들의 가족과 후손들이 이 지역에 사는데 대부분 차밭을 가꾸고 산다고 한다. 그는 민주주의를 찾아 잔류한 군대를 '버려진 군대'라고 했다. 옆에는 차를 파는 가게가 하나 있는데 찾는 사람이 적어서인지 문만 열어 놓고 파는 사람의 모습은 보이지 않는다.

매쌀렁은 공산 세력 토벌 후 관광지로 개발되었다. 이 지역을 "싼띠키리" 라고 새로 명명하였는데 이는 '평화로운 산'이란 뜻이다. 한때 전쟁터였던 이곳은 이제 관광지로 변하고 차 재배 단지로 바뀌었다. 정치적 이념을 따라 이곳까지 피신해왔던 국민당 잔당과 그의 가족 4,000명은 총 대신 농기구를 들고 아편 대신 차를 재배하면 살게 된 것이다. 다음 행선지로 가는 길목에 있는 작은 마을 표지판에는 태국어로 "반항러 마을"이라고 표기하고 아래 한자로 안락촌安樂村으로 적어 놓은 것이 눈에 들어온다. 제대로 지은 이름이란 생각이 들었다. '버려진 군대'였던 그들이 그나마 태국의 북쪽 지역에 정착한 것은 다행인 것 같다. 태국에는 이미 13.5%의 중국계 태국인이 있다. 중국인들이 과거 태국 땅까지 흘러 들어와 자리를 잡게 된 것은 태국 특유의 포용력에 기인한 바 적지 않다.

평화가 깃든 싼띠키리의 풍경

안락촌으로 표기한 마을 표지판

씨나카린 왕태후 기념탑

พระบรมธาตุศรีนครินทราสถิตมหาสันติคีรี

씨나카린 왕태후 기념탑은 매쌀렁의 가장 높은 지대에 위치하고 있다. 해발 1,500m 되는 고지대에 세웠는데 1996년에 완공되었다. 이 지역 주민들을 삶을 따뜻하게 보살펴 준 왕태후의 은덕을 기리고자 건립한 탑이다. 한 변의 길이가 15m인 단 위에 30m 높이의 탑이 높은 지대에 우뚝 서 있어 이 지역의 랜드마크 역할을 하고 있다. 기념탑으로 가는 길은 가파른 언덕이다. 마치 하늘로 올라가는 길 같다. 위로 올라갈수록 아래쪽으로 보이는 세상이 더 넓어진다.

씨나카린 왕태후 기념탑

탑은 전체적으로 회색인데 주로 란나 형식을 응용해서 지었다. 아래쪽은 진한 회색으로 사면에 아치형의 장식을 하고 금색을 칠했다. 이 아치형의 장식은 한 면당 세 개씩 모두 열두 개가 있다. 탑의 몸통 부분

탑의 상층부 모습

왕태후의 동상

산 아래 지역의 차밭

은 사면에 베란다를 내고 그 안에 입불상이 안치되어 있다. 탑은 웅장하면서도 빼어난 아름다움을 자랑하고 있다. 그리고 첨탑 부분은 금박을 입혀 황금색을 띠고 있다. 탑 옆쪽으로 조그만 사당이 있고 그 안에 단아하게 앉아 있는 왕태후의 동상이 있다.

이곳에서 아래를 바라보면 사방으로 펼쳐져 있는 동네 전경과 차밭이 한눈에 들어온다. 기념탑으로 들어오는 입구 쪽에 집들이 모여 작은 마을을 이루고 있다. 한자가 병기된 간판이 붙어 있는 가게와 식당들이 있는 작은 시장도 보인다. 전통 고산족 복장을 한 노파 서너 명이 돌아다니며 수공예품을 팔고 있다. 아래쪽으로 내려가면서 보면 좌우로 조그만 마을들이 들어서 있다. 길가에서는 파인애플과 바나나를 파는 가게들이 보이고 좀더 아래로 내려가니 넓은 차밭이 나온다. 차밭 주변에 관광객들을 위한 휴게소와 차를 파는 가게들이 있다.

사람들에게는 제각기 자신의 삶의 터전이 있다. 한번 뿌리를 내리고 살다 보면 다른 지역으로 옮겨 살기가 쉽지 않다. 높은 지대에 살고 있는 사람들을 보면 언뜻 왜 산 아래 좀 더 넓고 편리한 곳에 내려가 살지 않나 하는 의구심이 들기도 한다. 그러나 그들에게는 높은 산기슭에 있는 집과 땅이 자신들의 삶의 터전인 것이다. 세 살때부터 맛있게 먹은 음식을 평생 맛있게 먹는다고 한다. 마찬가지로 세 살때부터 살던 곳이 평생 가장 편안하게 살 수 있는 곳 같다. 그래서 고향을 어머니 품안과 같은 곳이라고 하는가 보다.

태국 북부를 둘러보면서 느끼는 점 중의 하나가 란나의 후손들에게는 예술가적 자질 또는 장인으로서의 기질이 있다는 것이다. 실용성이 강한 물건마저도 예술작품으로 만들어 버린다. 랏차팟치앙라이 대학의 호숫가에 세워진 가로등은 태국의 국기에 사용된 청색과 백색 그리고 적색을 입혀 마치 국기를 감아 놓은 듯한 모습을 하고 있다. 북부의 웬만한 도시의 가로등을 보면 단순히 어두운 길을 밝혀 주는 등이 아니다. 기둥 위에 가루다상을 얹어서 주변 환경과 어우러지며 조화와 아름다움을 더한다. 보통 가로등은 밤에만 제 역할을 하는데 그치지만 이 지역의 가로등은 낮에도 가로수와 유사한 혹은 그 이상의 다른 역할을 하고 있다. 좀 과장하자면 21세기 현대인들이 살아가는 공간을 그 옛날 그들이 조상들이 상상했던 설산림처럼 느껴지게 만든다.

고지대에서 살아가는 가족의 모습

삼색기 모양을 한 가로등

가루당상을 얹은 모양의 가로등

에필로그

평지보다는 산지가 더 많은 북부 지방을 돌아보는 데는 적지 않는 열정과 시간이 필요했다. 가는 곳에 따라 시간이 몇백 년을 앞뒤로 옮겨 가기도 하고 구글 지도의 착오로 목적지가 아닌 엉뚱한 논바닥이나 산골짜기에 도착하기도 했다. 굽이굽이 이어지는 산악 도로는 수없이 오르내리기를 반복하면서 한순간도 긴장의 끈을 놓을 수 없었다. 그래서 예상보다 늦게 목적지에 도착하는 일이 잦았다. 한번은 배탈이 나서 사나흘 동안 바나나와 물만 먹으며 고생한 적도 있다. 그러나 가는 곳마다 그곳에 마을이나 고을을 이루고 사는 사람들의 여유와 미소 그리고 이방인에 대한 호의가 여행객의 마음을 편안하게 해주었다.

망라이왕이 란나 왕조를 창건한 이래 흥망성쇠와 영욕榮辱의 세월 속에서 쌓고 무너지고 또 다시 쌓아온 사원과 불탑들이 제각기 자신들의 전설을 간직하고 있었다. 영민하고 덕망 높은 군주가 다스리던 시기에는 불교가 융성하고 사원과 불탑이 세워졌다. 그 시대의 삶은 풍족하고 편안했다. 그래서 사원과 불탑에 조각을 하고 그림을 그려 넣었다. 그러나 어리석고 부덕한 군주가 들어서면 백성들은 고된 삶을 살아야 했다. 전쟁이 일어나고 사원과 불탑이 불에 탔다. 때로는 삶의 터전을 버리고 이리저리 옮겨 가며 살아야 했다. 그곳에 다시 해자를 파고 성을 쌓아 도시를 건설했다. 낯선 곳에서도 그들은 다시 뿌리를 내렸다. 그런 강인함으로 살아남았다. 그런 가운데서도 그들의 불심은 깊어 한결같이 붓다를 섬기면서 지난한 삶을 견디어 냈다. 전쟁으로 폐허된 땅위에 다시 사원을 짓고 불에 탄 사원을 복구했다. 그러면서도 섬세함과 정교함, 그리고 아름다움을 놓치지 않았다. 그러했기에 남아 있는 삶의 흔적은 아름다웠다.

란나의 후손들에게는 그들만의 미소가 있었다. 지나치게 화려하지 않고 소박한, 그리고 부유하지 않으면서도 궁핍하지 않은, 그런 삶을 살아온 사람들이 가질 수 있는 미소였다. 그들은 처음 왕조를 세우면서 "란나"라고 이름 지었다. '백만의 논'이라는 의미가 담긴 말이다. 아마도 넉넉한 땅에서 풍요롭게 살고 싶었던 모양이다. 그들은 또 조상 대대로 "뚱"이라고 부르는 깃발을 만들었다. 그 깃발에 때로는 불심佛心을 담고 때로는 자신들의 소망을 담아 안녕과 복을 구했다. 이런 "뚱"속에 담긴 그들의 바람은 이루어진 것 같다. 오늘날 그들이 살아가고 있는 모습을 보면 '백만의 논' 속에서 나름대로의 여유와 풍요로움을 누리고 있으니 말이다.

여행을 마치고 돌아오면 지나간 일이 모두 꿈만 같다. 때로는 지난 일이 아니라 지금 살고 있는 오늘이 오히려 꿈 같을 때도 있다. 그래서 적지 않게 헷갈린다. 내가 한국사람으로 살면서 태국에 다녀온 꿈을 꾸고 있는 것인지 아니면 태국인으로 살면서 한국에 잠시 다니러 온 꿈을 꾸고 있는 것인지를. 이것이 내가 태국에 애정을 가진 뒤부터 자주 꾸는 나만의 호접몽胡蝶夢이다. 그런 꿈을 꾸면서 나는 그때마다 성장판이 다시 열리고 키가 조금씩 더 커가는 것을 느낀다. 그래서 나는 아직까지도 태국으로 여행을 떠날 때에는 늘 가슴이 설렌다.

담장 밖의 역사

백만의 논-란나 왕국

란나 왕국은 13세기부터 18세기까지 태국 북부 지방에서 중국의 남부 지방에 이르는 지역에 존속했던 왕국이다. 타이유안족이 세운 이 나라는 란나 왕국을 형성하기 전에 일련의 타이유안 계통의 왕조들을 거치면서 그들만의 독특한 문화적 발전 과정을 거쳐왔다. 타이유안족들은 그들만의 언어와 문자를 가지고 있었고 다른 민족과 구분되는 문화와 풍습을 지니고 있었다. "란나ล้านนา"는 '백만의 논'이라는 뜻이다. 망라이왕 시대 란나의 영토는 현재 태국의 북부 지방 여덟 개 주를 포함하여 중국의 윈난성 지역의 씹썽빤나สิบสองปันนา 그리고 미얀마의 쌀라윈강의 동쪽 지역까지 뻗쳐 있었다.

란나 왕국은 1456~1474년에 아유타야 왕국과 전쟁을 벌였고 국력이 쇠퇴하면서 1558년에는 버마의 속국으로 전락하였다. 그래서 16세기부터는 버마에서 임명한 왕들이 나라를 통치하였다. 한때 버마의 지배력이 약화되기는 했지만 꼰바웅 왕조가 세력을 확장하자 다시 그 영향권 아래에 놓이게 되었다. 버마는 짜오프라야강 유역까지 세력을 넓혀 아유타야까지 멸망시켰다. 짜오프라야강 유역에서 버마 세력을 몰아내고 톤부리 왕국을 건설한 딱신은 1745년 란나를 정벌하여 속국으로 삼았다. 이후 랏따나꼬신 왕조가 들어서고 1939년에 란나는 오늘날의 태국으로 완전히 편입되었다. 태국 역사가 짜오프라야강 유역을 중심으로 쑤코타이에서 아유타야로 그리고 톤부리를 거쳐 랏따나꼬신 왕조로 이어져 오는 동안 북쪽에서는 란나 왕국이 흥망성쇠를 거듭하고 있었다. 그러나 태국 역사에서 란나 왕국의 역사는 그다지 비중 있게 다루지 않는다. 그래서 란나 왕국의 역사는 마치 담장 밖의 역사 같다.

란나의 역사

1. 개국

란나 왕국이 개국된 것은 13세기다. 한국이 고려말 몽골의 침략에 시달리고 삼별초가 항쟁의 깃발을 들 무렵에 인도차이나 반도에서는 크메르의 세력이 약화되면서 짜오프라야강 유역에 쑤코타이 왕국이 들어서고 북부 지방에 란나 왕국이 모습을 드러냈다. 태국에 쑤코타이 왕조가 들어서기 이전에 여러 소왕국들이 있었는데 그중에 타이유안족이 세운 히란 왕국이 있었다. 히란 왕국은 638년에 개국했는데 치앙라이주州의 히란에 도읍을 정했다. 그 후 9대 왕인 라오끼앙왕이 850년경에 도읍을 치앙쌘의 은양으로 옮기고 은양 왕국으로 이름을 바꾸었다. 은양 왕조의 17대 왕인 망라이왕มังราย(1261~1311)은 꼭강, 잉강, 그리고 삥강 유역의 므앙이라고 부르는 작은 도시 국가들에 대한 통제력을 강화해 나가는 한편 이웃의 파야오 왕국과 동맹을 맺었다.

망라이왕은 1262년에 도읍을 은양에서 오늘날의 치앙라이로 옮겼다. 치앙라이는 꼭강 유역에 자리잡고 있어 적을 방어하기에 좋았고 농사와 교역에도 매우 유리했다. 망라이왕은 치앙라이로 천도하고 나서 남쪽으로 세력을 확장해 나갔다. 당시 람푼 지역에는 하리푼차이 왕국이 번영하고 있었다. 하리푼차이는 꾸앙강과 삥강을 끼고 있어서 해상 교역과 수도 방어에 유리했고 람빵을 전방위 위성 도시로 두고 있었다. 망라이왕이 남쪽으로 세력을 확장하기 위해서는 하리푼차이를 공략해야만 했다. 그래서 크고 작은 도시 국가들을 정벌하면서 규합한 군사들을 모아 먼저 람빵을 치고 그 다음으로 람푼을 점령했다. 유능한 군주였던 망라이왕은 마침내 하리푼차이 왕국과 더불어 요녹치앙쌘 왕국을 정벌하는 데 성공했다.

하리푼차이와 요녹치앙쌘을 정벌한 망라이왕은 자신이 다스리던 은양 왕국을 란나 왕국이라 칭하고 삥강 유역에 새로운 왕국의 중심이 될 도읍을 건설했다. 1296년에 새로 건설한 도시를 치앙마이라고 명명하고 파야오 왕국의 응암므앙왕과 쑤코타이 왕국의 람캄행왕과 더불어 동맹을 맺었다. 치앙마이는 이때부터 란나 왕국의 중심이 되었다. 치앙마이는 더이수텝이라고 부르는 산악 지대와 삥강 유역의 평야 사이에 위치해 있어서 전략적 요충지이면서도 곡식을 재배하기 좋은 평야 지대를 끼고 있었다.

2. 발전과 번영

차이쏭크람왕ไชยสงคราม(1311~1325)

1311년 망라이왕이 죽고 나서 그의 아들인 차이쏭크람왕이 등극했다. 그는 치앙라이로 도읍을 옮기고 치앙마이는 아들인 쌘푸가 통치하도록 했다. 얼마 지나지 않아 차이쏭크람왕의 동생인 쿤크르아가 반역하여 치앙마이를 공략하였다. 그러나 차이쏭크람왕의 또 다른 아들인 남투엄이 반격하여 이를 물리치자 차이쏭크람왕은 남투엄에게 치앙마이를 다스리도록 했다. 그러나 나중에 남투엄이 모반을 일으킬 것을 염려한 차이쏭크람왕은 1324년에 쌘푸로 하여금 치앙마이를 통치하게 한 후에 남투엄을 치앙뚱으로 보내 그곳을 다스리게 했다.

쌘푸왕แสนภู(1325~1334)

쌘푸왕은 아들인 캄푸에게 치앙마이를 다스리게 하고 자신은 치앙라이에 있다가 1327년에 은양의 치앙쌘을 건설하였다. 이는 적의 침략으로부터 북부 지방을 방어하기 위한 것이었다. 쌘푸왕은 메콩강을 전략적 해자로 삼았다. 치앙쌘을 건설한 후 쌘푸왕은 즉위 기간 내내 치앙라이에 머물렀다.

캄푸왕คำฟู(1334~1336)

캄푸왕은 치앙쌘에 머무르면서 아들 파유에게 치앙마이를 다스리게 했다. 이 시대 란나 왕국은 세력이 강성했다. 영토를 동쪽으로 넓혀 가면서 파야오 왕국을 공략하여 복속시켰다. 캄푸왕은 이어서 프래까지 세력을 넓히려 했지만 성공을 거두지는 못했다.

파유왕ผาฎู(1336~1355)

파유는 왕위에 오른 후에도 치앙쌘으로 가지 않고 치앙마이에 머물렀다. 아마도 북쪽 지역은 치앙쌘이 전방위 기지 역할을 충실히 할 것으로 판단했기 때문일 것이다. 그리고 이미 파야오를 복속시켰으므로 파유왕은 꼭강 유역의 치앙컹과 동맹 관계를 구축하고자 했다. 그래서 치앙컹 군주의 딸과 혼인하였다. 파유왕은 이후 치앙마이에 오늘날의 왓프라씽 사원을 세웠다.

끄나왕กือนา(1355~1385)

란나 왕국의 번영은 끄나왕 시대부터 두드러지게 나타난다. "끄나"

는 '백만'이라는 뜻을 가지고 있다. 끄나왕은 불심이 깊고 역사와 예술에 대한 조예도 깊었다. 나라는 풍요롭고 평온했다. 이때 란나 왕국은 쑤코타이로부터 랑까웡 종파의 불교를 받아들였다. 끄나왕은 쑤코타이에 사절단을 보내 아란야와씨 고승을 모셔 와 람푼의 왓이은 사원에 상주시켰다. 이후에 다시 치앙마이의 왓쑤안덕 사원의 초대 주지로 모셨다. 왓쑤안덕 사원은 끄나왕이 '꽃의 정원'으로 조성하고 그곳에 절을 세워 하사한 불교 사원이다. 이렇게 쑤코타이에서 유입된 소승불교는 치앙마이를 중심으로 인근의 다른 지역에 전파되어 나갔다. 그 결과 하리푼차이 왕국에서 계승되어 온 몬족 전통의 소승불교는 점차로 그 자리를 잃게 되었다.

쌘므앙마왕แสนเมืองมา(1385~1401)

쌘므앙마왕은 끄나왕의 아들이다. "쌘므앙마"는 '십만의 도시 국가들이 온다'는 의미이다. 주변의 여러 나라들이 항복해 온다는 뜻을 담은 말로 해석된다. 왕위에 오른 지 얼마 안 되어 치앙라이를 통치하고 있던 숙부인 마하프름이 치앙마이를 공격해 왔다. 그러나 공격에 실패하자 아유타야에 지원을 요청했다. 아유타야의 왕 프라버롬라차 1세는 군대를 파견하여 란나 왕국의 람빵을 공격하였다. 그러나 이 또한 성공을 거두지 못하자 란나는 평화를 회복했다. 이후 쌘므앙마왕은 세력을 확장하여 남쪽으로 진출을 꾀했다. 마침 쑤코타이가 아유타야를 치기 위해 란나 왕국에 지원을 요청해 왔다. 그러나 프라버롬라차 1세가 사망하고 상황이 바뀌자 쑤코타이는 란나를 공격해 왔다. 란나의 군대는 패하여 막대한 손실을 입었다. 1391년 쩨디루앙 불탑을 세우기 시작하였지만 당대에 완공을 보지는 못했다.

쌈팡깬왕สามฝั่งแกน(1402~1441)

쌈팡깬왕이 등극하자 치앙라이를 다스리고 있던 형인 이꿈깜이 불만을 품고 쑤코타이에서 군대를 이끌고 공격해 왔다. 형의 공격을 물리친 쌈팡깬왕은 윈난성 지역의 허족과 전쟁을 치러야 했다. 허족이 란나왕국에 파병을 요청했는데 이를 거부하자 불만을 품고 치앙마이를 공격해 왔기 때문이다. 쌈팡깬왕은 치앙마이, 치앙쌘, 퐈앙, 치앙라이 그리고 파야오 등지에서 군사를 모아 허족과 싸웠다. 대규모의 전쟁에서 허족의 군대는 패하여 물러났다. 란나는 허족의 군대를 끝까지 쫓아가 씹썽빤나 지역까지 몰아냈다. 란나는 이 지역에 므앙영을 건설하고 이를 치앙마이에 복속시켜 북부 지역을 방어하기 위한 전방위 도시로 삼았다.

띠록까랏왕ติโลกราช(1441~1487)

띠록까랏왕은 쌈팡깬왕의 여섯 번째 아들이었다. 왕자 시절에는 프라우를 다스리고 있었는데 왕위에 오르고 나서 10년 동안 란나의 내실을 공고히 다졌다. 그리고 남쪽의 아유타야와 전쟁을 벌였다. 아유타야의 뜨라이록까낫왕은 1463년에 피싸눌록으로 올라와 란나를 공격했는데 병력은 물론 불교와 미신까지 전쟁 수단으로 이용했지만 성공을 거두지는 못했다. 그러나 한편으로는 이로 인해 당시 사람들이 미신을 많이 믿게 되었다. 1475년에 란나는 아유타야에 화평을 청하고 평온을 유지했다.

띠록까랏왕 시대의 불교는 왕의 전폭적인 지원 아래 빠르게 성장해 나갔다. 띠록까랏왕은 불심이 깊어 새로운 랑까웡 종파에 힘을 실어 주었다. 람푼에 있던 고승을 승왕으로 모셔와 왓랏차몬티안 사원에 상주시키고 왕 스스로도 왓빠댕 사원에서 단기 출가수행을 했다. 왕의 지원 아래 불교는 날로 융성하고 새 랑까웡 종파로 출가하는 사람들의 숫자가 지속적으로 늘어났다. 새로운 종파는 팔리어 학습과 올바른 계율을 강조했다. 국왕은 승려들의 높은 학식에 찬사를 아끼지 않았다. 그 결과 이 시대에 유명한 고승들이 많이 배출되었다.

1477년에 띠록까랏왕은 오늘날의 왓쩻엿 사원에서 대장경을 집필하기 위한 편찬위원회를 열었다. 다음 해에 대장경이 완성되었는데 이는 란나의 여러 불교 종파에 수행 지침이 되었다. 띠록까랏왕은 이 밖에도 여러 사원을 새로 짓거나 증축하는 등 불교 진흥에 힘썼다.

3. 쇠퇴

띠록까랏왕의 손자인 므앙깨우왕เมืองแก้ว(1495~1525)은 란나 왕국의 마지막 강력한 군주로 역사에 남았다. 므앙깨우왕은 국경을 접하고 있던 아유타야와 전쟁을 벌였다. 1507년에 므앙깨우왕은 군대를 보내 쑤코타이를 공략했지만 실패했다. 이후 여러 차례 아유타와와 전쟁을 치렀다. 1515년에 이르러 므앙깨우왕은 더 이상 아유타야를 공격하지 않고 아유타야도 란나를 공격하지 않게 되었다.

므앙깨우왕이 사망하고 나서 란나는 왕자들의 권력다툼으로 인해 격랑 속으로 빠져들었다. 왕위는 귀족과 관료들에 의해 옹립되거나 폐위되었다. 이 혼란을 틈타 버마의 바인나웅왕이 군대를 이끌고 쳐들어왔다. 치앙마이는 불과 사흘 만에 함락되고 말았다. 이때가 1558년이었다. 버마는 치앙마이를 전초 기지로 삼아 아유타야를 공략하였다. 아유타야는 짝끄라팟왕의 재위 기간이었는데 왕비인 쑤리요타이까지 출전하여 버마에 대항하여 싸웠으나 1569년 버마에게 패하고 말았다.

톤부리 왕조에 들어서서 람빵의 까윌라왕과 치앙마이의 짜반왕은 톤부리 왕조의 딱씬왕에게 충성을 맹세하고 치앙마이 탈환을 위한 군사적 도움을 요청했다. 딱씬왕은 이를 받아들여 1774년에 군대를 보내 치앙마이를 점령하는 데 성공했다. 이후 딱씬왕은 까윌라왕에게 람빵을 다스리게 하고 짠반왕은 치앙마이를 다스리게 했다. 톤부리 왕조 말기에 치앙마이는 방치되어 있다가 랏따나꼬신 왕조의 라마 1세 때 짜반왕을 대신하여 까윌라왕에게 치앙마이를 다스리게 했다. 1804년에 란나 왕국의 군대는 랏따나꼬신의 군대와 연합하여 치앙쌘의 버마군을 격퇴함으로써 버마로부터 독립하게 되었다. 이후 란나 왕국은 랏따나꼬신 왕조의 속국으로 있다가 나중에 태국으로 완전히 병합되었다.

란나의 통치 구조

란나 왕국의 통치 제도는 비교적 단순한 구조를 가지고 있었다. 크메르의 영향을 받은 적이 없는 태국의 북부 지역에서 규모가 작은 공동체가 생겨나고 그 규모가 커지면서 질서를 확립해야 할 왕이 필요하게 되었다. 왕은 최고의 권력을 가지고 있었으나 신적인 존재가 아니었기 때문에 일반 백성과 크게 다르지 않은 자택에서 정사를 돌보았다. 이름도 토박이말로 지은 것을 사용하고 힌두교식 호칭이나 지칭이 따로 없었다. 따라서 왕실 용어도 발달하지도 않았고 단지 일반 백성보다 정중한 언어를 사용하는 정도였다.

라우 왕국 시절에는 공동체의 우두머리인 왕을 "라우"라고 칭했다. 이는 '주인' 또는 '권력을 가진 자'라는 뜻이다. 이후 "쿤" 또는 "타우"라는 명칭을 사용하고 나중에는 "망"이라는 말로 바꾸어 쓰게 되었다. "망"은 고대 버마어에서 '왕'을 의미하는데 아마도 바간 왕국의 영향을 받은 것으로 보인다. 망라이왕의 이름도 당시의 실제 이름은 "라이"였다. 치앙쌘 지역의 전설에는 차이쏭크람왕의 이름도 "망크람"으로 나타난다. 왕의 이름 앞에 붙이는 "파야" 또는 "프라야"는 고어인데 이 또한 '왕'이라는 뜻을 가지고 있다. 아마도 하리푼차이의 영향을 받은 것으로 추정한다. 란나 시대의 왕 이름에는 모두 "파야"를 사용했는데 띠록까랏 왕만 유일하게 "프라짜오 띠록까랏"이라고 불렀다. 이는 당시 아유타야의 왕과 대등한 권위를 나타내기 위한 방편이었던 것으로 보인다.

란나 왕국의 도읍지에는 왕이 있었고 왕국에 속한 여러 도시 국가들이 산악 지대에 분포되어 있었다. 당시 교통과 통신이 원활하지 못하던 시절이라 왕이 여러 도시 국가들에게 강력한 통치력을 행사하지 못했다. 따라서 도시 국가들은 중앙 정부의 통제를 벗어나 일정한 범위 안에서 자치권을 행사할 수 있었다. 여러 도시 국가를 다스리던 군주들은 대부분 친인척 간이었다. 이들은 자녀들의 정략결혼을 통해 서로 긴밀한 유대 관계를 맺고 필요한 경우에 서로 도움을 주고받았다.

란나의 여러 도시 국가에는 군주를 중심으로 한 지배 계층과 승려 그리고 백성들이 있었다. 지배 계층은 군주를 중심으로 관료들이 백성들을 다스렸다. 평시에는 세금을 징수하고 백성들 간에 다툼이나 분쟁이 생기면 옳고 그름을 따져 판결을 해결해주었다. 그리고 전쟁이 일어나면 중앙 정부의 왕을 도와 전쟁터에 나가 싸웠다. 승려는 불교의 가르침에 기반하여 백성들의 정신적 지주와 영혼의 안식처 역할을 하는 한편 관료와 백성들의 교육을 맡았다. 백성들은 대부분 "프라이"라고 부르는 평민들이었다. 토박이도 있었지만 외지에서 이주해온 사람들도 있었다. 프라이는 평시에는 농사일을 하거나 상업에 종사했다. 필요한 경우에 해자를 파거나 성을 쌓는 일에 징발되어 노역을 했다. 때로는 사원을 짓는 일에 동원되기도 했다. 그러다가 전쟁이 일어나면 징집되어 나가 싸웠다. 백성들 중에는 "탓"이라고 부르는 노예가 있었는데 이들은 지배 계층의 시중을 들면서 생활을 영위했다. 노예는 재산으로 치부되어 매매가 가능했고 유산으로 물려주기도 했다.

란나의 경제

란나 시대의 주된 경제적 기반은 농업이었다. 벼농사를 많이 지었는데 관개 수로를 이용하거나 저수지 또는 방죽에 가두어 놓은 물을 이용하여 농사를 지었다. 계곡과 계곡 사이에 발달한 평지를 이용하여 농사를 지었기 때문에 계단식 논과 밭이 많았다. 벼농사와 밭농사 외에 농장이나 과수를 재배하고 가축을 키우면서 목화와 같은 특용 작물을 심기도 했다. 농사는 육체적 노동에 의존하는 단순 농법으로 마을 단위로 협동 체제가 잘 이루어졌다. 농업 외에도 상업이 발달했는데 북쪽의 상인들이 내려와 교역을 할 수 있도록 왕실에서 교역 진흥 정책을 폈다. 망라이왕 시절에 치앙마이에 세 군데에 대규모 시장을 만들었다. 시장에서 물건을 거래를 하는 데 있어 이윤 상한제를 실시하고 재산을 사고팔 수 있도록 허용했다.

란나 시대에는 오래전부터 자신의 고유한 문화와 풍습이 발달했다. 망라이왕 시대에 여러 가지 분야의 문화 발전을 위한 기반이 조성되었다. 사회 질서를 확립하고 통치 기반을 마련하기 위한 법 제정이 이루어졌다. 몬Mon족의 법을 바탕으로 란나 사회에 맞는 망라이쌋법을 만들었다. 다른 한편으로 불교 진흥에도 힘써 많은 사원을 건립하였다. 띠록까랏왕 시대는 불교의 황금기였다. 이때 많은 고승들이 불교 경전을 저술

했는데 이는 당시 란나인들의 사고방식과 윤리 의식의 밑바탕이 되었을 뿐만 아니라 정치 제도와 법 제도에도 영향을 주고 불교 예술의 발달에도 적지 않은 기여를 했다.

본래 란나인들은 여러 종류의 귀신을 섬겼다. 조부모의 신을 섬기고 나아가 조상신을 섬겼다. 이런 귀신을 섬기는 문화는 여성들의 행동 양식을 통제하는 규범의 바탕이 되었다. 집이나 사원 또는 도시를 관장하는 쓰아เสือ라고 부르는 귀신도 있었고 과거 소왕국들의 왕을 섬기는 짜오루앙เจ้าหลวง이라고 부르는 귀신도 있었다. 그리고 조상들의 영혼을 섬기는 멩เม็ง이라고 부르는 몬족의 신앙도 있었다. 나중에 불교가 유입되었는데 처음에는 중국을 통해 대승불교가 들어왔다. 이후 쑤코타이를 통해 랑까웡ลังกาวงศ์이라고 부르는 종파의 불교로 대체되었다. 랑까웡 불교는 란나 사회에 들어오면서 씨혼ศีหล이라는 종파로 발전하였는데 나중에는 싸얌식 랑까웡 불교로 자리 잡았다. 이러한 과정을 통해 란나의 불교는 삼매경을 결집시켜 불교 경전을 학습하고 연구하는 중심축이 되었다.

란나가 버마의 지배와 싸얌의 식민지 통치 과정을 거치면서 여러 문화가 유입되고 이들이 기존의 토속 문화와 융합하고 발전하였다. 그런 가운데서도 란나 고유의 정체성은 상당 부분 그대로 보존되었다. 예컨대 의복 문화와 음식 문화 그리고 언어 문화에서 다양한 외국 문화가 유입되었지만 란나 문화의 독창성은 일정 부분 유지되었다. 특히 생후 한달 된 아기의 머리와 눈썹 그리고 손발톱을 깎아 주는 꼰폼퐈이โกนผมไฟ 의식이나 청년들이 일을 끝낸 저녁 시간에 이웃 마을의 처녀들을 찾아가 구애하는 애싸우แอ่สาว 풍습, 그리고 기를 북돋아 주는 쑤콴สู่ขวัญ 의식, 장례 행렬แห่ศพ 의식, 새해 기우제 의식ขอฝนปีใหม่, 제비를 뽑아 승려에게 시주하는 꾸아이쌀락 풍습ตานก๋วยสลาก 등은 아직까지 그대로 남아 있다.

란나 문화와 예술

란나 시대의 예술은 크게 세 시기로 나누어진다. 초기(1296~1350)는 망라이왕이 소왕국들의 세력을 규합하여 란나 왕조를 창건하고 치앙마이와 치앙라이가 발전하는 시기였다. 치앙마이가 정치의 중심이 되어 발전하는 한편 람푼은 불교 중심지로 발전해 나갔다. 망라이왕은 이 시기에 람푼에 왓꾸캄 사원과 왓치앙만 사원을 비롯해 많은 사원을 세웠다. 차이쏭크람왕은 위성도시들의 통제를 위해 치앙마이를 떠나 치앙라이에 거주했다. 당시 치앙라이 군주는 쌘푸왕이었는데 이때 왕위 쟁탈전이 벌어졌다. 차이쏭크람왕은 치앙마이에 상주하면서 은양 왕국 부근에 치앙쌘을 건설하고 평생을 치앙쌘에서 보냈다. 치앙쌘은 이후 캄푸왕 시대까지 통치의 중심지로 발전했다.

파유왕 시대부터 란나는 불교와 예술의 전성기로 접어든다. 파유왕은 치앙마이로 돌아와 불교를 광범위하게 진흥시켰다. 왓프라씽 사원도 이때 건립했다. 란나 왕국이 번영하던 시기(1354~1525)에 끄나왕은 쑤코타이에서 랑까웡 불교를 받아들였다. 이때 쑤코타이의 고승이 들어와 새로운 종파의 불교를 포교하면서 기존의 불교를 대체시켰다. 이때 왓쑤안덕 사원을 세우고 이를 랑가웡 불교의 본거지로 삼았다. 쌘므앙마왕 시대에는 영토 확장을 위해 아유타야와 전쟁을 치렀다. 다른 한편으로는 불교 진흥에도 힘써 왓쩨디루앙 사원을 세우고 프라탓하리푼차이 불상에 금박을 입혔다. 쌈팡깬왕 시대에 중국의 허족과 전쟁을 치렀다. 이때 므앙영을 건설하면서 치앙라이의 역할은 상대적으로 축소되었다.

띠록까랏왕 시대부터 유능한 왕이 여럿 나왔다. 띠록까랏왕은 영토 확장을 위해 아유타야와 잦은 전쟁을 치르면서 씨혼 종파의 불교를 진작시켰다. 유명한 고승을 많이 배출하고 많은 사원을 지었다. 왓빠댕 사원과 왓쩨디루앙 사원, 그리고 바간 예술이 접목된 왓쩻엿 사원이 이 시기에 세워졌다. 엿치앙라이왕 시대에는 띠록까랏왕의 유골을 봉안하기 위한 불탑을 세우고 왓따뽀타람 사원을 건립했다. 므앙깨우왕 시대에는 아유타야와 여러 차례 전쟁을 치르면서도 많은 사원을 지었다. 불교가 가장 발전했던 시기였다. 그러나 말기에 쇠퇴하기 시작하여 결국 1558년부터 1774년까지 버마의 지배를 받게 되었다.

200여 년간 버마의 지배를 받으면서도 란나의 문화재가 버마에 의해 불에 타거나 파괴되는 일은 의외로 많지 않았다. 버마가 치앙라이를 란나인이 통치하도록 자율권을 주면서 란나는 자국의 문화와 풍습을 상당 부분 보존할 수 있었다. 이 시기에 오히려 버마의 문화가 유입되어 란나 문화와 융합되었다. 란나인들은 이러한 자신의 문화에 대한 자부심이 강했다. 이 시기에 란나 형식으로 지어진 사원으로는 치앙마이의 왓차이프라끼앗 사원과 왓치앙만 사원, 치앙쌘의 왓프라짜오란텅 사원 등이 있다.

버마가 지배하던 시기 후반부인 1664~1774년에 곳곳에서 반란이 자주 일어나자 버마는 란나를 직접 통치하기 시작했다. 치앙쌘을 격상시켜 북부 지방을 통치하기 위한 중심지로 삼았다. 버마 지배 시기의 말기에 이르러 여러 토착 세력들이 반란을 꾀했다. 그중에서 가장 힘이 있는 세력은 치앙마이의 짜반왕이 람빵의 까윌라왕 및 칠형제와 손을 잡고 형성한 세력이었다. 이들은 딱씬의 도움을 받아 버마 세력을 몰아 냈으나 이후 란나는 방콕의 랏따나꼬신 왕조의 지배를 받게 되었다.

란나가 방콕의 랏따나꼬씬 왕조의 지배를 받고 있을 때 까윌라왕과 칠형제는 란나를 통치하면서 치앙마이를 중심으로 람푼과 람빵 등지의 란나 문화와 풍습을 복원하려고 노력했다. 그래서 왓프라씽 사원과 왓프라탓씨쩜텅 사원을 복원했다. 란나가 식민 지배를 받는 시기에 외국과의 접촉과 교류가 활발해졌다. 서양의 선교사들이 왕래하고 이곳의 산림 지역에 대한 소유권을 가지고 있던 방콕 소유주의 피고용인들이 몰려들었다. 이들은 타이야이족이거나 버마족들이었다. 이런 과정을 통해 방콕과 버마 문화가 유입되었다. 이런 외래문화는 일정 부분 란나의 근대 문화 형성에 영향을 끼쳤다. 방콕의 중앙정부는 1873년 인타위차야논왕(1873~1896) 시절에 중앙 관료를 파견하여 통치하기 시작했다. 이후 1893년과 1990년 통치개혁을 통해 토착 세력의 실권을 거두어 갔다. 깨우나와랏왕(1911~1939)을 마지막으로 란나 왕국은 완전히 복속되고 치앙마이는 태국의 한 주州로 편입되었다.

란나 예술은 일반 타이예술과는 구분되는 나름대로의 특징을 가지고 있다. 이러한 특징은 대부분 사원의 건축 양식에 잘 나타나 있다. 사원은 건축과 미술 그리고 조각 등 모든 예술의 집합체이기 때문이다. 란나의 사원은 도시의 가장 중심 지역에 짓는다. 중요한 사원은 산이나 언덕 위에 짓는데 이는 높은 곳이 신령한 장소라고 믿었기 때문이다. 이를 가장 잘 반영한 사원이 치앙마이의 왓프라탓더이수텝 사원과 파야오의 왓프라탓쩜텅 사원이다. 사원 안의 건물은 동서로 나열하여 짓고 낮은 곳에서 높은 곳으로 올라가는 계단에는 나가상이 있다. 이는 인간 세상에서 하늘 세계로 올라가는 길이다. 사원은 불상을 모셔 놓고 불교 의식이 치러지는 법당 구역과 승려들이 기거하는 승려 구역으로 나뉜다.

란나 사원은 들어가는 입구에 아치형의 문이 세워지고 안에 불당과 법당, 불탑과 서고, 종과 북을 걸어 놓는 종탑, 정자 등이 있고 모래 마당 등이 있다. 불탑은 불당 뒤편에 자리하고 붓다의 사리나 국왕 또는 승려의 유골이 봉안된다. 불당은 사원 입구 아치형 문 쪽으로 세워진다. 불당에는 불상이 모셔져 있고 법당에서는 불교 의식을 치른다. 서고에는 경전이 보관되어 있는 곳이다. 불당 뒤편에 불탑이 세워지는데 사각형 혹은 팔각형의 탑이 있고 종모양이나 옥수수 형태의 불탑도 있다. 어떤 사원에서는 불당과 불탑이 같은 기단 위에 세워지기도 한다. 왕실 사원은 법당 구역에 회랑이 만들어지는데 이는 우주관을 반영한 것이다. 수미산을 상징하는 주탑을 세우고 이를 둘러 싸고 보조탑들이 세워진다. 사원은 보통 티크 목재로 짓는데 나중에는 내구성이 좋은 벽돌과 석회로 지은 사원들이 늘어났다. 불당 내부는 널찍한 홀 형태로 되어 있는 것도 있고 본존불을 모셔 놓은 쪽을 제외하고는 벽 없이 기둥만 세워 놓은 형태도 있다. 란나 사원에는 나가상을 비롯하여 사원을 지키고 보호해 주는 동물상들이 많이 조각되어 있다.

란나 왕국은 13세기부터 18세기까지 태국의 북부 지방에 존속하면서 쑤코타이 왕조나 아유타야 왕조와 다른 패권을 구축하였다. 이들이 이룩한 문화와 예술은 란나 왕국 이전에 존재하였던 타이유안족들로부터 전승되어 발전해 온 것이다. 란나 왕국은 상좌부 불교를 받아들이고 신봉하면서 찬란한 불교문화를 꽃피웠다. 불교의 가르침을 바탕으로 한 사회 제도를 확립하고 란나 왕국의 전역에 수많은 사원과 불교 건축물을 세웠다. 이러한 문화유산은 오늘날 치앙마이와 치앙라이, 치앙쌘, 람푼, 람빵, 프래, 난, 파야오 등지에 많이 남아 있다.

담장 너머의 태국
치앙마이-치앙라이 오디세이

초판 인쇄 2023년 6월 19일
초판 발행 2023년 6월 26일

지은이 정환승
발행인 고윤성
기획 신선호 박경민
편집장 장혜정
도서편집 노재은 변다은
디자인 정정은 김대욱 변혜준 최재영
인사행정 이근영
재무회계 김문규 정예찬
전자책·사전 변다은
발행처 한국외국어대학교 지식출판콘텐츠원
02450 서울특별시 동대문구 이문로 107
전화 02)2173-2494~7
FAX 02)2173-3363
홈페이지 http://press.hufs.ac.kr
전자우편 press@hufs.ac.kr
출판등록 제6-6호(1969. 4. 30)
인쇄·제본 (주)케이랩 053)583-6885

ISBN 979-11-5901-947-0 [04980] 정가: 25,000원
ISBN 978-89-7464-008-8 [04980] (세트)

HUiNE은 한국외국어대학교출판부의 어학도서, 사회과학도서, 지역학 도서 Sub Brand이다. 한국외대의 영문명인 HUFS, 현명한 국제전문가 양성(International+Intelligent)의 의미를 담고 있으며, 휴인(携引)의 뜻인 '이끌다, 끌고 나가다'라는 의미처럼 출판계를 이끄는 리더로서, 혁신의 이미지를 담고 있다.